非洲法语地区
发展报告
（2021）

REPORT ON THE DEVELOPMENT OF
FRANCOPHONE AFRICA (2021)

主　编　梁益坚　李洪峰

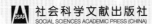
社会科学文献出版社
SOCIAL SCIENCES ACADEMIC PRESS (CHINA)

云南大学国别与区域研究示范基地培育项目　　资助

主编简介

梁益坚 云南大学非洲研究中心副研究员，中国非洲史研究会、中国亚非学会理事，曾赴南非、肯尼亚、坦桑尼亚、埃塞俄比亚、塞内加尔、毛里求斯等非洲国家访学调研，研究领域为非洲政治与可持续发展。主要著述：《比较优势动态化与非洲经济发展》（独著，2014）、《中非低碳发展合作的战略背景研究》（合著，2014）、《非洲新型工业化与中非产业合作》（独著，2021）；《非洲国际关系理论研究的困境、渊源和特点》（论文，2008）、《国际关系体系理论的微观分析方法》（论文，2013）、《非盟地区治理：非洲相互审查机制探微》（论文，2017）、《种族隔离的历史对南非排外的影响探析》（论文，2020）等。

李洪峰 北京外国语大学非洲学院院长，教授，博士生导师，北京外国语大学和巴黎第三大学联合培养历史学博士，曾赴加拿大蒙特利尔大学、塞内加尔达喀尔大学、摩洛哥穆罕默德五世大学等高校访学或调研。主要著述：《穿越风雨的中法关系》（独著，2014）、《塞内加尔文化教育研究》（合著，2021）、《列国志：乍得》（编著，2017）、《南北合作困局》（译著，2010）、《法语国家与地区社会文化》（教材，2020）、《法国国际关系智库的中国研究：视角与立场》（论文，2018）等。

前　言

梁益坚

　　非洲法语地区主要包括 26 个国家。其中，官方语言为法语的 21 个国家分别是：贝宁、布基纳法索、布隆迪、喀麦隆、科摩罗、科特迪瓦、吉布提、加蓬、几内亚、赤道几内亚、马达加斯加、马里、尼日尔、中非共和国、刚果（金）、刚果（布）、卢旺达、塞内加尔、塞舌尔、乍得、多哥；通用语言为法语的 5 个国家分别是：阿尔及利亚、摩洛哥、毛里求斯、毛里塔尼亚、突尼斯。2020 年，26 个非洲法语国家的人口为 4.42 亿，约占非洲总人口的 33%；领土面积约为 1377 万平方公里，约占非洲总面积的 46%；GDP 总量为 6611.8 亿美元，约占非洲 GDP 总量的 28%。①

　　非洲法语地区是法国殖民与"植民"的历史遗产。充满血腥谎言的殖民侵略与构建文化认同的"植民"同化是法国殖民非洲的主要手段。一方面通过武力侵占他们的土地、奴役他们的身体，另一方面通过文化帝国主义同化他们的思想。法国在非洲的殖民侵略从 1830 年入侵阿尔及利亚开始，到第一次世界大战前夕已经侵占了突尼斯、摩洛哥、阿尔及利亚、法属西非（包括今毛里塔尼亚、塞内加尔、马里、几内亚、科特迪瓦、贝宁、布基纳法索和尼日尔）、法属赤道非洲［包括今加蓬、刚果（布）、中非和乍得］、马达加斯加、法属索马里（今吉布提）、科摩罗群岛和留尼汪岛等地。这些地区的面积达到 1079.6 万平方公里，约占非洲总面积的 35.6%。法国也因此成为仅次于大英帝国的第二大殖民帝国。一战后，法国又接收了德国拥有的喀

---

　　① 数据来源：世界银行数据库。

麦隆及多哥，殖民地面积达到 1234.7 万平方公里，迎来其殖民帝国的巅峰。在殖民侵略的同时，法国在非洲殖民地也广泛采取"植民"同化战略，利用语言、教育和文化在当地人中建构认同、形成治理。其中一个标志性的政策就是宣传其所谓的"文明使命"，当时殖民官员在殖民帝国中鼓励非洲黑人学习法国语言和文化，并将其吸纳同化到法国社会中。例如，19 世纪塞内加尔四个社区的黑人被授予法国公民身份和选举众议院议员的权利，而一个"本地人"要获得法国公民身份必须满足的条件包括：过上体面的生活、表现出良好的道德标准和能使用法语。与此同时，法国对非洲的教育制度也从战略、机构和培育等方面进行系统探索和实践，在非洲殖民地推广法国本土教育体系，建立师范学校并逐渐形成初等、中等、高等、学术研究和职业教育等较为完备的教育体系。法国长期的"植民"同化战略取得了实效，法语成为这些非洲国家的官方语言或通用语言，这些国家至今仍受到法国媒体、舆论、文化和学术等的全方位影响。

非洲法语地区在独立后与法国长期保持一种被称为"父子关系"的"法非特殊关系"。虽然二战后非洲法语国家逐渐实现了独立，但法国殖民和"植民"在这片广袤土地上留下了其共同的遗产和印记——法国的语言、文化、法律、行政和教育体系。法兰西殖民帝国作为行政机构虽已不复存在，但法国不甘心退出非洲，为了保障战略资源供给（石油、铀）、商品倾销市场和维持大国地位，法国在非洲开启了以新殖民主义为核心的"隐形帝国"模式。戴高乐总统于 1960 年设立了非洲大陆—马达加斯加事务秘书处，并任命间谍出身的雅克·福卡尔（Jacques Foccart，1918～1997）领导该秘书处。毫无疑问，这位被称为爱丽舍宫"非洲先生"的福卡尔是 20 世纪法非关系中最有影响力的法国人。他曾是多位法国总统的亲密顾问，并在 1958～1981 年和 1995～1997 年领导法国的非洲事务决策机构"非洲事务处"（Cellule Africaine）。在他的领导下，法国在 20 世纪后半期精心构建了一个在政治、军事和金融等领域签署"合作"协议，由政治家、官员、军官、间谍、能源军火商以及非洲精英组成的特殊网络，这些协议网络实际上将非洲法语国家置于托管状态，其目标是维护法国在前殖民地的利益，这个网络也因此被称为"福卡尔网"。① 该网络主要通过政治、经济、援助和军事等手段长期维持"法非特殊关系"。(1) 在政治方面，法国通过元首间私人交往和两年召开一次的法非首脑会议来巩固这种特殊关系。一方面，通过元首间私人交往和法非首脑会议营造一种平等的、非殖民化的印象；另一方面，通过"福卡尔网"来幕后操纵，维护法国在非洲的特殊利益，确保非洲法语国家在国际上与法国保持一致，证明其联合国安理会常任理事国的合理性，保持其在国际体系中的大国地位。(2) 在经济方面，法国发明了一种前所未有的货币制度——非洲法郎，将其作为法国经济控制前殖民地的重要工具。非洲法郎区由 15 个非洲国家组成，这 15 个国家独立前多为法国殖民地。法国在非洲启动与法国法郎保持固定比价的非洲法郎，就是希望继续控制前殖民地的经济建设与发展，使它们长期依靠法国的投资和企业，依靠货币结算的便利性使法国成为非洲法郎区国家进出口贸易的首选地，并规定了其从法国进口的最低限额和从其他国家进口的最高限额。而且，法国长期保持对非洲法郎区国家货币政策和外汇储备的控制权，其在两家中央银行的董事会中拥有事实上的否决权，鼓励资金自由流动，时常冻结非洲法郎区国家存放在法国国库的外汇储备以作为政治经济上的要挟条件。例如科特迪瓦总统洛朗·巴博在反抗巴黎后，法国冻结了该国的外汇储备。(3) 在援助方面，法国把援助作为要挟前殖民地的主要手段。法国 1958 年制定的《法兰西第五共和国宪法》，表面上是给予殖民地以选择的权利：要么参加法兰西共同体，在共同体内自治；要么脱离法国而独立。其核心就是要挟前殖民地，如果脱离法国则无法继续得到法国的援助。法国过去是、现在仍然是非洲法语地区的主要援助国之一。就预算而言，法国是世界第四大发展援助捐助国，每年捐助额近 100 亿欧元。非洲法语国家是法国援助的主要受益者，获得超过 40% 的援助。法国以提供赠款、贷款、商品和服务等方式向非洲法语国家提供援助，但技术性援助较少，这助长了这些国家对法国援助的依赖性。而且其中

---

① Dominic Thomas, *Africa and France*: *Postcolonial Cultures*, *Migration and Racism*, Bloomington: Indiana University Press, 2013, pp. 109 – 110.

许多援助附带政治经济条件，如要求受援国将其用于购买法国的商品和服务。法国的一些贷款援助又加重了非洲法语国家的债务负担，使它们成为巴黎俱乐部名副其实的客户。①（4）在军事方面，驻军和军事介入是法国维护其在非洲利益的重要力量。大多数法属非洲殖民地在"法兰西共同体"的框架内完成了独立，获得了法国援助，同时也付出了代价：1960 年之后法国延续殖民时期的做法，继续充当"非洲宪兵"，基本上每年都会军事介入前殖民地的事务。1960～2005 年，法国在法属前殖民地发起了约 46 次军事行动。根据另一项估计，1945～2005 年，法国在非洲进行了 122 次军事干预。② 法国至少与 8 个非洲法语国家签有秘密国防协议，还与 30 多个非洲国家签有军事合作或技术援助防务协议，这些被认为是法国军事干预非洲事务的法律基础，也被批评是在维和话语的幌子下延续着新殖民主义的统治模式。经过多年经营，法国在非洲形成了最多时建有数十个军事基地、驻军超过 6 万人的"十"字形军事基地体系，横轴是塞内加尔—乍得—吉布提，纵轴是阿尔及利亚—乍得—刚果（布），确保法国能在 24 小时内将法军投送到非洲任何地点。

　　非洲法语地区在 21 世纪与法国逐渐从"父子"向"兄弟"、从"托管"向"新型合作伙伴"关系转变。进入 21 世纪，国际形势发生较大变化。一方面，法国国力开始衰落，而非洲国家加快联合自强的步伐，其国际地位快速提升；另一方面，传统强国和新兴大国加强与非洲国家的外交关系，积极与非洲国家开展全方位合作。另外，20 世纪 90 年代震惊世界的"埃尔夫舞弊案"，涉贿金额巨大、涉案官员众多，使法国在非洲的形象一落千丈；1994 年的卢旺达大屠杀事件更令法国遭"千夫所指"。新的国际形势迫使法国重新思考和调整与非洲法语国家的关系，在延续传统"法非特殊关系"的同时努力推动法非关系"正常化"，新旧方式并用来维护其在非洲的利益。

---

① Douglas A. Yates, "France and Africa," in Dawn Nagar and Charles Mutasa, eds., *Africa and the World: Bilateral and Multilateral International Diplomacy*, New York: Palgrave MacMillan, 2018, pp. 102 - 103.

② Ibid. , p. 95.

主要表现为以下三点。其一，以角色调整来维系法非传统"友谊"，促进法非关系从附属向平等的方向发展。希拉克在 20 世纪 90 年代开始提出对非洲"不干涉"政策。萨科齐在 2007 年提出与非洲建立合作关系政策，认为法非关系需要透明，是时候用正式的政府和外交机构来替代过去造成巨大伤害的非官方网络和使者，是时候翻开新的一页了。他还邀请 13 个非洲前殖民地国家军队、12 位非洲国家元首参加了 2010 年法国独立日庆祝活动，以此纪念其摆脱殖民统治独立 50 周年。奥朗德也积极推动法非关系正常化，对象征"法非特殊关系"的两大传统机构（合作与发展部、非洲事务处）进行了改革，并在制定政策时更加注重听取非洲的意见。马克龙提出其非洲政策是"没有非洲政策"，法国在非洲的殖民主义是一个"严重错误"，呼吁非洲青年面向未来与法国建立新型友好伙伴关系，这被认为其欲结束"法非特殊关系"，甩掉殖民和新殖民时期的历史包袱，推动法非关系正常化。

其二，以加强军事干预来弥补国力不足，努力以较小的军事成本维护其地区利益。从希拉克时期开始，法国逐渐转变传统军事干预的方式，减少大规模军事行动，通过加强与区域组织、非洲国家和域外大国的军事合作来分担安全责任。虽然法国在 21 世纪依然频繁军事干预非洲国家［2002 年、2004 年、2011 年科特迪瓦，2003 年、2008 年、2013 年中非共和国，2005 年刚果（金），2006 年、2008 年乍得，2008 年吉布提，2011 年利比亚，2013 年马里］，但其更加注重"在联合国或非盟授权下"的合法的多边军事行动，法国希望以最小的军事成本树立其维护和平的形象、控制恐怖主义和移民流动，并维护其在该地区的商业利益，这也被称为法国在非洲军事干预的新模式。

其三，以欧盟平台来应对大国在非洲新一轮竞争。21 世纪后，法国积极推动欧盟参与非洲事务，将法非关系提升到欧非关系的层面，希望借用欧盟的多边力量来应对大国在非洲新一轮的竞争。例如，2017 年马克龙提出把"共同的地中海和非洲政策"定义为"欧洲主权的六大关键要素之一"，呼吁德国等欧洲国家参与非洲反恐，积极把反恐问题"欧洲化"。2017 年，德国总理默克尔承诺在 2017～2022 年出资 11.8 亿欧元支持萨赫勒地区反恐行动。2019 年 12 月，在法国的游说下，欧盟先是承诺出资 5000 万欧元用于培训和武装萨赫勒五国联合反恐部队，2020 年 4 月又宣布追加 1.94 亿欧元援助。总之，虽然几乎历届法国总统都宣称要与"法非特殊关系"决裂，但法国与非洲法语国家在政治、经济、军事、文化等各领域都保持着千丝万缕的联系，即使法国国力有所下降，但其依然保持着很强的地区影响力，并将持续很长一段时间。

进入 21 世纪后，非洲法语国家在地区和国际事务中开始发挥更加积极和重要的作用。随着世界多极化和经济全球化趋势的加强，非洲法语国家也积极寻求联合自强、自主发展，促进区域经济一体化，推动法语国家间的文化交流。政治上，26 个非洲法语国家是非洲各区域组织的重要成员，并在其中发挥着重要作用。经济上，非洲法语国家积极融入区域经济一体化的发展进程。例如，西非国家经济共同体为了加快西非地区经济一体化步伐，决定在 2022～2026 年启动新的货币趋同协定，在 2027 年用新的单一货币"埃科"（Eco）取代西非法郎，这有助于它们掌握国家和地区经济发展的自主权，加快区域经济融合、释放区域经济潜能。文化上，非洲法语国家积极参与和推动法语国家间的文化交流。非洲约有 1.4 亿法语使用者（约占世界总数的 55%），是世界上法语使用人口最多的大陆。26 个非洲法语国家都是国际组织"法语国家组织"（OIF）的成员，它们在法语国家群体中发挥着日益重要的文化交流作用。随着非洲人口数量的快速增长，非洲法语国家在世界法语国家文化圈中的作用还将进一步提升。贸易上，非洲法语国家与世界各国的经贸往来日益频繁。26 个非洲法语国家的进出口总额从 2000 年的 1008 亿美元增长到 2019 年的 3572 亿美元和 2020 年的 3108 亿美元，其中增长 6 倍以上的国家有：吉布提（25.7 倍）、卢旺达（18.3 倍）、刚果（金）（10.5 倍）、布基纳法索（10.2 倍）、乍得（9.3 倍）、马里（6.9 倍）、毛里塔尼亚（6.7 倍）、几内亚（6.4 倍）和贝宁（6.1 倍）。①

近年来，中国已成为非洲法语国家重要的经济、贸易与投资合作伙伴。

_____

① 数据来源：世界银行数据库。

在"中非合作论坛"、"中阿合作论坛"以及"一带一路"合作框架下，随着非洲法语国家加快工业化、信息化和农业现代化建设步伐的需要，中国与非洲法语国家经贸往来日趋频繁、贸易额不断增加，中国已成为许多非洲法语国家的第一或第二大进口来源国。一大批中国优秀企业到非洲法语国家投资兴业，参与农业、制造业、能源、信息产业、住房和基础设施等领域的建设，投建营一体化建设格局初见端倪，一批农业示范中心、医院、学校和体育场馆等援建项目落地，技术合作专家和援非医疗队不畏艰险奋战在一线，这些为非洲法语国家带来了新技术、新设备、新理念和新经验，为当地创造了就业岗位，促进了经济增长，使中国与许多非洲法语国家的合作成为南南合作的典范。

非洲法语地区研究是我国非洲研究的薄弱环节之一。一方面，研究人员数量较少、专业化程度有待提高。国内从事非洲研究的人员大多为国际关系和世界史专业方向的学者，所掌握的外语大多为英语，不具备从事非洲法语地区研究的语言基础。而拥有较好法语基础的研究人员，大多为语言文学研究方向，又缺乏区域与国别研究的专业训练。另一方面，研究人员较为分散，缺乏学术共同体建设。国内相关学者大多分散在各高校的法语教学单位，兼顾开展非洲法语地区和国别研究，在校内缺乏专门从事非洲法语地区和国别研究的实体机构，在国内又缺乏相互交流合作的平台和渠道。基于此，为了加强我国非洲法语地区研究、推动学术共同体建设，2018 年 8 月，由中国亚非学会、云南大学非洲研究中心联合举办的"非洲法语国家：发展与合作"学术研讨会在云南大学召开，来自中国社会科学院西亚非洲研究所、北京外国语大学、北京语言大学、外交学院、国际关系学院、上海国际问题研究院、南京大学、中国海洋大学、武汉大学、天津职业技术师范大学、浙江师范大学、电子科技大学、西安外国语大学、湘潭大学、扬州大学、中非贸易研究中心、红河学院、云南大学等研究机构和高校的专家学者80 余人出席了研讨会。会议展现了非洲法语地区研究的丰富内涵和广阔空间，讨论了出版《非洲法语地区发展报告》的初步设想，希望通过此次会议和发展报告的编纂，为非洲法语地区研究领域的专家学者提供交流的纽带、合作的渠道和成果发布的平台，为学术共同体建设贡献力量。随后，在各位专家学者的大力支持下，2020 年由云南大学非洲研究中心牵头组织编纂，张永宏、詹世明担任主编，出版了《非洲法语地区发展报告（2020）》和《非洲法语国家：发展与合作》，得到了专家学者的认可和好评，为该系列发展报告开好头、起好步奠定了良好的基础。

本书是云南大学非洲研究中心牵头组织编纂的第二部《非洲法语地区发展报告》。北京外国语大学非洲学院院长李洪峰教授从一开始就为本书的编纂提供了全力支持，为本书的组稿、修订和出版做了大量工作。本书的作者分别来自北京外国语大学、外交学院、西北大学、山东青年政治学院和云南大学等高校科研机构。本书结合 2020～2021 年非洲法语地区的发展形势，针对新冠肺炎疫情、地区安全等热点问题进行了具体分析，针对地区政治治理、中法非三方合作、卫生与社会治理等前沿问题进行了探讨，并在非洲各区域选取 7 个非洲法语国家进行了国别形势分析，最后还整理编制了非洲法语地区的主要数据资料和大事记。希望本书能够为读者了解和研究非洲法语地区提供帮助，为中国的非洲法语地区研究贡献力量。

目　录

数据资料

热点问题

非洲法语国家应对新冠肺炎疫情的整体性分析

侯琦斌

摘　要： 新冠肺炎疫情给包括非洲法语国家在内的全人类社会带来了全新的防疫挑战。本文通过梳理疫情在非洲法语国家的发展脉络，将非洲法语国家的整体应对措施划分为三个阶段：第一阶段，采取国家紧急风险管控措施，辅以国民经济援助政策；第二阶段，由于疫情放缓加之经济下行压力增大，开始逐步放松或取消部分限制措施；第三阶段，迫于疫情反弹再次收紧政策，并加强与国际社会的合作，将防疫重心转向疫苗接种工作。非洲法语国家的整体应对表现出"紧—松—再紧"的反复状态。随着第三波疫情的强势反弹，仅靠非洲法语国家自身难以有效应对，国际社会应加强对相关国家的帮助，尤其是疫苗接种方面的援助显得至关重要。否则疫情有可能在该地区出现失控态势。

关键词： 新冠肺炎疫情　非洲法语国家　应对措施

作者简介： 侯琦斌，法国蒙彼利埃第三大学历史学博士、外交学院法国与法语国家研究中心副主任。

新型冠状病毒肺炎疫情（以下简称"新冠肺炎疫情"）的全球性大流行对世界各国的政治、经济、社会发展造成了前所未有的影响，给整个人类社会带来了严重的健康卫生挑战。由于世界各国在抗击疫情过程中采取的措施迥然不同，所取得的成效也相差甚远。

本文将尝试从宏观角度和地区层面对非洲法语国家在应对此次新冠肺炎疫情过程中遭遇的挑战、出台的措施进行整体性分析，并在文末对未来短期内该地区的疫情发展趋势做出一个初步的预判。

一 非洲法语国家新冠肺炎疫情发展概述

自 2020 年初新冠肺炎疫情在非洲出现后，该病毒在非洲迅速传播开来。到 2020 年 4 月中旬，54 个非洲国家无一幸免（其中包括 47 个世界卫生组织非洲区域成员国）。[①]

根据非洲疾病预防控制中心相关统计，截至 2021 年 8 月 31 日，非洲各国新冠肺炎累计感染病例共计 7763616 例，累计死亡病例共计 195475 例。[②] 在非洲范围内进行对比，非洲法语国家相较其他国家，确诊病例绝对人数较少（见图 1）。考虑到法语地区与英语地区的人口比例为 406940492∶889568633，约合 0.4575，而确诊病例人数比例为 1885241∶5878375，约合 0.3207。[③] 再将确诊人口占该地区总人口的比例纳入考量（见图 2），可以得出一个基本结论，即非洲法语国家与非洲其他国家的新冠肺炎疫情形势差异并不大。当然，如果从具体国别的角度分析（见图 3），各国间数据差异显然大于法语地区与

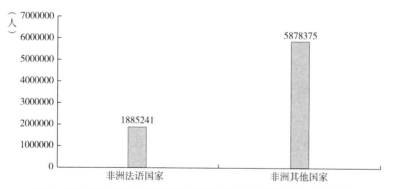

图 1　非洲法语国家与非洲其他国家新冠肺炎累计确诊病例人数对比（截至 2021 年 8 月 31 日）

资料来源：笔者根据世界卫生组织官方数据绘制。

---

① "Situation Reports," WHO African Region, https：//www.afro.who.int/health-topics/coronavirus-covid-19.

② AFRICA CDC, https：//africacdc.org/covid-19/.

③ 人口数据来源：维基百科, https：//fr.wikipedia.org/wiki/Afrique。

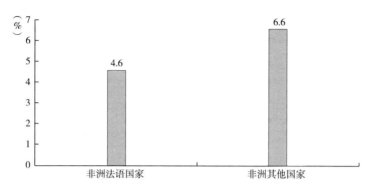

**图2 非洲法语国家与非洲其他国家新冠肺炎累计确诊病例人数
占总人口比例（截至2021年8月31日）**

资料来源：笔者根据世界卫生组织官方数据绘制。

非法语地区的地区间差异。

通过与世界其他地区的数据进行比较,[①] 可以发现非洲地区的新冠肺炎疫情暴发晚于世界其他地区，确诊病例人数也远低于欧洲、美洲、东南亚等人口稠密地区，但疫情的最新发展趋势却更加迅猛，抗疫形势最为严峻。目前普遍认为，非洲新冠肺炎疫情的上述特点受到三方面因素的影响：一是与新冠肺炎病毒及后续其变种病毒在全球范围内的传播路径有关；二是与防疫抗疫措施，包括疫情前期预防工作的落实程度及疫情后期疫苗接种的进度有关；三是与该地区人口年龄结构有关。

二 非洲法语国家应对新冠肺炎疫情的三个阶段

根据新冠肺炎疫情在非洲法语国家的发展态势，截至2021年8月，其防疫行动大致可以分为三个阶段：第一阶段（2020年2～9月），采取国家紧急风险管控措施，致力于在疫情暴发初期尽可能限制病毒传播途径及范围，同时辅以国民经济援助政策，尽力抵消疫情对国内生产生活带来的负面影响；第二阶段（2020年10月至2021年5月），随着疫情第一波高峰过去，

---

① FAO, *Covid-19: Mesures rapides et ambitieuses prises par le Royaume du Maroc*, 2020, p. 1.

图 3　非洲法语国家累计确诊病例（截至 2021 年 8 月 28 日）

资料来源：笔者根据世界卫生组织及非洲疾病预防控制中心官方数据绘制，AFRICA CDC，https：//africacdc. org/covid-19/。

并且由于第一阶段措施带来的经济、社会压力逐步升高，各国开始做出政策调整，放松或取消了部分限制措施，以便逐步恢复由于疫情而被迫中断的社会生产、生活，同时出台经济复苏或刺激方案，力图重振国民经济；第三阶段（2021 年 6 ~ 8 月），由于德尔塔变异毒株的传播、第二阶段放松管控、疫苗接种率不足等多方面原因，疫情在整个非洲地区开始大规模反弹并逐步呈现失控的态势，在此情况下相关国家不得不再次收紧政策，并加强与联合国、世界卫生组织、非洲联盟、非洲疾控中心等国际或地区组织合作，且将防疫重心逐步转向推进疫苗接种上。

（一）第一阶段：采取国家紧急风险管控措施，辅以国民经济援助政策

由于新冠肺炎疫情在非洲出现时间相比亚洲、欧洲、美洲等地区晚，加之疫情在欧亚、北美迅速传播后，联合国、世界卫生组织等国际组织也在第一时间向非洲各国发出预警，因此非洲法语国家对疫情的严峻性有一定心理预期及较高重视程度，同时也具备较为充足的时间借鉴中国等防疫成效显著的国家的经验。这使得大部分非洲法语国家均在本国或邻国出现新冠肺炎确诊病例后第一时间采取国家紧急风险管控措施。

此类措施可以主要归纳为以下五个类别：（1）宣布国家进入紧急卫生状态，实施强制性卫生措施。包括要求民众保持社交距离、佩戴口罩、勤消毒洗手，以降低感染风险；建立临时性方舱医院或军医院，以缓解卫生系统的压力；（2）封锁边境并管控国内人员流动。通过"封国""封城"和宵禁的方式来限制或减少国际与国内人员流动，力图从根本源头斩断病毒传播途径，降低病毒传播风险；（3）暂停一切聚集性公共活动；（4）关闭非必要的商业机构；（5）学校暂时停课或采取远程教学。

以摩洛哥为例，该国于 2020 年 3 月 2 日检测出第一例新冠肺炎确诊病例，在一周后政府便出台整套应对方案，防疫层面的具体措施包括：3 月 8 日暂停前往多国的国际航班；3 月 11 日关闭全国幼儿园与大中小学；3 月 15 日关闭边境，暂停一切公众活动；3 月 16 日关闭国内公共设施以及餐厅、电影院、清真寺；3 月 19 日宣布国家进入医疗紧急状态，人员外出均需持许可证；3 月 22 日政府通过《卫生隔离法案》，该法案有效期至 2020 年 4 月 20

日；4 月 7 日要求人员外出必须佩戴口罩并持许可证；4 月 19 日延长《卫生隔离法案》时效直至 2020 年 5 月 20 日。①

加蓬同样在 2020 年 3 月出台整套防疫方案，包括：佩戴口罩；禁止超过 10 人以上的聚集；法院暂停公开审理；暂停一切公开性的文化、政治、体育活动；关闭海、陆、空域边境；每晚 19 时 30 分至次日 6 时在全国实行宵禁；餐饮、娱乐行业暂停营业；限制国内各城市间人员流动；全国实施疫情隔离政策。②

贝宁政府也在 3 月出台了防疫方案，包括：非必要不得出境；严格限制外国人入境贝宁；所有入境贝宁人员均需接受 14 天隔离；隔离酒店由军队负责管理；除紧急情况外，取消所有政府人员出国公差；暂停一切公开的体育、文化、宗教、节日或政治活动；暂停前往麦加朝圣的准备工作；所有公共交通从业人员及乘客需佩戴口罩等防疫护具，保持社交距离；在殡葬场合同样需要遵循防疫措施，保持社交距离；宗教人士同样需要遵循防疫措施，保持社交距离，避免肢体接触；银行、超市、酒吧、餐厅、企业等机构须严格遵循防疫措施，并提醒顾客严格遵循防疫措施。③

塞内加尔政府也在 3 月出台本国防疫措施，包括：所有人员在公共场合及私营商业机构均须佩戴口罩；从 2020 年 3 月 23 日起全国进入紧急状态并实施宵禁，宵禁时间为每日 20 时至次日 6 时；暂停所有进出塞内加尔的航班及陆地运输；从 2020 年 3 月 20 日起关闭达喀尔地区的清真寺；除达喀尔—戈雷航线以外，暂停国内一切海运；限制公共交通乘客人数；暂停一切公众活动；全国大中小学从 2020 年 3 月 20 日起停课；从 2020 年 3 月 14 日起暂停一切宗教朝圣活动；关闭公园；3 月 22 日在图巴修建一所临时军医院。④

---

① FAO, Covid-19: *Mesures rapides et ambitieuses prises par le Royaume du Maroc*, 2020, p. 5.

② Jean Bernardini, Laure-Agnès Mollard-Cadix, *Afrique: mesures covid-19-Gabon*, March 16, 2020, https://taj-strategie.fr/afrique-mesures-covid-19-gabon/.

③ Secretariat general du gouvernement de la republique du benin, *Compte rendu du Conseil des Ministres*, No. 01/2020/PR/SGG/CM/OJ/EXT.

④ "Coronavirus: où en sommes-nous au Sénégal," AU-SENEGAL, https://www.au-senegal.com/coronavirus-ou-en-sommes-nous-au-senegal, 15872.html? lang = fr.

类似的强制性措施使得非洲法语国家在疫情初期能够有效管控病毒的传播,并显著延缓了第一波疫情高峰的出现。当然,考虑到整个非洲地区的医疗设施、检测能力相对落后,在疫情初期可能存在一定的遗漏病例。联合国、世卫组织、国际货币基金组织等国际组织均为非洲各国抗击新冠肺炎疫情提供了大量医疗物资与资金援助。包括中国在内的世界多个国家也同样伸出援手。这都帮助非洲各国迅速建立起成规模的新冠病毒检测体系,目前绝大部分非洲国家都已能独立对病毒样本进行采集和检测。①

在进行严格管控的同时,非洲法语各国在社会、经济、民生等方面也陆续推出各项应急政策,以最大限度抵消疫情对国民生活造成的负面影响。相关政策主要聚焦三大方面:(1)向特定人群发放生活补贴或救助金;(2)给企业减免赋税;(3)拨付专项资金用于补贴国家经济支柱行业。

以摩洛哥为例,该国政府自2020年3月在国内检测出第一例新冠确诊病例后,第一时间出台了一系列纾困政策,包括:3月11日成立国家经济预警委员会;3月15日在全国范围发放疫情失业补贴;3月17日成立新冠肺炎疫情特殊管控基金;3月25日建立中小企业紧急贷款机制(Damane Oxygène);3月31日延长企业纳税期限;4月6日向参与医保的人员发放家庭补助;4月10日向无固定工作者发放补贴。②

类似情况还包括:2020年3月,加蓬政府推出一系列紧急税收政策,包括减免企业50%的营业税,为企业提供总计2250亿西非法郎的紧急贷款,给不裁员的企业提供退税等;③ 同月,塞内加尔政府宣布建立共计10000亿西非法郎的"国民抗疫团结基金",其中500亿西非法郎将用于国民食品补贴;2020年4月,科特迪瓦推出总计约6500亿西非法郎的一揽子经济扶持

---

① "Africa CDC Steps up Coronavirus Response by Rolling out 1m Tests," Al Jazeera, News Agencies, April 16, 2020, https://www.aljazeera.com/news/2020/04/africa-cdc-steps-coronavirus-response-rolling-1m-tests-200416142625589.html.

② FAO, Covid-19: Mesures rapides et ambitieuses prises par le Royaume du Maroc, 2020, p.11.

③ Jean Bernardini, Laure-Agnès Mollard-Cadix, "Afrique: mesures covid-19—Gabon," March 16, 2020, https://taj-strategie.fr/afrique-mesures-covid-19-gabon/.

计划，并且该计划 46% 的资金将投入农业生产领域；同期，多哥总统也宣布将建立"国民团结与经济复苏基金"，将共计投入 4000 亿西非法郎，该项基金将用于农业生产补贴、食品补贴及中小企业生产补贴。[①]

在国际层面，非洲法语国家也希望相关国际组织能够减免其债务或贷款，以帮助非洲地区重振经济。塞内加尔总统马基 - 萨勒就曾在 2020 年 3 月公开表示希望国际社会在这方面给予非洲各国一定的减免政策，这一建议很快得到了联合国贸易和发展会议、世界银行、国际货币基金组织的积极响应。[②]

综上所述，非洲法语国家第一阶段通过采取国家紧急风险管控措施辅以国民经济援助政策的方式使得相关国家能够将疫情限制在可控范围内并且显著延缓了第一波疫情高峰的到来，而这一时期非洲法语国家的新冠肺炎确诊人数及死亡人数相较欧洲、美洲、东南亚地区也明显处于低位。

（二）第二阶段：放松或取消部分疫情管控措施

第一阶段的"封国"或"封城"措施虽然有效控制住新冠病毒在大部分非洲法语国家的传播速度和传播范围并延缓了第一波疫情高峰的到来，但给国民经济带来了严重影响，国内经济发展停滞、短期内失业率和物价急剧上升使得各国政府和社会都承受着巨大压力。由于欧盟在 2020 年 4 月建议其成员国循序渐进地取消限制性措施，重启社区生活和经济，[③] 部分非洲法语国家在第一波疫情高峰过去后也开始效仿，以期重振国家经济，恢复社会正常运转。

此类措施主要涵盖四个方面：（1）重新开放边境及国内交通；（2）减短宵禁时间或取消宵禁；（3）恢复部分或全部生产、经营活动；（4）重新开放部分或全部旅游景点及娱乐场所。

---

① COMMODAFRICA, "Covid-19: la riposte économique de l'Afrique de l'Ouest avec des mesures agricoles en Côte d'Ivoire et au Togo," April 2, 2020, https://www.commodafrica.com/02-04-2020-covid-19-la-riposte-economique-de-lafrique-de-louest-avec-des-mesures-agricoles-en-cote.

② "Les économies africaines menacées par la crise du Covid-19 (CNUCED)," UN, March 26, 2020, https://news.un.org/fr/story/2020/03/1065072.

③ 卢春天、刘萌：《欧盟对于新冠肺炎疫情的应对和防控》，《经济社会体制比较》2021 年第 4 期。

例如，塞内加尔政府在 2020 年 6 月 7 日对国内防疫措施做出以下调整：于 2020 年 6 月 15 日恢复国内航班；恢复国内各城市间铁路运输，运营人员与乘客均须佩戴口罩并遵循相关防疫措施；宵禁时间从每日 21 时至次日 5 时调整为每日 23 时至次日 5 时；餐厅和健身运动场所恢复营业，酒吧和沙滩继续关闭。①

随后塞政府在 2020 年 7 月 1 日做出进一步调整：取消国家紧急状态和宵禁；恢复公务员正常工作时间；从 2020 年 7 月 15 日起恢复出入本国的国际航班；保持公共市场每周关闭一天进行消毒的措施；娱乐场所继续保持暂停营业状态；陆、海域边境保持关闭；保持紧急卫生状态。

塞政府于 2020 年 11 月再次对国内防疫措施做出以下调整：恢复达喀尔—戈雷、达喀尔—济金绍尔海运航路；取消对公交系统乘客人数的限制；开放国内多个旅游景点。

但放松管制的结果是疫情在 2020 年 12 月至 2021 年 2 月期间迎来第二次高峰，且感染人数远超第一波疫情。这也充分印证了世卫组织等国际机构的判断，应对此次新冠肺炎疫情的最有效方法是大规模接种疫苗。在没有达到一定规模的接种人群前放松防疫措施将会导致疫情的迅速反弹。

（三）第三阶段：重启严厉防控措施并加速疫苗接种进度

新冠变异病毒德尔塔毒株于 2020 年 10 月在印度被发现，这种新的变异毒株可能导致免疫逃逸和传染性增强。世卫组织发布的新冠肺炎每周流行病学报告显示，截至 2021 年 8 月 24 日，全球已有 163 个国家和地区出现德尔塔病毒感染者。② 新变异毒株的出现以及第二阶段管控措施的放松导致整个非洲地区的疫情在 2021 年 6 月出现第三次高峰，此次峰值不仅远高于前两次且尚无减弱的迹象。③ 据世卫组织统计，在非洲地区的第三波疫情中，南

---

① "Coronavirus: où en sommes-nous au Sénégal?" AU-SENEGAL, https://www.au-senegal.com/coronavirus-ou-en-sommes-nous-au-senegal, 15872. html? lang = fr.

② "Weekly Epidemiological update on COVID-19," WHO, August 24, 2021, p. 2.

③ "Covid-19 en Afrique: hausse inquiétante des cas qui se rapproche du pic de la première vague," UN, June 17, 2021, https://news. un. org/fr/story/2021/06/1098302.

非、突尼斯、赞比亚、乌干达与纳米比亚这五个国家的新增病例占整个非洲地区新增病例的76%。

随着疫情态势再次朝着失控的方向发展，非洲法语国家不得不再次收紧防疫措施。较为典型的如阿尔及利亚，从2021年7月1日起每日新增确诊人数不断突破新高，从每日新增400余人一路上升到7月9日的800余人。这也令阿尔及利亚总统特本不得不召集防疫委员会重新研究国内形势后决定重启之前的严格管控措施，包括强制佩戴口罩、保持社交距离、普及消毒用品的使用、加速推进疫苗接种等具体规定，同时还将增加各个医疗机构的临时床位用以接收新冠患者。① 这一系列措施收到了立竿见影的效果：自2021年8月起，阿尔及利亚国内确诊人数开始下降，到8月22日，特本总统宣布重新开放国内部分沙滩景区、重启部分娱乐行业、恢复部分航班，但依然要求国民遵循严格的防护措施。同时他还计划在开学前为所有教师、学生接种新冠疫苗。

阿尔及利亚邻国突尼斯与摩洛哥的情况也是如此。突尼斯防治新冠肺炎疫情委员会于2021年5月3日收紧该国防疫措施，在原有规定的基础上增加以下条款：国外入境人员需在突尼斯卫生部指定地点进行7日强制性隔离，并在隔离结束后接受新冠核酸检测；向该国议会递交法案，提议暂停国内疫情最为严重地区的交通出入；对违反防疫规定的人员进行罚款处理；全国中小学停课（毕业年级除外）；全国高校进行线上教学；疫情最为严重的地区政府官员应根据当地情况进一步加强防疫措施；室内咖啡厅暂停营业，室外咖啡厅可继续营业，但需保持社交距离。② 摩洛哥政府则于2021年7月21日宣布重启疫情初期整套严格防控措施，其中包括恢复每日23时至次日4时的宵禁。③

---

① "Flambée du Covid-19: Tebboune prend 3 mesures," TSA, July 10, 2021, https://www.tsaalgerie. com/flambee-du-covid-19-tebboune-prend-3-mesures/.

② Seif Soudani, "Tunisie: Retour au confinement obligatoire pour les voyageurs," *LE COURRIER DE L'ATLAS*, April 28, 2021.

③ YABILADI, "Maroc: Retour des mesures restrictives face à la flambée de Covid-19," July 20, 2021, https://www.yabiladi.com/articles/details/112530/maroc-retour-mesures-restrictives-face.html.

在重启严格防疫措施的同时，非洲法语国家也在同国际社会加强合作，加速推动本国的疫苗接种工作。这其中最为人熟知的合作项目是由世界卫生组织、流行病防范创新联盟和全球疫苗免疫联盟牵头制定的"新冠肺炎疫苗实施计划"（COVAX）[①]。该计划是一个开创性全球合作项目，旨在加速开发、生产和公平获取检测试剂盒、治疗用药和疫苗，并保证世界上每个国家都能公平合理地获得疫苗。

其中全球疫苗免疫联盟领导该计划的大规模采购和交付工作，设计和管理该计划的预先市场承诺（AMC），并与其传统合作伙伴联合国儿童基金会和世卫组织以及各国政府合作，做好国家准备和交付工作；流行病防范创新联盟负责领导该计划的疫苗研究和开发投资组合，对各种有希望的候选疫苗研发进行投资，目标是支持开发多种安全有效的疫苗提供给该计划参与国；世卫组织则在该计划内发挥多重作用，为疫苗政策、监管、安全、研发、分配以及国家准备和交付提供规范性指导。

"新冠肺炎疫苗实施计划"具体目标包括五点：（1）保障相关国家与地区至少20%人口的所需疫苗；（2）提供多样化和积极管理的疫苗组合；（3）承诺一有疫苗就立即交付；（4）结束新冠肺炎疫情大流行的急性期；（5）助力相关国家与地区重建经济。具体目标（1）与（5）中的"相关国家与地区"是根据世界银行数据划分出的92个低收入国家与地区，[②] 它们是该计划的重点帮扶对象，具有预先市场承诺（AMC）资格。这其中包括了26个非洲法语国家中的25个（唯一没有入选的非洲法语国家为加蓬）。目前通过世卫组织认证入选该计划的六种新冠肺炎疫苗包括中国国药集团和中国科兴公司生产的国药疫苗和科兴疫苗。2021年2月24日，由"新冠肺炎疫苗实施计划"提供的首批疫苗运抵加纳，标志着这一计划的正式实施。

截至2021年8月31日，非洲法语各国新冠肺炎疫苗接种情况如图4所示。

---

① 该计划中文全称亦被译为"新冠肺炎疫苗全球获取机制"。
② GAVI，"92 low-and middle-income economies eligible to get access to COVID-19 vaccines through Gavi COVAX AMC，"https：//www.gavi.org/news/media-room/92-low-middle-income-economies-eligible-access-covid-19-vaccines-gavi-covax-amc.

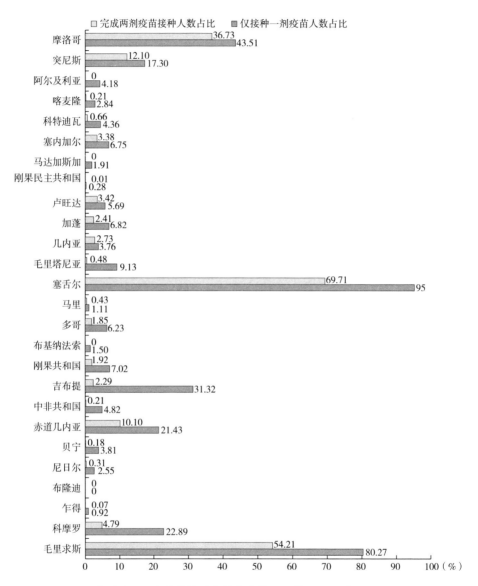

图 4　非洲法语国家疫苗接种人数占比情况（截至 2021 年 8 月 31 日）

资料来源：笔者根据非洲疾病预防控制中心官方数据绘制，AFRICA CDC，https：//africacdc.
org/covid-19/。

　　非洲法语各国疫苗接种进度差距巨大：既有如塞舌尔、毛里求斯这样接
种人数超国内人口半数的国家，也有如布隆迪这样接种进度为零的情况出

现。而在这两种极端状况之外，大部分非洲法语国家的疫苗接种进度仍然大幅落后于世界其他地区。

综上所述，由于在第二阶段对于防疫措施有所放松，加之新冠肺炎德尔塔变异毒株的传染性增强，第三波疫情在 2021 年 7 月左右迅速波及大部分非洲法语国家。虽然在国际社会的帮助下，绝大部分非洲法语国家已经开始着手疫苗接种工作，但由于疫苗短缺导致接种速度与范围均极为有限。这些因素综合导致目前新冠肺炎疫情在大部分非洲法语国家呈现快速反弹的态势。

三 结语

通过上述整理、分析我们可以看到，此次新冠肺炎疫情期间，非洲法语国家的具体防疫措施以联合国、世卫组织的建议方案为基础，吸收、借鉴了世界上防疫工作较为成功的国家的经验。在限制病毒传播途径方面主要采取限制国际国内人员流动、佩戴口罩、保持社交距离、关闭公共场所、停工停学等具有强制性的措施；在预防方面则持续加强与国际社会合作，进一步推进疫苗接种工作。

然而从宏观角度看，当疫情防控与社会经济正常发展短期内呈现两难态势时，非洲法语国家对于此次新冠肺炎疫情的整体应对表现为"紧—松—再紧"的反复状态：每当防控措施收紧，在控制住疫情的同时必然带来社会经济发展停滞的压力，当政府迫于经济下行压力放松管控后，疫情迅速反弹，使政府不得不再次收紧管控，由此陷入一种恶性循环。这种情况的出现首先是因为非洲法语国家政府的治理能力普遍较为有限，政府缺乏排除众议、将政策推行到底的政治魄力与手段；其次，政府也缺少将新增病例"清零"的决心与耐心，这一点多少受到西方国家所谓"集体免疫"观念的影响；最后，由于历史原因，非洲法语国家在发展层面普遍存在经济结构较为单一、工业化程度较低、抗御外界风险能力较弱的问题，这导致政府在"防治疫情"与"维持社会经济正常发展"之间左右摇摆，羸弱的经济与财政使得政府没有足够的社会、经济资源进行抗疫。

从目前非洲国家新冠肺炎病例增加的速度来判断，如果没有更进一步的强有力防控手段并大幅提高当地疫苗供应、提升疫苗接种速率，新冠肺炎疫情在非洲地区的传播有可能出现失控的形势，这一地区成为下一个潜在疫情重灾区的风险大大提升。尽管非洲法语国家在抗击疫情第一、第二阶段已积累了一定的防疫经验和基础，但面对第三波疫情带来的新变化、新挑战，显然还无法进行有效应对，其在基础设施、医疗服务、综合治理等方面的短板在疫情面前充分暴露出来。综合各方面因素进行判断，如仅依靠非洲法语国家自身可能难以有效应对2021年6月以来的这一波疫情高峰，国际社会对相关国家提供必要的帮助尤其是疫苗接种方面的援助则显得至关重要。正如许多专家、学者普遍指出的，全球疫情能否控制得住不取决于疫情控制得最好的国家，而取决于疫情控制得最差的国家。包括非洲法语国家在内的非洲地区一旦疫情失控，势必会影响全球其他地区的疫情防控进展。

自新冠肺炎疫情在非洲发生以来，中国作为负责任的大国，积极向非洲伸出援手。2020年6月，中非领导人共同倡议召开中非团结抗疫特别峰会，展现了中非双方患难与共的特殊情谊。截至2021年8月，中国已向53个非洲国家和非洲联盟交付了大量医疗援助物资，在常驻非洲48国的近1000名中国医疗队医护人员继续坚守岗位的同时，中国还紧急向非洲17国派出抗疫医疗专家组，召开了近百场视频交流会，现场和线上提供指导、分享经验；同38个非洲国家的43家医院开展对口医院合作，培训当地医护人员2万多人次，并提前开工建设非洲疾控中心总部；中国在新冠肺炎疫苗研发完成并投入使用后，始终坚持疫苗全球公共产品的第一属性，履行了"率先惠及非洲国家"的承诺。中国从2021年初开始克服疫苗供应紧张困难，陆续向近40个非洲国家交付了数千万剂新冠肺炎疫苗，在中方对外援助疫苗的接收国中，有超过三分之一是非洲国家。这一系列行动都诠释了中非命运共同体的真谛。随着中国国内疫情得到显著控制，相信中国政府也将在下一阶段加大对包括非洲法语国家在内的非洲地区的援助，助力非洲大陆早日走出疫情的阴霾。

新冠肺炎疫情对非洲法语国家
经济发展的影响

梁益坚

摘　要： 新冠肺炎疫情对非洲法语国家的经济发展造成较大冲击。主要表现为 2020 年 GDP 增长率明显下降，日常消费业和旅游业出现较大萎缩，石油等大宗商品价格下跌导致出口额大幅下降，财政赤字增加和债务规模扩大使公共债务占 GDP 的比例进一步上升，实现包容性经济增长的难度加大。新冠肺炎疫情暴发以后，非洲法语国家一方面采取积极的疫情防控措施，限制其对经济的持续影响，另一方面采取积极的财政货币政策并寻求外部援助来推动经济复苏和化解债务危机。虽然非洲法语国家的经济复苏前景还存在一定的不确定性，但随着疫情缓和与大宗商品价格上涨，其经济增速将逐渐恢复到正常的经济增长区间。

关键词： 新冠肺炎疫情　非洲法语国家　经济发展

作者简介： 梁益坚，云南大学非洲研究中心副研究员。

2020 年新冠肺炎疫情暴发后迅速在全球蔓延，使世界经济遭遇重创并出现严重衰退。2020 年世界 GDP 增长率为 - 4.3%，其中发达国家和地区为 - 5.6%，发展中国家和地区为 - 2.4%，非洲地区为 - 4.2%，非洲法语国家为 - 3.3%。[①] 非洲国家中以法语为官方语言的有 21 个，以法语为通

[①]　UN，*World Economic Situation and Prospects 2021*，2021，p.141.

用语言的有 5 个，其中是"非洲金融共同体法郎区"成员国的有 14 个。① 新冠肺炎疫情对非洲法语国家的经济发展来说，既是一次危机，也是一次大考。疫情对许多非洲法语国家的宏观经济基本面造成较大冲击，财政赤字增加，债务负担加重，公共卫生、粮食和失业问题正在威胁来之不易的减贫成果。随着 2021 年疫情防控形势好转与大宗商品价格反弹，非洲法语国家经济逐渐复苏，但其复苏前景也因受制于内外风险而存在一定的不确定性。

一 新冠肺炎疫情对非洲法语国家经济的主要冲击

新冠肺炎疫情给全球经济带来严重影响。世界 GDP 增长率 2019 年为 2.5%，2020 年衰退至 -4.3%，大大低于疫情暴发前预测的 2.5%。全球经济衰退表明疫情给世界经济和日常生活带来较为严重的连锁反应和破坏性影响。与此同时，疫情也给非洲经济带来较大冲击，非洲大陆正面临 25 年来首次经济衰退，非洲 GDP 增长率 2019 年为 2.9%，2020 年下降到 -4.2%。②

截至 2021 年 8 月 5 日，26 个非洲法语国家确诊感染新冠肺炎人数为 201 万，死亡人数为 4.4 万（非洲确诊 691.2 万人，死亡 17.4 万人；全球确诊 2 亿人，死亡 426.9 万人）。虽然非洲法语国家并未出现新冠肺炎疫情大规模暴发态势，死亡人数相对较少，但中短期内对经济发展产生了较大的不利影响。疫情对非洲法语国家的经济影响主要分为外源性和内生性两类。外源性影响主要包括国际贸易萎缩、旅游业停滞，外国直接投资、官方发展援助和侨汇收入大幅减少，大宗商品价格下跌加剧了相关国家的财政和债务问题。内生性影响主要包括疫情防控措施降低了国内经济活力和税收收入，增加了公共财政支出等。新冠肺炎疫情对非洲法语国家经济的冲击，主要表现在以下五个层面。

---

① 西非法郎区（8 国）：贝宁、布基纳法索、几内亚比绍、科特迪瓦、马里、尼日尔、塞内加尔和多哥；中非法郎区（6 国）：喀麦隆、中非共和国、乍得、刚果（布）、赤道几内亚和加蓬；科摩罗作为法国前殖民地，其货币也与欧元挂钩。

② UN, *World Economic Situation and Prospects 2021*, 2021, p.141.

（一）宏观经济层面：2020 年 GDP 增长率明显下降，CPI 小幅上涨

由表 1 可知，新冠肺炎疫情暴发之前，非洲法语国家经济保持较好的增长态势，大部分国家 GDP 增长率高于 3%。按照 2017～2019 年年均 GDP 增长率，非洲法语国家可以分为以下四组：（1）GDP 增长率超过 5% 的国家，包括几内亚、科特迪瓦、卢旺达、马里、塞内加尔、贝宁、布基纳法索、吉布提和尼日尔 9 国，其中几内亚经济得益于铝土矿出口的快速增加；（2）GDP 增长率为 3%～5% 的国家，包括多哥、刚果（金）、科摩罗、中非共和国、喀麦隆、马达加斯加、毛里求斯和摩洛哥 8 国，其中科摩罗在 2019 年遭受"肯尼斯气旋"的重创；（3）GDP 增长率为 0%～3% 的国家，包括毛里塔尼亚、布隆迪、加蓬、突尼斯、阿尔及利亚和乍得 6 国；（4）GDP 增长率为负的国家，包括刚果（布）、赤道几内亚 2 国，其主要是受石油收入下降的影响。

新冠肺炎疫情暴发之后，受石油价格下跌、旅游业萎缩和疫情防控限制性措施的影响，2020 年非洲法语国家经济受到较大冲击，绝大部分国家的 GDP 增长率为负。按照 2020 年 GDP 增长率，非洲法语国家可以分为以下三组：（1）GDP 增长率为正的国家，包括卢旺达、科特迪瓦和贝宁 3 国，主要得益于其多元化的经济结构；（2）GDP 增长率为 -5%～0% 的国家，包括几内亚、吉布提、塞内加尔、布基纳法索、多哥、科摩罗、尼日尔、中非共和国、马里、刚果（金）、喀麦隆、马达加斯加、毛里塔尼亚、布隆迪、乍得和加蓬 16 国，其中马里除了受到疫情影响之外，还受到 2020 年 8 月军事政变的影响；（3）GDP 增长率低于 -5% 的国家，包括摩洛哥、突尼斯、阿尔及利亚、赤道几内亚、刚果（布）和毛里求斯 6 国，其中毛里求斯 2020 年 GDP 增长率为 -12%，这些国家主要受到旅游业停滞和大宗商品价格下跌的影响。

随着疫情防控趋于常态化和石油价格反弹，2021 年非洲法语国家的经济实现较大复苏。根据预测数据，毛里求斯、科特迪瓦、摩洛哥、几内亚、突尼斯和阿尔及利亚 6 国 2021 年 GDP 增长率将超过 5%。但部分国家因为经济长期低迷或受大宗商品价格复苏乏力的影响，其经济恢复将较为缓慢，其

中科摩罗、加蓬、中非共和国、马里、毛里塔尼亚、刚果（布）和赤道几内亚 7 国 2021 年 GDP 增长率将低于 3%。

表 1　非洲法语国家 2017～2022 年 GDP 增长率

单位：%

国别	2017～2019 年年均	2020 年	2021 年（预测）	2022 年（预测）
贝宁	6.2	0.2	3.7	5.1
布基纳法索	6.2	- 1.6	4.7	5.5
布隆迪	2	- 3.3	3	3.2
喀麦隆	3.8	- 2.5	3.4	4.1
科摩罗	4.2	- 1.9	2.9	3
科特迪瓦	7.3	0.7	6.5	7.2
吉布提	6	- 1	4.5	5
加蓬	1.8	- 4	2.9	3.7
几内亚	8.3	0	5.5	6.5
赤道几内亚	- 5.9	- 8	0.3	- 0.6
马达加斯加	3.8	- 2.6	3	2.8
马里	6.7	- 2.1	2.8	4.3
尼日尔	5.9	- 2	4.5	8.3
中非共和国	3.9	- 2	2.8	4.3
刚果（金）	4.6	- 2.2	3.5	4
刚果（布）	- 1	- 8.8	1.6	3.3
卢旺达	7.3	1.1	4.5	6
塞内加尔	6.3	- 1.3	5	6
塞舌尔	—	—	—	—
乍得	1	- 3.4	4.8	5.5
多哥	4.7	- 1.8	3.8	4.5
阿尔及利亚	1.1	- 7.7	5.2	4.2
摩洛哥	3.3	- 7.1	5.6	2.9
毛里求斯	3.7	- 12	8.5	3
毛里塔尼亚	2.7	- 2.9	1.9	2.2
突尼斯	1.8	- 7.2	5.3	3.2

注：塞舌尔数据缺失。

资料来源：UN，*World Economic Situation and Prospects 2021*，2021，pp. 137 - 138。

由表2可知，新冠肺炎疫情暴发之前，大部分非洲法语国家2017～2019年消费者物价指数（CPI）年平均保持在3%以下，只有刚果（金）、几内亚、马达加斯加和毛里塔尼亚4国高于5%。这主要得益于2017～2019年粮食价格下降和汇率相对稳定。例如布基纳法索、马里、尼日尔和贝宁等国在2017～2019年保持了较低的财政赤字，提高了粮食产量，有效抑制了通货膨胀。

新冠肺炎疫情暴发后，一小部分非洲法语国家的CPI迅速上涨，刚果（金）、刚果（布）、赤道几内亚、加蓬、卢旺达和布隆迪6国2020年CPI增幅较大，主要是受出口收入减少、进口供应中断和货币政策等因素的影响。除以上6国之外，其余大部分非洲法语国家的CPI小幅上涨，基本保持稳定，部分国家CPI甚至有小幅回落。这说明虽受疫情影响，但大部分非洲法语国家并没有出现严重的通货膨胀。

表2　非洲法语国家2017～2022年消费者物价指数（CPI）

单位：%

国别	2017～2019年年均	2020年	2021年（预测）	2022年（预测）
贝宁	0.6	－2	－0.6	0.5
布基纳法索	0.1	0.3	3.2	3.8
布隆迪	4.2	8.1	5.9	7.7
喀麦隆	1.4	－0.9	－1.7	－1.7
科摩罗	1.7	2.5	2.5	3.1
科特迪瓦	0	－1.6	－0.5	0.6
吉布提	1.3	1.6	3	3.6
加蓬	3.3	12.5	19.1	21.6
几内亚	9.4	1.6	－0.4	－0.5
赤道几内亚	1	11.9	18.9	21.4
马达加斯加	7.6	4	4.7	4.2
马里	0.1	－8.8	－11.2	－10.9
尼日尔	1.1	0.7	3.6	5.4
中非共和国	2.8	1.7	2.4	2.8
刚果（金）	23.3	35.9	48.5	47.5
刚果（布）	1.3	16.4	26.4	31

续表

国别	2017～2019 年年均	2020 年	2021 年（预测）	2022 年（预测）
卢旺达	3.8	8.2	6.8	6.1
塞内加尔	1.2	0.5	2.4	3.2
塞舌尔	0.6	2.9	6.2	7.6
乍得	0.2	-0.6	0.9	1.7
多哥	3.9	1.9	3.3	3.9
阿尔及利亚	1	0.7	1.1	1.2
摩洛哥	2.4	2.4	4	4.5
毛里求斯	2.5	2.2	2.7	2.9
毛里塔尼亚	6.4	5.4	4	4.4
突尼斯	0.6	-2	-0.6	0.5

资料来源：UN，*World Economic Situation and Prospects 2021*，2021，pp. 144 - 145。

（二）行业层面：服务业受到严重冲击

服务业是大多数非洲法语国家经济增长的主要驱动部门，就对 GDP 增长率的贡献而言，其超过制造业和农业部门。除少数国家外，服务业占大多数非洲法语国家 GDP 的一半以上。2019 年有一半以上的非洲法语国家服务业对 GDP 增长率的贡献高于 3 个百分点，其中多哥和贝宁分别为 4.4 个百分点和 4.2 个百分点。马里工业部门对 GDP 增长率的贡献较大，为 3 个百分点；布基纳法索农业部门对 GDP 增长率的贡献较大，为 2.1 个百分点。[1] 随着新冠肺炎疫情的全球大流行，非洲法语国家采取了相应的疫情防控措施，服务业首当其冲受到较大影响，特别体现在两个行业领域。

其一，日常消费业受到较大冲击。近年来，日常消费迅速增长已经成为非洲法语国家经济发展的重要驱动因素。政治经济稳定和中产阶级崛起使得日常消费业的规模不断扩大。马里和布基纳法索的日常消费业对 GDP 增长率的贡献超过 5 个百分点。相比之下，自战争结束以来，科特迪瓦中产阶级

---

① AfDB，*West Africa Economic Outlook 2020—Coping with the COVID-19 Pandemic*，2020，p. 6.

的重新崛起正在推动消费支出的增加，研究显示该国中产阶级的消费能力在2019～2030年将增加约154%。① 疫情防控和封锁措施毫无疑问对日常消费业带来严重的冲击。绝大多数非洲法语国家都采取了不同程度的防控和封锁措施，科特迪瓦等一些国家在疫情暴发的最初几个月关闭了商业中心和夜间娱乐场所，对与之相关的生产、供应和物流以及贸易造成了一系列的不利影响，并使家庭收入普遍下降。疫情防控和封锁措施特别是对非正规部门就业者造成了收入和消费的双重影响。

其二，旅游业出现大幅萎缩。近年来，非洲大陆的游客人数持续增长，年均增长率为5%，2019年约为7000万人，如果没有疫情，2020年的预测数据为7500万人。根据世界旅游业理事会（WTTC）的数据，旅游业是非洲经济增长的主要引擎之一，2019年占GDP的8.5%。摩洛哥、突尼斯每年接待的游客数量分别达到1100万人和830万人。② 受新冠肺炎疫情的影响，旅行限制、边境关闭和保持社交距离等相关措施对旅游业造成严重影响，使其经济产值大幅下降。随着疫情的持续，非洲法语国家中旅游国的经济将受到较为严重的影响，特别是塞舌尔、毛里求斯等小规模经济体。2019年旅游业占GDP 10%以上的非洲法语国家主要有塞舌尔、毛里求斯、突尼斯、马达加斯加、卢旺达、科摩罗和塞内加尔。其中塞舌尔、毛里求斯的旅游业就业人数占总就业人数的20%以上，旅游业占GDP的比例达到25%。受疫情影响，这些国家的酒店正在裁员，旅行社也大量关闭。例如，摩洛哥旅游业2019年接待了创纪录的1290万名游客，2020年游客人数同比下降78%，酒店入住率下降70%，航班量下降70%，GDP增长率为-7.1%。③

（三）贸易层面：大宗商品价格下跌导致出口额大幅下降

许多非洲国家是外向型经济，对外部冲击较为敏感。2015～2019年，

① AfDB，*West Africa Economic Outlook 2020—Coping with the COVID-19 Pandemic*，2020，p. 7.
② Ibid.，p. 25.
③ EIU，*Country Report：Morocco*，2021，p. 29.

非洲贸易总额平均每年为 7600 亿美元，占非洲 GDP 的 29%，但非洲内部贸易仅占非洲贸易总额的 17%（与世界其他地区相比是最低的地区）。非洲产业结构转型缓慢、基础设施落后、一体化和关税壁垒等方面的问题是造成这种情况的重要原因。[①] 新冠肺炎疫情对非洲出口贸易造成了较为严重的冲击。非洲大陆的出口商品以原材料为主，随着疫情的全球大流行，大宗商品需求萎缩和价格下跌直接影响非洲出口贸易额。2020 年世界出口贸易额下降4.7%，非洲下降 13.7%；世界进口贸易额下降 4.3%，非洲下降 4.5%。[②]

新冠肺炎疫情对非洲法语国家贸易的影响主要体现在资源出口国，特别是石油出口国。非洲法语国家中石油出口国主要有：阿尔及利亚、刚果（布）、赤道几内亚、加蓬、乍得和喀麦隆，其每天的石油产量大概分别为160 万桶、35 万桶、28 万桶、20 万桶、12 万桶和 8.5 万桶。在新冠肺炎疫情暴发之前，大宗商品价格已经呈下降趋势，而自 2020 年初以来，其价格下降速度加快。全球经济衰退也进一步加剧了价格下跌，给这些经济依赖大宗商品出口的国家带来较大冲击。例如，2020 年 4 月石油价格暴跌至每桶30 美元以下，导致出口收入锐减，严重影响了依赖石油收入的财政预算和外汇储备。一些产油国也纷纷下调了石油产量，例如刚果（布）将 2020 年的年产量目标从 1.4 亿桶下调至 1.1 亿桶，加蓬 2020 年石油产量则下降了21%。油气领域的外国直接投资也受到一定的影响。例如，英国石油公司（BP）和美国的科斯莫斯能源公司（Kosmos Energy）已经缩减了位于毛里塔尼亚和塞内加尔海上边界的大特尔图阿希姆（GTA）液化天然气项目。

除了石油，其他初级产品出口和转口贸易也受到了较大影响。例如，科特迪瓦的木材出口下降了 16.5%、矿石出口下降了 4.8%。毛里塔尼亚的铁矿石出口下降了 1/3，渔业产品出口基本停滞。毛里求斯的海产品、纺织品及糖的出口也受到较大影响。与此同时，吉布提等传统的转口贸易国也受到较为严重的影响，转口贸易额大幅下降。

---

① AU, *Impact of the Coronavirus（COVID-19）on the African Economy*, 2020, p. 15.

② UN, *World Economic Situation and Prospects 2021*, 2021, p. 152.

但也有受疫情影响较小的国家。例如，几内亚的铝土矿出口增长率从2019年的8%上升到2020年的18.4%，使其2020年的GDP没有因疫情而大幅下跌，这主要是世界对铝土矿需求增加的结果，自2017年以来几内亚一直是世界铝土矿的主要供应国。布基纳法索的黄金出口值增长了21%，棉花出口值增长了13%。[①]

（四）财政与债务层面：面临财政赤字增加和债务规模扩大的双重压力

新冠肺炎疫情暴发之前，许多非洲法语国家就存在持续的经常账户赤字和财政赤字，这主要是长期贸易逆差导致的。由于非洲国家国内税收占财政支出的比例较低，许多国家严重依赖外部资金来解决财政赤字问题，主要包括商品出口、外国直接投资、侨汇、官方发展援助和外债等。疫情暴发之后，出口贸易额减少、税收下降和公共卫生支出增加，再加上官方发展援助、外国直接投资和侨汇流入下降，许多非洲法语国家的财政赤字进一步增加，削弱了抵御外部冲击的能力。在侨汇方面，疫情造成的经济活动中断影响了侨汇收入。例如，科特迪瓦是西非地区重要的侨汇汇出国，该国经济放缓将影响布基纳法索、马里、塞内加尔等国的侨汇收入。随着收入急剧下降和支出压力增加，许多非洲法语国家在财政状况紧张的情况下被迫削减财政支出，而一些日常项目财政支出的削减又会产生一系列的问题。比如削减工资支出、养老金支出以及一些维护地区安全的军事支出等。与此同时，一些国家将越来越依赖外部资金为财政赤字融资，不过全球资本市场的不确定性将提高其融资成本。

新冠肺炎疫情暴发之前，许多非洲国家的平均债务水平已经在缓慢上升。例如，西非地区的外债总额从2015年占GDP的20%上升到2017年的28.8%，2019年进一步上升到31.1%。然而，区域平均水平掩盖了各国债

---

① AfDB, *African Economic Outlook 2021—From Debt Resolution to Growth: The Road Ahead for Africa*, 2021, pp. 151, 156.

务状况的显著差异。塞内加尔的外债占 GDP 的比例从 2015 年的 55.8% 增加
到 2019 年的 67.7%，主要是因为公共融资需求高，特别是基础设施的发展。
这也使得塞内加尔需要将大约 1/3 的收入用于偿还公共债务。根据国际货币
基金组织的债务评估，2015～2019 年债务风险从低等上升到中等或高等的
非洲法语国家数量有所增加，如贝宁、塞内加尔等国从低等债务风险上升到
中等债务风险，布基纳法索、科特迪瓦、几内亚、马里、尼日尔和多哥等国
则维持中等债务风险的水平。[①] 但是，由于非洲债务格局的变化，严重的脆
弱性正在显现，非洲的债务逐渐从传统的多边和双边巴黎俱乐部（Paris
Club）的资金来源转向商业债权人和非巴黎俱乐部官方贷款人。商业债权人
在非洲外债存量中的份额增加了一倍多，从 2000 年的 17% 增加到 2019 年底
的 40%。尼日尔、布基纳法索等非洲法语国家的公共债务来自一些中长期的
优惠贷款，债务风险较低。然而，一部分非洲法语国家通过发行欧洲债券来
满足其融资需求，导致其抗风险的能力明显减弱。

新冠肺炎疫情暴发使非洲债务问题在收入和支出两个方面承压。其一，
出口和税收减少导致偿债压力大增，债务违约风险急剧增加。短期内由于货
币贬值和不断增长的利息支出，非洲债务占 GDP 比例从 2019 年的 60% 大幅
上升至 70% 以上，约 1/3 的非洲国家在新冠肺炎疫情暴发之后面临着较高的
债务风险。在 2020 年和 2021 年，大多数非洲国家的债务占 GDP 的平均比例
大幅上升，特别是资源密集型国家。其二，公共卫生支出增长和经济刺激计
划的实施使政府的公共融资需求激增，将进一步导致债务快速增加。据世界
银行预测，非洲各国政府 2020 年需要大约 1250 亿～1540 亿美元的额外融资
来应对危机。[②] 虽然一部分国家采用税收减免和延期纳税等税收措施，但大
多数国家采取了增加政府支出的经济刺激措施来进行干预，如增加公共卫生
投资、扶持中小企业和发放现金等。对企业担保、股权注入和贷款等措施也

---

① AfDB, *West Africa Economic Outlook 2020—Coping with the COVID-19 Pandemic*, 2020, pp. 13 – 14.
② AfDB, *African Economic Outlook 2021—From Debt Resolution to Growth: The Road Ahead for Africa*, 2021, p. 45.

使政府面临中长期负债增加。这些经济刺激计划在很大程度上对政府支出、预算平衡、借贷需求和债务水平产生了直接影响。

在中短期内，大部分非洲法语国家的公共债务占 GDP 的比例将有一定幅度的攀升。新冠肺炎疫情导致财政收入紧缩和政府支出激增，已经造成中短期内债务的快速积累，特别是在依赖旅游业和资源出口的国家。就债务风险程度而言，可以分为以下两类。

其一，债务风险较高的国家。刚果（布）、喀麦隆、中非共和国、布隆迪等国的公共债务已经积累到令人担忧的水平。刚果（布）为加快城市化建设实施了较大规模的公共投资计划，2014～2018 年公共债务存量平均每年增长 25%，未偿债务在 2019 年底占 GDP 的 83.3%，2020 年增至 104.2%。在新冠肺炎疫情期间，刚果（布）很难获得发展伙伴的外部融资，预计 2021 年负债率将达到 GDP 的 99.8%，2022 年可能下滑至 94%。债务重组在中短期内对于恢复刚果（布）经济发展的财政空间至关重要。经济发展将伴随着通过扩大税基、公共支出合理化和实施由"布拉柴维尔俱乐部"支持的国内债务清理方案来增加国内资源的调动。喀麦隆作为债务减免的受益国，2007 年公共债务大幅下降到占 GDP 的 12%，但到 2020 年 9 月其公共债务占 GDP 的比例又上升到 45.8%。随着经济复苏的融资需要，喀麦隆的债务风险将进一步上升。中非共和国也面临很高的债务风险，极易受到外部冲击和高额外债带来的外汇风险的影响。2019 年其公共债务存量为 11 亿美元，其中 76.5% 是外债。为降低债务风险，中非共和国将奉行审慎的借贷政策，并加强公共债务管理。布隆迪自 2015 年内乱导致外部资金枯竭以来，公共债务急剧上升，2020 年其公共债务占 GDP 的比例约为 63.7%，其中 70% 是国内债务。结构性贸易赤字和持续的财政赤字导致布隆迪国内债务持续增加，其债务风险仍然很高。①

其二，债务风险处于中等水平的国家。突尼斯、塞内加尔、卢旺达、塞

---

① AfDB, *African Economic Outlook 2021—From Debt Resolution to Growth: The Road Ahead for Africa*, 2021, pp. 107 - 164.

舌尔和毛里求斯等国的公共债务水平处于风险可控的范围。突尼斯的公共债务占 GDP 的比例从 2011 年的 50% 左右上升到 2020 年的 90%，其中公共债务中 70% 是外债。但突尼斯的债务是可持续的，因为其中很大一部分是优惠贷款，而且投资组合的期限相对较长。塞内加尔的公共债务占 GDP 的比例从 2018 年的 61.4% 上升到 2020 年的 68.6%，近 83% 的债务是外债，其债务风险适中。为确保财政可持续性，塞内加尔启动了中期收入调整战略，并将在改革债务管理体制的同时更多依靠优惠贷款。卢旺达由于近年的基础设施投资增长、援助减少和新冠肺炎疫情期间的公共卫生支出增长，其公共债务占 GDP 的比例从 2019 年的 58% 上升到 2020 年的 66%，预计 2021 年将达到 72%，其债务风险将从低等风险上调至中等风险。塞舌尔过去十多年来积极通过债务重组来降低其公共债务占 GDP 的比例，计划在 2021 年从曾经峰值的 150% 下降到 50% 以下，其 2019 年的公共债务占 GDP 的比例已经下降到 57%。但由于疫情的影响，其公共债务占 GDP 的比例在 2020 年又上升到 85%。随后国际货币基金组织、世界银行和非洲开发银行给予了一定的资金帮助，再加上其经济发展态势较好，所以其债务风险处于可控范围内。毛里求斯公共债务占 GDP 的比例从 2008 年的 63.7% 大幅降至 2013 年的 48.6%，随后开始缓慢上升。受新冠肺炎疫情的影响，2020 年毛里求斯公共债务占 GDP 的比例为 64.6%，预计 2021 年将上升到 76.1%。尽管有趋于严重的迹象，但其公共债务风险仍然在可控范围内，其国内债务占公共债务的 88%，主要由银行业持有的政府债券构成。①

（五）社会发展层面：实现包容性经济增长的难度加大

新冠肺炎疫情暴发后，绝大多数非洲法语国家都采取了相应的疫情防控和封锁措施，包括关闭学校、工作场所和公共交通；取消公共活动；限制私人聚会、国内和国际旅行；发布居家要求等。在 2020 年 3～7 月非洲出现新

---

① AfDB, *African Economic Outlook 2021—From Debt Resolution to Growth：The Road Ahead for Africa*, 2021, pp. 107 – 164.

冠肺炎疫情初期，许多非洲法语国家对国际和国内交通、公共活动、学校开学和私人聚会实施了严格的限制，甚至通过完全关闭边境来限制国际旅行。随着新冠肺炎确诊病例的增加，许多非洲国家反应迅速，有数据的非洲国家中有一半以上只用 3 天就宣布了对学校的限制措施，不到 2 周就发布了居家要求，封锁严格程度较高。[①] 此后，随着各国每日新增病例减少，开始逐步放松限制措施。整体来看，非洲感染新冠肺炎的人数和比例都远低于其他一些较为严重的地区。在最严重的情况下，非洲每日新冠肺炎感染病例平均接近每千人 0.1 例，相比之下，其他区域为 2.5 例，世界平均为 1.8 例。[②] 虽然新冠肺炎病毒对非洲法语国家造成的直接影响较小，但限制性措施在社会发展层面对经济造成了一定的间接影响，主要体现在以下三个方面。

其一，对劳动者健康和就业的影响。新冠肺炎疫情对劳动者的直接影响是病毒对健康的威胁和基本医疗卫生服务的中断而导致的二次健康威胁，间接影响是长期封锁限制措施和关闭企业对劳动者就业造成的持续影响。2020年，整个非洲大陆的失业率都在上升，尤其是在城市地区。[③] 新冠肺炎疫情使一些劳动者不愿求职，劳动力规模也有所下降，这对经济增长和财政收入将产生长期影响。根据联合国非洲经济委员会对 54 个非洲国家 210 家公司的调查，疫情期间企业雇员人数只相当于正常情况下的 40%~50%。[④] 目前的失业问题对非正规部门的妇女、青年和移民影响特别大，而缺乏社会保障制度又加剧了这一问题。在这种情况下，毛里塔尼亚、卢旺达等近年来减贫工作取得重大进展的国家，可能会有大量人口重返贫困，使减贫工作出现倒退。

其二，对粮食安全的影响。在疫情暴发之前，布基纳法索、喀麦隆、几内亚、尼日尔、中非共和国、刚果（金）和多哥等非洲法语国家已经存在粮

---

① AfDB, *African Economic Outlook 2021—From Debt Resolution to Growth*: *The Road Ahead for Africa*, 2021, p. 24.

② Ibid., p. 25.

③ UN, *World Economic Situation and Prospects 2021*, 2021, p. 91.

④ Omolola Amoussou, Charlotte Karagueuzian and Mamadou Bah, *African SMEs through Covid-19*: *Challenges, Policy Responses and Recommendations*, African Development Bank, 2021, p. 2.

食安全问题。新冠肺炎疫情的发展及其造成的经济衰退和供应链中断，加剧了上述国家本已脆弱的粮食安全问题。例如，布基纳法索在 2020 年 11 月已经出现较为严重的粮食危机，布基纳法索北部地区约 330 万人面临饥荒的威胁。马达加斯加在 2020 年连续遭受洪灾和旱灾的袭击，其农村地区也出现粮食安全问题。①

其三，对经济发展环境的影响。在新冠肺炎疫情暴发之前，萨赫勒地区就已经因为恐怖主义、政治不稳定和气候变化造成大量人口流离失所，也没有现成的解决方案来遏制武装团体在萨赫勒国家治理薄弱的边境地区所从事的非法活动。根据联合国的数据，2020 年 2 月布基纳法索境内有 76.5 万人流离失所，220 万人需要人道主义援助。② 新冠肺炎疫情暴发之后，相关国家的安全部队、医疗卫生人员和国际救济组织难以向当地居民提供救援，这将加剧社会不满，进而增加政治不稳定和内乱的风险，并严重影响相关国家的疫情防控和经济恢复。

二　非洲法语国家应对疫情冲击的主要举措

新冠肺炎疫情暴发以后，非洲法语国家一方面采取积极的疫情防控措施，提升抗风险能力，限制其对经济的影响；另一方面采取积极的财政政策，推动经济早日复苏。

（一）采取疫情防控的相关措施来推动经济早日复苏

在 2020 年上半年开始的第一波新冠肺炎疫情中，绝大部分非洲法语国家都积极采取了疫情防控的相关举措。例如，卢旺达是撒哈拉以南非洲第一个采取疫情限制性措施的国家。政府的快速反应在很大程度上防止了第一波疫情的失控。毛里求斯自 2020 年 3 月中旬以来，一直在采取积极措施遏制

---

① EIU，*Country Report*：*Burkina Faso*，2021，p. 30.

② AU，*Impact of the Coronavirus*（*COVID-19*）*on the African Economy*，2020，p. 21.

病毒的传播，包括封锁和完全或部分关闭边境。摩洛哥投入超过 10 亿美元来改善卫生基础设施和协助受影响部门。塞舌尔在疫情发生之后，紧急动用外汇储备采购药品和建设医疗设施。在区域层面上，非盟在疫情初期积极采取措施，设立抗疫基金，并立即向该基金捐款 1250 万美元作为种子资金，敦促成员国、国际社会和慈善实体向该基金捐款，同时捐助 450 万美元以提高非洲疾病预防控制中心应对疫情的能力，敦促 20 国集团立即向非洲国家提供医疗设备，呼吁国际社会开放贸易走廊，让药品和其他医疗用品能够正常运输。① 就 2020 年第一波新冠肺炎疫情而言，非洲似乎避免了疫情的大流行，尤其是与欧洲、北美、中东和亚洲部分地区的确诊病例人数、死亡人数和医疗压力相比。

在 2020 年底出现的第二波新冠肺炎疫情中，随着埃及、尼日利亚和南非等非洲国家的感染人数和死亡人数的快速增加，许多非洲法语国家加大了公共卫生投入，并采取了更加严格的封锁限制性措施。例如，卢旺达为应对第二波疫情提供了免费检测，开设了新的治疗中心，并采取了一系列限制性措施来防控疫情：未保持社交距离者和未佩戴口罩者将受到处罚；从晚上 8 点到次日凌晨 4 点实行宵禁；所有企业必须在下午 6 点前停业；禁止进出首都基加利和各区之间的旅行；禁止所有社交聚会。②

为了尽早控制疫情和恢复正常的经济活动，非洲法语国家多渠道争取新冠肺炎疫苗。一些非洲法语国家加入全球"新冠肺炎疫苗实施计划"（COVAX）。③ 摩洛哥、阿尔及利亚、塞内加尔、塞舌尔、毛里求斯等非洲法语国家积极联系新冠肺炎疫苗生产国，并可能率先实现大规模疫苗接种。但大多数非洲法语国家在获得新冠肺炎疫苗供应方面仍面临困难，并处于全球疫苗接种争夺战的边缘。一方面，发达国家生产的疫苗首先将用于本国的疫

---

① AU, *Impact of the Coronavirus（COVID-19）on the African Economy*, 2020, pp. 26 – 29.
② EIU, *Country Report: Rwanda*, 2021, p. 28.
③ "新冠肺炎疫苗实施计划"是由全球疫苗免疫联盟、世界卫生组织和流行病防范创新联盟共同提出并牵头进行的项目，拟于 2021 年底前向全球提供 20 亿剂新冠肺炎疫苗，供应给"自费经济体"和"受资助经济体"。

情防控；另一方面，像布基纳法索、中非共和国、乍得、科摩罗、刚果（金）、马里、毛里塔尼亚和尼日尔等非洲法语国家，由于医疗卫生基础设施较差，在疫苗的运输、储存和分发等方面将面临较大的挑战，难以尽早实现疫苗的接种。目前，非洲的疫苗研发能力薄弱，少有的几个潜在疫苗生产点估计要在 2021 年底或 2022 年才能开始提供疫苗。大多数非洲国家将依靠国际社会援助和公平分配措施，以负担得起的价格获得疫苗，但现有安排的交付时间表和规模非常不确定，2021 年可能只有一小部分民众能够接种疫苗。

（二）对内实行积极的财政政策和货币政策来创造更多就业岗位

非洲法语国家为了创造更多就业岗位、减轻企业负担和增加经济活力，实行了积极的财政政策和货币政策。

其一，积极发挥财政政策的作用。（1）争取相关国际援助，减轻财政赤字压力。疫情期间，由于出口收入减少和财政支出增加，部分非洲法语国家获得了国际组织和主要经济体的援助和贷款支持。例如，布基纳法索和乍得在 2020 年底获得了世界银行资金支持的承诺，旨在帮助陷入困境的萨赫勒国家解决人道主义危机和减少新冠肺炎疫情带来的不利影响。估计布基纳法索将在 3 年内获得超过 10 亿美元的援助和贷款。马达加斯加在 2020 年获得世界银行 7500 万美元的发展资金支持，获得国际货币基金组织超过 3.3 亿美元的紧急资金支持。（2）减免交通运输、旅游、住宿餐饮等行业的税收，同时对受损严重的行业给予财政补助，降低中小企业负担。一些非洲法语国家开始向受新冠肺炎疫情影响较大的经济部门（特别是中小企业）提供直接资助。例如，科特迪瓦于 2020 年 3 月宣布一项财政一揽子计划，其中包括中小企业支助基金（占 GDP 的 0.4%）和非正规部门支助基金（占 GDP 的 0.3%）。摩洛哥担保机构为处于困境中的中小企业提供融资和担保，增加对中小企业的采购，并简化采购程序。突尼斯设了一个 1 亿美元的中小企业支持基金。几内亚也向中小微企业提供担保贷款。[①]（3）加大对低收入群体

---

① AU，*Impact of the Coronavirus（COVID-19）on the African Economy*，2020，pp. 26 - 29.

和因疫情失业群体的帮扶力度，特别是在非正式部门就业的劳动力，防范可能因失业而引发的社会稳定问题。例如，科特迪瓦设立相关基金支持受影响的企业，以减少企业裁员。塞内加尔 2020 年 11 月启动青年就业计划，并使培训方案适应疫情形势下的劳动力市场需求。（4）适当扩大财政赤字来促进经济增长和保障社会服务。受疫情影响，许多非洲法语国家采取扩大财政赤字的办法，防止出现财政紧缩而过度影响就业、疫情防控和社会服务。例如，突尼斯的财政赤字从 2019 年占 GDP 的 3% 扩大到 2020 年的 13%。贝宁 2020 年财政赤字扩大到占 GDP 的 4% 来支持抗疫和税收减免，随着疫情形势缓和，预计其财政赤字在 2021 年和 2022 年将分别下降到 3.3% 和 1.2%。布基纳法索 2020 年财政赤字扩大至占 GDP 的 5%，随着外部优惠贷款的支持，预计到 2022 年将下降至 2.2%。与此同时，一些非洲法语国家通过积极增加基础设施建设来推动经济复苏。吉布提继续加大在基础设施领域的投资，在 2020 年启动修船厂、酒店等项目来创造就业；加蓬启动 2.1 亿美元的水电站大坝建设项目。[1]

其二，提高货币政策的灵活度。大多数非洲法语国家大幅放松了货币政策。（1）适当降准降息，加大金融扶持力度。2020 年，阿尔及利亚、摩洛哥、突尼斯和卢旺达等非洲法语国家试图通过降低贷款成本、放松商业银行的准备金来解决流动性问题。中部非洲经济与货币共同体（中非经货共同体）和西非经济货币联盟（西非经货联盟）下调了政策利率，其他措施包括：注入流动性、暂停偿还债务和重组现有债务等。[2]（2）建立绿色金融服务通道，简化信贷服务流程，降低金融交易成本，提高金融服务效率。许多非洲法语国家对部分受损严重的行业给予还贷延期、降息和增加信用贷款等优惠政策。卢旺达、多哥等国还通过降低交易费用和提高移动支付限额等来鼓励使用移动支付。

---

① EIU, *Country Report：Djibouti，Gabon*，2021.

② UN, *World Economic Situation and Prospects 2021*，2021，p. 93.

（三）对外寻求资金支持来缓解债务危机

新冠肺炎疫情暴发之后，面对日益严重的债务到期问题，许多非洲法语国家积极与债权方进行沟通协调，其采取的措施主要包括：减免债务或延迟偿债时间，进行债务重组，寻求新的融资来源。全球主要经济体和多边金融机构也积极协调解决，国际货币基金组织、世界银行和其他多边发展银行增加了紧急资金援助。2020 年 3 月，西非国家中央银行（BCEAO）要求金融机构推迟陷入困境的中小企业的私人债务偿还，并为中小企业再融资提供贷款。[1] 2020 年 4 月，20 国集团批准了"暂停偿债倡议"（DSSI），世界上最贫穷的国家可以推迟 2020 年 5 月至 2021 年 6 月之间到期的债务偿还，并延长了还款时间。刚果（布）、吉布提、毛里塔尼亚等国将从这一倡议中受益，预计节省的支出占到其 GDP 的 1% ~ 2%。国际货币基金组织启动了"灾难遏制和救济信托基金"（CCRT），减免 22 个非洲国家部分债务，并向非洲国家提供资金援助。2020 年 12 月，摩洛哥在国际债券市场发行 30 亿美元的主权债券来获得国际融资，分别是 7.5 亿美元的 7 年期债券、10 亿美元的 12 年期债券和 12.5 亿美元的 30 年期债券。2021 年 1 月，乍得就债务重组问题与 G20 国家进行协商，成为非洲第一个提出债务重组请求的国家，并希望国际货币基金组织提供一个新的四年资助方案。2021 年 2 月，世界银行宣布向科特迪瓦提供 3 亿美元贷款，以帮助其减轻新冠肺炎疫情造成的不利影响。这笔资金有助于科特迪瓦加强公共卫生体系建设，并重振经济。2021 年 2 月，科特迪瓦通过重新发行欧洲债券筹集了 8.5 亿欧元来弥补财政赤字，分别是 2032 年到期的 6 亿欧元债券和 2048 年到期的 2.5 亿欧元债券。[2]

---

[1] Omolola Amoussou, Charlotte Karagueuzian and Mamadou Bah, *African SMEs through Covid-19: Challenges, Policy Responses and Recommendations*, African Development Bank, 2021, p. 5.

[2] EIU, *Country Report: Côte d'Ivoire*, 2021, p. 44.

三 疫情冲击下非洲法语国家经济前景展望

非洲法语国家 2021～2022 年的经济预计将逐渐实现复苏。目前可能会影响经济增长速度的不利因素有：新冠肺炎疫情突然加重、大宗商品价格暴跌、旅游业增长乏力、极端天气或社会动荡等。可能会使经济增长好于预期的有利因素包括：新冠肺炎疫苗和药物有效普及、区域一体化进程有序推进、数字化程度不断提升等。非洲法语国家的经济增长前景还存在一定的不确定性，但总体在向好的方向发展。

（一）短期内疫情缓和有助于经济复苏

非洲法语国家在 2020 年经济出现严重衰退之后，随着疫情缓和与防控封锁措施放松，2021～2022 年经济将逐渐实现复苏，部分国家的经济增速将出现较大反弹。虽然新冠肺炎疫情使非洲法语国家 2020 年经济出现衰退，但衰退的程度比疫情暴发初期预测的要轻，因疫情而遭受的经济损失比世界许多国家少。到 2020 年底，非洲法语国家的部分经济指标已经开始回升，金融市场波动趋于稳定，资本外逃情况也得到好转。特别是随着欧美国家接种疫苗人数的增加，国际旅行和旅游业将逐渐恢复，预计毛里求斯、塞舌尔、摩洛哥和塞内加尔等旅游资源较丰富的非洲法语国家经济将实现强劲反弹。

根据联合国的数据，2020 年非洲法语国家的 GDP 增长率为 - 3.3%，2021 年将上升到 4.1%，2022 年将上升到 4.3%。2021 年 GDP 增长率超过 5% 的非洲法语国家有毛里求斯、科特迪瓦、摩洛哥、几内亚、突尼斯和阿尔及利亚 6 国，2022 年超过 5% 的有尼日尔、科特迪瓦、几内亚、塞内加尔、卢旺达、乍得、布基纳法索、贝宁和吉布提 9 国。但也有一些国家经济长期低迷，其经济复苏较为缓慢。2021 年 GDP 增长率低于 3% 的非洲法语国家有科摩罗、加蓬、中非共和国、马里、毛里塔尼亚、刚果（布）和赤道几内亚 7 国，2022 年低于 3% 的有摩洛哥、马达加斯加、毛里塔尼亚和赤道几内亚 4 国（见表 1）。除少数几个国家之外，大部分非洲法语国家 2021～

2022 年的 CPI 将基本保持稳定。2021～2022 年大多数非洲法语国家的 CPI 都将低于 5%，高于 5% 的国家主要有刚果（金）、刚果（布）、加蓬、赤道几内亚、卢旺达、塞舌尔和布隆迪 7 国（见表 2）。

当然，2021～2022 年非洲法语国家的经济复苏也受到一些不确定因素的影响。新一轮的新冠肺炎病毒感染可能迫使一些国家重新采取严厉的封锁措施，这将影响经济复苏的进程。还有一些不利的经济、社会和地区安全因素也有可能对部分非洲法语国家的经济复苏造成影响。但如果能更早实现大规模接种疫苗，在 2022 年继续实施财政刺激计划，这将有助于非洲法语国家提振消费和投资信心，促使经济增速好于预期。

（二）中期内大宗商品价格上涨有助于缓解债务危机

债务危机是部分非洲法语国家在未来一段时间需要着力解决的难题。新冠肺炎疫情对部分非洲法语国家的财政和债务造成直接影响，导致其公共债务占 GDP 的比例在中短期将上升 10～15 个百分点。这意味着部分非洲法语国家将面临较为严重的债务危机，偿债压力和复杂的债务解决方案可能会影响经济复苏的速度。在 2015 年大宗商品价格暴跌之后，部分非洲法语国家对原材料出口的过度依赖使其已经出现公共债务占 GDP 比例持续上升的趋势，财政和经常账户赤字较为严重，还本付息的负担迅速增加，特别是商业贷款比例相对较高的国家，其偿债比例在 2018～2019 年已经超过 "重债穷国计划" 之前的债务水平。2020 年新冠肺炎疫情暴发之后，部分非洲法语国家的债务危机开始恶化。对资源出口型国家来说，债务危机主要是由汇率贬值和贸易赤字造成的，这主要是大宗商品价格下跌的结果。对于非资源出口型国家而言，疫情导致公共支出增加、税收和援助减少是主要原因。

在疫情初期，大宗商品价格受市场恐慌情绪的影响出现大幅下跌，使部分依赖石油出口的非洲法语国家的偿债压力迅速增加。石油价格从 2020 年 1 月最高时的 65 美元/桶下跌到 4 月最低时的 6.5 美元/桶，并在随后的半年时间内长期在 40 美元/桶的低位徘徊。到 2020 年底，随着市场恐慌情绪消退和部分经济活动恢复，石油价格开始逐渐回升，从 2020 年 11 月最低时的

33.6 美元/桶一路上涨至 2021 年 6 月的 74 美元/桶。石油价格已经逐渐恢复到疫情前的水平，部分非洲法语国家的债务压力得到明显缓解。根据联合国的预测数据，非洲出口贸易额在 2021 年和 2022 年将实现 12.2% 和 7.4% 的较大增长，非洲进口贸易额在 2021 年和 2022 年也将增长 7.9% 和 5.4%。例如，尼日尔在石油和铀矿出口的推动下实现了 2017～2019 年年平均 5.9% 的GDP 增长率。疫情对尼日尔的石油和铀矿出口贸易造成了较大影响，但随着疫情缓和与大宗商品价格上涨，尼日尔的财政赤字和债务压力得到缓解，其GDP 增长率在 2021 年和 2022 年将恢复到 4.5% 和 8.3%。[①] 尽管大宗商品价格上涨有助于缓解部分非洲法语国家的债务危机，但这毕竟是治标不治本，非洲法语国家还需要提高债务的透明度和管理水平来减少债务脆弱性、提高债务的可持续性。

（三）长期来看，区域一体化、数字经济和绿色发展有助于提升抗风险能力

在疫情期间，非洲法语国家较为集中的西非国家经济共同体（以下简称"西共体"）积极推动区域一体化的建设步伐。2021 年 6 月 19 日，西共体 15国决定，将在 2022～2026 年执行新的货币趋同协定，并于 2027 年启用名为"埃科"（Eco）的单一货币，希望统一货币能够促进区域贸易和经济增长。西共体现有 15 个成员国，人口 3.85 亿，占非洲总人口近 1/3，是西非地区最大的经济合作组织，目前有 8 个成员国（贝宁、布基纳法索、几内亚比绍、科特迪瓦、马里、尼日尔、塞内加尔和多哥）使用与欧元挂钩的西非法郎。新的单一货币"埃科"启用后，也将继续与欧元挂钩，但以前西非法郎区成员国将 50% 的外汇储备存入法国财政部开设的运营账户的规定将被取消，该地区央行理事会中的法国代表将被免职，新机构将拥有更多的自主权。

疫情期间所采取的限制性措施正加速非洲法语国家数字化建设步伐。卢旺达、多哥等国已经利用数字技术来积极推动经济复苏，这有助于使经济政策更

---

① UN, *World Economic Situation and Prospects 2021*, 2021, pp. 137 – 138.

快地触及农村地区和社会底层，为陷入贫困的民众提供及时帮助，不断提升抗风险能力。为了推广数字支付，许多非洲法语国家都降低了数字支付手续费、提高了支付限额。非盟在"数字非洲"建设方面也提出了明确目标，争取到2030年实现数字单一市场，为此非盟在2020年提出《2020～2030年非洲数字转型战略》和《非洲数字经济倡议》来推动工业、贸易和金融服务领域的数字化进程。随着"数字非洲"建设步伐的加快，一些非洲法语国家积极运用数字技术来提高生产效率和加速生产转型。例如，加蓬使用卫星观测技术来精准测绘和合理使用木材资源，促进木材加工业的可持续发展。刚果（金）在钴业生产流程中使用数字化手段优化矿山管理、控制生产规模和提高安全水平，通过区块链技术加强产品的可溯源性来增加国际市场的认可。[1]

新冠肺炎疫情使更多非洲法语国家认识到，要应对各种突如其来的病毒侵扰和自然灾害就需要注重人与自然和谐相处，需要加快绿色发展的步伐。随着全球生态环境问题日益突出，许多非洲法语国家也面临着日益严峻的生态环境问题。例如萨赫勒地区的荒漠化正在加剧农民和牧民之间的冲突。乍得湖地区由于基础设施缺乏和不恰当的灌溉方式造成湖区大面积萎缩，加剧了尼日利亚北部、喀麦隆和乍得的水资源危机。[2] 在一些生态环境脆弱的地区，极易陷入人口增长、资源枯竭与环境恶化的恶性循环。越来越多的非洲法语国家也认识到加强绿色发展不仅能够在生产领域加快新技术应用、提高生产效率，还能促进人口、自然和环境的协同发展，减少各类自然灾害，提升抗风险能力。

四　结语

2021年，德尔塔、奥密克戎变异病毒正迅速在越来越多的国家蔓延，非

---

[1] AU and OECD, *Africa's Development Dynamics 2021：Digital Transformation for Quality Jobs*, 2021, p.155.

[2] B. Mberu et al., "Internal Migration, Urbanization and Slumsin Sub-Saharan Africa," in Hans Groth and John F. May, eds., *Africa's Population：In Search of a Demographic Dividend*, Springer International Publishing, 2017, p.320.

洲新增病例不断增加，这使非洲法语国家面临第三波疫情的严峻挑战，经济复苏的步伐可能会受到一定的影响。但新冠肺炎疫苗的接种工作正在许多国家逐步展开，这将有助于稳步推进全球抗疫工作。虽然新冠肺炎疫情的负面影响还将长期存在，但非洲也正在加速建设本地疫苗生产中心并积极参与全球"新冠肺炎疫苗实施计划"，这有助于非洲法语国家尽早实现疫苗的大规模接种。国际社会也在积极提供各类援助并协助解决债务危机，绝大部分非洲法语国家的经济将逐步恢复到疫情前的发展水平。新冠肺炎疫情对非洲法语国家来说，既是一次经济发展方式的考验，也是一次实现经济转型的契机，要抓住未来的发展机遇，加大公共卫生体系建设来提升民众健康水平，加强资源收益管理和提高资金使用透明度来化解债务危机，加快区域一体化、数字经济和绿色发展的建设步伐来推动经济复苏和实现跨越式发展。

几内亚湾海盗问题的现状与国际应对*

曹峰毓

摘　要：几内亚湾已成为全球海盗活动最频繁的海域。近年来，该地区的海盗组织呈现战斗力强且手段残忍、远海作案能力不断强化、组织协调能力逐渐显露、作案链条进一步完善、与恐怖主义合流趋势依旧明显等特征。国际社会积极通过向该海域派遣军舰、进行军事援助、开展联合军演、提升相关国家海洋治理能力、呼吁相关方加强投入等直接或间接手段参与该海域的反海盗工作。然而，域内国家海洋治理能力仍严重不足、索马里反海盗活动的部分经验难以借鉴、引起海盗问题的社会发展困境难以被根治、新冠肺炎疫情的常态化等因素导致几内亚湾海盗问题在短时内难以得到根本好转。

关键词：几内亚湾　海盗　尼日利亚　安全治理

作者简介：曹峰毓，西北大学中东研究所副教授。

一　几内亚湾海盗活动日益猖獗

几内亚湾与索马里近海、孟加拉湾、马六甲海峡和亚丁湾并称世界五大海盗高危海域。海盗早已成为当地航运，尤其是石油产品出口的重要安全威胁。伴随着索马里海盗在国际社会的联合打击下走向消亡，几内亚湾已成为全球海盗威胁最严重的地区。根据国际海事机构的统计，2020 年全球共发生海盗袭击事件 200 余起，其中有多达 65 起发生在几内亚湾及其附近海域，

* 本文系 2021 年度国家社会科学基金青年项目"海上恐怖主义及其治理研究"（批准号：21C GJ009）的阶段性成果。

占比高达30%以上。① 2021年第一季度，全球共发生38起海盗袭击，其中多达43%发生在几内亚湾。②

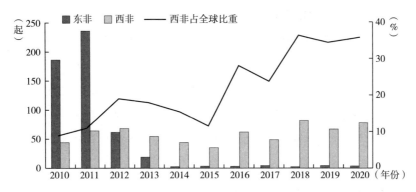

图1 2010~2020年西非与东非海盗袭击次数变化对比

资料来源："GISIS：Piracy and Armed Robbery，" IMO（2020），https：//gisis.imo.org/Public/PAR/Reports.aspx，accessed：2020－12－30。

伴随着作案数量的激增，几内亚湾海盗的作案手段也发生了明显的改变，危害程度不断加深。该海域的海盗团伙曾长期以劫持油轮、抢夺石油产品为生。2014年以来，随着国际油价的持续低迷，几内亚湾海盗逐渐将绑架船员作为主要的牟利手段。2020年，全球共有135名船员遭绑架，其中130名船员绑架事件发生在几内亚湾附近海域。③ 在2021年第一季度，全球共有40名船员被绑架，全部发生在几内亚湾附近海域。④

目前，几内亚湾海盗主要呈现以下五个特征。其一，战斗力强且手段残忍。相较于世界其他地区的海盗组织，几内亚湾海盗装备更为精良。据统

---

① "GISIS：Piracy and Armed Robbery，" IMO，2020，https：//gisis.imo.org/Public/PAR/Reports.aspx，accessed：2020－12－30．

② "Gulf of Guinea Remains World's Piracy Hotspot in 2021，According to IMB's Latest Figures，" ICC，April 14，2021，https：//iccwbo.org/media-wall/news-speeches/gulf-of-guinea-remains-worlds-piracy-hotspot-in-2021-according-to-imbs-latest-figures/，accessed：2021－06－29．

③ "Gulf of Guinea Pirate Kidnappings Hit Record in 2020，" Reuters，January 13，2021，https：//www.reuters.com/article/uk-nigeria-security-pirates-idUSKBN29I1TD，accessed：2021－06－05．

④ "Gulf of Guinea Remains World's Piracy Hotspot in 2021，According to IMB's Latest Figures，" ICC，April 14，2021，https：//iccwbo.org/media-wall/news-speeches/gulf-of-guinea-remains-worlds-piracy-hotspot-in-2021-according-to-imbs-latest-figures/，accessed：2021－06－29．

计，2015～2020 年，几内亚湾海盗分别在约 27.4% 与 0.5% 的袭击中装备了枪械和火箭筒，世界其他地区的平均值则分别为 0.5% 与 0.07%。① 自恃火力强大，几内亚湾海盗在作案中也更倾向于使用武力。2015～2020 年，他们在约 6.7% 的袭击中造成了船员伤亡或失踪，较世界其他地区的平均水平高出约 4.3 个百分点。② 2021 年第一季度，几内亚湾海盗在对"莫扎特"号的袭击中造成了一名船员死亡。这也是同期全球唯一因海盗袭击造成船员死亡的案例。③ 在部分情况下，他们甚至不惧与政府安全部队交火。例如在 2020年 1 月 2 日的一次袭击中，海盗们在交火中射杀了 4 名尼日利亚海军士兵。④

其二，远海作案能力不断强化。早在 2005 年，几内亚湾地区多达 2/3 的海盗袭击以港口或锚地盗窃为主。此后，海盗袭击愈发集中于航行中的船只。⑤ 2011 年前后，几内亚湾海盗获得了操纵大型船只的能力。海盗们登船后会关闭船上应答器，操纵船只远离袭击地点以躲避营救，并完成赃物转移等环节。⑥ 随后，几内亚湾海盗又引入了索马里海盗的子母船技术，显著提升了远海活动能力。至 2012 年，已经有半数以上的袭击发生在距海岸线 60海里以外的深海地区。⑦ 2020 年 7 月 17 日，海盗深入贝宁科托努以南 224 海里的深海袭击了一艘油轮，将 13 名船员劫为人质，创下了该海域海盗袭击

---

① "GISIS: Piracy and Armed Robbery," IMO (2020), https://gisis.imo.org/Public/PAR/Reports.aspx, accessed: 2021 – 06 – 30.

② Ibid.

③ "Gulf of Guinea Remains World's Piracy Hotspot in 2021, According to IMB's Latest Figures," ICC, April 14, 2021, https://iccwbo.org/media-wall/news-speeches/gulf-of-guinea-remains-worlds-piracy-hotspot-in-2021-according-to-imbs-latest-figures/, accessed: 2021 – 06 – 29.

④ Marcus Hand, "Three Seafarers Kidnapped, Four Security Personnel Killed, in Nigerian Pirate Attack," *Seatrade Maritime News*, January 6, 2020, https://www.seatrade-maritime.com/ship-operations/three-seafarers-kidnapped-four-security-personnel-killed-nigerian-pirate-attack, accessed: 2021 – 01 – 09.

⑤ Ali Kamaldeen, *Maritime Security Cooperation in the Gulf of Guinea: Prospects and Challenges*, New South Wales: University of Wollongong, 2014, pp. 169 – 179.

⑥ GAO, *Ongoing U. S. Counterpiracy Efforts Would Benefit from Agency Assessments*, Washington, DC: United States Government Accountability Office, 2014, p. 29.

⑦ Jimmie E. Sullivan, *Maritime Piracy in the Gulf of Guinea*, *Regional Challenges and Solutions*, Newport: Naval War College, 2012, p. 4.

的最远纪录。①

其三，组织协调能力逐渐显露。几内亚湾海盗长期呈现单打独斗、相互竞争的特点，甚至曾出现不同团伙间为获得赎金而抢夺人质的事件。② 时至今日，几内亚湾海盗团伙已表现出日益明显的协调能力，不同团伙间的协同变得日益密切。2020 年 5 月 9 日，海盗团伙在赤道几内亚近海对两艘商船实施的同步袭击就是这一趋势的典型案例。③

其四，作案链条进一步完善。通过不断完善犯罪链，几内亚湾海盗团伙的经营成本与袭击效率不断提升。有资料显示，海盗团伙所负责的仅是整个犯罪链的中游环节，在策划与袭击得手后的变现环节均由其他专业组织负责。④ 随着绑架逐渐成为几内亚湾海盗的主要牟利方式，海盗团伙中还出现了专业的谈判代表、中介等新角色用以促成与船主的交易，合作关系远至俄罗斯、黎巴嫩等国的犯罪集团。⑤ 海盗组织的构成也日渐复杂。例如在 2020年赤道几内亚的一场海盗案中，9 名嫌疑人包含了多国公民。近年来，几内亚湾海盗很可能已经发展出了相对专业化的后勤部门，负责为袭击提供各类专业设备。例如，海盗们通常佩戴相对统一的黑色头巾和护身符，均配备有高级摩托罗拉无线电和卫星电话，驾驶安装大马力舷外发动机的快艇，并使用长约 8 ~ 10 米且带有钩子的铝制梯子用于登船。⑥

其五，与恐怖主义合流趋势依旧明显。几内亚湾海盗团伙与该地区的恐怖组织长期保持密切联系，他们共同通过大肆袭击周边海域石油设施与过往油轮

---

① "Kidnapping of Crew-244 nm South Cotonou," *Dryad Global*, July 17, 2020, https://channel 16. dryadglobal. com/kidnapping-of-crew-153 nm-sw-cotonou-0, accessed: 2021 – 01 – 10.

② 曹峰毓：《几内亚湾海盗问题及其治理》，《西亚非洲》2017 年第 6 期，第 77 页。

③ Marcus Hand, "Crew Kidnapped in Two Attacks Off Equatorial Guinea," *Seatrade Maritime News*, May 11, 2020, https://www. seatrade-maritime. com/ship-operations/crew-kidnapped-two-attacks-equatorial-guinea, accessed: 2021 – 01 – 09.

④ MPPIWG, *Dalhousie University Marine Piracy Project Intersectoral Working Group Workshop: Summary Report*, Halifax: Dalhousie University, 2012, p. 7.

⑤ Odalonu Happy Boris, "The Upsurge of Oil Theft and Illegal Bunkering in the Niger Delta Region of Nigeria: Is There a Way Out?" *Mediterranean Journal of Social Sciences* 6 (2015), p. 566.

⑥ Kamal-Deen Ali and Cdr Yussif Benning, "Gulf of Guinea Piracy: The Old, the New and the Dark Shades," *Maritime Governance Brief* 2 (2020), pp. 5 – 17.

向政府施压。从严格意义上看，几内亚湾海盗袭击事件中的相当比例应被归入"海上恐怖主义"（Maritime Terrorism）范畴。海盗组织在2004～2010年共对海上石油设施发动了至少29次袭击，其中2008年6月对"邦加"（Bonga）浮式生产储油卸油装置（FPSO）的袭击使尼日利亚石油日出口量骤减22.5万桶，跌至25年来最低点。[①] 海盗组织甚至还会对尼日尔三角洲的部分河流进行定期巡逻，以确保其未被政府用作与石油生产相关的活动。[②] 海盗活动也是反政府武装筹集资金并支持其反叛行为的重要手段。[③] 时至今日，类似袭击在几内亚湾仍有发生。2020年7月，海盗组织袭击了尼日利亚伯尼岛（Bonny Island）附近的石油平台，绑架了11名工作人员。调查显示此次袭击采取了有别于普通海盗袭击的作案流程。武装分子同时动用了3艘船只并使用了炸弹等设备，有学者认为此次袭击与之前反政府武装发表的激进声明有关。[④]

二 国际社会反海盗行动逐渐加强

随着几内亚湾海盗问题的日益严重，国际社会也不断加强在该海域的反海盗行动。目前相关合作可分为两类，即派军舰直接参与反海盗行动与致力于提升各方反海盗能力。

（一）派军舰直接参与反海盗行动

随着尼日利亚周边海域海盗问题愈发严重，以美、英、法、德为代表的

---

① UNODC, *Transnational Organized Crime in West Africa：A Threat Assessment*, Vienna：United Nations Office on Drugs and Crime, 2013, p. 45.

② Cyril Prinsloo, *African Pirates in the 21st Century：A Comparative Analysis of Maritime Piracy in Somalia and Nigeria*, Stellenbosch：Stellenbosch University, 2012, pp. 60 – 63.

③ P. K. Ghosh, *Waiting to Explode：Piracy in the Gulf of Guinea*, New Delh：Observer Research Foundation, 2013, p. 11.

④ "Offshore Nigeria FPSO under Attack from Pirates," *Offshore*, July 2, 2020, https：//www.offshore-mag. com/rigs-vessels/article/14178897/offshore-nigeria-fpso-under-attack-from-pirates, accessed：2020 – 12 – 30.

西方国家已根据与尼日利亚及其周边国家先前达成的防务协定,向该海域派遣了部分海军舰艇以便实施对海盗的直接打击和商船护航与营救工作。总体而言,该领域的合作虽然多以双边或多边协议为基础,但仍带有较强的单边色彩。尼日利亚等本土国家只负责对域外国家的军事行动提供授权,但对其具体行动则无权干涉。

西部非洲是法国的传统势力范围,法国海军在该海域的活动经验最为丰富。早在 20 世纪 90 年代初,在"科林贝行动"(Corymbe)框架下,法国在尼日利亚周边持续保持着 1~2 艘军舰的长期部署,用以保护侨民与维持海上安全。2020 年 6 月中旬,法国派遣了"托内尔"号两栖攻击舰前往几内亚湾执行护航与反海盗任务。[1]

美国在几内亚湾海域海军部署较多,"非洲海上执法伙伴关系"项目(Africa Maritime Law Enforcement Partnership)与"非洲伙伴关系站"(Africa Partnership Station)是该国在尼日利亚周边长期部署海军力量主要的依托机制。2019 年初,根据"非洲伙伴关系站"框架下与佛得角、科特迪瓦、加纳、尼日利亚和塞内加尔等国达成的防务协议,美国将海岸警卫队"西蒂斯"号巡逻舰派驻该海域,执行打击海盗、走私与非法捕捞任务。值得注意的是,"西蒂斯"号也成为首艘被部署到该海域的美国海岸警卫队船只。同年 7 月,美国又增派快速运输舰"卡森城"号前往该海域。除了直接参与海盗打击,该舰还为当地海军与民众提供机械维修与医疗服务。[2]

西班牙在几内亚湾长期部署海军主要依托的合作机制为"国防外交计划"(Defence Diplomacy Plan)。根据与毛里塔尼亚、加纳、尼日利亚、喀麦隆、加蓬和塞内加尔等国达成的防务协议,西班牙在 2016~2020 年已先后

---

① Martin Manaranche, "French Navy LHD 'Tonnerre' Heads for the Gulf of Guinea," *Naval News*, June 12, 2020, https: //www. navalnews. com/naval-news/2020/06/french-navy-lhd-tonnerre-heads-for-the-gulf-of-guinea/, accessed: 2021 - 01 - 26.

② "US Navy Deploys USNS Carson City to the Gulf of Guinea," *Navy Recognition*, July 5, 2019, https: //www. navyrecognition. com/index. php/naval-news/naval-news-archive/2019/july/7263-us-navy-deploys-usns-carson-city-to-the-gulf-of-guinea. html, accessed: 2021 - 06 - 26.

派遣"塞尔维奥拉"号与"愤怒"号两艘巡逻舰前往该海域。①

其他欧洲国家也积极在尼日利亚附近海域长期部署了少量海军舰艇。其中，葡萄牙作为圣多美与普林西比的宗主国在附近海域保持着长期海军部署，目前在几内亚湾周边海域部署了"扎伊尔"号与"锡尼什"号两艘巡逻舰。② 同时，该国在 2021 年上半年担任欧盟轮值主席国，这将进一步增强其在几内亚湾反海盗行动中的话语权。

英国则在 2021 年 4 月将"特伦特"号巡逻舰永久部署至直布罗陀。该舰将负责英国在地中海与几内亚湾的作战行动。③

除了上述长期部署外，部分西方国家在几内亚湾也维持着短期海军部署。目前该领域的海军舰艇主要通过欧盟的"海上存在协调"机制（Coordinated Maritime Presence）进行信息共享。与曾在亚丁湾开展的"亚特兰大行动"（Operation Atlanta）不同的是，在几内亚湾的欧盟军舰目前仍未实现统一指挥。

在"海上存在协调"机制下部署军力最多的是意大利。该国于 2020 年 4 月向几内亚湾派遣了"路易吉·里佐"号护卫舰。目前意大利在该海域巡逻的还有"费德里科·马丁内戈"号护卫舰。该舰曾参与过 2020 年 11 月 14 日对我国"振华 7"号起重船的营救工作。④

丹麦作为世界第五大航运国，平均每天约有 30～40 艘商船在几内亚湾航行。为应对愈发严重的海盗威胁，该国已决定依据"海上存在协调"机制，于 2021 年 11 月至 2022 年 3 月在几内亚湾部署一艘"阿布萨隆"级护卫舰，该护

① "Spanish Navy Patrol Ship Saves Crew from Pirates in Gulf of Guinea," *Safety4sea*, April 16, 2019, https://safety4sea.com/spanish-navy-patrol-ship-saves-crew-from-pirates-in-gulf-of-guinea, accessed: 2021 - 06 - 26.

② "Portuguese Navy Ships Hunt Pirates in Gulf of Guinea," *The Portugal News*, October 11, 2019, https://www.theportugalnews.com/news/portuguese-navy-ships-hunt-pirates-in-gulf-of-guinea/51931, accessed: 2021 - 06 - 26.

③ "HMS Trent Arrives in Gibraltar, Its New Operating Base," *Bhronicle*, April 4, 2021, https://www.chronicle.gi/hms-trent-arrives-in-gibraltar-its-new-operating-base/, accessed: 2021 - 06 - 26.

④ "ITS Federico Martinengo Rescues Merchant Ship from Pirates," *Seawaves*, November 17, 2020, https://seawaves.com/?p=6846, accessed: 2021 - 06 - 20.

卫舰配备了丹麦海军陆战队分队和直升机，以保护过境几内亚湾的船只。①

（二）提升各方反海盗能力

除了派遣军舰对海盗进行直接打击外，西方国家也采取了多种手段促使相关国家尽快提升反海盗能力。该领域的参与主体既包括军方、政府，也包括相关国际组织、企业等民间组织，手段也更为多样。

第一，积极向几内亚湾沿岸国家出售或援助各类反海盗武器装备是国际社会间接参与反海盗行动的重要手段。几内亚湾海盗问题久拖不决的重要原因在于尼日利亚等国海军实力羸弱。在此情况下，美国曾向尼日利亚捐赠了2艘"汉密尔顿"级巡逻舰，成为该国打击海盗的中坚力量。美国还曾以4.97亿美元的价格向尼日利亚出售了12架A-29"超级巨嘴鸟"飞机，用于支持尼日利亚的反恐与反海盗行动。美国还通过国防部的"全球培训和装备"计划（Global Train and Equip）等机制持续向尼日利亚提供各类反海盗资金、设备与训练支持。此外，美国国务院以及国际开发署等部门也持续对尼日利亚提供反海盗援助。②

法国曾向尼日利亚海军提供大量武器装备。在近几年中，尼日利亚曾先后向法国订购了17艘军舰以及1艘水文研究和勘测船。值得注意的是，法国还致力于为尼日利亚海军提供法语教育支持，以便其能够更加方便地与周边科特迪瓦、加蓬等法语国家联合开展反海盗活动。③

此外，德国、英国等也是尼日利亚海军重要的武器供应国。其中德国制造的"阿拉杜"号护卫舰至今仍是尼日利亚吨位最大的军舰，德国还曾向尼

---

① Casper Goldman, "Denmark to Deploy Absalon-Class Danish Frigate to the Gulf of Guinea," *Dryad Global*, March 19, 2021, https://channel16.dryadglobal.com/denmark-to-deploy-absalon-class-danish-frigate-to-the-gulf-of-guinea, accessed: 2021 – 06 – 25.

② "U. S. Security Cooperation with Nigeria," *US Department of State*, March 19, 2021, https://www.state.gov/u-s-security-cooperation-with-nigeria/, accessed: 2021 – 06 – 28.

③ "France Offers Nigerian Navy Support to Secure Gulf of Guinea," *Premium Times*, March 24, 2021, https://www.premiumtimesng.com/news/top-news/450991-france-offers-nigerian-navy-support-to-secure-gulf-of-guinea.html, accessed: 2021 – 06 – 28.

日利亚交付4艘"阿尔贡古"级巡逻艇。英国则曾向尼日利亚出售过4艘"马库尔迪"级巡逻艇以及1架"山猫"直升机。[1]

第二，积极与几内亚湾沿岸国家举行联合演习，共同提升在几内亚湾的反海盗能力也是域外国家间接参与该海域反海盗行动的重要手段。目前，美国是该地区联合演习的最主要参与者。美国与尼日利亚的联合军事演习主要在"非洲海上执法伙伴关系"项目下进行。其中规模最大的要数自2010年以来每年举行一次的"团结表达"（Obangame Express）海上演习。其中2020年的"团结表达"演习曾因新冠肺炎疫情被取消，2021年恢复举行后吸引了包括西非、中非、欧洲、南美等地区的32个国家参加。[2]

"结雨行动"（Operation Junction Rain）是美国在该地区另一个重要的定期演习机制。其最近一次演习于2019年4月24日举行，美国海岸警卫队、尼日利亚海军、佛得角海岸警卫队、多哥海军和加纳海军参加了这次演习。在美国的协调下，各参与方通过在各自水域执行登船任务加强了相互间的协调能力。[3]

法国则是在该海域最活跃的欧洲国家，平均每年在该海域组织3~4次联合海上演习。其中规模最大的为自2013年起每年一度的"大非洲海上作战演习"（Grand African NEMO）。2020年的"大非洲海上作战演习"汇集了来自法国、贝宁、加蓬、几内亚、意大利、尼日利亚、塞内加尔、多哥、美国等14个国家的30艘舰艇。在为期一周的演习中，演练内容涉及打击非法捕捞、海盗、贩毒和污染处理以及海上救援等项目。[4]

---

[1] Sanjay Badri-Maharaj, "Nigeria's Naval Power-Reviving Capacity after Prolonged Decline," IDSA, December 2018, https://idsa.in/africatrends/nigeria-naval-power-040419, accessed: 2021 - 06 - 28.

[2] "Obangame Express," *United States Africa Comman* (2021), https://www.africom.mil/what-we-do/exercises/obangame-express, accessed: 2021 - 06 - 28.

[3] "CTF-65 Hosts Operation Junction Rain Phase I," *U. S. Naval Forces Europe-Africa*, May 13, 2019, https://www.c6f.navy.mil/Press-Room/News/News-Display/Article/1866595/ctf-65-hosts-operation-junction-rain-phase-i/", accessed: 2021 - 06 - 28.

[4] "USS Hershel 'Woody' Williams Joins Allies, Partners for Exercise Grand African NEMO," United States Navy, October 10, 2020, https://www.navy.mil/Press-Office/News-Stories/Article/2379009/uss-hershel-woody-williams-joins-allies-partners-for-exercise-grand-african-nemo/, accessed: 2021 - 06 - 28.

除了上述域外国家组织的军事演习外，几内亚湾沿岸国家也不定期与西方国家联合进行海上军演。其中近期较为重要的一次演习是 2018 年尼日利亚为庆祝海军成立 62 周年而举办的"埃库·库格贝"（Eku Kugbe）海军演习。值得注意的是，中国海军的"盐城"号护卫舰受尼日利亚的邀请，与法国、葡萄牙等域外国家一道参与了此次演习。①

第三，国际社会建立了诸多合作机制用以向几内亚湾国家提供资金与技术援助，增强它们的海洋治理能力，从而助力反海盗活动。这方面的合作主要是在欧盟框架下完成。2014 年，为帮助几内亚湾沿岸国家落实《雅温得宣言》（Yaounde Architecture）② 合作对抗海盗威胁，欧盟出台了《欧盟几内亚湾战略》（EU Strategy for the Gulf of Guinea），并随后颁布了《欧盟几内亚湾行动计划》（EU Gulf of Guinea Action Plan）加以落实。

欧盟在几内亚湾实施的海上安全项目具体包括旨在增强沿岸国家海洋监视、信息共享能力的关键海上航线监视、支持和评估机制（CRIMSON）以及几内亚湾跨区域网络项目（GoGIN）；分别加强相关西非与中非国家区域内海洋治理与执法能力的西非综合海事安全计划（SWAIMS）与中非海上安全战略支持计划（PASSMAR）；针对几内亚湾非法捕捞问题的西非区域渔业治理计划（PESCAO）；旨在增强港口安全与通关效率的西非和中非港口安全计划（WeCAPS）、非洲港口运行与海关效率提升计划（IPCOEA）、海港合作项目（SEACOP）；以及针对毒品与犯罪问题的加强沿贩毒线刑事调查和司法合作计划（CRIMJUST）。上述计划的总预算预计将达到约 9300 万欧元。③

西方国家同样尝试在欧盟外建立相关合作框架。例如在 2013 年七国集

① "China Participates in West Africa 'Eku Kugbe' Naval Exercise for the First Time," *The Defense Post*, May 31, 2018, https：//www. thedefensepost. com/2018/05/31/china-eku-kugbe-exercise-west-africa/, accessed：2021 – 06 – 19.
② 西非与中非国家于 2013 年签署了《雅温得宣言》，承诺共享反海盗信息，合作拦截涉嫌从事非法活动的船舶，并确保海上非法活动的责任人得到逮捕和起诉。
③ "EU Maritime Security Factsheet：The Gulf of Guinea," EEAS, January 25, 2021, https：// eeas. europa. eu/headquarters/headquarters-homepage/52490/eu-maritime-security-factsheet-gulf-guinea_ en, accessed：2021 – 06 – 28.

团与比利时、巴西（观察员）、丹麦、荷兰、挪威、葡萄牙、西班牙、瑞士、欧盟、联合国毒品和犯罪问题办公室和国际刑警组织一同成立了"G7 + 几内亚湾之友"组织（G7 + Group of Friends of the Gulf of Guinea），旨在确保各方就海上安全和海洋治理问题进行信息共享。

此外，也有少数西方国家尝试利用自身在尼日利亚周边的传统影响力建立独立的海上信息交流平台。其中较为典型的是英国与法国海军联合建立的"贸易海域感知—几内亚湾"项目（MDAT-GoG）。该项目旨在通过收集附近海域的海盗事件信息建立一个海上预警平台，以便及时对遭遇袭击的船只给予救助并提醒过往商船远离危险海域。①

第四，航运公司、船东协会、保险公司等民间机构也日渐成为几内亚湾反海盗行动的重要参与者。由于无力直接参与反海盗行动，积极呼吁相关方加强在该问题上的投入就成为它们的主要手段。2020年2月，波罗的海国际海运理事会（BIMCO）首席执行官安格斯·弗鲁（Angus Frew）对尼日利亚等国现有的反海盗成效公开表达了不满，呼吁各国采取果断行动制止周边海域安全环境的进一步恶化。② 同时，马士基航运公司（Maersk）、地中海航运公司（Mediterranean Shipping Company S. A.）和国际航运协会（International Chamber of Shipping）等机构已明确请求域外国家提供更多支持，以制止几内亚湾地区日益严重的海盗袭击。③

最终，2021年5月17日，包括波罗的海国际海运理事会以及我国招商轮船、中远海运、中国船东协会等在内的99家航运公司、海事组织及船旗国共同签署了《打击几内亚湾海盗宣言》（*The Gulf of Guinea Declaration On*

---

① "Maritime Domain Awareness Trade-Gulf of Guinea," MDAT-GoG（2021），https：//gog-mdat. org/home，accessed：2021 – 06 – 28.

② "BIMCO Boss Hits Out at Nigerian Piracy Status Quo," Praesidium International, February 5, 2020，https：//praesidiumintl. com/maritime-security/nigeria-nigerian-territorial-waters-the-worlds-piracy-hotspot/，accessed：2021 – 01 – 30.

③ Cichen Shen, "Shipowners Call for China's Intervention in Gulf of Guinea Piracy," February 2021, https：//lloydslist. maritimeintelligence. informa. com/LL1135720/Shipowners-call-for-Chinas-intervention-in-Gulf-of-Guinea-piracy，accessed：2021 – 06 – 14.

Suppression of Piracy）。该宣言在肯定沿岸国家在反海盗问题上不可替代的重要作用的同时，也指出需要域外国家派遣军事力量在该海域执行反海盗任务，并认为在积极行动下 2023 年尼日利亚周边海域的海盗数量有可能下降 80%。[1]

航运业也尽可能采取措施，增强过往商船的反海盗能力。国际航运协会、波罗的海国际海运理事会与国际干散货船东协会（INTERCARGO）等机构在 2020 年联合发布了首版《西非最佳处置方案》（*BMP West Africa*），其中针对在风险海域规划航线，发现、避免、阻止、延迟和报告海盗袭击提供了详细建议，对航运公司具有重要参考价值。[2]

三　局势彻底改善仍需时日

目前日益严重的几内亚湾海盗问题已引起了国际社会的广泛关注。2012年 2 月，联合国安理会表示几内亚湾海盗已经成为地区和平与发展的严重威胁。在 2018 年 9 月中非合作论坛北京峰会提出的"八大行动"中，支持几内亚湾国家维护地区安全和反恐努力以及打击海盗是"和平安全行动"的重要组成。此外，我国曾向几内亚、尼日利亚、利比里亚等国提供大量资金、装备等军事援助，用于提升该地区的反海盗能力。[3] 然而，与基本得到妥善治理的索马里海盗问题不同，几内亚湾海盗在短期内不存在得到根治的可能，未来安全形势不容乐观。其主要原因有以下四点。

第一，域内国家海洋治理能力仍严重不足。从"硬件"上看，几内亚湾各国的港口等基础设施建设严重滞后。几内亚湾是国际航运业的重要节点，

① "The Gulf of Guinea Declaration On Suppression of Piracy," BIMCO, June 25, 2021, https://www.bimco.org/ships-ports-and-voyage-planning/security/gulf-of-guinea-declaration-on-suppression-of-piracy, accessed: 2021 - 06 - 10.
② ICS, BIMCO, IGP&I Clubs, INTERCARGO, INTERTANKO and OCIMF, *BMP West Africa*, March 2020, https://www.maritimeglobalsecurity.org/media/1047/bmp-wa-hi-res.pdf, accessed: 2021 - 01 - 27.
③ 李新烽、张春宇、张梦颖：《中国参与几内亚湾地区和平与安全合作：挑战与深化路径》，《国际问题研究》2017 年第 4 期，第 116~119 页。

拥有拉各斯、达喀尔等200余座深水良港，海上运输量高达每年4亿吨。然而，由于通关效率低下，商船到港后往往需要等待十余天才能完成卸载。例如拉各斯港的吞吐能力自1997年以来几乎没有增加，导致在2020年港口船只的停泊纪录高达42天。① 港口积压的大量船只成为海盗的绝佳目标。

此外，该海域沿岸国家的海上治安力量严重不足。目前沿岸国家海上治安力量较弱，难以实现对海盗的有效打击，更无法切实履行《雅温得宣言》中共享反海盗信息，合作拦截涉嫌从事非法活动的船舶，并确保海上非法活动的责任人得到逮捕和起诉的承诺。② 其中多哥海军在演习中甚至需要向西方国家借用武器、头盔、救生衣与快艇等全套装备。③ 近年来，虽然尼日利亚等国购买了大量小型舰艇，但其力量仍不足以维持几内亚湾广阔海域的航行安全。该地区的海上军事力量普遍缺乏开展复杂海上行动所需的经验。

从"软件"上看，沿岸国家未构建出有效的反海盗制度体系。直至2019年6月，尼日利亚才颁布了《打击海盗及其他海上犯罪法》（*Suppression of Piracy and Other Maritime Offences Act*），成为该地区首个进行反海盗立法的国家。不过，目前只有少数案件依照该法案被起诉，且其依然存在执法主体与执法权力划分不清等问题。同时单凭一国的努力也无力改变整个几内亚湾的安全情况。④

严重的贪腐现象也成为海盗问题难以根治的重要原因。目前有证据表明海盗组织与腐败官员有着联系。在行动中，政府官员负责向海盗团伙提供目标船只的位置等基本情况，并向其支付酬劳；而海盗团伙仅负责实施袭击，

---

① Neil Munshi，"Nigeria's Port Crisis：The $4000 Charge to Carry Goods Across Lagos，" *Financial Times*，December 28，2020，https：//www. ft. com/content/a807f714-7542-4464-b359-b9bb35bd da10，accessed：2021 – 01 – 11.

② Ifesinachi Okafor-Yarwood and Maisie Pigeon，*Stable Seas：Gulf of Guinea*，Broomfield：One Earth Future，2020，p. 47.

③ Dirk Steffen，"Obangame Express 2014：Together，Forward，Slowly，" CIMSEC，May 23，2014，http：//cimsec. org/obangame-express-2014-together-forward-slowly，accessed：2021 – 01 – 27.

④ Maurice Ogbonnaya，"Is Nigeria's New Anti-Piracy Law Enough to Combat Maritime Piracy？" *Enact*，May 7，2020，https：//enactafrica. org/enact-observer/is-nigerias-new-anti-piracy-law-enough-to-combat-maritime-piracy，accessed：2021 – 01 – 13.

并将所得赃物或人质运送至指定地点。① 由这些贪腐官员组成的利益集团必然会阻挠反海盗政策的有效落实。

第二，索马里反海盗活动的部分经验难以借鉴。国际社会对索马里海盗问题的治理行动已经表明，国际护航行动是打击海盗的有效手段。不过，国际社会在索马里的深度军事介入有着极为特殊的政治背景。由于索马里临时政府无力对陆上海盗据点与领海实施任何形式的执法行动，外国军舰才被授权在索马里领海内采取一切必要手段保障过境船只安全。相比之下，虽然海军力量较弱，几内亚湾国家仍拥有足够能力在领海行使主权，其中尼日利亚更是非洲第一大经济体。外国军舰不可能也不应该在几内亚湾取得与索马里类似的自由行动。② 同时，沿岸国家普遍对域外国家的军事介入较为谨慎。虽然航运业已经就建立更广泛的国际反海盗联盟发出了大量呼吁，但相关国家迄今尚未就该问题在联合国等平台主动发出邀请。这使得与之未建立长期防务合作关系的国家难以直接参与几内亚湾的反海盗行动。同时，目前已经部署在几内亚湾周边海域的各国海军力量也未建立与索马里周边的"海洋盾牌"（Ocean Shield）、"亚特兰大行动"、"第 151 联合任务部队"（CTF-151）等护航机制类似的协同体系。这不可避免地降低了反海盗行动效率。

同时，索马里的反海盗行动还证明了私人安保公司提供的随船护卫是目前打击、防范海盗犯罪的最有效手段。通常而言，5 ~ 10 人组成的安保小组就足以对商船提供有效保护，目前尚未有一艘配备武装警卫的船只被海盗成功劫持。③ 不过，出于维护主权以及管控武器的需要，几内亚湾国家对私人

---

① Evelyn Usma, "Top Government Officials, Politicians Contract Us-Sea Pirates," Vanguard, December 12, 2012, https://www.vanguardngr.com/2012/12/top-government-officials-politicians-contract-us-sea-pirates/, accessed: 2021 - 01 - 11.

② Glen Forbes, "Replicating Success? A Military Response to Maritime Piracy, the Somalia Experience," in Tuesday Reitano, Sasha Jesperson, Lucia Bird Ruiz-Benitez de Lugo Reitano, eds., *Militarised Responses to Transnational Organised Crime*, London: Palgrave Macmillan, 2018, pp. 120 - 122.

③ Lars Bangert Struwe, "Private Security Companies (PSCs) as a Piracy Countermeasure," *Studies in Conflict & Terrorism* 35 (2012), p. 591.

安保公司的活动加以严格限制。海盗活动最猖獗的尼日利亚禁止任何形式的随船警卫活动。[1] 目前尼日利亚与私营安保公司的合作仅限于由海军租用私人巡逻舰对商船实施伴随护航。这些船只由安保公司与海军人员共同操纵，且被允许使用尼日利亚海军的涂装与旗帜，但它们的运行则独立于该国海军的行政与后勤体系。相较于随船警卫，护航服务的性价比较低，且由于部分本土安保人员属于参加了大赦计划的前反政府武装成员，他们的可靠性也值得怀疑。例如，"环球西船专业有限公司"（Global West Vessel Specialist Ltd）的负责人就曾是"尼日尔三角洲解放运动"（MEND）的高级指挥官。[2] 对于违规开展相关业务的私营安保公司，相关国家则给予严厉打击。例如，尼日利亚军方于2019年5月逮捕了美国"三叉戟"（Trident Group）公司的一个安保小组。[3]

第三，引起海盗问题的社会发展困境难以根治。目前绝大多数海盗团伙均以尼日尔三角洲为据点。尼日尔三角洲有着丰富的石油资源，但尼日利亚联邦政府对地方利益的长期忽视使得此地区经济社会发展严重滞后。据统计，尼日尔三角洲有3/4地区的人类发展指标低于尼日利亚平均值，而落后的经济与社会发展水平又大大降低了民众参与海盗等犯罪活动的机会成本。[4] 在此情况下，该地区广泛存在着"尼日尔三角洲解放运动""尼日尔三角洲人民志愿军"（Niger Delta People's Volunteer Force）等反政府武装，小规模武装冲突时有发生。[5] 在此情况下，与之毗邻的几内亚湾自然难以获得稳定的安全环境。从这一角度看，几内亚湾海盗问题实际上是尼日尔三角洲地区动荡局势的延伸。

---

[1] "Nigeria Arrests 7 Men for Posing as Armed Tanker Guards," Safety4sea, October 22, 2019, https：//safety4sea. com/nigeria-arrests-7-men-for-posing-as-armed-tanker-guards/, accessed：2021 - 01 - 25.

[2] "Merchant Vessels Warned to Beware Hire of Armed Guards Against Pirates," Handy Shipping Guide, July 9, 2014, https：//www. handyshippingguide. com/shipping-news/merchant-vessels-warned-to-beware-hire-of-armed-guards-against-pirates_5663, accessed：2021 - 01 - 25.

[3] Gabriella Twining, "Piracy：Arrest Risk for Private Maritime Security Teams in West Africa," Safety at Sea, May 10, 2019, https：//safetyatsea. net/news/2019/piracy-arrest-risk-for-private-maritime-security-teams-in-west-africa/, accessed：2021 - 01 - 13.

[4] Paul Francis, Securing Development and Peace in the Niger Delta：A Social and Conflict Analysis for Change, Washington D. C. ：Woodrow Wilson International Center for Scholars, 2012, pp. 38 - 40.

[5] 曹峰毓：《几内亚湾海盗问题及其治理》，《西亚非洲》2017年第6期，第79~81页。

与此同时，海盗团伙也适时将其不法所得中的一部分用于社区建设，在政府治理不力的情况下，通过扮演"地方建设者"笼络人心，在一定程度上获得了当地民众的庇护。部分调查显示，海盗团伙会向当地的医疗中心提供药物，为居民提供饮用水与电力供应，向商人、企业家和工匠提供资助，甚至通过支付教师工资、提供奖学金等手段支持当地教育。① 由于这些武装分子已获得一定的群众基础，尼日利亚政府担心严厉打击可能激起当地反叛，因此很少对抓获的海盗分子进行审判，也从未对海盗营地进行大规模清剿。这无疑也使几内亚湾局势难以获得根本好转。

第四，新冠肺炎疫情也对反海盗行动造成了不小的阻碍。在疫情影响下，几内亚湾沿岸国家的经济发展均遭到打击，由此引发的贫困与失业问题可能迫使部分民众铤而走险，参与各类违法活动。同时各类极端组织也乘虚而入，萨赫勒等临近地区的安全环境大幅恶化，这迫使各国只能将治理重点转向陆地安全领域。② 值得注意的是，部分官员甚至对海盗行为采取放任态度，以缓解因新冠肺炎疫情对当地造成的巨大社会压力。2019 年末，几内亚湾出现了专门攻击外国渔船且只绑架外国船员的海盗团伙。有学者推测他们可能得到了某些官员的"特别许可"。③

同时，政府也被迫将有限的资源优先投入公共卫生等领域，而削减海上安全治理的预算。在预算不足的情况下，尼日利亚等国已经暂停了部分海上安全建设项目，这将不可避免地导致该海域安全环境的进一步恶化。④

---

① 曹峰毓：《几内亚湾海盗问题及其治理》，《西亚非洲》2017 年第 6 期，第 78 页。

② Security Council, "Situation in West Africa, Sahel 'Extremely Volatile' as Terrorists Exploit Ethnic Animosities, Special Representative Warns Security Council," United Nations, July 9, 2020, https：//www. un. org/press/en/2020/sc14245. doc. htm, accessed：2021 - 01 - 11.

③ Kamal-Deen Ali and Cdr Yussif Benning, "Gulf of Guinea Piracy：The Old, the New And the Dark Shades," *Maritime Governance Brief* 2 (2020), p. 16；张春、张紫彤：《几内亚湾海盗的长期转型态势》，非洲研究小组，2021 年 1 月 6 日，https：//mp. weixin. qq. com/s/d-xq4lxX-vHtL Pby_HP1ag，最后访问日期：2021 年 1 月 11 日。

④ Maisie Pigeon and Kelly Moss, "Why Piracy Is a Growing Threat in West Africa's Gulf of Guinea," *World Politics Review*, June 9, 2020, https：//www. worldpoliticsreview. com/articles/28824/in-west-africa-s-gulf-of-guinea-piracy-is-a-growing-threat，accessed：2021 - 01 - 11.

疫情的扩散也对国际反海盗行动造成了严重的不利影响。法国曾在2020年4月初，被迫召回了该海域的"勒海纳夫中尉"号巡逻舰。在随后派遣的"托内尔"号上则随船配备了医疗支队以应对可能的传染病威胁。[①] 可以设想，即使国际性的反海盗联合舰队能够设立，其在靠岸补给、营救船员、抓捕海盗嫌疑人等环节均将面临一定的卫生安全风险。此外，出于防止疫情扩散的考量，商船船员们的岸上休假时间也被大幅压缩。过度疲劳使他们在面对安全威胁时难以做出恰当反应。[②]

四　结语

综上所述，几内亚湾海盗有着极强的战斗力与作案能力，组织能力与作案链条也日益完善，且与恐怖主义保持着密切联系，成为非洲近海最严重的非传统安全威胁。虽然国际社会已经通过派遣军舰护航以及反海盗能力建设等手段对几内亚湾海盗问题进行了治理，但至今效果不佳。总体而言，目前几内亚湾沿岸国家的海洋治理能力仍然不足，加之域外军方或私人安保公司的行动仍严重受限，以及尼日尔三角洲地区经济社会发展的严重滞后，几内亚湾海盗问题短时期内难以得到根治。新冠肺炎疫情又进一步为国际社会的反海盗行动造成了不小阻碍。面临诸多不利条件，我国应在恪守不干涉内政原则与以发展促和平理念下，通过强化过往商船的反海盗能力，积极推动并参与国际社会在该海域的联合反海盗行动等手段，尽可能保障我国公民的生命、财产安全与国家利益。

---

① Martin Manaranche, "French Navy LHD 'Tonnerre' Heads for the Gulf of Guinea," Naval News, June 12, 2020, https://www.navalnews.com/naval-news/2020/06/french-navy-lhd-tonnerre-heads-for-the-gulf-of-guinea/, accessed: 2021 – 01 – 16.

② "Securewest Viewpoint: Impact of COVID-19 On the Maritime Security Industry," Securewest International (2020), https://www.securewest.com/securewest-viewpoint-impact-of-covid-19-on-the-maritime-security-industry/, accessed: 2021 – 01 – 16.

乍得湖区安全局势分析

朱子毅　王　涛

摘　要：乍得湖急剧萎缩、乍得湖区适宜放牧的草场不断退化导致北部乍得湖区牧民驱赶牲畜向南迁徙，并围绕水资源、土地问题与南部湖区农民发生激烈冲突，导致人员伤亡与财产损失。而乍得湖区的动荡局势为恐怖组织提供了发展壮大的土壤，使得"博科圣地"在乍得湖区招募到大量成员，并频频在乍得湖区跨国界开展恐怖袭击活动。而乍得湖区的环境恶化、农牧冲突和恐怖袭击问题造成了严重的地区人道主义危机。2020年以来新冠肺炎疫情大流行则加剧了地区危机，各国治理面临巨大挑战。

关键词：乍得湖区 农牧冲突 "博科圣地" 新冠肺炎疫情 人道主义危机

作者简介：朱子毅，云南大学非洲研究中心硕士研究生；王涛，云南大学非洲研究中心教授。

乍得湖位于乍得、喀麦隆、尼日尔和尼日利亚四国交界处，是一个跨国淡水湖泊。乍得湖为周边2000万~3000万人提供生活淡水并支撑沿湖族群渔业发展，以乍得湖为中心的盆地广泛分布着森林、湿地与稀树草原，农业、畜牧业在这一地区得到发展。在气候变化与人类活动交织作用下，20世纪60年代尚有2.6万平方公里的乍得湖，到20世纪90年代已萎缩至0.135万平方公里，2004年，乍得湖水体面积仅余0.0532万平方公里。[①] 在水体面

---

① Uche T. Okpara, Lindsay C. Stringer and Andrew J. Dougill, "Conflicts About Water in Lake Chad: Are Environmental, Vulnerability and Security Issues Linked?" *Progress in Development Studies*, Vol. 15, No. 4, 2015, p. 15.

积缩减背景下，农牧冲突及其引发的一系列次生冲突频频发生，新冠肺炎疫情大流行则使地区形势进一步复杂化。

一　农牧冲突

乍得湖区农牧冲突可追溯至前殖民时代。自 2010 年以来，冲突频率和烈度不断升高。撒哈拉以南非洲有大量平民因农牧冲突丧生，其中绝大部分发生在乍得湖区。[①]　其中又以尼日利亚、乍得境内的农牧冲突事件居多，2018 年上半年，仅尼日利亚就有约 1500 人因农牧冲突丧生。[②]

近年来，尼日利亚的农牧冲突引起了国际社会的广泛关注。2007～2011年，尼日利亚共发生 67 起农牧冲突，2012～2018 年则猛增至 716 起，冲突导致的伤亡也不断增加。[③]　农牧冲突以摧毁对方定居点或大型财产为主要目的。2019 年 2 月，富拉尼牧民袭击了卡杜纳州（Kaduna）一个农村，造成 11 名农民丧生。随后该地区农民组织民兵对富拉尼牧民游牧点展开报复行动，造成 76 人丧生，另有 65 人失踪；同年 11 月，武装牧民袭击了阿达马瓦州（Adamawa）的一个农村，造成数十人伤亡。牧民对农民的袭击主要发生在收割季，从而便利劫掠更多战利品。农民民兵对牧民群体的袭击，也多发生在对方畜群产仔季。[④]　2020 年 3 月，100 余名富拉尼牧民武装分子袭击

---

① Institute for Economics & Peace, *Global Terrorism Index 2017*, Sydney：Institute for Economics & Peace, 2017, p. 66.

② "Stopping Nigeria's Spiralling Farmer-Herder Violence," International Crisis Group, July 26, 2018, https：//www. crisisgroup. org/africa/west-africa/nigeria/262-stopping-nigerias-spiralling-farmer-herder-violence.

③ Agaptus Nwozor, John Shola Olanrewaju, Segun Oshewolo, Anthony M. Oladoyin, Solomon Adedire and Onjefu Okidu, "Herder-Farmer Conflicts：The Politicization of Violence and Evolving Security Measures in Nigeria," *African Security*, March 20, 2021, https：//www. tandfonline. com/loi/uafs20.

④ Jim Ochetenwu, "Suspected Herdsmen Attack Adamawa Village, Kill Many," *Daily Post*, November 23, 2019, https：//dailypost. ng/2019/11/23/suspected-herdsmen-attack-adamawa-village-kill-many/.

了卡杜纳州一个农村，导致 10 名农民丧生，70 多座农舍和谷仓被烧毁。①
仅在 2019 年 1 月至 2020 年 5 月，富拉尼牧民就发动了 310 起针对农民的袭
击，造成 859 人死亡，另有 212 人被绑架。② 农牧冲突给尼日利亚带来的影
响十分巨大。据估计，近五年尼日利亚农牧冲突已造成贝努埃州（Benue）、
卡杜纳州和高原州（Plateau）等冲突高发州约 137 亿美元的直接经济损失。
同时，由于农牧冲突，这些州的税收减少了 47%；受农牧冲突影响，这几个
州的家庭平均直接收入减少了 64%。若农牧冲突能够被遏止，受冲突影响家
庭的平均收入则可能增加 210%。③

尼日利亚农牧冲突的原因是自然环境恶化、宗教矛盾加剧、经济社会变
迁以及传统协调机制弱化。第一，从 20 世纪 70 年代开始，乍得湖盆地每年
的干旱期都在延长，湖水向南萎缩而盆地北部的降水量不断减少，适宜放牧
的草场减少，尼日利亚北方的牧民不得不向南迁徙，以寻找草地和水源。一
些牧民在南部草场定居放牧，并与当地农民因土地和水源使用权不断发生纠
纷。而尼日尔、喀麦隆境内牧民也因自然环境恶化，越境进入尼日利亚放
牧，这些外来牧民极易与当地农民产生纠纷，进而引发暴力冲突。④ 第二，
富拉尼牧民主要信仰伊斯兰教，农民则主要信仰基督教，在尼日利亚，农牧
冲突往往与宗教矛盾交织在一起，伊斯兰教与基督教的冲突往往是农牧冲突
背后的潜台词。第三，尼日利亚是一个农业国，大多数人口从事农业，为了
满足不断扩大的城市人口对农产品旺盛的需求，政府鼓励开垦荒地，其中不

---

① Olivia Bizot, "Farmer-herder Crisis in Nigeria's Middle Belt Could Blow up into a Civil War," *The Observers*, April 28, 2021, https://observers.france24.com/en/africa/20210428-farmer-herder-crisis-in-nigeria-s-middle-belt-could-blow-up-into-a-civil-war.

② Agaptus Nwozor, John Shola Olanrewaju, Segun Oshewolo, Anthony M. Oladoyin, Solomon Adedire and Onjefu Okidu, "Herder-Farmer Conflicts: The Politicization of Violence and Evolving Security Measures in Nigeria," *African Security*, March 20, 2021, https://www.tandfonline.com/loi/uafs20.

③ Ibid.

④ Oge Onubogu, "Nigeria's New Threat: Guns, Cows and Clashes Over Land," The Olive Branch, April 20, 2017, https://www.usip.org/blog/2017/04/nigerias-new-threat-guns-cows-and-clashes-over-land.

少放牧区、牲畜饮水点、迁移路线都被开垦为农田或被农民占用。① 在这种情况下，牧民在寻找草场和饮水点过程中，常常与农民发生冲突。若牛踩踏庄稼，农民就会加以射杀，随即牧民就会对农民展开袭击报复。第四，尼日利亚应对农牧冲突有一套传统的解决机制，当富拉尼牧民驱赶牛群迁移时，会与沿途农民村庄的酋长达成共识，如果牛群踩踏庄稼损害农民利益，牧民需照价赔偿。然而，当尼日利亚于20世纪70年代引入警察和法庭等司法体制后，传统的冲突协调解决机制失灵，而新制度又无法高效、公平地调节农牧矛盾，久而久之，矛盾双方便容易诉诸暴力来处理争端，往往会导致更严重的暴力事件。②

为了应对日益严重的农牧冲突，尼日利亚国家生态经济委员会（National Ecological and Economic Commission）正式提出《2018～2027年国家畜牧业转型计划》（以下简称《计划》），旨在解决不断升级的农牧冲突问题。《计划》要求实现尼日利亚畜牧业转型，特别是通过建立农村放牧地来解决当前危机。由于受到南部各州农民抵制，该《计划》到2019年1月才获得批准。联合国支持该《计划》，依托人类安全信托基金和建设和平基金向尼日利亚提供相应援助。尼日利亚南部各州也积极探索建立地方性安全机制。2020年3月，巴耶尔萨州（Bayelsa）、阿克瓦伊博姆州（Akwa Ibom）、十字河州（Cross River）和三角洲州（Delta）等遭受富拉尼牧民袭击频率较高的州动议建立联防机制。2020年12月，东南各州正式组建东部安全网络，以维持社会秩序，防备外来牧民的袭击。③

---

① Ibrahim Ahmadu, "Famer-Grazier Conflict: View of a Livestock Worker on 'Official' Interpretation and Handling," in Bassey E. Ate and Bola A. Akinterinwa eds., *Cross-Border Armed Banditry in the North East*, Ibadan: Polygraphics Ventures Limited, 2011, p. 40.

② 李文刚：《尼日利亚农牧民冲突：超越民族宗教因素的解读》，《西亚非洲》2018年第3期，第69～93页。

③ Agaptus Nwozor, John Shola Olanrewaju, Segun Oshewolo, Anthony M. Oladoyin, Solomon Adedire and Onjefu Okidu, "Herder-Farmer Conflicts: The Politicization of Violence and Evolving Security Measures in Nigeria," *African Security*, March 20, 2021, https://www.tandfonline.com/loi/uafs20.

  乍得农牧冲突也十分严重，但由于政府羸弱，应对无力。2020 年 11 月，乍得南部卡比亚（Kabbia）地区发生大规模农牧冲突，冲突诱因是农民的偷牛行为招致牧民报复，在冲突中有 22 人丧生。① 12 月，南部阿奇盖克省（Achiguek）因农牧民用地纠纷再次发生大规模冲突，25 人在冲突中丧生。当月，瓦达伊省（Ouaddaï）也发生了农牧冲突，造成 8 人死亡、11 人受伤。② 2021 年 2 月，东南部萨拉马特省（Salamat）农牧民围绕路障设置发生对抗，农民拆除牧民设置的路障，牧民发动攻击，随后农民组织民兵进行报复，冲突持续多日，导致 35 人丧生。③ 乍得农牧冲突的爆发点多是牧民在农田中放牧，或农民盗窃牛群，治理难度较大，群体性报复就成为维系地方脆弱平衡的主要方式。此外，邻国喀麦隆境内的难民进入乍得，给乍得国内安全局势带来不确定因素。2021 年 8 月 10 日，喀麦隆远北地区（Far North region）以游牧为生的乔亚阿拉伯人（Choa Arab）和以农耕、渔业为主的姆斯古姆人（Mousgoum）因争夺放牧地与水源发生严重族群冲突，造成至少 32 人死亡、74 人受伤。乍得政府表示，冲突事件已经迫使超过 11000 多人离开喀麦隆远北地区，越过边境进入乍得，其中约 85% 是妇女和儿童。④

  乍得寄希望于行政与司法体制来解决国内的农牧冲突，当农牧冲突发生时，首先由当地行政官员出面警告、调停冲突双方，然后将冲突人员交由法庭处理。然而，由于存在严重的腐败问题，在调解农牧冲突的过程中，行政人员只是简单警告冲突双方，不能公正处理冲突问题，甚至存在官员勒索敲诈农牧民财物的现象，农牧民并不信任当地政府或法庭作为调解人，且许多

---

① "35 Dead as Herdsmen, Farmers Clash in Chad," *Punch*, February 17, 2021, https://punchng. com/35-dead-as-herdsmen-farmers-clash-in-chad/.

② OCHA, *Chad: Quick Alerts*, New York City: UN Office for the Coordination of Humanitarian Affairs, December 18, 2020, https://reliefweb. int/report/chad/chad-quick-alerts-18-december-2020.

③ "35 Dead as Herdsmen, Farmers Clash in Chad," *Punch*, February 17, 2021, https://punchng. com/35-dead-as-herdsmen-farmers-clash-in-chad/.

④ "Intercommunal clashes in Cameroon force 11000 people to flee to Chad," *Africa News*, August 20, 2021, https://www.africanews. com/2021/08/20/intercommunal-clashes-in-cameroon-force-11000-people-to-flee-to-chad/.

地区还没有法庭等司法机构。于是，传统的社区协调机制逐渐得以恢复，根据传统惯例，冲突结束之后牧民会赔偿农民冲突受害者一笔资金，而农民也需赔偿牧民在冲突中的财产损失。但实际操作过程中，赔偿问题往往难以令双方都满意，进而引发新的报复行动与进一步的农牧冲突。

二 "博科圣地"与恐怖袭击

"博科圣地"组建于尼日利亚。2009 年以来，由于遭到尼日利亚军事打击，"博科圣地"部分成员逐渐越过边境流窜在乍得湖区四国，开展跨境恐怖袭击。乍得湖区数百万失去生计的贫困人口和难民也成为"博科圣地"潜在的兵源。

第一，"博科圣地"在尼日利亚的袭击。"博科圣地"主要活跃于尼日利亚东北部，其袭击已造成尼日利亚近 3.6 万人死亡，另有约 200 万人流离失所。[1] 2019 年 1 月，"博科圣地"对博尔诺州（Borno）边境城市兰恩（Rann）发动袭击，造成至少 60 名平民丧生，大量房屋被烧毁，约 9000 人无家可归，3 万人越过边境进入喀麦隆避难。[2] 2020 年 1~9 月，尼日利亚至少有 363 名平民因"博科圣地"袭击丧生，即使是在政府军驻扎的地区，平民安全也无法得到保障。[3] 政府军自身也屡遭攻击。2020 年 3 月，"博科圣地"在尼日利亚东北部伏击了政府军运输车队，击杀 50 多名士兵，并抢走大批武器弹药。6 月，"博科圣地"攻击博尔诺州首府迈杜古里（Maiduguri）

[1] "Nigeria's Military Investigates Reports of Boko Haram Leader's Death," Reuters, May 21, 2021, https://www.reuters.com/world/africa/nigerias-military-investigates-reports-boko-haram-leaders-death-2021-05-21/.

[2] Osai Ojigho, "Nigeria: Deadliest Boko Haram Attack on Rann Leaves at Least 60 People Murdered," Amnesty International News, February 1, 2019, https://www.amnesty.org/en/latest/news/2019/02/nigeria-deadliest-boko-haram-attack-on-rann-leaves-at-least-60-people-murdered/.

[3] Anietie Ewang, "Gruesome Boko Haram Killings in Northeast Nigeria," Human Rights Watch, December 1, 2020, https://www.hrw.org/news/2020/12/01/gruesome-boko-haram-killings-northeast-nigeria.

附近村庄,其间甚至发射了 3 枚火箭弹攻击平民。8 月,"博科圣地"袭击库卡瓦地区(Kukawa),绑架了至少 100 名人质。9 月,"博科圣地"在博尔诺州袭击运送难民的车队,造成 18 人丧生,政府军甚至没有抵抗能力。[①] 2021 年 2 月,迈杜古里郊区人口稠密的社区再次遭到"博科圣地"火箭弹袭击,造成至少 10 人死亡。这次袭击显示出"博科圣地"在大型城市使用重型武器后还有安然撤退的能力。[②] 尽管尼日利亚政府不断展开军事行动加以打击,但往往难以取得决定性战果。

第二,"博科圣地"在尼日尔的袭击。在 2009 年以后"博科圣地"不断越过边境进入尼日尔,此后它在该国的袭击频率不断上升。尼日尔加入"萨赫勒五国集团"(G5 Sahel),为美法等国反恐部队提供训练基地并直接参与反恐行动,招致"博科圣地"的报复。2019 年 5 月,尼日尔境内一所监狱遭到"博科圣地"汽车炸弹袭击,随后该组织又袭击了通戈(Tongo)地区的尼日尔军队,击杀 29 名士兵。10 月,在西部提拉贝里(Tillabéri)和塔瓦阿(Tahoua),"博科圣地"制造多起针对政府建筑、军队和平民目标的袭击,造成数十人伤亡,提拉贝里多所学校被烧毁。[③] 在尼日尔东南部靠近尼日利亚的迪法(Diffa)地区,"博科圣地"可以轻易跨境制造袭击、躲避追捕。该地区也成为"博科圣地"活动的重灾区。2019 年以来,"博科圣地"在迪法地区的袭击频频发生,包括使用汽车炸弹袭击和人肉炸弹袭击,并制造多起针对外国人的绑架事件,该地区 30 万人沦为难民。2021 年 2 月,"博科圣地"在迪法地区拦截一辆行驶中的公共汽车,杀害车上 4 名平民,并与随后赶来的多国联合特遣部队展开激烈战斗。[④]

---

① Obi Anyadike, "Boko Haram Proves It's still a Threat," The New Humanitarian, March 26, 2020, https://www.thenewhumanitarian.org/news/2020/03/26/boko-haram-attacks-chad-nigeria.

② Mayeni Jones, "Nigeria's Boko Haram Crisis: Maiduguri Rocket Attack Kills 10," BBC News, Lagos, February 24, 2021.

③ OSAC, Niger 2020 Crime & Safety Report, Washington D. C.: Overseas Security Advisory Council, 2020.

④ "Thirteen Boko Haram Fighters, Four Civilians Killed in Niger, Says Military," France 24 News, February 7, 2021, https://www.france24.com/en/africa/20210702-thirteen-boko-haram-fighters-four-civilians-killed-in-niger-says-military.

第三，"博科圣地"在喀麦隆的袭击。2009 年"博科圣地"进入喀麦隆后，该国北部地区频遭恐怖袭击。根据美国国防部非洲战略研究中心 2020 年 11 月的报告，2020 年 1 ~ 10 月，"博科圣地"在喀麦隆远北地区制造了大小 400 多起恐怖袭击，较 2019 年增长了 90%，甚至超过在尼日利亚、尼日尔与乍得袭击次数的总和。[①] 2020 年 6 月，"博科圣地"武装分子涌入喀麦隆远北地区乍得湖上的一个岛，炸死 24 人，除岛民外，还包括岛上军事哨所的 16 名喀麦隆士兵。[②] 8 月，喀麦隆与尼日利亚边境村庄不断遭到"博科圣地"袭击，造成 22 人死亡，7000 多人无家可归。[③] "博科圣地"还对难民营发起攻击，戈尔达维（Goldavi）的难民营多次遭到"博科圣地"自杀式炸弹袭击。同一时期，喀麦隆与尼日利亚边境恩哥特查韦（Nguetchewe）的难民营也遭到"博科圣地"袭击，造成 17 人死亡。[④] 12 月，"博科圣地"在喀麦隆远北地区的袭击造成至少 80 名平民丧生，数个村落几百座房屋被毁。[⑤] 2021 年 1 月，"博科圣地"在喀麦隆北部莫佐戈（Mozogo）地区的袭击造成 13 名平民死亡，其中包括 2 名儿童。[⑥] "博科圣地"在喀麦隆的袭击已造成近 3000 人死亡，超过 50 万人失去家园。[⑦]

第四，"博科圣地"在乍得的袭击。2015 年 1 月，"博科圣地"在乍得湖区重要贸易城镇巴加卡瓦（Baga Kawa）屠杀了超过 2000 名平民，震惊世界。[⑧]

① European Commission, *Lake Chad Basin Crisis*, Brussels：European Commission, 2021, p. 3.
② "Suspected Boko Haram Militants Kill at Least 13 in Cameroon," Reuters, August 2, 2020, https：//www. arabnews. com/node/1713531/world.
③ Moki Edwin Kindzeka, "Boko Haram Attacks Leave Cameroon Villagers in Need of Aid," Voice of America, September 8, 2020, https：//www. voanews. com/africa/boko-haram-attacks-leave-cameroon-villagers-need-aid.
④ Ibid.
⑤ "Cameroon：Boko Haram Attacks Escalate in Far North," Human Right Watch, April 5, 2021, https：//www. hrw. org/news/2021/04/05/cameroon-boko-haram-attacks-escalate-far-north.
⑥ "Suspected Boko Haram Militants Kill at Least 13 in Cameroon," Reuters, August 2, 2020, https：//www. arabnews. com/node/1713531/world.
⑦ "Cameroon：Boko Haram Attacks Escalate in Far North," Human Right Watch, April 5, 2021, https：//www. hrw. org/news/2021/04/05/cameroon-boko-haram-attacks-escalate-far-north.
⑧ Daniel Eizenga, "Chad's Escalating Fight against Boko Haram," Africa Center for Strategic Studies, April 20, 2020, https：//africacenter. org/spotlight/chad-escalating-fight-against-boko-haram/.

乍得政府将"博科圣地"视作主要威胁，开展了一系列军事打击行动，但相比尼日利亚，乍得军力更加羸弱，"博科圣地"成功在乍得湖区扎根，并面向乍得人进行公开招募。2019 年 3 月，"博科圣地"对波西马（Bohoma）地区的军事哨所发动袭击，数百名武装分子乘坐快艇从不同方向向哨所发起进攻，驻守哨所的乍得政府军无力抵抗，哨所内武器装备均被"博科圣地"武装分子抢走。这场袭击表明"博科圣地"在组织较大规模攻坚战方面的战术已十分成熟。作为回应，乍得政府于 3 月 31 日对"博科圣地"展开军事行动，总统伊德里斯·代比·伊特诺（Idriss Déby Itno）飞抵波西马督战，乍得官方声称在军事行动中消灭了超过 1000 名"博科圣地"武装分子，摧毁了其营地。① 不过"博科圣地"此后在乍得发动的袭击次数还是 2018 年同期的 3 倍，乍得政府军屡遭攻击。2020 年 3 月，"博科圣地"对乍得湖博马岛（Boma）的乍得政府军发起突袭，政府军再次败北，92 名政府军士兵丧生。②

为消灭"博科圣地"，彻底清除其在乍得湖区所造成的恶劣影响，乍得湖流域委员会（Lake Chad Basin Commission）于 2015 年 6 月成立了由每个成员国各派遣 700 名士兵组成的多国联合特遣部队（Multinational Joint Task Force），协同打击"博科圣地"。部队组建后，还获得了来自非洲联盟、美国、英国、法国和欧洲联盟的财政支持与军事技术、培训支持。2015～2016年，多国联合特遣部队曾一度压制"博科圣地"，但 2019 年以后"博科圣地"的报复性打击逐渐强化，各国承受巨大压力。2020 年 1 月，乍得宣布退出多国联合特遣部队。③ 2021 年 4 月，乍得总统代比去世后不到一周，"博科圣地"进一步制造了多次恐怖袭击且烈度增强。目前，多国联合特遣部队

① Daniel Eizenga, "Chad's Escalating Fight against Boko Haram," Africa Center for Strategic Studies, April 20, 2020, https://africacenter.org/spotlight/chad-escalating-fight-against-boko-haram/.

② "Boko Haram Kills Troops in 'deadliest' Chad Raid," BBC News, March 25, 2020, https://www.bbc.com/news/world-africa-52038111.

③ "What Role for the Multinational Joint Task Force in Fighting Boko Haram?" Crisis Group, July 7, 2020, https://www.crisisgroup.org/africa/west-africa/291-what-role-multinational-joint-task-force-fighting-boko-haram.

计划将人数增至 8000 人，并增加巡逻队伍在四国边境进行联合检查。①

2021 年 5 月，"博科圣地"领导人阿布巴卡尔·谢考（Abubakar Shekau）在与"伊斯兰国西非省"的冲突中自杀身亡，效忠"伊斯兰国"的"伊斯兰国西非省"领导人阿布·穆萨布·巴尔纳维（Abu Musab al-Barnawi）发布音频证实了这一消息。② 谢考的死亡凸显亲"伊斯兰国"一派的恐怖主义组织在乍得湖区势力不断壮大，这也为地区反恐带来了新的变数。

三　人道主义危机新态势

气候变化导致乍得湖水面萎缩，湖区水量减少导致许多"靠水吃饭"的居民生计破产，产生众多贫困人口；为了维持生计，湖区北方牧民跟随湖水萎缩、草场退化的轨迹越境南迁并与南方农民发生冲突，贫困与农牧冲突交织造成乍得湖区混乱动荡的状况。在这种大背景下，"博科圣地"武装分子"越剿越多"，袭击活动更加猖獗。环境变化导致的贫困、社会冲突，以及"博科圣地"的恐怖袭击引发严重的难民问题。据国际移民组织和联合国难民署统计，截至 2020 年 12 月，乍得湖区约有 500 万人失去家园沦为难民，其中 75% 的难民分布在尼日利亚，12% 在喀麦隆，8% 在乍得，5% 在尼日尔。③

新冠肺炎疫情更使乍得湖区人道主义问题雪上加霜。截至 2021 年 1 月，尼日利亚、尼日尔、乍得和喀麦隆四国共发现 13.0158 万例新冠肺炎确诊病例，其中 2001 人因新冠肺炎疫情死亡。由于湖区国家普遍缺乏新冠病毒检测能力，因而潜在感染者人数可能更多。④ 乍得湖区还面临严重的粮食紧缺问题，如果外部粮食援助保持现有水平，乍得湖区 2021 年将有 620 多万人

---

① Moki Edwin Kindzeka, "Cameroon Military Says It Pushed Boko Haram Fighters into Nigeria," Voice of America, April 29, 2021, https://www.voanews.com/africa/cameroon-military-says-it-pushed-boko-haram-fighters-nigeria.

② "Abubakar Shekau: Nigeria's Boko Haram Leader is Dead, Say Rival Militants," BBC, 7 June, 2021, https://www.bbc.com/news/world-africa-57378493.

③ European Commission, *Lake Chad Basin Crisis*, Brussels: European Commission, 2021, p. 3.

④ European Commission, *Lake Chad Basin Crisis*, Brussels: European Commission, 2021, p. 2.

面临饥饿威胁，乍得、喀麦隆的饥饿人群增幅可能将分别达到43%和28%。冲突与疫情交织，还导致湖区大量学校关闭。具体而言，其一，新冠肺炎疫情在乍得湖区引发新的生计问题。疫情影响了季节性农村劳动力供应。大量青年劳动力受疫情防控措施影响不能在播种、收获季节前往农村地区打零工，丧失了一项重要收入来源；农业则面临劳动力短缺难题。在尼日尔迪法的一项调查显示，82%的无家可归者认为是新冠肺炎疫情大流行影响了他们的生计。[①] 其二，新冠肺炎疫情削弱了乍得湖区各国的社会凝聚力并放大了民众对政府的不满。乍得湖区各国普遍存在新冠肺炎疫情流行社区被污名化的问题，在迈杜古里，有新冠病毒携带者居住的社区会被标注为红色社区，并被其他社区排斥，政府针对红色社区的隔离措施也被视为针对特定社区的区别对待，由此引发社区间隔阂甚至敌意。疫情期间限制社会文化活动也不利于团结民众。2020年8月，对迈杜古里的调查发现，54%的受访者认为新冠肺炎疫情大流行削弱了社会凝聚力并增加了社区间冲突的可能。[②] 新冠肺炎疫情大流行还削弱了乍得湖区各国政府履行选举承诺和提供社会服务的能力，引起民众普遍不满。在粮食分配问题上，受疫情影响严重的社区或群体得到的粮食反而比相对安全的社区要少，引发民众抗议。乍得湖区各国政府还借口防控疫情随意拘留、勒索平民，这也增加了民众对政府的不满。其三，新冠肺炎疫情大流行被恐怖分子利用。乍得湖区的恐怖分子声称新冠肺炎疫情是由"外人"带来的，挑动民众排外情绪。"博科圣地"则明确认为新冠肺炎疫情是真主对不虔诚的穆斯林罪孽的惩罚，只有追随"博科圣地"，才能远离新冠病毒。

第一，尼日利亚的人道主义危机。自2020年7月以来，尼日利亚人道主义状况不断恶化。尼日利亚约1060万人需要基本生活物资援助，还有190万难民无家可归，这些难民主要分布在博尔诺州、阿达马瓦州和约贝州，即

① Olawale Ismael, *COVID-19 and Violent Extremism in the Lake Chad Basin*, New York: United Nations Development Programme, 2021, p. 3.

② Ibid.

"博科圣地"的主要活动区域。① 另外，尼日利亚还有340万人处于经常性粮食短缺状态，这一数字在2021年预计增长19%，达到404万。尼日利亚同样面临着严峻的疫情防控局势。在海湾各州的难民营中已经检测出新冠病毒携带者，但由于缺乏必要的医疗设备，无法在难民中进行大规模新冠病毒排查。新冠肺炎疫情大流行使尼日利亚人道主义援助需求增长近40%，达到11.7亿美元。此外，尼日利亚各州难民营容纳人数均明显超标，人均空间不足15平方米，甚至有些难民营人均空间只有1平方米。在冲突中，博尔诺州、阿达马瓦州和约贝州超过40%的卫生设施遭到损毁，基本医疗保障也难以满足。② 难民普遍遭受慢性营养不良、地方性疟疾、麻疹和霍乱等疾病的折磨。

第二，喀麦隆的人道主义危机。贫困是喀麦隆人道主义危机的主要因素。截至2020年12月，喀麦隆远北地区共有约58万难民，其中包括11万尼日利亚越境难民以及14万从国外返回的喀麦隆难民。在该地区，贫困问题还与"博科圣地"的跨境恐怖袭击、季节性洪水等交织在一起。③ 2019年，喀麦隆远北地区有5.2%的5岁以下儿童严重营养不良。④ 如果得不到更多粮食援助，2021年，喀麦隆面临粮食紧缺的人口将达到81万人。喀麦隆新冠肺炎疫情的防控情况同样不容乐观，疫情压垮了本就不堪重负的医疗卫生系统。在乍得湖区四国中，喀麦隆新冠肺炎确诊人数仅次于尼日利亚。新冠肺炎疫情大流行的同时，霍乱、脊髓灰质炎和麻疹等疾病也在迅速传播，其中儿童和老年人受到的影响最大。

第三，乍得的人道主义危机。在乍得拉克省（Lac），季节性暴雨造成的洪水打乱了数十万人的正常生活，约11380公顷农田被洪水毁坏，3.3万名农民受洪水影响失去家园，并导致粮食短缺。⑤ 2020年初几次"博科圣地"

---

① OCHA, *Nigeria：2021 Humanitarian Response Plan*，2021，p. 2.
② "UN Says $ 1 Billion Needed for Nigeria Humanitarian Crisis"，Eyewitness News，March 17，2021，https：//ewn. co. za/2021/03/17/un-says-usd1-billion-needed-for-nigeria-humanitarian-crisis.
③ OCHA, *Cameroon Humanitarian Needs Overview 2021*，2021，p. 1.
④ UNICEF, *Cameroon Humanitarian Situation Report*，2021，p. 4.
⑤ FAO, *Chad Humanitarian Response Plan 2021*，2021，p. 1.

与乍得国内反政府武装针对政府军的袭击也波及无辜平民。季节性洪水、袭击导致拉克省难民人数增至 33 万人。新冠肺炎疫情防控局势也不容乐观，乍得医疗卫生条件与湖区其他国家相比更加落后。目前，拉克省的学校基本都已关闭。

第四，尼日尔的人道主义危机。2020 年 1~10 月，迪法地区有 6 万多人因"博科圣地"恐怖袭击逃离家园。尼日尔难民总数已超过 22 万人。[1] 迪法地区儿童严重营养不良率和严重急性营养不良率分别为 19.3% 和 5.3%，是湖区各地区最严重的。[2] 2020 年 3 月 19 日，在首都尼亚美确诊第一例新冠病毒阳性病例之后，尼日尔于 3~7 月对 10809 人进行筛查，发现 1135 例确诊病例，其中 69 例死亡。9 月后进行第二次筛查，发现 2192 例新增确诊病例，并增加了 35 例死亡病例。2020 年尼日尔还报告了 2798 例麻疹病例。[3]

乍得湖区各国缺乏必要能力解决当前严重的人道主义危机。尼日利亚政府曾尝试组织难民回归家园。2020 年 8 月，博尔诺州政府宣布遣返政策并表示将于 2021 年 5 月前解散所有难民营。然而返乡条件并不具备，难民大量滞留，政策最终不了了之。尼日利亚、喀麦隆、乍得、尼日尔等国在保护难民营不受恐怖袭击上都力不从心，甚至对人道主义物资的分配也存在贪墨与混乱。

国际社会一直致力于乍得湖区人道主义问题的缓解。欧洲公民保护与人道主义救援署（Directorate-General for European Civil Protection and Humanitarian Aid Operations）持续向乍得湖区四国提供人道主义援助，乍得湖区人道主义救援计划 50% 的资金都是来自该组织的援助，但资金不足仍是一大难题。2021 年 2 月，尼日利亚人道主义应急计划希望能获得 10.8 亿美元援助，用于向东北部阿达马瓦州、博尔诺州和约贝州的 640 万人提供人道主义援助，但欧洲公民保护与人道主义救援署只提供了 5.511 亿美元援助，美国国际开

---

[1] European Commission, *Lake Chad Basin Crisis*, 2021, p. 3.

[2] UNICEF, *Niger Humanitarian Situation Report*, 2021, p. 3.

[3] Ibid.

发署（United States Agency for International Development）提供了 1.12 亿美元援助。① 资金缺口巨大，分配给乍得、尼日尔、喀麦隆等国的援助资金相对更少，这些国家的难民人数居高不下。②

四　结语

　　乍得湖区不断恶化的安全局势是多种因素共同作用的结果。第一，自然环境的恶化加剧了乍得湖区农民与牧民之间的冲突。随着乍得湖水面不断萎缩，湖区内农牧冲突频率明显提升，冲突造成的人员伤亡数字也不断攀升。湖区各国由于国家治理能力较弱，无力彻底解决农牧冲突问题，地区动荡加剧。第二，地区陷入动荡为"博科圣地"的发展壮大提供了温床。一方面，受地区混乱局势的影响，大量青壮年失去赖以生存的传统生计，这些失业游民则成为"博科圣地"的主要招募对象，有了大量人员补充，"博科圣地"开始不断扩大袭击范围。另一方面，湖区各国受困于国内局势，放松边界管理，也为"博科圣地"逃窜袭击提供了便利。尼日利亚、尼日尔、乍得与喀麦隆四国边境成为"博科圣地"活动的重灾区，"博科圣地"在一国发动袭击后往往越过边境逃入其他国家，规避打击。第三，在地区陷入动荡、"博科圣地"频繁活动以及新冠肺炎疫情大流行的共同作用之下，大量平民失去家园，沦为难民，而这些难民也极易被"博科圣地"所蛊惑而加入制造袭击的行列。乍得湖区逐渐陷入冲突、动荡的死循环。

　　未来很长一段时间，农牧冲突、恐怖袭击、疫情防控与人道主义危机仍将是困扰湖区各国的主要问题，同时也是导致地区混乱、局势动荡难以扭转的主要因素。第一，农牧冲突呈从北向南不断扩散的态势。在尼日利亚，北方各州是农牧冲突的重灾区，而近些年来，随着北方富拉尼牧民不断南迁，中、南部各州的农牧冲突发生频次逐渐增多。从乍得湖区整体来看，主要发

---

① USAID，*Humanitarian Assistance in Nigeria*，2021，p.4.
② European Commission，*Lake Chad Basin Crisis*，2021，p.7.

生在湖区北部尼日利亚、乍得境内的农牧冲突开始波及喀麦隆北部地区，许多尼日利亚牧民跨越边境进入喀麦隆北部水草丰茂的地区放牧，与当地农民发生冲突。第二，恐怖主义态势发生新变化，为乍得湖区未来安全局势带来不确定因素。乍得湖区内"伊斯兰国"一派的恐怖主义组织势力壮大，不断发动袭击，已出现取代"博科圣地"的趋势，使湖区恐怖主义态势复杂化，而多国联合特遣部队的建设工作却面临着资金短缺、人员不足的困境，无疑将增加打击恐怖主义的难度。第三，疫情防控与疫情后经济社会的恢复工作也是湖区各国面临的一大难题。乍得湖区各国面临"疫苗接种难"的问题，乍得湖区新型冠状病毒疫苗接种率最高的国家尼日利亚仅为1.91%，远低于世界平均接种率，而各国普遍缺乏检测、治疗新冠肺炎患者的能力，疫情短期内难以得到控制，疫情后社会经济恢复更难以真正落实。上述问题难以得到妥善解决，乍得湖区人道主义危机将继续蔓延，乍得湖区安全局势不容乐观。

学术前沿

多重危机下的非洲法语地区政治治理形势

龚贤周

摘　要： 2020 年埃博拉疫情尚未结束，新冠肺炎疫情又迅速席卷整个非洲大陆，使非洲各国的局势雪上加霜。非洲法语地区国家除了遭受疫情的反复肆虐，常年活动于萨赫勒地区的极端主义势力出现"越反越恐"的迹象。加之频繁的局部内战和政变不断挑战着此区域国家治理的有效性。疫情、恐情、社情在非洲法语地区交织叠加，使得这一地区的政治治理更加步履维艰，不仅需要迅速处理各种因疫情蔓延加重的诸如粮食危机、经济衰退、社会动荡等次生危机问题，还需要长远谋划处理未来执政党的社会信任危机问题。在多重危机之下提高国家政治治理绩效，改善该地区政治生态，促进地区和平与发展，成为非洲法语地区各国政治治理的首要目标。

关键词： 多重危机　非洲法语地区　政治治理

作者简介： 龚贤周，云南大学非洲研究中心博士研究生。

2020 年 3 月，新冠肺炎疫情开始在非洲暴发并迅速蔓延，"美国战略与国际问题研究中心"（CSIS）发文称新冠肺炎疫情对非洲而言不仅是一场经济与社会危机，更是一场政治危机。[①] 法国外交部所属的"分析、预测与战略研究中心"（CAPS）在 2020 年 4 月针对新冠肺炎疫情对非洲法语地区的影

[①] Judd Devermont, "COVID-19 Is an African Political Crisis as Much as a Health and Economic Emergency," March 18, 2020, https：//www.csis. org/analysis/covid-19-african-political-crisis-much-health-and-economic-emergency.

响发表了题为《穿山甲效应：非洲即将迎来风暴？》（The Pangolin Effect：Is a Storm Brewing in Africa？）的研究报告，文中分别将萨赫勒地区国家和非洲中部国家称为"脆弱"和"穷途末路"的政权，认为疫情不仅会导致这两类国家社会动荡，甚至可能引发既有政权垮台的现象。① 此外，包括"基地"组织北非分支"伊斯兰马格里布基地"组织（AQIM）以及"基地"组织马里分支的"支持伊斯兰教和穆斯林"组织（JNIM）在内的多个极端主义组织在萨赫勒地区活跃，势力范围不断扩大，非洲反恐形势严峻。持续执政使"老人政治"和"第三任期"现象明显，政治代际更替问题突出。总之，在新冠肺炎疫情、极端主义势力扩张、"第三任期"和"老人政治"等多重危机的影响下，非洲法语地区政治与安全的不稳定性加大，非洲法语地区亟须提升政治治理水平。

一　非洲法语地区安全治理形势与趋势

（一）新冠肺炎疫情加速非洲法语地区安全治理形势恶化

近年来，"一角一湖一地带"② 的安全形势日益成为非洲地区安全的晴雨表和观测站，而萨赫勒地带是非洲法语国家主要聚集地之一，在疫情催生下，极端主义活动在此区域不断升级和扩张，正逐渐演化为非洲乃至全球极端主义的大本营。

第一，新冠肺炎疫情蔓延加剧了非洲法语地区安全治理危机。非洲法语地区的疫情防控既是公共卫生问题，也是政治、经济和社会问题。新冠肺炎疫情导致非洲法语地区经济急剧下滑，失业率上升，贫困人口增加，贫富差

---

① 中华人民共和国驻马里共和国大使馆经济商务处：《新冠肺炎疫情可能导致多数非洲国家破产》，2020 年 4 月 6 日，中国商务部网站，http：//ml. mofcom. gov. cn/article/jmxw/202004/20200402952465. shtml。

② 一角指非洲之角，一湖指大湖地区，一地带指萨赫勒地带。参见李新烽、邓延庭、张梦颖《非洲安全的晴雨表和观测站》，2019 年 12 月 12 日，中国社会科学网—中国社会科学报，http：//www. cssn. cn/gjgxx/gj_ttxw/201912/t20191212_5057671. shtml。

距增大，同时导致财政赤字加剧、外国直接投资减少，对外贸易受到严重影响。冲突和不安全状况削弱了该地区卫生系统的正常运作，加剧了新冠病毒传播的风险。据联合国难民署统计，2020年萨赫勒地区有200多万人流离失所，600多万人陷入极端贫困，3140万人需要人道主义援助，比2018年增加了200万人，比2012年增长了5倍，这些数据达到了该地区的历史峰值。① 2021年，萨赫勒五国集团国家有680万人面临粮食危机，近220万人在境内流离失所，逾88万人成为难民。尤其是布基纳法索和利普塔科-古尔马地区（Liptako Gourma region），饥荒问题更是迫在眉睫，自2018年以来，利普塔科-古尔马地区的境内流离失所者人数增加了20倍。② 受疫情影响，该区域的人道主义援助供应链被迫中断，大规模流离失所现象继续给国家公共服务系统造成沉重负担，进一步加剧了国家内部关系紧张和社会冲突。此外，新冠肺炎疫情蔓延充分显露出非洲法语地区卫生基础设施的薄弱，改善现有的卫生状况成为非洲法语地区最为紧迫的任务。总之，一方面新冠肺炎疫情蔓延将直接影响非洲法语地区社会经济发展，另一方面非洲法语地区固有的社会经济治理危机将加速新冠病毒传播，使本地区安全治理形势急剧恶化。

第二，新冠肺炎疫情导致非洲法语地区的外部安全援助相对减少，尤其是该地区最大的军事援助国家——法国欲从该地区抽身，致使此区域打击极端主义的力量减弱。受新冠肺炎疫情的影响，法国、美国、西班牙等国家都疲于应对本国疫情，因此纷纷调整其在该地区的安全援助。客观上看，法国在萨赫勒地区的反恐功不可没，其作为"非洲宪兵"长期在萨赫勒地区的军事存在成为该区域打击极端主义的主要力量，从2014年"新月形沙丘行动"开始以来，法国已经投入了至少8000人的兵力在该地区。但在新冠肺炎疫情的冲击之下，以及法国国内各利益方的博弈下，2021年7月马克龙总统表示将在2021年下半年从萨赫勒地区撤军2000余人，并关闭法国位于马里等

---

① United Nations High Commissioner for Refugees, *UNHCR Global Report 2020*, 2021, p.107, https：//reporting. unhcr. org.

② 联合国安理会秘书长报告《萨赫勒五国集团联合部队》，S/2021/442，2021年5月10日，https：//undocs. org/zh/S/2021/442。

地区的多个军事基地。① 无独有偶，早在 2020 年初法国在萨赫勒地区反恐的重要盟友——美国就将非洲视为"战略边缘地带"，宣布要从西非地区大幅撤军，并调整其在西非的军事部署。② 在萨赫勒地区各国反恐力有未逮的情况下，法、美等大国纷纷抽身自保，势必会加剧此区域安全形势的恶化。

（二）法国主导的地区安全治理发展趋势

第一，法国在非洲法语地区的安全治理能力相对衰退，加剧了该地区极端主义势力扩张。法国作为非洲法语国家的前殖民宗主国，长期以来依靠首脑外交、对非援助、文化影响、军事存在等维持对非洲法语国家的域外影响力，并主导萨赫勒地区的安全合作。③ 虽然从 2007 年萨科齐执政以来，推动法非关系正常化的政策就贯穿在法国历届政府的对非外交之中，直至今日马克龙政府仍致力于改善法非关系，努力摆脱具有殖民主义色彩的法非特殊关系，④ 但相关政策落实效果并不明显。

为打击极端主义势力，2014 年萨赫勒地区成立"萨赫勒五国集团"（G5-Sahel）⑤，同年 8 月法国联合"萨赫勒五国集团"在该地区开展"新月形沙丘行动"（亦译作 Opération Barkhane，"巴尔赫内行动"），并与自 1986 年在乍得开始持续至今的"食雀鹰行动"（Opération Épervier）合并，加大对这一地区安全治理与合作的主导力度，直至 2021 年 6 月 10 日，马克龙才宣布结束长达 8 年的"新月形沙丘行动"，⑥ 欲将该地区的反恐任务移交给

---

① "French Military Withdrawal Heightens Insecurity in Sahel," *The Economist*, July 9, 2021, http：//country. eiu. com/article. aspx? articleid = 1881207571.

② "US Wants to Withdraw Troops from West Africa," The Afrinik, July 26, 2020, https：// afrinik. com/us-wants-to-withdraw-troops-from-west-africa/.

③ 参见智宇琛《法国对非军事政策演变对中法非和平安全合作的启示》，《国际展望》2016 年第 6 期，第 74～92 页。

④ 参见彭姝祎《从戴高乐到马克龙：法国的非洲政策变化轨迹与内在逻辑》，《西亚非洲》2019 年第 2 期，第 85～110 页；彭姝祎：《法国马克龙政府的非洲政策：特点、原因与效果》，《当代世界》2020 年第 7 期，第 45～51 页。

⑤ 萨赫勒五国集团成员国包括布基纳法索、乍得、马里、毛里塔尼亚和尼日尔。

⑥ 《法国宣布将结束在非洲萨赫勒地区的"新月形沙丘"行动》，2021 年 6 月 11 日，新华网，http：//www. xinhuanet. com/2021 - 06/11/c_1127552240. htm。

"国际部队"①。但法国仍在非洲大陆的 11 个国家②保持临时驻军，其中在塞内加尔、吉布提保留了 2 个永久性军事基地。除了主导国际反恐活动外，法国在非洲法语地区还开展了诸如"红蝴蝶行动"（Opération Sangaris）的"人道主义干预"军事活动，以促进国家或地区安全稳定。

更令人担忧的是，在新冠肺炎疫情持续肆虐之下，萨赫勒地区极端主义威胁正在不断向外蔓延。有迹象表明，各类极端组织正在利用新冠肺炎疫情加强恐怖活动，趁机扩充势力地盘。③ 多种迹象表明非洲法语地区另一个焦点区域——乍得湖盆地的安全形势也在急剧恶化，正在演化为萨赫勒地区之外全球新的暴恐重灾区之一，国际各方反恐力量与恐怖势力或将在此区域展开拉锯式的对抗，难民数量与日俱增，人道主义形势堪忧，多个国家政局动荡不安。根据联合国报告，喀麦隆北部、西北和西南大区持续发生分离主义武装团体的暴力活动，乍得边境地区也时常发生因金矿资源和农牧民纠纷的冲突，加之常年活动于该地区的"博科圣地""上帝抵抗军"等极端主义组织，加剧了该地区的安全局势恶化，截至 2020 年 10 月 31 日，已有近 32.2 万名喀麦隆人和约 33.61 万名乍得人在境内流离失所。④ 诚然，极端主义已经成为非洲法语地区政治治理的首要挑战和核心障碍。

新冠肺炎疫情的肆虐使得非洲法语地区的国家不得不将主要精力和资源转移到更具紧迫性的抗疫和防疫任务上，导致打击极端主义的资源投入相对减少，同时一些极端主义势力伺机利用新冠肺炎疫情流行的机会进行扩张。2020 年萨赫勒地区的国际安全部队阵地持续遭到恐怖袭击，特别是布基纳法

① 该"国际部队"即指 2020 年 3 月由法国主导建立的包括非洲马里、尼日尔以及欧洲其他 10 个国家（德国、英国、比利时、捷克、丹麦、爱沙尼亚、荷兰、葡萄牙、挪威、瑞典）共同组成的"巴尔坎反恐军事行动框架内欧洲特种部队联盟"（简称"塔库巴"联军）。

② 这 11 个国家分别是毛里塔尼亚、塞内加尔、马里、科特迪瓦、博茨瓦纳、喀麦隆、尼日尔、乍得、加蓬、中非共和国、吉布提。

③ 参见吕强《非洲萨赫勒地区安全困局难解》，2020 年 5 月 19 日，人民网－人民日报，http://news.china.com.cn/live/2020－05/19/content_821221.htm。

④ 联合国安理会秘书长报告《中部非洲局势和联合国中部非洲区域办事处的活动》，S/2020/1154，2020 年 12 月 1 日，https://undocs.org/zh/S/2020/1154。

索、马里和尼日尔边界交汇的利普塔科-古尔马地区已成为萨赫勒地区安全的热点。尽管反恐行动以及两个主要武装恐怖团体①之间的内斗对该地区的极端主义活动形成了一些压力，但针对平民、地方当局、宗教人士的袭击事件仍不绝于耳。澳大利亚智库经济与和平研究所（IEP）的调查报告显示，2020年全球极端主义活动增长最快的10个国家中，有7个位于撒哈拉以南非洲地区，其中包括布基纳法索、马里、尼日尔等非洲法语国家。② 以尼日尔为例，仅2021年，截至4月30日尼日尔就已发生了3起重大袭击事件，造成至少300人死亡，其中2021年3月21日发生在提利亚（Timia）地区的袭击造成至少137人死亡。③

第二，法国在非洲法语地区军事干预欧盟化的趋势，削弱了法国与其他国际组织合作的动力。早在2008年，萨科齐政府就强调要把欧盟作为法国在非洲安全事务合作的首选对象，虽然在此后的多次对非军事行动中法国基于多重考量仍推行军事单边主义，只是简单向欧盟通报自己的决定。④ 但从长远来看，法国借助欧盟框架实现军事干预合法化，并争取对非洲军事行动的领导权，是法国推进在非洲军事行动，维持大国形象的最佳选项。一方面，法国可借助欧盟框架分担自身在非洲军事行动中的成本；另一方面，法国借助欧盟框架比借助其他多边框架更容易争取政治资源和军事主导权，法国在联合国、北约、非盟等其他多边框架中难以获得类似其在欧盟框架下的"行动自主权"，例如法国当前在联合国框架下的对非军事行动仅限于"联合国授权，法国实施"的模式，即没有联合国授权，法国很难介入。

---

① 两个相互内斗的恐怖团体指与基地组织有关联的"支持伊斯兰教和穆斯林"组织和"大撒哈拉伊斯兰国"（ISGS）。

② Institute for Economics & Peace（IEP），*Global Terrorism Index 2020：Measuring the Impact of Terrorism*，Sydney，November 2020，https：//reliefweb. int/sites/reliefweb. int/files/resources/GTI-2020-web-2. pdf.

③ 联合国安理会秘书长报告《萨赫勒五国集团联合部队》，S/2021/442，2021年5月10日，https：//undocs. org/zh/S/2021/442。

④ 段明明、王战：《法国对非军事干预欧盟化策略透析》，载《法国发展报告（2019）》，社会科学文献出版社，2019，第183~200页。

此外，法国虽然将与联合国和非洲法语国家的多边合作视为其增强在该地区军事行动合法性和时效性的两个重要支柱，但因未改变单边主义的本质，其国际合作的效能大大降低。长期以来，法国在非洲法语地区都是实施以权力植入为特征的单边军事干涉主义行动，因而饱受国际社会"新殖民主义干涉内政"的批评，[①] 为祛除这一政治诟病，强化其在非洲军事行动的合法性，马克龙执政以来竭力塑造法国的多边主义形象。而联合国作为全球最大的多边舞台，理所当然地成为法国首选的合作对象，因此法国越来越重视与联合国在非洲法语地区安全事务方面的合作。事实上，近年来法国在非洲法语国家主导的历次军事行动也都是在联合国授权之下开展的。另外，历史表明，法国虽然在非洲法语地区主导了较长时间的安全治理，也投入了较多的军事和政治资源，但只是在表面上摧毁消灭了极端主义组织的一些据点、头目、通道，并未从根本上清除极端主义组织，反而在某种程度上滋生了新的政治问题。例如，大规模军事打击一方面迫使极端主义组织以更隐蔽的方式散落在该区域，另一方面还激发了极端主义的复仇情绪，使其暴力化和极端化的程度不断升级，同时由于法国在打击极端主义与地区国家建设方面的不平衡，导致部分区域出现治理真空，严重影响该地区的民生。因此，法国也越来越重视与非洲法语国家的安全合作，希冀通过合作提高安全治理的实效。例如2020年1月13日，萨赫勒五国集团在法国波城举行峰会期间，法国发起成立"萨赫勒联盟"[②]，意在通过整合资源，扩大信息分享范围，加快军事行动速度，以有效应对地区极端主义活动，但因该地区极端主义势力的区域性和跨国性特点，以及非洲法语国家间缺乏有效合作，法国主导的地区安全治理缺乏内生驱动力。

第三，非洲法语地区国家内部治理危机的复杂性，严重制约了包括法国在内的国际势力介入该地区的意愿。非洲法语地区的国内反政府武装间接影

---

① 王战、段明明：《法国萨赫勒军事战略解析》，载《法国发展报告（2020）》，社会科学文献出版社，2020，第88～104页。

② "萨赫勒联盟"即将萨赫勒五国集团联合部队、法国"新月形沙丘"反恐行动部队以及在此区域的其他国家安全部队整合，统一指挥，联合行动。

响中国、美国等大国与非建立的友好外交关系，也将间接增大该地区安全治理风险。从法国主导的非洲法语地区安全治理发展历程来看，自 21 世纪第二个十年以来，随着大国在非洲竞争的加剧，以及非洲内部非结构性暴力的增加，① 法国在非洲面临的竞争与非传统威胁逐渐增加，由此法国开始调整对非洲的军事投入。尤其是从 2011 年萨科齐政府参加推翻利比亚卡扎菲政权的"奥德赛黎明行动"（Opération Odyssey Dawn）和主导推翻科特迪瓦巴博政权的"独角兽行动"（Opération Licorne）开始，法国对非洲法语地区的军事介入就有增无减。2012 年马里危机爆发，大批盘踞在马里北部的极端主义势力与游牧民族图阿雷格人反政府武装②组成的阿扎瓦德民族解放运动（National Movement for Liberation of Azawad）借机对马里过渡政府政权发起挑战，2013 年 1 月法国发动"薮猫行动"（Opération Serval）支持马里平息叛乱。此次行动虽然成功阻止了极端主义势力的南下，但也在马里、尼日尔和布基纳法索三国的交界地区滋生和隐藏了大量极端主义势力。2021 年 4 月，乍得国内反政府武装逐渐接近首都，英国和美国政府相继发表声明撤走相关工作人员，影响了双方经贸往来。美国国务院在一份声明中说："由于他们越来越接近首都恩贾梅纳，而且该市可能发生暴力事件，非必要的美国政府雇员已被商业航空公司下令离开乍得。"英国政府也发表声明敦促其公民离开乍得以减少不必要的损失，因为两个武装车队正在从叛军前线向首都推进。

二 非洲法语地区政党政治形势与趋势

（一）新冠肺炎疫情进一步加剧了非洲法语地区政党政治发展形势恶化

进入 21 世纪，非洲法语地区各国不断加强自身国家能力建设，推进政

---

① 张春：《非结构性暴力增生与非洲动荡的常态化》，《当代世界》2014 年第 10 期，第 44～46 页。
② 阿扎瓦德民族解放运动中的图阿雷格人不仅包括马里本国的图阿雷格人，还有部分之前效忠于卡扎菲政权的图阿雷格人也返回马里加入该运动。

党政治发展，国内政治生态逐渐优化，政治危机发生频率明显减少。但在
2020 年新冠肺炎疫情的冲击下，非洲法语地区国家的政治结构和政府的领导
能力遭受了严峻的考验，长期困扰非洲法语地区各国政治治理的问题又被激
化，而且涌现出一些新问题。

其一，新冠肺炎疫情下的"卫生考量"和"政治考量"将 2020 年举行
大选的非洲法语国家推入一个两难境地：如期选举会加剧疫情扩散，或者导
致投票率低，代表性不足；但如果推迟选举则会延长当前执政党的执政时
间，加剧政党政治发展危机，这使面临大选的政府面临双线作战困境，加大
了政府领导的压力。2020 年至 2021 年 6 月底，在新冠肺炎疫情之下非洲有
11 个法语国家举行了总统大选（见表1），另外，布基纳法索、喀麦隆、加
蓬、几内亚、尼日尔、马里、乍得、科摩罗、科特迪瓦、阿尔及利亚 10 个
国家举行了国民议会选举。[①] 虽然绝大多数非洲法语国家在选举过程中都实
现了政权的平稳过渡，有效规避了"逢选必乱""输家政治"等怪象，但大
选前后各种政治力量的博弈仍然对非洲法语地区的政治治理提出了严峻考
验。例如 2020 年 3 月 22 日，几内亚总统阿尔法·孔戴希望借选举和修宪为
其第三个任期铺平道路，在国内已有 2 例新冠肺炎确诊病例的情况下，仍然
坚持进行新宪法公投，反对党和民间社会团体由此组成"捍卫宪法全国阵
线"，并借疫情防控抗议全民投票，由此引发骚乱。[②] 10 月 20 日，选举管理
委员会公布总统大选中途开票结果时，由于显示阿尔法·孔戴连任机会更
高，反对党"几内亚民主力量同盟"主席塞卢·达莱因·迪亚洛的支持者们
就质疑统计不公正，开始进行抗议活动，在首都科纳克里封锁道路等，警察
为了驱赶抗议民众，与民众爆发了冲突，造成约 10 人死亡。[③]

[①] See Joseph Siegle, Candace Cook, "Assessing Africa's 2020 Elections," November 3, 2020, https://africacenter.org/spotlight/highlights-africa-2020-elections/.

[②] "Guinea: Violence During Referendum," The Afrinik, April 10, 2020, https://allafrica.com/stories/202004100117.html.

[③] UNICEF, "Post-election Violence in Guinea," October 25, 2020, https://reliefweb.int/report/guinea/post-election-violence-guinea.

表 1   2020 年、2021 年非洲法语地区总统大选一览

国家	当地宪法确认时间	结果
多哥	2020 年 3 月 3 日	现任总统、执政党保卫共和联盟党魁福雷·埃索齐姆纳·纳辛贝（Faure Essozimna Gnassingbé）第四次连任
布隆迪	2020 年 6 月 4 日	执政党保卫民主全国委员会 – 保卫民主力量总书记埃瓦里斯特·恩达伊施米耶（Evariste Ndayishimiye）赢得总统大选
塞舌尔	2020 年 10 月 25 日	反对党领袖、塞舌尔民主联盟候选人韦维尔·拉姆卡拉旺（Wavel Ramkalawan）赢得总统大选
科特迪瓦	2020 年 11 月 2 日	现任总统、执政党共和人士联盟主席阿拉萨内·德拉马内·瓦塔拉（Alassane Ouattara）获得第三次连任机会
几内亚	2020 年 11 月 7 日	现任总统、执政党几内亚人民联盟主席阿尔法·孔戴（Alpha Condé）获得第三次连任机会
布基纳法索	2020 年 11 月 26 日	现任总统、执政党人民进步运动党罗克·马克·克里斯蒂安·卡波雷（Roch Marc Christian Kabore）获得连任
加纳	2020 年 12 月 9 日	现任总统、新爱国党候选人纳纳·阿多·丹夸·阿库福 – 阿多（Nana Addo Dankwa Akufo-Addo）获得有效投票数的 51.595%，成功连任
中非共和国	2021 年 1 月 18 日	现任总统、执政党"团结一心运动"总统候选人福斯坦 – 阿尔尚热·图瓦德拉（Faustin-Archange Touadéra）获得连任
尼日尔	2021 年 3 月 21 日	执政党争取民主和社会主义党候选人穆罕默德·巴祖姆（Mohamed Bazoum）当选总统
吉布提	2021 年 4 月 10 日	现任总统、执政党争取进步人民联盟候选人伊斯梅尔·奥马尔·盖莱（Ismaaciil Cumar Geelle）获得超过 98% 的选票，第五次连任
贝宁	2021 年 4 月 21 日	现任总统帕特里斯·纪尧姆·阿塔纳斯·塔隆（Patrice Guillaume Athanase Talon）第二次连任

数据来源：笔者自制，相关数据来源于中国外交部官方网站，https://www.fmprc.gov.cn/web/。

其二，部分非洲法语地区的国家"疫情政治化"加剧了其国家内部朝野政党之间的角逐。部分国家的反对党将疫情作为向执政党发难的政治契机，故意放大执政党在抗疫过程中的瑕疵，制造"塔西佗陷阱"（Tacitus Trap），破坏执政党在民众中的威信，竭力煽动民众向其发动政治攻势。例如，2020年 10 月 31 日科特迪瓦举行的总统选举，是在现任总统竞选成为第三次总统

连任候选人、选举进程不包容以及两个主要反对党抵制等情况下举行的,[1]总统大选充斥着反对派对政府"司法部门被用作工具""新冠肺炎疫情紧急措施""总统任职次数扩大"等的抱怨,因而选举过程中冲突不断。据统计,自2020年8月10日至11月2日该国因选举暴力造成至少85人死亡,484人受伤,3000人逃往国外。[2]另外,同样也有部分国家的执政党利用疫情防控巩固"强人政治"或"个人统治",加强国内政治控制,打压反对党的活动,压缩其政治活动空间。例如,喀麦隆在总统选举期间禁止了部分地区的游行活动,相关组织集会也被认定为非法,同时还派遣了大批安全部队阻挠和平示威活动。其最主要的反对派"复兴运动"主席坎托(Maurice Kamto)以及其他至少500名反对派领导在2020年9月22日的游行示威结束后遭到逮捕。[3]几内亚在2020年10月有争议的总统选举后出现的政治紧张局势持续存在,主要反对派几内亚民主力量同盟总部在政府命令下依然处于关闭状态,反对派和民间社会团体不断呼吁对话,但2021年1月27日执政当局承诺建立的政治和社会对话常设框架尚未开始运作,再加上东部地区暴发"埃博拉"和为缓和新冠肺炎疫情而持续采取的限制措施,在几个地方引发了抗议活动。

其三,新冠肺炎疫情激化了长期存在于非洲法语国家内部的部族、宗教、资源等政治痼疾,尤其是疫情加剧了失业和贫困问题,导致民众对现政府不满情绪不断累积,政治风险不断上升。在人道主义危机恶化和新冠肺炎疫情大流行的情况下,极端主义活动和族群间暴力加剧了区域安全环境的恶化。根据联合国报告,2020年区域内的各种武装团体有组织地袭击布基纳法索、马里、尼日尔和尼日利亚等地的平民和军事目标,对该区域内外的和平

---

① 两名反对党的代表即前总统亨利·科南·贝迪埃领导的科特迪瓦民主党和前总理帕斯卡尔·阿菲·恩盖桑领导的科特迪瓦人民阵线。

② 《科特迪瓦3000人因选举暴力逃往国外,难民署表示担忧》,2020年11月3日,联合国官方网站,https://news.un.org/zh/story/2020/11/1070862。

③ 《喀麦隆:联合国人权专家呼吁停止针对和平示威者的监禁和威胁》,2020年10月12日,联合国官方网站,https://news.un.org/zh/story/2020/10/1068932。

与稳定构成严重威胁。其中政党政治发展危机最为严重的是马里，该国仅2020年8月至2021年6月就发生了两次军事政变，其中部和北部的安全形势持续恶化，联合国维和人员与马里国防和安全部队不断遭受袭击和严重人员伤亡，部分主要城镇长期处于武装团体的威胁之下，国家深陷政治、安全、人权和人道主义挑战。① 同样，乍得的国内政治治理在疫情与国内反政府武装冲突的肆虐下也不容乐观，该国前任总统伊德里斯·代比·伊特诺（Marshal Idriss Déby Itno）在2021年4月20日与反叛力量"变革与和谐"民兵作战时受伤阵亡之后，其子马哈马特·伊德里斯·代比（Mahamat Idriss Dé by）在15名精选将军组成的军事委员会的拥护下掌权，加剧了该国政党政治发展危机。

总之，从非洲法语地区各国内部政治局势来看，2020年该地区公共卫生安全风险、族际暴力风险、恐怖活动风险、武装冲突风险、社会治安风险、人道主义危机风险等多重风险叠加共振的挑战日益加剧，经济落后，部族矛盾激化，各种政治力量博弈加深，政治治理难度加大。

（二）治理自主化发展趋势的特征

非洲法语国家独立60年来，国内政党政治发展治理整体上不断向前发展，但由于殖民主义时期法国长期的直接统治，以及非洲国家内部族群冲突、基层政权薄弱等问题突出，该地区的政党政治发展治理长期以来在西式民主与本土化之间作"钟摆运动"。② 2020年受新冠肺炎疫情和多重社会危机叠加的影响，非洲法语各国政党政治发展治理水平虽然出现倒退现象，但在各国努力开展自救的情况下，治理自主化在一定程度上也得到了发展。

其一，西式民主下的多党竞争性选举仍然是非洲法语地区国家政权合法

---

① 贺鉴、王筱寒：《马里军人哗变，政治社会危机更深》，《世界知识》2020年第18期，第54~55页；《马里政治危机：安理会呼吁安全、立即和无条件释放所有被拘留官员》，2021年5月26日，联合国官方网站，https://news.un.org/zh/story/2021/05/1084862。

② 张春：《非洲政治治理60年：多重长期困境与潜在创新出路》，《西亚非洲》2020年第2期，第66~89页。

性的主要来源。1989 年 31 个非洲法语国家中只有塞内加尔是多党制，但冷战结束后非洲法语各国要么自发开启自上而下或自下而上的政治改革，要么在域外力量的干涉下进行多党制政治实践。时至今日，定期举行多党竞争性选举的西式民主已经成为非洲所有法语国家的政治形态。① 虽然多党制并没有使非洲法语各国摆脱政治动荡不堪的境遇，但由于开放了党禁，解除了媒体的垄断控制，公民的政治权利得以扩大，最为重要的是各国通过政党政治发展改革基本确立了民主原则和法治框架，② 即使在新冠肺炎疫情的严重冲击下，除马里军事政变对该国政党政治发展秩序造成破坏外，其余各国的政策也都基本遵循了政党政治发展的基本原则。

值得注意的是，在经历 30 余年的政党政治改革与实践后，非洲法语国家目睹了照搬西式民主的危害，开始进行本土化调适。一方面，在静态的国家政体形式选择上，非洲法语国家并没有完全模仿原殖民宗主国法国的"半总统半议会制多党制"政治模式，而是将法国殖民遗产中的威权传统与本土传统的部族文化和本国政治经济发展实情相结合，普遍推行具有"民族特色"的总统制民主。③ 因此在非洲法语地区出现大量以"族裔"资源和"地域"资源为基础的政党，尤其是在反对派中。④ 另一方面，从多党制民主的发展动态来看，非洲法语国家进入 21 世纪第二个十年以来，"一党主导"和"碎片化型政党"⑤ 的两极分化现象越来越严重，而朝野势均力敌较为稳定的两党或三党格局相对较少（见表 2）。此外，非洲法语国家政治治理近年来还出现了"军人干政"回潮的现象，2020 年 1 月至 2021 年 10 月，该地区的马里、尼日尔、几内亚相继发生军事政变，乍得前总统代比也在 2021 年与反对派的武装斗争之中牺牲，政变不同程度地引发了该地区政治危机与社会动荡。

① 王学军：《20 世纪 90 年代以来非洲政党政治发展与政党现代化——兼论政党因素对非洲国家治理的影响》，《西亚非洲》2021 年第 3 期，第 28～33 页。
② See the International Institute for Democracy and Electoral Assistance（International IDEA），*Political Parties in West Africa*：*The Challenge of Democratization in Fragile States*，2007，pp. 19–26.
③ 非洲法语地区除了使用法语的毛里求斯是议会制以外，其余国家均采用总统制。
④ 钟伟云：《非洲的政党政治：回顾与反思》，《西亚非洲》2016 年第 5 期，第 90～106 页。
⑤ "碎片化型政党"指由多个政党组成执政联盟，但没有一个强力的执政党。

表 2　非洲法语地区的政党形式

政党类型	国家
一党主导型	阿尔及利亚、突尼斯、喀麦隆、乍得、刚果民主共和国、赤道几内亚、刚果共和国、科特迪瓦、吉布提、加蓬、布基纳法索、布隆迪、塞内加尔、多哥、埃及、圣多美和普林西比、几内亚比绍、卢旺达
两党或三党稳定型	毛里求斯、加纳、塞舌尔、佛得角
碎片化型	贝宁、科摩罗、几内亚、马达加斯加、马里、尼日尔、中非共和国、摩洛哥、毛里塔尼亚

数据来源：笔者自制，相关数据来源于中国外交部官方网站，https：//www.fmprc.gov.cn/web/。

其二，西式民主与非洲传统政治文化相结合的强人政治是非洲法语地区国家统治的主要形式。受非洲传统政治文化中"权力神圣化与个人化"[1] 和原殖民宗主国法国的"法兰西政治模式"[2] 的双重影响，非洲法语地区自独立以来产生了大量的强人政治（见表3）。20世纪90年代后非洲法语国家开启的西式民主选举之路并没有使其真正摆脱强人政治的传统，反而促使一些国家领导人通过修改宪法中关于总统任期、任期时间、任期计算方式等条款，试图用宪法赋权的形式延长其执政合法性时间。在某种程度上强人政治的确为非洲法语地区的安全与稳定提供了高效和强有力的保障。尤其是在反恐方面，强人政治能够快速调配资源，进行政治动员，对极端主义势力进行有效打击。但长期的强人政治统治，不仅滋生了根深蒂固的恩庇主义和权力寻租问题，[3] 而且政治强人在扩大自身权力的过程中往往恣意镇压反对派活动、攫取国家财富，导致部分地区人权状况堪忧。[4] 2020年在多重危机之下，非洲法语地区因强人政治引发的政治危机更是有增无减，一方面，持续

---

[1]　张宏明：《多维视野中的非洲政治发展》，社会科学文献出版社，2007，第84～103页。

[2]　法兰西政治模式指法国的政治发展经常在威权政治与自由民主之间交互发展，螺旋上升。参见〔法〕托克维尔《旧制度与大革命》，冯棠译，商务印书馆，1997，第233～234页。

[3]　Michael Bratton and Nicolas Van de Walle，"Neopatrimonial Regimes and Political Transitions in Africa，" *World Politics*，Vol. 46，No. 4，1994，pp. 453 – 489.

[4]　相关事件可参考人权观察组织对相关国家人权状况的报告，Human Rights Watch，"World Report 2021：Events of 2020，" https：//www.hrw.org/sites/default/files/media_2021/01/2021_hrw_world_report.pdf。

执政使"老人政治"现象明显,政治代际更替问题突出,例如加蓬的邦戈(Bongo)家族和多哥的福雷(Faure)家族均掌握该国政权 50 年以上;另一方面,政治强人修宪行为已成为非洲法语地区政治动乱的祸源之一,例如2020 年 3 月几内亚举行新宪法公投,将总统任期从 5 年延长至 6 年,并删除"任何人不能担任总统超过两届"这一特殊条款,反对派将此次公投称为"宪法政变",拒不承认公投结果,并最终引发 2021 年 9 月 5 日的军事政变,加剧了该地区的安全局势恶化。

表 3　非洲法语国家执政 20 年以上的领导人

国家	领导人	执政时间
赤道几内亚	特奥多罗·奥比昂·恩圭马·姆巴索戈 (Teodoro Obiang Nguema Mbasogo)	43 年 (1979 年至今)
喀麦隆	保罗·比亚 (Paul Biya)	40 年 (1982 年至今)
多哥	纳辛贝·埃亚德马 (Gnassingbé Eyadéma)	38 年 (1967~2005 年)
刚果共和国	德尼·萨苏-恩格索 (Denis Sassou-Nguesso)	38 年 (1979~1992 年,1997 年至今)
突尼斯	扎因·阿比丁·本·阿里 (Zine El Abidine Ben Ali)	24 年 (1987~2011 年)
几内亚	兰萨纳·孔戴 (Lansana Conté)	14 年 (1994~2008 年)
乍得	伊德里斯·代比·伊特诺 (Marshal Idriss Déby Itno)	31 年 (1990 年至 2021 年 4 月 20 日)
吉布提	伊斯梅尔·奥马尔·盖莱 (Ismaaciil Cumar Geelle)	23 年 (1999 年至今)
卢旺达	保罗·卡加梅 (Paul Kagame)	22 年 (2000 年至今)
阿尔及利亚	阿卜杜勒-阿齐兹·布特弗利卡 (Abdelaziz Bouteflika)	20 年 (1999~2019 年)

数据来源:笔者自制,相关数据来源于中国外交部官方网站,https://www.fmprc.gov.cn/web/。

其三,以族群为核心的基层治理是非洲法语地区国家政治治理的基础。众所周知,非洲法语地区土著民族和部落多元复杂,有的部落还有诸多子部落，且每个部落之间都有着不同的传统和文化，部落不仅是非洲法语国家的基本政治单元，而且成为影响非洲法语国家基层政治治理的关键变量，对国家政治治理方式产生深刻影响。历史经验表明，非洲法语地区的各部落常常与家族、宗教相互交织渗透发展，形成较为封闭的独立族群体系，导致中央权威自上而下不断式微，政府治理无法顺理成章地贯穿至官方基层政权之中，而部落酋长往往成为非洲法语地区基层治理的主导者，因此"小政府大社会"的多中心治理现象在此区域较为突出。加之，21 世纪以来新自由主义典型代表"华盛顿共识"在非洲法语国家的输出，此区域的国家纷纷效仿，减少国家对社会基层的管理与控制，导致政府本该拥有的公共服务能力在基层政权中严重缺失，进一步加剧了以族群为核心的基层政治治理趋势。2020 年，为有效防控新冠肺炎疫情，在借鉴埃博拉疫情防控经验的基础上，以族群为核心的基层治理模式在非洲法语地区更是蓬勃发展，基本上主导了该地区的疫情防控，但同时也暴露了以族群为核心的基层治理中的诸多弊端，引发了一系列政治危机，尤其是地方政治对抗和族群间紧张关系持续加剧。

总之，受新冠肺炎疫情的影响，该地区国家政党政治发展出现了短期小幅回落现象，但总体上还是呈不断发展的趋势。而究其原因，政党政治回落主要是由于"法式殖民"直接统治残留下的负遗产在多重危机的刺激下集中爆发，以及各国内部的自主化发展的内生驱动力不足，政治改革进程步履艰难、缓慢发展，最终导致自上而下的政府治理和自下而上的基层治理衔接不畅，出现政党政治发展困境。

三 新冠肺炎疫情下非洲法语地区国际合作形势与趋势

（一）新冠肺炎疫情加剧了非洲法语地区国际合作的困境

新冠肺炎疫情引发了多重危机，充分暴露了"开放社会的困境"，[①] 单

---

① 赵可金：《疫情冲击下的全球治理困境及其根源》，《东北亚论坛》2020 年第 4 期，第 27～42 页。

边主义、民粹主义、保护主义、极端民族主义等思想在此背景下沉渣泛起，严重阻碍了非洲法语地区的国际合作，对该地区政治治理构成了严峻挑战。

第一，在新冠肺炎疫情造成的封锁压力下，非洲法语地区内部正常的政治合作被严重滞后。囿于基础设施建设的贫乏，尤其是远程通信技术的落后，西非国家经济共同体（ECOWAS）、西非经济货币联盟（UEMOA）、中部非洲国家经济共同体（CEEAC）、萨赫勒五国集团等非洲法语国家合作的重要多边平台作用被大打折扣。根据国际电信联盟数据，2020 年非洲国家4G 网络的使用率仅为 44.3%，这一数据远远低于全球 84.7% 的平均值，[①]而非洲法语地区作为非洲经济发展较为落后和不均衡的地区之一，其网络通信基础设施建设情况更为不乐观，加之电力供应的短缺，严重制约了该区域在疫情之下以网络媒介为主的国际政治合作。不仅如此，新冠肺炎疫情大流行还增加了非洲法语地区内部各国民众之间的不信任，加剧了区域内政府合作的脆弱性。受社会交往距离和人员往来的限制，以及疫情防控政策不透明的影响，保守主义和排外情绪迅速升温，非洲法语国家之间的社会信任度急剧下滑，严重干扰了非洲法语国家的区域内政府合作。虽然部分国家的对话和民族和解持续取得了一定的进展，但进展情况并不均衡。例如，布基纳法索和科特迪瓦之间的对话和建立共识，逐步有和解的姿态和迹象，但几内亚新的政治和社会对话常设框架尚未正式启动，尼日尔关于政党政治发展的政治对话和审议也仍处于僵局状态。此外，新冠肺炎疫情和极端主义的肆虐进一步削弱了非洲法语地区的国家领导力。长期以来，非洲法语地区碎片化式的发展缺乏一个具有引领性的大国，领导力的缺失进一步加剧了疫情之下该区域各国各自为政的局面，也对区域内政治合作起引领作用的首脑外交构成了前所未有的挑战。

第二，疫情增加了国际组织在非洲法语地区开展工作的难度。长期以

---

① "Measuring Digital Development Facts and Figures 2020," International Telecommunication Union, November 30, 2020, https：//www.itu.int/en/ITU-D/Statistics/Documents/facts/Facts Figures 2020. pdf.

来，非洲法语国家的发展受国家能力的限制，外部依赖性较强，国际组织对该地区和平与发展的贡献力度较大，但 2020 年新冠肺炎疫情大流行严重制约了国际组织在该区域的活动。一方面，网络虚拟会议的形式限制了国际组织工作的实质内容。例如，联合国西非和萨赫勒办事处（西萨办）虽然继续加大支持该区域国家预防冲突保持和平的力度，并为开展相关工作而与驻地协调员、联合国展开密切合作，但由于疫情防控而采取的社交限制措施，特别是代表的互动活动都以网络虚拟形式举行，严重影响到一些需要保密的敏感事务处理进程。① 另一方面，疫情防控措施在一定程度上限制了国际组织正常开展工作的进程。例如，疫情防控的人员限流举措限制了 2020 年"喀麦隆—尼日利亚混合委员会"划定双方边界的进程，因为最后的测绘工作主要依靠远程协作。②

第三，疫情加剧了大国在非洲法语地区的角逐。由新冠肺炎疫情演化而来的全球性危机，并没有促使全球精诚团结一致抗疫，反而加剧了大国的战略竞争。非洲法语地区作为法国传统势力范围，而法国又是非洲影响力最大的域外大国和美国重要的同盟国，在大国竞争日益严峻的形势之下，该地区也逐渐沦为大国政治博弈的工具与舞台。一方面，疫情期间法、美等西方国家部分政客利用盟国优势传播病毒溯源政治化言论，恣意污蔑中国疫情防控限制人权等，对中国发动舆论攻势和外交攻势，试图迫使非洲法语国家在中国与西方之间选边站，严重阻碍了该区域的中非合作和多边合作；另一方面，西方国家利用疫情开展疫苗外交，提出具有政治附加条件的疫苗援助和其他援助政策，并假借"民主""人权"之名，干涉受援国的内政，迫使非洲法语国家在相关国际合作方面做出政治让步，以扩大自身在非洲法语国家的地缘政治影响力，或推行单边主义和保护主义政策，大量囤积疫苗，导致该地区的疫苗供应严重短缺，接种进程缓慢。

---

① 参见联合国安理会秘书长报告《秘书长关于联合国西非和萨赫勒办事处活动的报告》，S/2020/1293，2020 年 12 月 24 日，https：//undocs.org/zh/S/2020/1293。

② 参见联合国安理会秘书长报告《秘书长关于联合国西非和萨赫勒办事处活动的报告》，S/2021/612，2021 年 6 月 28 日，https：//undocs.org/zh/S/2021/612。

总之，非洲法语国家虽然在新冠肺炎疫情暴发之前已经有一些国际合作的基础，尤其是在共同应对极端主义和次区域一体化方面取得了可喜进展，但在疫情冲击之下，该地区的国际合作遭到了巨大的考验，不仅内部的区域间合作受到较大冲击，而且与外部的国际组织、世界大国的合作也受到了挑战，严重制约了非洲法语国家推进政治治理现代化的步伐。

（二）自主发展与依赖困境并存的国际合作趋势

2020年非洲法语地区的国际合作主要以抗击新冠肺炎疫情、推进地区安全治理和振兴国家经济为目标。为此，非洲法语国家一方面积极开展以区域合作和次区域合作为主的联合自救，试图将资源优势转化为发展优势，以摆脱长期对西方国家资金、技术、反恐等方面的结构性依赖；但另一方面，长期积贫积弱的现实导致非洲法语国家对西方国家援助的依赖较大，积重难返，一时难以更改。有鉴于此，2020年在多重危机之下非洲法语地区的国际合作深陷自主发展与依赖困境的双重矛盾之中。

第一，自力更生与争取国际援助相结合的公共卫生合作。自2020年2月14日埃及报告首例新冠肺炎确诊病例以后，非洲大陆的确诊病例就呈指数式急剧上升，截至2020年5月24日，包括非洲法语国家在内的54个非洲国家已全部发现感染新冠肺炎的确诊患者。但不同的是，在非洲法语各国努力自救和国际社会的援助下，非洲法语国家相对集中的中部非洲和西部非洲地区的情况较南部非洲和北部非洲地区稍好，该地区新冠肺炎的新增感染人数较少。① 究其原因，一方面是由于在新冠肺炎疫情暴发初期，非洲法语各国就借鉴对艾滋病、埃博拉、非洲猪瘟等重大流行性疾病防控的经验，迅速采取社会限制措施，积极参加区域和次区域的联防共治，有效遏制了病毒的肆虐，例如成立危机管理委员会，关闭宗教活动场所，整合社会资源集中治

---

① 资料来源：Outbreak Brief #87, Coronavirus Disease 2019 (COVID-19) Pandemic Date of Issue, September 14, 2021, https://africacdc.org/download/outbreak-brief-87-coronavirus-disease-2019-covid-19-pandemic/。

疗等。① 早在 2020 年 3 月 2 日新冠肺炎疫情在非洲暴发之初，非洲国家就率先在塞内加尔举行"应对'新冠病毒 COVID-19'紧急状况伙伴协调与计划会议"以提高该地区各国的疫情反应机制效能。另一方面，国际社会对非洲法语各国的疫情防控也进行了及时有效的援助，尤其是中、法两国自疫情暴发以来持续不断地援助非洲法语各国，并积极与非洲法语国家开展疫苗外交，引导该区域各国加入世界卫生组织和全球疫苗免疫联盟等发起的"新冠肺炎疫苗实施计划"（COVAX）。截至 2020 年 8 月，在国际社会的帮助下，非洲法语国家已全部建立了新冠病毒检测实验室，2021 年 3 月底，中国已经向摩洛哥、赤道几内亚、塞内加尔、几内亚、中非共和国等多个非洲法语国家提供了新冠肺炎疫苗。概而言之，在公共卫生领域，即使非洲法语国家的卫生医疗系统极为脆弱，资源极为匮乏，但由于非洲法语各国在长期与重大流行性疾病的抗争过程中积累了较为丰富的本土经验，有着较强的自主能力，加之国际社会对非洲法语国家的及时援助，因此，此次新冠肺炎疫情并没有使非洲法语国家沦为全球公共卫生危机的"火药桶"，反而是其内部根深蒂固的社会矛盾在新冠肺炎疫情的刺激下迅速激化，成为非洲法语国家社会动荡不安的关键变量。

第二，以区域和次区域伙伴关系构建为主的地区安全合作。如前所述，法国主导的地区安全治理是非洲法语地区长期以来形成的安全治理格局。但 2020 年在新冠肺炎疫情、气候变化、政局动荡等多重因素的交织影响下，非洲法语地区来自外部的极端主义势力加速扩张、内部族群冲突返潮的问题越来越明显，导致法国主导的地区安全治理缺陷被淋漓尽致地显现出来，不仅落下"口惠而实不至"的国际舆论评价，更重要的是其行动上的治标不治本严重干扰了该地区安全治理的发展。因此，非洲法语地区各国不断加强区域与次区域的伙伴关系构建，试图推动以自主治理为主的地区安全治理格局演

---

① See E. Bonnet, O. Bodson, F. Le Marcis, et al., "The COVID-19 Pandemic in Francophone West Africa: From the First Cases to Responses in Seven Countries," *BMC Public Health 21* (2021), https://doi.org/10.1186/s12889－021－11529－7.

变，以突破当前安全治理的困境。一方面，以萨赫勒五国集团为代表的次区域组织在该地区安全治理过程中的中坚作用越来越凸显。2014 年成立的萨赫勒五国集团于 2017 年正式组建了一支 5000 人的联合部队，共同应对该地区的安全与发展问题，截至 2020 年底，这支部队已发展至 1 万余人，至少开展了 5 次联合军事行动，在消除极端主义势力方面取得了显著成绩，已逐渐发展为非洲法语地区反恐的主导力量。另一方面，以非盟、西共体（西非国家经济共同体）、西萨办（联合国西非和萨赫勒办事处）和中部非洲区域办（联合国中部非洲区域办事处）等为代表的区域组织在该地区安全治理过程中的引领作用越来越凸显。近年来，西共体和非盟在处理非洲法语地区政治危机中的角色已逐步从干预斡旋向主导者转变，不仅积极参与解决马里、几内亚危机，而且结合地区实际情况，为有关国家大选和政治对话等提供技术支持。① 总之，虽然近年来非洲法语地区安全形势依然脆弱，极端主义袭击和暴力事件频发，但该地区各国积极构建区域和次区域伙伴关系，提升自主维和、维稳和反恐能力，区域合作的层次性和逻辑性得以加强，逐步形成了以区域性组织为主导、次区域组织为参与主体、各成员国协调配合的区域安全合作模式。

第三，以三方合作为主的地区经济合作。长期以来非洲法语地区被称为法国的"后院"，但随着法国在此区域经济存在的下降，② 以及非洲法语地区国家市场的崛起，近年来非洲法语地区的经济合作呈一种新的态势，即域外大国围绕法非关系开展三方合作的现象越来越突出。从域外大国在此区域开展三方合作的目的来看，主要分为两大类：一类是通过与法国的传统外交关系，并借助法国在此区域的传统影响力开展"强强联合"以打开当地市场的三方合作，例如，近年来印度借助与法国持续升温的外交关系，在非洲法语地区开展以能源、资源合作为重点的三方合作；另一类是借助法国与当地国家固有的专属优惠条件和自身的比较优势开展"优势互补"的三方合

---

① 李洪峰、李东旭：《21 世纪以来西共体对其成员国内部政治动荡的应对》，《法语国家与地区研究》2019 年第 2 期，第 30 ~ 38 页。

② 李旦：《试析法国在非洲法语国家的经济存在》，载《法国发展报告（2019）》，社会科学文献出版社，2019，第 134 ~ 157 页。

作，例如，近年来中国依靠自身在基础设施建设方面的比较优势，在非洲法语地区与法国企业开展以基础设施建设为主的三方合作。总之，虽然近年来法国在非洲法语地区的经济存在持续减少，但这并不意味着法国在该地区的经济影响力下降，反而可以看出法国正在借助其在该地区的软实力资源通过三方合作的形式以扩大其在该地区的影响力。

四　结语

新冠肺炎疫情对全球的政治治理产生了深刻影响，早在新冠肺炎疫情在全球肆虐之初，亨利·基辛格就将新冠肺炎疫情称为全球政治经济发展的分水岭，以此为界，全球政治经济将会持续数年的动荡不安。[①] 而非洲法语地区不仅遭受新冠肺炎疫情的冲击，同时该地区面临的全球性、非地缘性和人类共同性的治理挑战也进一步发展，如疫情大流行、移民和难民泛滥、气候环境恶化、传统安全和非传统安全交织、贫富差距和发展鸿沟拉大等，导致自主治理困境进一步增加。在多重危机的叠加冲击之下，非洲法语地区的形势和政治力量结构演变进一步加速，各种保守和激进思潮泛滥，政治集团进一步裂变，给该地区的政治治理带来了极大的不确定性和风险。

2020 年，在多重危机之下非洲法语各国的政治治理发展参差不齐。整体上看，该地区的安全治理区域合作化的程度逐渐加强，但法国主导的区域安全治理现状并没有因此发生根本性变化。另外，国家内部的政党政治发展治理虽然在一定程度上遭到冲击，但西式民主与本土情况相结合的治理模式仍是该区域各国政治治理的主流，一方面，周期性举行多党选举已成为非洲法语各国维持政治生态平衡的重要手段之一；另一方面，虽然"第三任期"[②] 依然是困扰

---

① Henry Kissinger, "The Coronavirus Pandemic Will Forever Alter the World Order," *The Wall Street Journal*, April 4, 2020, https://www.voltairenet.org/article209639.html.

② "第三任期"现象是指国家最高领导人（主要指总统制国家中的总统）在宪法规定的任期结束后，通过修改或取消宪法中的任期条款等方式继续参加选举以求延长自己任期的现象。参见沈晓雷《透视非洲民主化进程中的"第三任期"现象》，《西亚非洲》2018 年第 2 期，第 125 页。

非洲法语大部分国家政权合法化的重要问题，但领导人权力制度化的进程进一步加快。再者，由新冠肺炎疫情大流行造成的社会封锁，导致 2020 年非洲法语地区的政治治理出现了新的发展情况，各国都借机尝试摆脱殖民遗产，推进自主化治理和自下而上的政治改革实践。

中法非三方合作：发展与市场联结

张紫彤

摘　要： 中国参与涉非三方合作经历了三个阶段。"一带一路"倡议坚持共商、共建、共享原则，通过"五通"促进中国与共建"一带一路"国家的平等合作。"一带一路"框架下的第三方市场合作与发展合作框架下的三方发展合作是近年来新兴的合作方式，二者常被统称为三方合作。第三方市场合作是企业主导的经济合作形式，三方发展合作是国际组织或者国家政府主导的发展合作，"一带一路"框架下的第三方市场合作与三方发展合作在机制、理念、利益上有相互交叉的联结点。中法非三方合作为上述论点提供了案例支持，中法非三方发展合作和中法非第三方市场合作的理念与实践说明，深化三方合作既面临标准对接不充分、国家意愿不强烈、实际效益待评估的挑战，也具有巨大的合作潜力，三方发展合作与第三方市场合作的关联仍有待进一步塑造和发展。

关键词： "一带一路"　中法非三方合作　发展合作　市场合作

作者简介： 张紫彤，云南大学非洲研究中心博士研究生。

以 2000 年中非合作论坛成立为标志，中非关系进入了快速发展的时期。中非合作呈现机制化、常态化、深入化的发展态势，双方在政治、外交、经济、文化等各方面的交往实现了飞跃。中非交往升级促进了非洲的发展。中国的经济、政治发展新模式，为非洲实现发展和进步提供了新的选择和参照。随之而来的是国际社会与非洲合作也逐渐多样化，单一的对非援助已经被聚焦非洲社会发展的多样化合作所超越。在这样的背景下，西方发达国家呼吁与中国开展涉非三方合作的声音在国际社会中增加。2006年北京峰会以来，中国与他国开展涉非三方合作经历了由被动应对到主动塑造的过程转变，涉非三方合作的原则、机制与实践不断发展。到如今形成了以政府搭建平台，非洲提出需求，市场经济合作为主、发展援助合作为辅的三方合作方式。中国与法国作为第一份第三方市场合作文件的签署方，围绕涉非第三方市场合作已经有可观的实践案例，中法非三方发展合作的机制与实践也在不断地探索。随着非洲主动性的提升和自身的发展，中法非第三方市场合作应朝着更加高效的方向迈进，同时，中法非三方发展合作应落到实处，为非洲带来切实有效的项目和实践，促进非洲的可持续发展。

一　涉非三方合作的重要性

中非合作的发展带动了非洲的发展，同时，国际对非合作发展以及涉非三方合作的需求、呼吁等持续上升。自2006年起，涉非三方合作不断发展和深化，形成了从2006～2015年重点探讨和设想涉非三方发展合作，但未进行实际操作和实践，到2015年至今，以涉非第三方市场合作为主要三方合作形式的转变。涉非三方合作出现如此转变，一是因为三方发展合作难以落到实处，二是"一带一路"建设的推进使得涉非三方发展合作外的其他三方合作形式成为可能。

（一）涉非三方合作的出现与发展

自2000年到现在20多年的时间里，涉非三方合作主要呈现三个阶段的发展特征。第一阶段是2000～2006年，涉非三方合作处于萌芽阶段。2000年，中非合作论坛成立。中非合作官方的协商会议——首届部长级会议在北京召开。2003年，中非合作论坛第二届部长级会议在埃塞俄比亚召开。此后，2006年11月，中非合作论坛第三届会议升级为首脑峰会在北京召开，非洲48个国家的领导人前来参加，会议规模巨大。可以说，2000～2006年，中非合作论坛为中国和非洲双边关系提供了多角度和多层次的合作空间，以这一机制的常态化运行为推力，中非关系实现了质的飞跃，中非合作的机制保障、战略规划和政策实施都得到完善和丰富，合作程度不断加深，中非命运共同体不断深化。中非合作快速发展的一大表现是中非贸易的发展。2000～2006年，中非贸易额直线上升，增长近400亿美元。[①] 中非经贸的发展一定程度上促进了非洲的发展，双方进出口贸易的上升，有助于非洲提升自身经济实力，拉动内部经济增长。以中非合作加深带动非洲发展为前提，国际社会对非洲发展的关注以及同中国开展涉非三方合作的设想也随之出现，涉非三方合作的需求逐步上升。

第二阶段是2006～2015年，涉非三方合作处于协商构想阶段，这一阶段以探讨涉非三方发展合作为主。2006～2008年，中国与欧盟的双边对话中连续三年出现了关于涉非三方合作的表述，指出中欧双方愿意建立非洲问题对话机制。[②] 2014年，中国提出"非洲提出、非洲同意、非洲主导"的三方发展合作原则，标志着中国的涉非三方发展合作开始迈向新的发展阶段。需要注意的是，这一时期关于涉非三方合作的磋商和讨论，中国经历了从被动应对转向主动塑造的过程转变，而关于涉非三方合作的实践，却始终未有实质性进展。

第三阶段是2015年至今，涉非三方合作处于展开实践阶段，这一阶段以涉非第三方市场合作为主。2015年起，中国公司与西方发达国家公司通过联合投标、联营等方式在第三方发展中国家市场进行合作，拉开了第三方市场合作的序幕。为了推动第三方市场合作的发展，使第三方市场合作与"一带一路"建设进行更精准的对接和匹配，中国逐渐与多个西方国家签订第三方市场合作协议或者备忘录，截至2019年6月，中国已与14个发达国家签署相关联合声明或备忘录，涉非第三方市场合作实践快速增长。涉非第三方

---

① 张春：《中非合作论坛与中国特色国际公共产品供应探索》，《外交评论》2019年第3期，第5页。

② 《第九次中欧领导人会晤联合声明》，2006年9月9日，外交部网站，https://www.fmprc.gov.cn/web/gjhdq_676201/gjhdqzz_681964/1206_679930/1207_679942/t271095.shtml，最后访问日期：2021年8月20日。这一时期欧盟与中国关于涉非三方合作的探讨，参见张春《涉非三方合作：中国何以作为？》，《西亚非洲》2017年第3期，第14页。

市场合作的快速发展，得益于"一带一路"建设的推进。

（二）涉非第三方市场合作的支撑："一带一路"建设

2013 年，习近平主席提出建设"丝绸之路经济带"和"21 世纪海上丝绸之路"，简称"一带一路"倡议。提出至今，"一带一路"建设取得了举世瞩目的进展，中国与共建各国间的合作不断加深，合作方式也不断拓宽，各种建设项目落成并发挥实际效用。截至 2021 年 6 月 23 日，中国已经同140 个国家和 32 个国际组织签署了 206 份共建"一带一路"合作文件。① 不管是经济上的经贸合作、财政金融合作，还是文化、生态等发展领域的合作，中国与共建国家的交流都实现了升级，国际合作内涵得到丰富和发展。"一带一路"倡议基于共商、共建、共享的合作原则，促进与共建国家双边合作的同时，还为三方合作、多边合作提供了广阔的平台。

共商、共建、共享从三个方面体现了"一带一路"框架下的国家间合作既是维护多边主义的合作，也是促进国家间平等、互惠、互利的合作，为三方合作提供了理念、机制、实践三个层级的支撑。第一，共商是三方平等合作的前提。共商是在合作中寻找各方的利益共同点，开展各国都满意和获益的合作项目。共商要求参与方共同搭建合作平台和合作机制，形成官方且稳定的对话渠道。因此可以说，共商为"一带一路"框架下的合作提供了平台和机制保障。共商原则旨在促进国际合作中的权利平等、机会平等和规则平等，是保障合作互利互惠的第一道防线。第二，共建是三方平等合作的主要途径。共建就是各国共同参与、共同建设。共建原则的逻辑是利用各国的比较优势，各取所长，共同建设大型项目。"一带一路"框架下的中国与他国合作，不在于大包大揽、一家独大，而在于发挥各国优势，取长补短、因地制宜。各国共同参与建设"一带一路"，是实现互利共赢的根本路径。第三，共享是三方平等合作的目标和价值。各国共享"一带一路"合作成果，其本

---

① 《已同中国签订共建一带一路合作文件的国家一览》，中国一带一路网，https：//www.yidaiyilu. gov. cn/xwzx/roll/77298. htm，最后访问日期：2021 年 8 月 15 日。

质是由"一带一路"建设的"五通"准则决定的。"一带一路"倡议建设的是以政策沟通、设施联通、贸易畅通、资金融通、民心相通为目标的基础设施项目，是服务于可持续发展的国际公共产品。可以充分说明，"一带一路"并非中国的独角戏，而是世界各国的合唱曲。共商、共建、共享原则下的"一带一路"建设向国际社会提出了一种平等互惠的合作伙伴关系原则，同时引导各行为体进行三方合作。

二 三方合作的内容

随着中国不断加大对外开放的步伐和推进"一带一路"建设的发展，关于三方合作的研究也在近十年来呈现多角度深入的态势。但是需要指出的是，目前学界对三方合作的研究仍存在概念不清和话语体系不完善的问题。首先，学界对于三方合作下的两种合作形式认知不清。其次，学界对于三方合作下的两种合作形式之间的联结认识不清。本部分意在说明，三方发展合作是一种国际发展合作形式，有发达国家、新兴发展中国家和受援发展中国家三个类型的行为主体；第三方市场合作是一种国家间的经济合作，主要的行为体是企业，其次是国家政府。

（一）三方发展合作的内涵与方式

目前三方发展合作还没有一个清晰、统一的定义，各国、各组织对三方发展合作的表述也不尽相同。第一，联合国定义。联合国表述三方发展合作一般使用"triangularcooperation"一词，联合国对三方发展合作的论述一般是在关于南南合作的研究和文件中出现，强调三方发展合作是对南南合作的补充，是推动南南合作发展的核心模式。① 第二，经济合作与发展组织定义。

---

① 《三方合作项目》，联合国开发计划署，https：//www. cn. undp. org/content/china/zh/home/operations/projects/south-south-cooperation/overview-trilateral-cooperation-projects. html，最后访问日期：2021 年 8 月 15 日。

经济合作与发展组织认为三方发展合作强调的是国家行为体形成的北—南—南合作形式，通常有传统援助国（traditionaldonor）、新兴援助国（emergingdonor）、受援国伙伴（通常是政府为主要合作方，beneficiarypartner）三个行为角色。① 经合组织关于三方发展合作的文献中给出的定义是，三方发展合作是传统援助方发展援助委员会（DAC）和/或国际组织与新兴经济体（高收入发展中国家）同第三方受援国（recipient country）之间的发展合作。② 然而，随着越来越多的国际组织、非政府组织和私人行为体加入三方发展合作中，其参与者不只有南方和北方的官方政府机构。2013 年和 2017 年经合组织发布的三方合作报告从不同视角出发对三方发展合作的几种可能模式进行了解读。一方面，从参与三方发展合作行为体的关系结构上看，三方发展合作可以分为以下四种合作类型：第一种是传统 DAC 国家嵌入南南合作；第二种是传统 DAC 国家与新兴发展中国家签署伙伴协议并共同支持第三方受援国；第三种是新兴发展中国家嵌入传统的官方发展援助（Official Development Assistance，ODA）合作；第四种是从一开始便作为三方发展合作而架构并发展。另一方面，根据收入水平划分，三方发展合作也有四种合作类型：一是两个及以上中等收入国家—高收入国家或国际组织的合作；二是高收入国家或国际组织—中等收入国家—最不发达国家的合作；三是国际组织—高收入国家—中等收入国家—最不发达国家的合作；四是高收入国家或国际组织—两个或更多的低收入国家或最不发达国家的合作。③ 而从合作方的选择来看，三方合作的实现可以通过在区域内开展三方发展合作、跨区域开展三方发展合作以及与国际组织在全球开展三方发展合作三条路径。④

① Arianna Abdelnaiem et al. , "Equitable Partnerships through Triangular Co-operation：Experiences from Canadian Civil Society," Canadian Council for International Co-operation, March 2020, p. 8.
② "Triangular Co-operation：What's the Literature Telling Us?" OECD Development Co-operation Directorate, May 2013, pp. 14 – 15.
③ "Dispelling the Myths of Triangular Co-operation—Evidence from the 2015 OECD Survey on Triangular Co-operation," OECD Development Policy Papers, No. 6, May 2017.
④ 徐佳利、梁晓君：《联合国南南合作创新：结构、理念和模式》，《区域与全球发展》2019 年第 4 期，第 47 页。

（二）第三方市场合作的内涵与方式

第三方市场合作指的是市场指导下的国家间经济合作，是一种国际经济合作形式。第三方市场合作的发展可以分为两个阶段。第三方市场合作的历史由来已久，早在15世纪西欧国家对外进行贸易，航海时代开启时，第三方市场合作就在各个国家开始出现。早期的第三方市场合作建立在西方国家对外扩张和进行霸权竞争的基础上，带有明显的殖民和不平等色彩。门洪华等人的论文指出，先前的第三方市场合作主要有三个时期的活动：（1）新航路开辟，全球经济形成初期，英国和荷兰在亚洲的第三方市场合作可以总结为合作形式以贸易为主，对第三国原材料开拓为主要目的的经济合作；（2）19世纪末至20世纪初美国崛起背景下的涉中第三方市场合作是以美国提出的"贸易机会均等""门户开放"理念为政治共识，构建东亚秩序以对冲英法殖民势力为主要目的的合作；（3）20世纪60年代，日本跨国企业发展壮大，与欧美发达国家的企业在东南亚或者其他亚洲区域进行商业合作，也是一种第三方市场合作形式。[①] 对第三方市场合作进行历史溯源可以发现，第三方市场合作发生于国家实力增强并寻求对外进行经济输出的情境下，具体的合作内容有不同的时代特征，但它们的共同点在于合作的"单向性"。第三方市场合作中的第三方市场国往往处于被动的状态，合作仅发生在进入第三国市场的两个发达国家间。换句话说，第三方市场合作仅有两个合作方，可以定义为两个发达国家间的经济合作，其对第三方市场会造成多种消极和积极的影响，而第三方市场国无法对这些影响做出研判和主动的引导塑造，只能被动地接受。

"一带一路"赋予第三方市场合作新的含义。中国政府和法国政府于2015年6月30日在巴黎发表了《中华人民共和国政府和法兰西共和国政府关于第三方市场合作的联合声明》。这一声明开启了中国同西方发达国家进

[①] 关于第三方市场合作不同时期特征的论述参见门洪华、俞钦文《第三方市场合作：理论建构、历史演进与中国路径》，《当代亚太》2020年第6期，第18～27页。

行第三方市场合作的序章。此后，中国与多国签署开展第三方市场合作的谅解备忘录，实现政府和政府间的对接，为企业间合作提供官方沟通的桥梁。"一带一路"框架下的第三方市场合作基于"一带一路"倡议提出的"五通"（政策沟通、设施联通、贸易畅通、资金融通、民心相通）准则和共商、共建、共享的全球治理观，是一种以三方平等协商为基础的经济合作关系。根据国家发改委的界定，第三方市场合作是指中国企业（含金融企业）与有关国家企业共同在第三方市场开展经济合作。作为开放包容的国际合作模式，第三方市场合作有助于中国企业和潜在合作方企业优势互补，共同推动第三国产业发展、基础设施水平提升和民生改善，实现 1 + 1 + 1 > 3 的效果。[①]《中华人民共和国政府和法兰西共和国政府关于第三方市场合作的联合声明》强调，中法在"通过创新合作模式支持世界经济强劲、共同、包容增长"方面负有"重要作用"；中法第三方市场合作主要聚焦基础设施和能源、民用航空器、铁路、农业、卫生、气候变化、工业园区、金融和保险业。[②] 根据商务部表态，第三方市场合作事实上是中国企业与发达国家企业利用各自的比较优势，取长补短，按照"政府引导、企业主体、市场运作、国际惯例"的原则，重点在亚洲、非洲等地区开展务实合作。[③]

对三方发展合作和第三方市场合作的内涵与方式做出明晰后，本文主要聚焦中法非三方合作的整体和实践案例分析，以识别三方发展合作和第三方市场合作的联结。中法非三方合作具有一定的代表性，主要体现在以下三个方面。第一，法国参与三方合作有足够的实践经验。一方面，法国是欧洲老牌资本主义国家，对三方发展合作已有一定的经验积累；另一方面，法国是第一个与中国签订第三方市场合作联合声明的国家，中法在非第三方市场合

---

① 国家发展和改革委员会：《第三方市场合作指南和案例》，2019，第 2 页。

② 《中华人民共和国政府和法兰西共和国政府关于第三方市场合作的联合声明》，2015 年 7 月 1 日，中国政府网，http://www.gov.cn/xinwen/2015-07/01/content_2888266.htm，最后访问日期：2021 年 10 月 11 日。

③ 《商务部对外投资和经济合作司负责人谈 2018 年全年对外投资合作情况》，2019 年 1 月 16 日，商务部，http://hzs.mofcom.gov.cn/article/aa/201901/20190102827479.shtml，最后访问日期：2021 年 10 月 11 日。

作同样已有典型的实践案例和平台搭建经验。第二，中国作为发展较为迅速的发展中国家，是国际合作理念和实践创新的重要力量。不管是三方发展合作还是第三方市场合作，中国都已经进行了新的尝试。中国参与的三方发展合作为南北合作和南南合作提供了融合交汇的通道；"一带一路"建设的第三方市场合作，也为发达国家参与的第三方市场合作提供了比较和参照。第三，非洲作为世界上发展中国家最多的大陆，拥有充足的发展潜力和合作机遇。在三方发展合作方面，非洲国家是法国甚至欧盟提供官方发展援助最多的大陆；在第三方市场合作中，非洲大陆上中资企业进行基础设施建设的实践同样方兴未艾。

三　中法非三方合作：整体分析

中国和法国开展三方合作具有深厚的现实基础。一方面，中国和欧盟就涉非三方发展合作进行了多次商议，中国和法国就涉非三方发展合作形成了稳定、官方的沟通渠道，但其实践有待进一步的落实和开展；另一方面，中国和法国就第三方市场合作已经发表了联合声明，并出台了多轮《中法第三方市场合作示范项目清单》，中国和法国在非洲多国已经开展了第三方市场合作实践。

（一）中法非三方发展合作

法国作为欧盟的主要大国之一，其与中国开展三方发展合作的理念和原则指引大多数情况下是在欧盟框架内进行的。欧盟关于国际发展合作的理念塑造一定程度上代表着法国关于国际发展合作的看法和战略愿景。2008 年，中国和欧盟就开展三方发展合作进行讨论和协商。同年，欧盟就与中国和非洲开展三方合作发表了一份会议文件。这份三方合作文件主要从合作指导原则、合作领域、实施路径三个方面展开。

1. 指导原则

第一，实用原则：欧盟认为，中法非三方发展合作的一个重要方法是进行结果导向策略指引的实地合作，聚焦具体的项目和领域，有助于形成共同的合作目标；第二，共议原则：在此基础上，合作的每个阶段都要充分保证非洲伙伴国或者区域行为体的参与和同意；第三，有效原则：合作强调不同能力的分工，反对能力的重叠和复制，欧盟发挥在非洲的长期优势，中国提供自身的发展经验和优秀实践，在此基础上提高发展合作的有效性。① 综合上述三个原则，中法非三方发展合作同样强调平等协商、互利共赢、优势互补、东道国同意的合作理念。

2. 合作领域

欧盟框架下的中法非三方合作主要聚焦四个领域，安全与和平、基础设施支持、环境与自然资源管理以及农业和食品安全。在安全与和平领域，中法非三方发展合作主要通过联合国维和行动以及非盟维和行动开展。在基础设施支持方面，中法非三方发展合作主要涵盖交通道路、电信设施以及能源基础设施建设（例如水电站）。在环境与自然资源管理领域，欧盟提出与"采掘业透明度倡议"、"森林执法，施政和贸易行动计划"（Forest Law Enforcement, Governance and Trade, FLEGT）、"金伯利进程"等国际行动相结合，加强非洲的资源管理和应对气候变化的能力。在农业和食品安全方面，中法非三方发展合作旨在提高非洲粮食和农作物产量，主要的合作项目包括农业研究和创新、预防牲畜疾病、维护非洲粮食安全等。"非洲农业综合发展计划"长期以来都是农业发展的重要指导框架。

3. 实施路径

欧盟拟根据现有双边合作对话通道，将中法非三方发展合作嵌入欧非或者中欧对话机制进行协商和操作。同时，欧盟强调非盟委员会在对话中的关键作用。② 在次区域层面，欧盟强调非洲区域经济组织（RECs）与欧盟委员会的联系。除去在欧盟框架内进行中法非三方发展合作，联合国发展系统、

---

① "The EU, Africa and China: Towards trilateral dialogue and cooperation," Communication from the Commission to the European Parliament, SEC (2008) 2641, 2008.

② Ibid.

经合组织发展援助委员会（OECD-DAC）是另外两大合作平台。联合国发展系统中的各个机构为国家间的多边合作提供了平台，是三方或者多方发展合作的天然载体。例如粮农组织、粮食署、开发计划署、环境署、劳工组织等联合国机构。发展援助委员会是国际社会向发展中国家提供发展援助的核心机构，具有一系列清晰的规则和标准来指导三方发展合作。[①]

（二）中法非第三方市场合作

2010 年，中国和法国联合发布《关于加强全面战略伙伴关系的联合声明》，其中首次提及共同开发第三方市场合作项目。2014 年正值中法建交 50 周年，中法双方发表了《中华人民共和国和法兰西共和国联合声明——开创紧密持久的中法全面战略伙伴关系新时代》和《中法关系中长期规划》，文件中虽然没有直接提及开展第三方市场合作，但在关于安全与防务、民用核能建设等方面，强调了双方优势互补进行合作的重要性。[②] 2015 年 6 月，李克强总理访问法国，中国同法国签署了《中华人民共和国政府和法兰西共和国政府关于第三方市场合作的联合声明》（以下简称《中法第三方市场合作联合声明》），建立第三方市场合作联合伙伴关系。[③]《中法第三方市场合作联合声明》虽然只是中法双方间协商的结果，但其对于中法非第三方市场合作具有重要意义。作为中法非第三方市场合作的指导性文件，《中法第三方市场合作联合声明》旨在加强中法在基础设施和能源、民用航空器、铁路、农业、卫生、气候变化、金融和保险业等领域的第三方市场合作。这些领域大多将中国的中端制造能力与法国的高端技术和先进理念相结合，可以为非

---

① Chris Alden and Elizabeth Sidiropoulos, "Africa-China-EU Cooperationin: Africa Prospects and Pitfalls," The Nordic Africa Institute, October 2009.

② 《中法关系中长期规划》，2014 年 3 月 27 日，新华社，http://www.gov.cn/xinwen/2014-03/27/content_2648291.htm，最后访问日期：2021 年 10 月 10 日。

③ 《中华人民共和国政府和法兰西共和国政府关于第三方市场合作的联合声明》，《人民日报》2015 年 7 月 2 日。

洲国家提供具有成本效益的产品和服务，以此实现真正的三赢合作。[①] 2017年张春在《涉非三方合作：中国何以作为？》一文中通过聚焦联合国《2030年可持续发展议程》和非洲《2063年议程》，识别了涉非三方合作的四大板块：经济发展、和平与安全、社会治理以及文化教育。[②] 将这四大领域同《中法第三方市场合作联合声明》中提及的八个合作重点相结合，可以发现，中法非第三方市场合作的未来合作领域包括基础设施建设、农业产业升级和能源开发与管理。

《中法第三方市场合作联合声明》出台后的几年，中法两国政府不断创设和推进第三方市场合作的相关机制，促进中法非第三方市场合作项目的实践，中法非第三方市场合作的发展主要表现在以下三个方面。首先，在沟通机制方面，成立专门的中法第三方市场合作指导委员会、中法第三方市场合作基金、中法第三方市场合作论坛等平台助力中法非市场合作。同时，中法政府倡导利用已有的多边平台合作机制开展中法非第三方市场合作，既有已经成形的制度保证，也能加大非洲官方的参与力度和发言权。例如，洲际层面的非洲事务司局级对话、国家层面的一年一次中法高级别财金对话都为中法非第三方市场合作提供了沟通平台。其次，在项目实践方面，截至2019年3月，中国国家发展和改革委员会与法国财政部共签署了三轮《中法第三方市场合作示范项目清单》。[③]《中法第三方市场合作示范项目清单》是中国国家发改委和法国财政部在中法第三方市场合作指导委员会框架下共同商议的第三方市场合作项目成果，包括多个中法非第三方市场合作项目。最后，在发展态势方面，中法非第三方市场合作项目的落地同时推动了发展合作项目的落地。例如，中法非围绕交通道路、电信设施、能源基础设施等援建合作，尽管属于发展合作范畴，但由于所需资金量大、建设周期长、各类风险

---

① 朱文彬、吴志峰、何迪、张耀祺、安冰玉、霍超：《"一带一路"框架下三方合作研究》，《开发性金融研究》2020年第3期，第1~16页。

② 张春：《涉非三方合作：中国何以作为？》，《西亚非洲》2017年第3期，第14页。

③ 《中法企业签约共同开发第三方市场》，2019年3月26日，改革网，http://www.cfgw.net.cn/2019 -03/26/content_24747585.htm，最后访问日期：2021年8月30日。

高等原因，通过第三方市场合作形式加以落实将更有保障。类似地，中法非围绕农业和粮食案例展开的发展合作，主要包括农业研究和创新、预防牲畜疾病、维护非洲粮食安全等，如果通过第三方市场合作的方式推进也将更具活力。本文接下来将选取两个案例进行阐述。

四　中法非三方合作：实践案例

通过中法非第三方市场合作的案例分析说明，第三方市场合作的主体是以扩大市场、获取经济利益为目标的企业。在此基础上，三方政府为引导企业在第三方国家进行良好的开发，会提供政策支撑、标准对接、财政融资等宏观支持。中法非第三方市场合作主要通过投资开发非洲国家或地区的重要基础设施的方式，为非洲发展注入了基础动力支撑。同时，中法非第三方市场合作也面临合作机制不完善、外溢效应不明显等问题。

（一）中法非第三方市场合作实践

新冠肺炎疫情暴发前，中法在非第三方市场合作处于稳步推进的状态，中法企业就一些大型基础设施投资建设项目进行了深度的合作，已有可观的中法非第三方市场合作项目落地（见表1）。如中国水利水电建设集团公司和法国阿尔斯通公司就乌干达发电站项目进行合作；[①] 2014 年 9 月，中国港湾工程有限责任公司和法国达飞海运集团（CMA-CGM）、法国博洛雷集团（Bolloré）合作开发喀麦隆克里比深水港集装箱码头的 25 年特许经营权；2015 年 12 月，中国广核集团、法国电力和法国光能公司 InnoSun 签署三方谅解备忘录，共同在非洲开发清洁能源；2016 年 9 月，中国交通建设股份有限公司与法国拉法基豪瑞（Lafarge Holcim）就在肯尼亚开展合作签署谅解备忘录；2018 年 11 月，中国电力与法国博洛雷集团共同中标尼日利亚 Ibom 港

---

① 周婧怡：《中国、欧盟、非洲三方合作困境探究》，《区域与全球发展》2020 年第 4 期，第 58~70 页。

口建设项目；① 2019 年，中国开发性金融机构国家开发银行与法国开发署
（AFD）进行融资合作商议，计划在塞内加尔共同修建污水处理厂，中国国
家发展和改革委员会与法国开发署驻华代表处就此事进行了多次会谈。②

表 1　中法非第三方市场合作项目

国家/地区	项目名称	中方企业	法方企业
刚果（布）	刚果（布）航站楼建设	威海国际经济技术合作股份有限公司	BCEOM
刚果（布）	黑角特别经济区	中国建筑股份有限公司	爱集思（Egis）
刚果（布）	国家一号公路特许经营项目	中国建筑股份有限公司	爱集思
塞内加尔	建设污水处理厂	国家开发银行	法国开发署
尼日利亚	建设莱基深水港	中国港湾工程有限责任公司	达飞海运集团
尼日利亚	建设 Ibom 港口	中国电力	博洛雷集团
尼日利亚	石油和天然气联合开发项目	中国石油化工集团	道达尔公司（TOTAL）
尼日利亚	建设水泥厂	中国建材集团	拉法基集团
纳米比亚	建设 500 兆瓦清洁能源电站	中国广核集团	伊诺桑（InnoSun）、法国电力
莫桑比克	建设发电站	中国国家电网	法国电力
肯尼亚	签署全球性战略合作备忘录	中国交通建设股份有限公司	拉法基豪瑞
科特迪瓦	建设 Soubré Dam 水电工程	中国水利水电建设集团公司	Tractebel-Engie、阿尔斯通（Alstom）
喀麦隆	运营克里比深水港集装箱泊位	中国港湾工程有限责任公司	达飞海运集团、博洛雷集团
几内亚	扩建码头	中国海港公司	博洛雷集团
多哥	建设洛美机场	威海国际经济技术合作股份有限公司	法国索科特克集团（SOCOTEC）

---

① Zhang, Youyi, "Third-Party Market Cooperation under the Belt and Road Initiative: Progress, Challenges, and Recommendations," *China International Strategy Review*, Vol. 1, No. 2, 2019, p. 29.

② 《国家发改委外资司与法国开发署就第三方市场合作举行会谈》，2019 年 5 月 23 日，https://www.ndrc.gov.cn/fzggw/jgsj/wzs/sjjdt/201905/t20190523_1036845.html? code = &state = 123，最后访问日期：2021 年 9 月 3 日。

续表

国家/地区	项目名称	中方企业	法方企业
乌干达	艾伯特湖开发项目	中国海洋石油集团有限公司	道达尔
乌干达、坦桑尼亚等	东非原油管道	中国海洋石油集团有限公司	道达尔

资料来源：笔者根据网络资料整理制作。

1. 喀麦隆克里比深水港

以喀麦隆克里比深水港为例，中国港湾工程有限责任公司连同法国达飞海运集团、法国博洛雷集团组成联营体共同运营喀麦隆克里比深水港集装箱码头，运营公司获得了 25 年特许经营权。[①] 法方企业达飞海运集团是世界知名集装箱全球承运公司，具有运输资源优势；博洛雷集团的子公司博洛雷非洲物流公司是非洲运输和物流巨头，在非洲 47 个国家拥有运输网络。[②] 中方企业中国港湾工程有限责任公司在非洲的业务虽然不如法国企业如此深入，但该公司在非洲共有 19 个代表处，作为全球知名工程承包商，承建了不少"一带一路"框架下的基础设施建设任务。中方企业和法方企业利用各自的比较优势进行市场合作，中国进出口银行为其提供了融资渠道。在企业层面的合作之上，喀麦隆政府同样参与了喀麦隆港口的建设、运营合作。一方面，克里比港口运营需要向喀麦隆政府支付特许经营费；另一方面，运营公司与喀麦隆政府共同开展招商引资合作，开拓港口的功能效用。

2. 艾伯特湖开发项目

2006 年，非洲乌干达的艾伯特湖盆地发现了储量可观的石油。2021 年 4 月 11 日，中海油、道达尔、乌干达国家石油公司（UNOC）和坦桑尼亚石油开发公司（TPDC）在乌干达城市恩德培共同签署艾伯特湖开发项目的最终协议。乌干达总统约韦里·穆塞韦尼（Yoweri Museveni）、坦桑尼亚总统萨

---

① 许华江：《中法企业第三方市场合作分析——以喀麦隆克里比深水港项目为例》，《国际工程与劳务》2019 年第 10 期，第 27～30 页。

② 数据来自博洛雷官方网站，https://www.bollore.com/fr/activites-et-participations-2/transport-et-logistique/bollore-africa-logsitics/，最后访问日期：2021 年 8 月 25 日。

米亚·苏鲁胡·哈桑（Samia Suluhu Hassan）等出席了这一重大项目的签字仪式。根据道达尔公司提供的信息，艾伯特湖项目包括乌干达的 Tilenga 和 Kingfisher 上游石油项目，以及在乌干达和坦桑尼亚建设东非原油管道。道达尔主要开发运营 Tilenga 项目，中海油开发运营 Kingfisher 项目，道达尔持较高权益（56.67%），中海油其次（28.33%），乌干达国家石油公司占比 15%。① 乌干达油田产出的石油将途经东非原油管道运输至坦桑尼亚坦噶港（Tangain）。中海油、道达尔和乌干达国家石油公司、坦桑尼亚石油开发公司均为东非原油管道项目的股东。目前，主要工程、采购和施工合同即将签署，施工也将马上启动。项目预计在 2025 年初首次出口石油。②

该项目既有中国和法国公司的参与，也有东道国如乌干达、坦桑尼亚企业和政府的参与，项目的实施遵循协商和共赢的原则，在发展经济效益的同时考虑生物多样性、生态环境以及当地社会利益，遵守国际标准。

（二）三方发展合作与第三方市场合作的联结

中法非三方发展合作的推动力量是政府，而中法非第三方市场合作的推动力量是企业。尽管二者的合作主体不同，但是合作的机制和理念存在相似点与联结点。第一，中法非三方发展合作有欧盟、联合国发展系统等国际组织提供合作平台，中法非第三方市场合作中的企业需在国家政府搭建的平台机制下进行合作，因此，中法非三方合作的两种合作方式都有政府间的合作机制作为支持，本文将此称为"机制联结"。第二，中法非三方发展合作以可持续发展目标为理念指引，旨在促进各国的可持续发展和全球治理质量；中法非第三方市场合作以"一带一路"倡议为行动框架，旨在促进各国的互

① 资料来自东非原油管道官方网站，https://eacop.com/about-us/overview/，最后访问日期：2021 年 9 月 30 日。
② 《道达尔宣布签署位于乌干达和坦桑尼亚的艾伯特湖资源开发项目最终协议》，2021 年 4 月 12 日，道达尔官方网站，https://corporate.totalenergies.cn/zh-hans/dao-da-er-xuan-bu-qian-shu-wei-yu-wu-gan-da-he-tan-sang-ni-ya-de-ai-bo-te-hu-zi-yuan-kai-fa-xiang-mu，最后访问日期：2021 年 9 月 30 日。

利共赢，共享发展成果，因此，中法非三方合作的两种合作方式具有共同的理念和愿景，本文将此称为"理念联结"。第三，中法非三方发展合作的愿景表明，合作追求的是三方共赢，而第三方市场合作的实践案例分析表明，三方互惠互利是合作的基本特征。中法两国企业在非洲国家共建港口、机场等大型基建项目，非洲政府参与项目实施过程的标准制定和要求规范，这样的合作体现了中国、法国、非洲三方间的互惠互利，是 1 + 1 + 1 > 3 的合作模式。中法非三方发展合作作为南南合作和南北合作的融合创新，旨在为各合作方提供技术、资金或外交上的利益，因此，第三方市场合作和三方发展合作存在利益联结点。

五　结语

"一带一路"是中国向世界提出的倡议，坚持共商、共建、共享的合作原则，旨在促进中国与共建各国间的政策沟通、设施联通、贸易畅通、资金融通、民心相通，为共建人类命运共同体提供实践平台。"一带一路"促进了各国间的平等合作和交往，促进了三方合作这一新型合作范式的发展。三方发展合作是欧美发达国家融合南南合作与南北合作所进行的尝试，强调各国应发挥比较优势，促进发展合作中资金和技术的相互融通，同时强调国际组织、多边机构甚至非政府组织（NGO）从中发挥作用。与三方发展合作不同的是，"一带一路"框架下的第三方市场合作是市场指导下的经济合作，强调企业主导、政府推动的合作基本范式，政府的作用是提供政策支持和沟通平台，确保中国企业与国外企业对接国际标准。法国作为西方发达国家的一员，提出了同中国开展涉非三方合作的构想，但是其并未真正以直接的方式与中国开展涉非三方发展合作实践，这既是受法国在非洲较为垄断的地位影响，也是中国践行"非洲提出、非洲同意、非洲主导"的涉非三方合作指导原则所致。反观中法非第三方市场合作在理念塑造层面和项目实践层面都处于稳步推进、不断发展的状态。

需要注意的是，中法非第三方市场合作如何实现可持续发展，扩大社会效益，真正发挥国际公共产品的效用，是促进第三方市场合作和三方发展合作紧密联结的关键问题。第三方市场合作是市场主导的合作，基本方向是遵循商业和市场运作。随着项目合作范围逐渐扩大，向其他领域延伸，第三方市场合作是否能在当地产生实际的社会效益，并更进一步成为全球性公共产品，是今后需要重点关注和研究的问题。未来，应从两个方面丰富和提升中法非三方合作：一是夯实中法非第三方市场合作；二是落实中法非三方发展合作实践。主要有以下三点措施：首先，继续促进"一带一路"框架下的中法非第三方市场合作，加强合作机制和沟通平台的建设，充分发挥三方市场合作与三方发展合作的机制联结，促进第三方市场合作的常态化、长效化、可持续化。其次，加强"一带一路"建设发展理念的宣传、促进"一带一路"建设与可持续发展目标的对接。同时对三方合作的成功案例进行研究和推广，重视软力量的塑造和建设，为构建人类命运共同体提供更具体的理论支撑。最后，加强中法非合作项目的利益共享，创新合作内容和方式，针对合作项目进行更充分的调研，联合克服制约因素。同时也要意识到随着各国国家关切发生变化，三方合作的领域也应该注重对接非洲国家的发展重点和急需项目，以"非洲需要"为开展合作的优先出发点，进一步提升合作项目的社会效益，实现中法非第三方市场合作与三方发展合作利益上更紧密的联结。

西非国家经济共同体卫生合作机制探析*

李洪峰　李东旭

摘　要： 自20世纪80年代起，西非国家经济共同体开始在医疗卫生领域建立起区域合作协调机制，并在应对疟疾、埃博拉等传染性疾病和完善相关人员培训体系等方面取得了诸多成果。然而，基于西非地区经济社会的发展特点，西共体尚需借助于国际合作来深化区域卫生合作，以提高人民医疗健康水平。我国与西共体各国卫生合作历史悠久，在新冠肺炎疫情的背景下正进一步加强与西非卫生组织等多边机构的合作，需注重长期规划，突出行动实效，发挥好医疗卫生合作在中非合作共赢、民心相通中的作用。

关键词： 西非国家经济共同体　卫生合作　中非关系

作者简介： 李洪峰，北京外国语大学非洲学院教授；李东旭，山东青年政治学院外国语学院讲师。

新冠肺炎疫情在全球的暴发使人们深刻意识到，在此类重大风险面前，各国人民的命运休戚相关，必须团结一致，而经济尚不发达的国家和地区更是国际合作中极为重要的一环，需予以更多重视。疫情背景下，非洲国家在医疗卫生领域的脆弱性更加凸显，非洲次区域组织在卫生合作方面的能力建设问题得到了更多关注，其牵动的国际多边合作前景亦值得深入思考。

西非国家经济共同体（Economic Community of West African States，以下

---

* 本文系北京外国语大学"双一流"建设2020年度"新冠肺炎疫情"研究专项项目"新冠疫情背景下非洲涉华舆情研究及对策建议"（项目编号：SYL2020ZX003）的阶段性研究成果。

简称"西共体")① 成立于 1975 年，目前覆盖人口约 3.56 亿。该组织在传染病防治、危机预警、人员培训等方面已形成了一套对内对外合作机制，但因受限于各成员国的经济能力、医疗设施现状和合作机制效率等因素，其应对卫生风险的能力仍亟待加强。国内外关于西共体卫生合作的研究发表成果尚不多见。本文将梳理西共体医疗卫生合作机制的历史和发展，分析该组织对外合作的模式和内容，并在此基础上思考中国与之加强医疗卫生合作的前景。

一 西非地区面临的卫生挑战

西非地区面临着巨大的卫生挑战。包括麻疹、霍乱、脑膜炎、疟疾、拉萨热、黄热病、艾滋病、埃博拉在内的传染病是长期困扰西非地区的痼疾。以疟疾为例，根据世界卫生组织发布的《2019 世界疟疾报告》，2018 年全球共计 2.28 亿例疟疾病例，其中非洲 2.13 亿例，约占总数的 93%。其中，西非地区约有 1.11 亿例，约占非洲疟疾患者总数的 52%。此外，2018 年全球死于疟疾的人数约为 40.5 万人，其中非洲死亡人数 38 万人，西非地区死亡人数 19.4 万人。② 这一数据充分表明了西非地区疟疾肆虐的严重程度。2014~2016 年，西非还暴发了有史以来最严重的埃博拉疫情，共有 28616 人感染，11310 人死亡。③ 此外，拉萨热也是西非地区主要的传染病之一，主要在贝宁、几内亚、加纳、利比里亚、马里、塞拉利昂、尼日利亚等国流行。2020 年初，尼日利亚暴发拉萨热。据世界卫生组织统计，当年 1 月 1 日至 2 月 9 日，尼日利亚

---

① 成员国包括塞内加尔、塞拉利昂、佛得角、冈比亚、加纳、几内亚、几内亚比绍、科特迪瓦、利比里亚、贝宁、马里、尼日尔、尼日利亚、多哥和布基纳法索 15 国，其中法语国家 8 个。此外，塞内加尔、马里、尼日尔、贝宁、佛得角、多哥、几内亚、冈比亚和尼日利亚均已与我国签订"一带一路"合作协议。

② World Health Organization, *World Malaria Report 2019*, Geneva, 2019, pp. 4 – 10, 98.

③ Organisation mondiale de la santé, *Rapport de Situation：Maladie à virus EBOLA*, Geneva, 2016, p. 1, https：//apps. who. int/iris/bitstream/handle/10665/208876/ebolasitrep_2June2016_fre. pdf；jsessionid = CEABDA7CA923AA69CEA268C1B4E79B3E？sequence =1，accessed：2020 – 04 – 20.

发现 472 例拉萨热病例，死亡 70 例，致死率约为 14.8%。[1]

传染病只是西非地区面临的医疗卫生问题之一。根据世界卫生组织西非办公室 2018 年发布的《西非地区健康报告》，该地区人均寿命从 2012 年的 50.9 岁提高到 2015 年的 53.8 岁，但仍是世界平均寿命最低的地区之一；婴幼儿、孕产妇死亡率高，疫苗接种率低，地区之间的不平等广泛存在；居民的一些不当卫生习惯和生活习惯也加剧了健康风险，如：酗酒、缺乏运动、营养不良和滥用精神活性物质等。[2]

面对种种健康风险，西非医疗卫生服务设施落后，医护队伍缺乏，尚远不能满足人民的日常生活需要，更难以满足应对重大突发疫情的需求。根据世界卫生组织 2014 年的数据，西非国家每万人拥有的医生数极为有限，情况最好的尼日利亚仅为 4 人，而布基纳法索仅为 0.5 人；每万人拥有的床位数在大多数国家不超过 10 张；CT 机的数量更是寥寥无几。[3] 根据世界卫生组织 2019 年的统计，塞内加尔每万人仅拥有医生 0.7 人。[4] 新冠肺炎疫情暴发后，西非国家采取了停航、停课、关闭边界等举措以策安全。但非洲感染人数的增加、防护用品的缺乏和医疗教育宣传措施的不足都考验着西非地区的重大危机应对能力。

尽管如此，西非地区在应对传染病、建立公共卫生机制方面积累了一定经验，并将医疗卫生合作纳入西非地区一体化进程。

二　西共体内部卫生合作机制的建立与巩固

20 世纪 80 年代，西共体已开始致力于在成员国之间进行公共卫生政策

---

① World Health Organization, "Lassa Fever-Nigeria," https：//www. who. int/csr/don/20-february-2020-lassa-fever-nigeria/en/, accessed：2020 - 04 - 20.

② World Health Organization, *The State of Health in the WHO African Region：An Analysis of the Status of Health*, *Health Services and Health Systems in the Context of the Sustainable Development Goals*, Brazzaville, 2018, pp. 14 - 18.

③ World Health Organization, *World Health Statistics 2014*, Geneva, 2014, pp. 130 - 138.

④ World Health Organization, *World Health Statistics 2019：Monitoring Health for the SDGs*, *Sustainable Development Goals*, Geneva, 2019, pp. 106 - 113.

协调和资源共享，寻求西非地区卫生健康问题的集体解决方案。这一努力既是为了应对卫生挑战以保障人民的生存权和发展权，又关系到成员国经济发展和西非一体化进程的顺利推动。1987 年 7 月 9 日，西共体各成员国政府签署协议，正式成立西非卫生组织（West African Health Organization，以下简称"西卫组织"），标志着西共体卫生领域合作机制的确立。协议称："健康问题是社会经济发展的重要组成部分，鉴于疾病没有国界，且西共体各成员国在卫生和抗击疾病方面的发展水平不均衡已构成共同问题，因此应创建一个西非卫生机构，作为调动人力、物力和财力资源的平台，以解决西非次区域内的健康卫生问题。"① 该组织总部位于布基纳法索第二大城市博博迪乌拉索（Bobo Dioulasso）。

西非区域卫生合作机制可分为两个层面：咨询—审议—决策层面和执行层面。

西共体年度卫生部长会议（Ordinary Assembly of ECOWAS Health Ministers）为第一个层面。该会议由协调中心会议（Liaison Officers Meeting）、卫生专家会议（Health Experts Meeting）、合作伙伴论坛（Partners Forum）和卫生部长会议（Health Ministers Meeting）等组成。协调中心会议主要负责讨论西卫组织在各成员国开展的活动，并确定年度报告以及年度行动规划。卫生专家会议由各国卫生专家组成，负责审核西卫组织提交的重要文件并提出专业性意见。合作伙伴论坛的功能是加强西卫组织与各类合作伙伴及捐助方的联系和交流。卫生部长会议则做出年度重要决议。②

西卫组织是第二个层面，负责执行落实西共体年度卫生部长会议的决策。西卫组织设总干事一名，设有财政管理、规划与信息、公共卫生与研究和医疗服务四大部门。组织的区域协调工作依托其与各成员国卫生部的联动机制：成

---

① CEDEAO, *A/P2/7/87 Protocole relatif à la création d'une organisation ouest africaine de la Santé*, Abuja, 1987, p. 1.

② "20th Ordinary Assembly of ECOWAS Health Ministers," West African Health Organization, https://www.wahooas.org/web-ooas-prod/en/actualites/benin-burkina-faso-cabo-verde-cote-divoire-gambia-ghana-guinee-guinee-bissau-liberia, accessed：2020 – 05 – 23.

员国任命本国卫生部的高级官员作为本国在西卫组织的代表，一方面负责与西卫组织的联络协调工作，另一方面代表西非卫生组织在本国开展工作。

西共体疾病监控区域中心（ECOWAS Regional Center for Surveillance and Disease Control，ECOWAS-RCSDC）的设立加强了西卫组织的执行能力。长期以来，集体应急能力建设一直是西非地区卫生医疗集体机制相对薄弱的一环。2014年埃博拉疫情在西非暴发，使非洲更加意识到建立预警和应急机制的迫切性。2015年，非盟决定成立非洲疾病预防控制中心（Africa Centres for Disease Control and Prevention，Africa CDC）[①]。同年，在加纳阿克拉举行的第47届西共体国家元首和政府首脑会议批准建立西共体疾病监控区域中心。该中心为西卫组织的下属机构，总部设在尼日利亚首都阿布贾。这正是对非盟举措的区域性呼应。该中心的主要任务是使西非地区掌握应对传染病的能力，监测、识别、预警和通报传染病风险，提高成员国收集整理疾病信息的能力，支持各成员国快速应对各类公共卫生紧急事件，并及时向世界卫生组织和他国提供疫情信息等。该中心在各成员国的分支机构负责协调疾病监测和干预措施的实施，如多哥国家卫生研究院（Institut National d'Hygiène，INH）就是此类机构。西共体疾病监控区域中心的成立大大提升了西卫组织的预警和应急能力。

西卫组织的具体工作内容包括：信息采集汇总、疾病防治、医护人员培养和咨询建议四个主要方面。

第一，在信息层面，西卫组织协调区域内信息采集汇总，涉及医疗技术、流行病学以及成员国公共卫生等内容。信息采集是西卫组织开展各项工作的基础。依靠美国国际开发署（United States Agency for International Development）的资助，西卫组织于2016年组建了西非卫生信息组（West Africa Health Informatics Team）。该小组由卫生信息技术专家组成，负责建立和发展西共体的卫生信息系统，支持各国政府优化资源分配、保障常规医疗服务和应对紧急卫生事件，尤其在疫情暴发时向各国提供信息技术援助。从西卫组织官

[①] 非洲疾病预防控制中心成立于2016年，隶属于非盟，旨在支持非洲国家的公共卫生建设以及加强非洲国家公共卫生机构对相关疾病进行识别、预防、控制和快速反应的能力。

网可以看到，从 2018 年起，该组织开始发布英法文两个版本的传染病信息简报（Epidemiological Bulletins），汇总各成员国上报的流行病数据，2020 年初以来统计了详细的成员国新冠肺炎疫情数据。①

第二，在疾病防治方面，该组织协助推动西非区域内主要流行疾病的研究及防治工作，包括西非区域疫苗生产和制药质量监控实验室的成立和发展。该组织 2018 年的工作报告显示，其向尼日尔、冈比亚和佛得角的三处实验室提供了血清检验和分子检验设备、试剂及消耗品等，并在世界卫生组织支持下为布基纳法索、尼日尔、马里等多国培训实验室专业人员。②

第三，在医护人员和研究人员的培养和交流方面，该组织负责推动成员国间的交流，加强医学卫生学科的团体合作，组织专科医生和辅助医务人员的培训和医学专业学生的培养。2018 年，该组织培训了来自 13 个成员国的 199 名辅助医务人员，提高其传染病实地应对能力；帮助加纳、塞内加尔、尼日利亚和几内亚培训了 77 名急诊医护人员以及其他各类实验室人员。③

第四，在咨询建议方面，该组织向成员国提供与其发展项目相关的卫生意见和建议，如在其发展项目上马时进行卫生安全评估，帮助成员国解决在发生自然灾害时的突发卫生问题，并协助加强成员国的保健服务和基础设施建设。在应对埃博拉疫情时，西共体努力调动资源，控制疫情传播，向疫区国家提供医护人员和物资设备，加强流行病学监控，跟踪管理病例及接触者，设立隔离中心，加强民众教育等，发挥了较好的地区协作作用。④

经过多年的发展，西共体具备了一定的集体行动能力。2020 年，西共体在新冠肺炎疫情暴发时反应迅速。1 月 27 日和 2 月 1 日，西卫组织就新冠肺炎疫情两次发表联合声明，做出预防性部署。2 月 14 日，西共体各国卫生部

---

① West African Health Organization, "Epidemiological Bulletins," https://www.wahooas.org/web-ooas-prod/en/publications-et-recherches/bulletins-epidemiologiques? page =0, accessed: 2020 - 05 - 23.

② OOAS, *Rapport annuel 2018*, Bobo-Dioulasso, 2019, p. 11.

③ Ibid. , p. 46.

④ 邵壮超、贺祯:《西非应对埃博拉疫情的主要做法及有关启示》,《解放军预防医学杂志》2016 年第 1 期, 第 84 ~ 86 页。

部长在马里巴马科举行紧急会议，制订了应对战略，包括：加强成员国间的协调、沟通和协作；加强针对新冠病毒的检测和管控，尤其是在海关入境处；加强沟通，使公众能够获得有关新冠病毒准确、适当和及时的信息；加强各国国家诊断和疾病管理能力；制订战略性的区域应对计划并估算费用；采取具体措施确保西非地区基本医疗用品供应，包括实验室设备和个人防护设备；密切各国政府和中国政府的合作，以确保居住在中国的本国公民的健康。在此次会议上，各国部长还表示支持并致敬中国政府的疫情管理。[1] 随后，西卫组织多次支持成员国的培训，如利比里亚2月12~14日建设应急医疗队的全国研讨会和冈比亚2月11日开始的为期12周的传染病学培训等。这一时期的预防性工作为此后控制疫情在非洲的蔓延起到了积极作用。6月，西卫组织举行了新冠肺炎疫情卫生部长协调委员会第一次会议，就抗疫协调事宜达成共识并采取协作措施。疫情期间，西卫组织在预防措施、检测能力、治疗救护等方面为各成员国提供了一定的支持和协助。

综上，西共体内部在卫生合作方面共识牢固，西卫组织作为核心执行机构，其能力也在不断得到提升。但西共体成员国的人力和物力尚远不足以满足地区医疗卫生保障的需求，也难以为西卫组织提供足够的人力物力支持。非洲开发银行《2019西非经济展望》报告显示，2014~2018年，西非地区的GDP增长率普遍低于非洲整体发展水平，且除尼日利亚和佛得角外，其余13个成员国的人均GDP均低于2000美元。[2] 而同期世界人均GDP为1万美元左右，[3] 因此，对外合作对于西非区域的卫生合作发展具有重要价值。

三 西共体对外卫生合作的基本模式和内容

西共体的外部合作伙伴包括联合国、非盟、欧盟、世界银行等国际组织

---

① ECOWAS, *Emergency Meeting of Ministers of Health of the Economic Community of West African States (ECOWAS) on Preparedness and Response to the Covid-19 Virus Epidemic in China*, Bamako, 2020, p. 2.

② African Development Bank Group, *West Africa Economic Outlook 2019*, Côte d'Ivoire, 2019, pp. 6 - 7.

③ Word Bank, "GDP per capita 2014 - 2018," https：//data. worldbank. org/indicator/NY. GDP. PCAP. CD？ end = 2018&start = 2014, accessed：2020 - 05 - 24.

和美国、法国、德国、加拿大等西方大国以及中国等发展中国家。国际组织和西方大国是西共体的全面合作伙伴，在卫生领域占据重要地位。其合作多采取主题项目的方式，兼顾各国国情差异，根据各国需求进行倾斜。

从内容上看，西共体国际卫生合作项目可分为两大类：一是帮助西非满足基本卫生需求，二是提升西共体卫生事务管理能力。

首先，关于基本卫生需求的项目围绕两个核心领域展开架构：一是妇女、儿童和青年等人群的生殖健康保障，二是传染病预防。非洲是全球人口增长率最高的地区，2010～2015 年平均每年人口增长 2.55%。根据联合国的预测，到 2050 年，非洲人口增量将占全球人口增量的一半以上，并将在相当一段时期内继续高速增长。[①] 根据 2019 年的统计，撒哈拉以南非洲国家的人口增长率为 2.7%，青年人口占比较大，25 岁以下人口占比约为 62%。[②] 非洲大量青年人口将在未来数年进入成年期并生育子女，因此未来数十年非洲人口健康保障任务艰巨。传染病作为长期存在的重大威胁，不仅影响到儿童的健康成长，还影响到劳动力人口的日常工作。

针对这一现状，西方大国官方机构和非政府组织资助设立了一些援助项目。2010 年，德国复兴信贷银行（KFW）支持西卫组织开展了为期 11 年的"西共体区域内生殖健康、计划生育和预防艾滋病计划"（Regional Program on Reproductive Health, Family Planning and HIV/AIDS Prevention in the ECOWAS Region），贝宁、布基纳法索、加纳、几内亚比绍、尼日尔 5 国被列为优先支持对象。[③] 2014 年，加拿大国际发展研究中心（International Development

---

[①] 《人口增长》，联合国网站，https：//www. un. org/zh/sections/issues-depth/population/，最后访问日期：2020 年 5 月 24 日。

[②] Jean-Pierre Guengant, "La forte croissance démographique de l'Afrique freine son émergence," https：//www. vie-publique. fr/parole-dexpert/269994-croissance-demographique-de-lafrique, accessed：2020 – 05 – 24.

[③] West African Health Organization, "Regional Program on Reproductive Health, Family Planning and HIV/AIDS Prevention in the ECOWAS Region," https：//www. wahooas. org/web-ooas/en/projets/prsr-regional-program-reproductive-health-family-planning-and-hivaids-prevention-ecowas, accessed：2020 – 05 – 24.

Research Center）在西共体开展了"将孕产妇、新生儿和儿童纳入西非政策"项目（Moving Maternal，Newborn and Child Evidence Into Policy in West Africa），投入 2600 万加元，覆盖贝宁、布基纳法索、加纳、马里、尼日利亚和塞内加尔等国。[①] 2015 年，加拿大非政府组织"微量营养素倡议"（Micronutrient Initiative）设立"支持西共体地区补充微量营养元素"项目（Projet Régional d' Appui à la Supplémentation en Micronutriments dans les pays de la CEDEAO），支持加纳、冈比亚和尼日尔。[②] 2017～2019 年，荷兰"西共体区域内青少年性健康和生殖健康"项目（Sexual and Reproductive Health of Adolescents and Young People in the ECOWAS Region）则帮助西非青年增加使用避孕用品以预防艾滋病。[③]

其次，关注非洲自身管理能力建设是 21 世纪以来国际对非援助及合作的显著特点，卫生领域也不例外。相关卫生合作项目以提高西共体在某些特定卫生领域内的管理能力为中心，涉及监测管理、应急管理、法规管理、政策制定等多层次内容。在这方面，世界银行在西非影响力较大，相关项目也较为丰富。自 2013 年起，世界银行资助的项目先后有：加强疾病监测和反应能力区域项目（West Africa Regional Disease Surveillance and Response Project）、萨赫勒地区疟疾和被忽视的热带病项目（Malaria and Neglected Tropical Diseases in the Sahel Project）、萨赫勒地区妇女赋权和人口红利项目（Sahel Women Empowerment and Demographic Dividend Project）、加强西非疾病监测系统区域项目（Regional Diseases Surveillance Systems Enhancement Project）、西非药品法规协调项目（Medicines Regulations Harmonization in West Africa Project）。五个项目涉及金额共计 8 亿美元，其中 5000 万美元用

① West African Health Organization，"Moving Maternal，Newborn and Child Evidence into Policy in West Africa," https：//www. wahooas. org/web-ooas/en/projets/mep-moving-maternal-newborn-and-child-evidence-policy-west-africa，accessed：2020 – 05 – 24.
② CEDEAO，*Rapport Annuel 2015*，Abuja，2015，p. 24. 该组织现已改名为国际营养组织（Nutrition International）。
③ West African Health Organization，"Sexual and Reproductive Health of Adolescents and Young People in the ECOWAS Region," https：//www. wahooas. org/web-ooas/en/projets/srhay-sexual-and-reproductive-health-adolescents-and-young-people-ecowas-region，accessed：2020 – 05 – 24.

于西非卫生组织的区域协调工作，其他则用于支持项目援助对象国。① 世界银行定期组织审查会议，以确保项目的持续性和有效性。

在西非地区影响力可观的西方大国也均设立了各自的项目。以美、德、法三国为例。美国国际开发署2013～2017年开展的"领导力——管理和治理/西非"项目（Leadership-Management and Governance/West Africa）、2015～2019年开展的"加强领导力"项目（Leadership Capacity Strengthening）都以提高西卫组织的工作能力为目标，② "数据行动"项目（Action through Data）用于加强西卫组织卫生健康信息传播工作，③ "2030倒计时地区倡议"项目（Countdown 2030）则旨在加强西非和中非地区在生殖问题、孕产妇、新生儿、儿童和青少年健康方面提供可信数据的能力。④ 此外，美国比尔及梅琳达·盖茨基金会（The Bill & Melinda Gates Foundation）资助的"投资青少年参与和计划生育，以促进西共体青少年性和生殖健康"项目（Investment in Youth Engagement and Family Planning for Adolescent Sexual and Reproductive Health in ECOWAS Region）覆盖西共体9个国家，针对西卫组织在行政和财务管理等方面的能力提升，以此促进西非青少年获得更优质的生殖健康信息和服务。⑤ 德国在传染病学应对能力方面对西共体支持力度较大。德国联邦经济合

① West African Health Organization, "2nd Review of World Bank Funded WAHO Project Portfolios: World Bank Shows Satisfaction," January 23, 2018, https://www.wahooas.org/web-ooas/fr/actualites/2eme-revue-du-portefeuille-des-projets-de-looas-finances-par-la-banque-mondiale-la, accessed: 2020 – 05 – 24.

② West African Health Organization, "Leadership Capacity Strengthening, CAPS," https://www.wahooas.org/web-ooas/fr/projets/caps-projet-leadership-capacity-strengthening, accessed: 2020 – 05 – 24.

③ West African Health Organization, "Action through Data, RAD," https://www.wahooas.org/web-ooas/en/projets/rad-action-through-data, accessed: 2020 – 05 – 24.

④ West African Health Organization, "Compte à rebours pour l'atteinte des objectifs de développement durable Afrique de l'Ouest: Countdown 2030 apporte son appui à l'OOAS," https://www.wahooas.org/web-ooas-prod/fr/actualites/compte-rebours-pour-latteinte-des-objectifs-de-developpement-durable-afrique-de-louest, accessed: 2020 – 05 – 24.

⑤ West African Health Organization, "Investment in Youth Engagement and Family Planning for Adolescent Sexual and Reproductive Health in ECOWAS Region," https://www.wahooas.org/web-ooas/pt/projets/iyafp-investment-youth-engagement-and-family-planning-adolescent-sexual-and-reproductive, accessed: 2020 – 05 – 24.

作与发展部（German Federal Ministry for Economic Cooperation and Development）和欧盟联合出资 1600 万欧元的"支持西共体区域内预防大流行病"项目（Support to Pandemic Prevention in the ECOWAS Region）自 2016 年 9 月开始实施，重点援助几内亚、塞拉利昂、利比亚、多哥、尼日利亚、加纳等国。该项目主要包括五项基本内容：将性别视角纳入风险传播管理、跨机构交流与协调、加强人力资源管理能力、数字监控和流行病管理。[1] 德国复兴信贷银行在 2017 年出资 1000 万欧元，用于"加强西共体内流行病学相关服务和医疗保健体系"项目（Strengthening of the Epidemiological Services and Health Care Systems in the ECOWAS Region）。此外，法国开发署（Agence Française de Développement）于 2017 年开始实施"人口学、性和生殖健康"项目（Demography and Sexual and Reproductive Health），致力于提升各成员国制定性健康和生殖健康权利政策和战略的能力。[2]

不可否认，在西共体管理、协调和应对能力提升以及人力资源培训和组织机制的完善方面，来自国际组织和西方发达国家的援助发挥着一定作用。同时，在此过程中，国际组织和西方发达国家通过援助与合作向西非地区输出自己的治理理念和模式。西方大国与西共体的合作也呼应着其对非政策的大方向。以美、德为例。自"9·11"事件以来，美国对非洲政策进行了重大调整，以增强其在非影响力。[3] 美国与西共体的合作涉及政治经济、和平安全等多个领域。西共体 2016 年度报告称"近年来美国与西共体进行密切合作的兴趣增加"，[4] 尤其提及双方在贸易投资、维和物资等方面的合作项

---

[1] German Federal Ministry for Economic Cooperation and Development，"Regional Programme Support to Pandemic Prevention in the ECOWAS Region," https：//www. giz. de/en/worldwide/83795. html，accessed：2020 – 05 – 24.

[2] Agence Française de Développement，"DEMSAN：Démographie-Santé Sexuelle et Reproduction en Afrique de l'Ouest," https：//www. afd. fr/fr/carte-des-projets/demsan-demographie-sante-sexuelle-et-reproductive-en-afrique-de-louest，accessed：2020 – 05 – 24.

[3] 刘中伟：《二战以来美国对非政策的动因与走向》，《国际论坛》2017 年第 5 期，第 14～21、79 页。

[4] CEDEAO，*Rapport annuel 2016*，Abuja，2016，p. 60.

目。而德国近 20 年来的对非政策也逐步转型。2001 年德国发布《对撒哈拉以南非洲外交战略》，将保护人权、防治艾滋病、减轻贫困和保障食品供应、预防和解决危机冲突等问题纳入合作范围，并借助欧盟等多边合作框架，提升自身在涉非国际合作事务中的影响力。2017 年，德国在 20 国集团领导人峰会上推动了"非洲契约"的达成。① 德国通过与西共体的合作扩大了其影响力范围，能够便捷地与多个西非国家进行交流合作。

然而，西非医疗卫生面临诸多难题，并非一朝一夕能够解决，需要更多合作伙伴国家的参与，加强多边合作，实现优势互补，共同提高西非医疗卫生水平。

四　新冠肺炎疫情背景下中国与西共体卫生合作展望

我国与非洲的卫生合作始于 20 世纪 60 年代的医疗队派遣工作，在应对疟疾等常见流行病方面的合作历史悠久。② 2006 年中非合作论坛北京峰会上，我国政府决定，向非洲国家提供 3 亿元人民币无偿援助，用于支持非洲抗疟并建设 30 个抗疟中心，积极与非洲国家探索派遣医疗队的新方式；同时继续提供非洲所需的药品和医疗物资援助，帮助非洲国家改善医疗设施、培训医护人员。2013 年，中国—非洲部长级卫生合作发展会议在北京举行，发布了《中国—非洲部长级卫生合作发展会议北京宣言》。此后，中非卫生合作机制不断深化。

西非地区是我国重要的卫生援助与合作对象。在 2014 ~ 2016 年西非抗击埃博拉疫情的行动中，中国的支援得到了几内亚、塞拉利昂等西非国家的一致赞赏。2015 年，我国商务部组织"西共体国家公共卫生管理与疾病防控研修班"，为西共体人才培养发挥了积极作用。在新冠肺炎疫情蔓延到非

---

① 张海冰：《从"非洲契约"看德国对非洲政策的转型》，《西亚非洲》2019 年第 2 期，第 68 ~ 84 页。

② 王立平、董小平：《中非公共卫生合作 机遇与挑战》，《中国投资》2019 年第 2 期，第 86 ~ 88 页。

洲后，我国及时开展各项援助工作，向非洲国家提供检测试剂、防护服等物资，并分享防疫经验。与西方大国相比，我国与西非地区医疗卫生合作历史悠久，有丰富积累，但在突发性公共卫生危机应对等诸多方面仍有很大空间可挖掘。从西卫组织官网上可以看到国际组织和西方国家资助的各类合作项目，但其中并未显示与中国的合作项目，只在信息公报提及中国积极支持非洲抗疟工作。这说明两个值得注意的问题：一是我国与西非的卫生合作在多边维度上没有得到足够的宣传；二是双方合作还需在结合基础设施和卫生援助的传统模式基础上，寻找新的生发点，加大创新力度。

西非一体化历经 50 多年，人民的健康和医疗设施建设是该区域和平与稳定的必要保障。在新冠肺炎疫情背景下，我国加强与西共体医疗卫生合作力度的必要性和意义得到了彰显，加强与该组织的合作具有多重意义。第一，加强与西共体的合作有助于中国经验在区域层面的传递，增加非洲民众的受益渠道，使中非合作在民生层面的效用得到增强。第二，目前国际关系和全球治理走向呈现更为复杂的态势，中非合作和"一带一路"合作的前景对于我国参与多边合作的能力提出了更高要求。深化与西共体及西卫组织的合作，有利于寻找多边合作新方式，也有助于我国在医疗卫生领域积累更丰富的多边合作经验。我国政府相关机构、地方政府和民间组织可以在卫生合作的更多环节深入了解非洲实际需求，提高合作能力。第三，西方国家在国家治理模式和理念方面对非洲影响深远，而我国作为发展中大国可以提供不同的参照，提升我国对全球治理的贡献度，多方共同参与的互补性合作的强化亦有利于非洲的和平发展。此次新冠肺炎疫情期间，我国援科特迪瓦医疗专家组通过经验交流会的形式，与来自科特迪瓦国家公共卫生研究院、世界卫生组织驻科代表处、法国发展署、美国疾控中心等机构的传染病学、生物学、疾病控制等领域专家进行了对话。此类对话非常有利于多边对话渠道的构建。第四，与非洲次区域组织进行多层次、多角度的卫生合作，有助于提升我国在非形象和影响力，更深刻地体现我国对人类命运共同体理念的践行。

因此，依托中非 60 多年卫生合作的成绩，我国可进一步加强与西共体及西卫组织的合作与对话，探索协同发展的有效路径。应强化双方卫生合作的顶层设计，制订明确的合作规划，确认从政府到地方各级参与主体的分工，保障合作机制和渠道的明晰化。为此，我国需加大对西卫组织和西共体成员国内部协调机制和卫生合作需求的基础性调研，掌握医护/人口比、床位数、重症监护设施、重要医疗器材数量、医疗资源地区分布等各项指标，为我国未来在西非一体化进程中发挥更大的合作伙伴作用提供扎实的基础信息支撑。

在寻找合作切入点方面，针对次区域组织的行动优势和协调优势，我国可根据西卫组织五年规划的要点，结合自身优势采取相应措施，选择相应议题。西卫组织目前正在实施《2016～2020战略计划》，我国可把握好时间节点，根据西非地区需求要点，在其下一个五年计划中发挥积极作用。双方可强化紧急卫生事件处理方面的合作和全民医疗覆盖经验的共享；在中国政府奖学金和中国驻非医疗队工作等不同框架中，突出对非洲传染病学专业人才的培养；加强与西卫组织及各成员国的疫苗研究合作，派遣医生、研究人员、医学实习生参与西非地区疫苗实验室工作和病毒学等学科的研究，支持西非各类实验室的建设，同时掌握更多一线实际情况，真正提高合作成效。

同时，我国对与西共体进行合作的难度与挑战应有清醒的认知。西共体成员国数量众多，发展程度不一，预算能力有限，城市与乡村地区在基础设施、人口状况、卫生条件等方面差异明显，当地传染病控制与治疗的难度较大，区域合作机制效率尚待提高。此外，跨文化差异给合作带来的障碍尤其不容忽视，非洲普通百姓对于疾病、医学的认知具有浓厚的当地传统文化色彩，为我国参与中非一线合作医护队伍的适应和应对能力带来持续挑战。

五 结语

新冠肺炎疫情仍在发展，其对于非洲的影响目前还难以做出评估。西共体虽然在应对传染病方面拥有比较丰富的经验，其人口的年轻化也使之具有一定的天然优势，但毕竟受到诸多现实条件的制约，需要通过国际合作来实现区域协调并支持西卫组织的发展。在包括卫生在内的各类发展议题上，西共体希望得到国际社会的更多支持。2020 年 5 月 18 日，习近平主席在第 73 届世界卫生大会视频会议开幕式上特别强调，发展中国家特别是非洲国家公共卫生体系薄弱，是国际抗疫斗争重中之重，我们应向非洲国家提供更多物资、技术、人力支持，并呼吁加强全球公共卫生治理。对我国来说，与西共体的合作因其多边的维度，具有覆盖面和影响力更广的优势。因此，我国需勉力发掘和提升合作潜力，为西非地区的可持续发展做出贡献，体现亲诚惠容的对非合作理念。未来的中非医疗卫生合作将助力中非合作共赢和民心相通，具有比以往任何一个时期都更为丰富的内涵。

西非卫生组织促进卫生研究的措施与挑战

程　实

摘　要：西非卫生组织是非洲大陆唯一的次区域卫生机构，创建于1987年。自2009年起，西非卫生组织致力于通过发展国家卫生研究系统来促进卫生研究，通过改善研究管理、强化研究筹资、加强研究能力、促进研究成果传播和利用以及发展伙伴关系等具体措施促进了该次区域国家卫生研究系统的发展。同时，西非卫生组织在促进该次区域卫生研究的过程中面临一些挑战，包括西非卫生组织协调能力不足、卫生研究环境欠佳和医护人力资源稀缺、研究资金匮乏等。

关键词：西非卫生组织　卫生研究　研究环境

作者简介：程实，云南大学非洲研究中心博士研究生。

　　麻疹、霍乱、拉萨热、黄热病、埃博拉等传染病和假冒药品贸易等问题长期困扰西非地区，严重威胁该地区民众的生命安全，人员和货物的自由流通受限，对社会经济发展产生负面影响，严重阻碍区域一体化的发展。西非地区国家大多较为贫困，医疗水平低，卫生设施落后，应对突发公共卫生事件的能力较弱。在此背景下，西非各国国家元首和政府首脑于1987年7月9日在阿布贾签署了创建西非卫生组织（WAHO）的议定书（Protocal A/P. 2/7/87 on the Establishment of a West African Health Organisation），该议定书授予西非卫生组织作为西非国家经济共同体（ECOWAS，以下简称"西共体"）负责卫生问题专门机构的地位。西非卫生组织的主要目标是通过协调各成员国的政策，集中资源，加强合作，以集体和战略性的方式解决该次区域的卫生问题，尽可能高标准地保护该次区域各成员国民众的健康。[①]

一　西非卫生组织促进卫生研究的主要措施

国家卫生研究系统（The National Health Research System）是现代卫生系统的重要组成部分，世界卫生组织（WHO）将国家卫生研究系统界定为一个提供治理、研究能力发展、知识生成和证据利用机制以及为其卫生研究活动提供可持续筹资机制的系统。[②] 西非卫生组织最初的战略计划（2003～2007年）没有考虑到卫生研究这一薄弱环节的重要性，因此没有明确地侧重于卫生研究，而是侧重于该地区最严重的疾病应对。[③] 自2009年起，西非卫生组织便开始注重卫生研究，主要致力于通过发展国家卫生研究系统来促进卫生研究。

在西非卫生组织第二个战略计划（2009～2013年）中，促进卫生研究已成为完善国家卫生研究系统的重点。西非卫生组织使用彭（Pang）等人设立的概念框架，通过改善研究管理、强化研究筹资、提升研究能力以及研究成果的转化使用来促进卫生研究。[④] 西非卫生组织通过增加发展伙伴关系来调整该框架，以指导其区域研究方案。在西非卫生组织第三个战略计划（2016～2020年）中，将卫生信息和卫生研究作为优先项目，其主要的干预措施包括：制定卫生信息和卫生研究的战略文件，加强各成员国与西非卫生

---

① https：//documentation. ecowas. int/download/en/legal_ documents/protocols/Protocol% 20on% 20 the% 20Establishment% 20of% 20a% 20West% 20African% 20Health% 20Organisation. pdf.

② Joses Muthuri Kirigia, Martin Okechukwu Ota, Marion Motari, Juliet Evelyn Bataringaya and Pascal Mouhouelo, "National Health Research Systems in the WHO African Region：Current Status and the way Forward," *Health Research Policy Systems*, 2015.

③ West African Health Organization, *Five Year Strategic Plan of the West African Health Organisation* (*FY2003 – 2007*), Bobo-Dioulasso：WAHO, 2002.

④ Issiaka Sombié, Jude Aidam, Blahima Konaté, Télesphore D. Somé& Stanislas Sansan Kambou, "The State of the Research for Health Environment in the Ministries of Health of the Economic Community of the West African States (ECOWAS)," *Health Research Policy and Systems*, 2013, pp. 1 – 11.

组织在卫生信息、研究和文献贡献方面的能力以及完善定期传播和利用卫生知识的机制建设。[①]

（一）改善研究管理

研究管理，即制订标准、促进和利用国家一级卫生研究的结构和制度，是发展国家卫生研究计划的一个重要支柱。一方面，西非卫生组织向各成员国提供技术支持并寻求有针对性的资助，以便使其国家卫生研究系统的结构和政策制定得到改进。西非卫生组织在对象国的选择上优先考虑利比里亚、塞拉利昂、几内亚比绍和马里这些国家卫生研究系统相对不发达的国家。另一方面，侧重于推广在线健康研究信息管理平台（HRWeb），该平台将提供该次区域所有国家卫生研究系统的信息，并免费在线提供每个国家的基础研究法律、政策、计划、优先事项、指导方针、道德审查和研究信息。

2009 年，西非卫生组织与其卫生研究伙伴、技术伙伴和财务伙伴举行了两次区域卫生研究形势分析会议。[②] 会议认为，卫生研究中心存在技术和管理能力薄弱、缺乏可持续资金以及研究中心之间区域内协作薄弱等问题，这些都对西非地区造成了持续性的影响。该会议向西非卫生组织提出的主要建议之一是支持建立一个区域研究网络，以帮助促进该次区域研究人员之间的合作。经过努力，西非卫生研究网络（WAHRNET）于 2010 年正式成立，拥有 30 个研究机构和 22 所医学院，并于 2012 年得到西共体卫生部长大会的认可。

[①] West African Health Organization, *Strategic Plan 2016 - 2020*, pp. 26 - 27.

[②] Council on Health Research for Development, West African Health Organization, "Governance, Priorities & Policies in National Research for Health Systems in West Africa," 2011, http://www.cohred.org/publications/library-and-archive/governance-priorities-policies-in-national-research-forhealthsystems-in-west - africa/; Council on Health Research for Development, Ministry of Health and Prevention of Senegal, West African Health Organization, "Research for Health Systems Strengthening in West Africa," Council on Health Research for Development Document Archives, 2011, http://www.cohred.org/publications/library-andarchive/research-for-health-systems-strengthening-in-west-africa/, accessed: Dec. 18, 2015.

2009 年 12 月，在西非卫生研究网络的技术支持下，西非卫生组织对该地区所有成员国的国家卫生研究系统进行第二次分析。[①] 参会人员包括卫生部、教育部和科技部的研究单位负责人，以及 15 个成员国主要卫生研究机构负责人，他们陈述了各自国家的研究状况。会议得出结论，国家卫生研究系统在管理结构改善、政策框架制定、研究成果利用、能力发展、对卫生研究的政治支持以及财政支持等方面存在重大缺陷。[②] 这为一个区域项目的开展奠定了基础，即向马里、利比里亚、塞拉利昂、几内亚比绍、科特迪瓦、尼日尔、多哥和尼日利亚 8 国提供技术和财政资助，提升各国卫生研究系统的能力，帮助上述国家建立和完善国家卫生研究系统，同时还使上述 8 国得以制定和通过各种重要的战略研究指导文件以指导其卫生研究工作。[③]

2011 年 2 月，西非卫生组织审查了所有成员国卫生研究的成果，这项审查对促进成员国卫生研究及其具体需求有了更清晰的判断。[④] 结果显示，成员国普遍缺乏研究指导和培训，部分成员国没有专门用于促进研究的预算，在制定国家卫生政策提供研究投入方面缺乏协商，许多卫生部的研究管理人员不具备履行职责的能力等。[⑤] 为了改善这种状况，西非卫生组织支持卫生部的一些研究管理人员参加研究管理领域的区域培训方案。

（二）强化研究筹资

西非卫生组织的主要资金来源是西共体的财政拨款，为了确保各成员国

[①] West African Health Organization, *Workshop Report on Strengthening the National Research for Health Systems of the ECOWAS States*, Bobo-Dioulasso：WAHO, 2009.

[②] West African Health Organization, Council on Health Research for Development, "West African Health Organization Document Archives," 2010, www. wahooas. org/IMG/pdf/COHRED-WAHO_ PRESS_ RELEASE_ EN_ FINAL. pdf, accessed：Dec. 18, 2015.

[③] West African Health Organization, *Internal Organizational Workshop/Activities Reports 2009 - 2014*, Bobo-Dioulasso：WAHO, 2014.

[④] Issiaka Sombié, Jude Aidam, Blahima Konaté, Télesphore D. Somé& Stanislas Sansan Kambou, "The State of the Research for Health Environment in the Ministries of Health of the Economic Community of the West African States (ECOWAS)," *Health Research Policy and Systems*, 2013, pp. 1 - 11.

[⑤] Ibid.

国家卫生研究系统能够正常运转，西非卫生组织通过区域预算拨款，承诺在5年间提供300万美元的种子资金，支持所有成员国的卫生研究发展。①

同时，西非卫生组织积极向国际组织寻求资金援助。2011年，加拿大国际发展研究中心（IDRC）援助75万加元支持该区域卫生研究项目的发展。2010年，惠康基金会（Wellcome Trust）援助1.7万加元支持西非卫生研究网络第一次科学大会。2013年，联合国儿童基金会、世界银行和世界卫生组织的联合热带疾病方案以约4.95万美元的资金支持了西非卫生组织的卫生研究方案。

在获得西共体和国际组织拨款和援助的基础上，西非卫生组织得以补充资金，在开展区域活动的同时，不断促进区域内的合作。2009～2014年，西非卫生组织向卫生系统各领域的24个优先研究项目提供了85.7万美元的直接资助。② 同时，西非卫生组织还为各种优先研究项目提供了额外资金，包括为参与者在完成卫生系统研究方法培训课程后制订的项目、各成员国卫生部特别要求的项目等。由于卫生研究项目通常是在地方一级进行的，因此西非卫生组织为整个区域的参与者提供了区域资源调动培训，使参与者有机会学习有效的地方筹资机制。

此外，西非卫生组织还利用自己有限的资金，支持部分政局不稳定成员国，避免其卫生系统崩溃。经历政局不稳定的成员国往往容易失去捐助者的资金支持，受影响国家在这种困难时期更需要支持，以防止其卫生系统崩溃，包括其卫生研究工作中断。例如，当马里在2012～2013年发生政治危机时，许多支持研发项目的捐助方撤出了该国。③ 在这种情况下，西非卫生组织能继续支持成员国的国家卫生研究系统并防止其完全崩溃。

---

① ECOWAS, *Assembly of Health Ministers Meeting Reports 2007–2014*.
② West African Health Organization, *Internal Organizational Workshop/Activities Reports 2009–2014*, Bobo-Dioulasso：WAHO, 2014.
③ Ibid.

（三）提升研究能力和促进成果传播利用

研究能力的提升对卫生研究至关重要，西非卫生组织主要通过两种方法来支持该地区卫生研究的人力资源能力建设和机构运行能力提升。一方面，在研究人员层面，包括：（1）为各国的卫生研究人员提供研究开发培训奖学金；（2）支持冈比亚医学研究理事会开展远程培训项目；（3）支持一些国家（如布基纳法索、多哥）获得奖学金的申请，以满足其具体的研究需求，例如为大学工作人员提供免疫学认证培训。[①] 西非卫生组织通过此举颁发了27 项奖学金，这些奖学金能够支持获得者攻读 2 个公共卫生博士学位、9 个流行病学硕士学位、1 个卫生经济学硕士学位、1 个卫生人口统计学硕士学位、7 个生物学理学学士学位或硕士学位、2 个卫生信息和信息学硕士学位以及参加 5 个实验室研究和临床实践证书课的研究生培训。

另一方面，在研究机构层面，西非卫生组织通过培训讲习班的方式提升机构运行能力。2009 ~ 2013 年，世界卫生组织协办及赞助了 15 个工作室，包括卫生系统研究方法培训、与世界卫生组织非洲区域办事处合作开展的资源调动培训、伦理监督培训和使用研究信息管理平台培训。课程参与者主要来自各成员国卫生部、大学和研究机构，整个区域约有 43 个研究小组和 14 名西非卫生组织工作人员通过这一讲习班接受了培训。组织成员国的卫生部和所有西非国家研究机构的 88 名负责人通过讲习班接受了关于卫生系统研究方法的培训。130 多名研究人员、研究项目管理人员和信息技术人员还接受了使用研究信息管理平台培训。[②] 通过培训，学员提升了调动各自机构资源的能力，也使得西非卫生组织提高了调动和管理额外资金的能力，以有效促进该次区域卫生研究。

在研究成果的传播和利用方面，西非卫生组织通过创办杂志支持传播研

---

① ECOWAS, *Assembly of Health Ministers Meeting Reports 2007 – 2014*.

② Jude Aidam and Issiaka Sombié, "The West African Health Organization's Experience in Improving the Health Research Environment in the ECOWAS Region," *Health Research Policy and Systems*, 2016.

究成果，避免重复研究，促进政策吸收，并将政策转化为实践。西非卫生组织资助由西非卫生研究网络创办的《西非健康研究杂志》（*West African Journal of Research for Health*），这是一本同行评审的多语种杂志，旨在促进区域内研究人员的工作。出于同样的目的，世界卫生组织还资助其他区域研究报告，包括一份关于西非当地食品研究的文件。[①] 同时，西非卫生组织每两年举办一次关于研究成果传播的科学大会，以解决研究成果在整个区域的传播渠道有限的问题。西非卫生组织在区域论坛上就利用研究为政策和实践提供信息发挥了积极的倡导作用，通过多次区域会议，积极支持该区域就卫生系统研究本身的各个方面开展讨论，并支持制订区域项目，以促进西共体成员国国家卫生系统的研究开发、教学和利用。

（四）发展伙伴关系

西非卫生组织与该次区域内外的许多主要研究利益攸关方开展合作，例如国际发展研究中心、卫生研究促进发展理事会（Council on Health Research for Development）、惠康基金会、欧洲发展临床试验伙伴关系（European Development Clinical Trials Partnership）和区域内的研究机构和大学等。西非卫生组织承诺从其预算中拨出 300 万美元，用于开展伙伴关系期间的相关活动。西非卫生组织与卫生部、研究机构、道德委员会以及其他参与整个西非区域研究活动的合作伙伴通力合作，在区域会议、国别访问、情况分析、课程培训等方面提供财务和技术支持。

西非卫生组织受限于资金、覆盖面和各成员国差异等问题，与成员国卫生部、卫生机构及其技术和财政伙伴发展了许多战略部门关系，以帮助其提升卫生研究水平。开展研究活动的国内合作伙伴能够评估当地研究环境，向在超国家一级运作的西非卫生组织报告并提供基本反馈。伙伴关系使各成员国能够在区域一级分享关于其活动、资源和研究难点的相关信息，通过合作

---

① West African Health Organization, *Internal Organizational Workshop/Activities Reports 2009 – 2014*, Bobo-Dioulasso：WAHO，2014.

共同改善区域内的研究环境。① 具体来说，这些研究使决策者和研究人员能够体会到他们及其邻国面临的挑战，同样也使决策者和研究人员能够与在该区域内从事类似问题工作的同行建立联系。由于经费不足或语言障碍等原因，某一研究项目不可能所有国家都参与，在这种环境下，西非卫生组织能够代表本区域的集体利益，其中包括卫生系统全球专题讨论会和非洲卫生研究与发展咨询委员会等。

2010 年 5 月，西非卫生组织在卫生研究促进发展理事会的支持下，为其在达喀尔的卫生研究伙伴组织了一次区域论坛。这次会议有助于各成员国确定优先行动领域以及阻碍该区域伙伴关系的一些关切问题，包括通信挑战、筹资、信息共享等。② 西非卫生组织还与合作伙伴分享了它的愿景，这促成了诸如惠康基金会和国际发展研究中心等机构之间的一些合作项目，这些机构向各成员国提供财政和技术援助以发展其研究系统。

西非卫生组织通过支持国家卫生研究系统改善和促进西非的卫生研究，取得了一些成效。具体包括：协助 8 个西共体成员国建立了卫生研究系统，资助了 24 个研究项目，提供了 27 个人力资源培训奖学金，建立了卫生研究机构区域网络，创办了一份区域科学杂志，以及举办了区域一级成果汇总科学大会等。这些活动加强了国家和区域两级不同卫生研究利益攸关方之间的对话，促进了该区域国家一级卫生研究系统的发展。③

二　西非卫生组织促进卫生研究面临的挑战

促进卫生研究作为解决西共体成员国卫生问题的工具，对西非卫生组织

---

① Jude Aidam and Issiaka Sombié, "The West African Health Organization's Experience in Improving the Health Research Environment in the ECOWAS Region," *Health Research Policy and Systems*, 2016.

② Council on Health Research for Development, https://www.cohred.org/2013/05/the-waho-and-cohred-collaboration-to-facilitate-research-for-health-in-west-africa/.

③ West African Health Organization, *Internal Organizational Workshop/Activities Reports 2009 – 2014*, Bobo-Dioulasso: WAHO, 2014.

发挥着越来越重要的作用，但在促进西共体区域内卫生研究的发展上也面临一些问题。第一，西非卫生组织自身能力的局限影响了卫生研究的开展，协调不力导致重复研究，造成资源浪费，对成员国国内的卫生研究政策影响有限，在研究资金管理上缺乏有效监管。第二，卫生研究环境欠佳，政治动荡和武装冲突时有发生，基础设施不完善，电力和网络时常中断，影响研究进程，多语种环境影响了研究的开展以及研究成果的传播和利用。第三，医护人力资源严重不足，研究资金匮乏。医护人力资源严重欠缺，开展研究的意愿和条件不充分，研究资金时常中断。

（一）西非卫生组织协调能力不足

第一，西非卫生组织与各国际组织、地区性组织和国内组织协调不力。西非卫生组织既要协调世界卫生组织、区域性卫生组织与成员国之间的物资、技术协作，还要协调自身与成员国之间的研究合作。在具体执行中，各行为体之间协调不力，西非卫生组织往往难以有效实现资源的有效利用，导致卫生研究面临重复研究、资源浪费等问题。第二，西非卫生组织对各成员国国内卫生研究政策的影响有限。许多参加相关会议的国家一级与会者常常要求西非卫生组织向其国家领导层宣传卫生研究的重要性，以便采取实际行动促进卫生研究。尽管各成员国卫生部长代表国家承诺将卫生健康经费向卫生研究倾斜，但在一些成员国内卫生部并未向卫生研究拨款，研究人员、管理人员和决策者之间也缺乏协作。[1] 一些成员国还将卫生研究项目外包给外国顾问，而不充分利用本国研究机构和高校。国内的科研机构相对于外国顾问而言，科研能力和效率都较低，但与本国国内相关机构签订合作协定，有利于提升本国机构的研究能力和带来额外收益。[2]

---

[1] Karen J. Hofman, Christine W. Kanyengo, Barbara A. Rapp & Sheldon Kotzin, "Mapping the Health Research Landscape in Sub-Saharan Africa: A Study of Trends in Biomedical Publications," *Journal of the Medical Library Association Jmla*, 2009, pp. 41 – 44.

[2] Solomon Nwaka, Alexander Ochem, Dominique Besson, et al., "Analysis of Pan-African Centres of Excellence in Health Innovation Highlights Opportunities and Challenges for Local Innovation and Financing in the Continent," *BMC International Health and Human Rights*, 2012, pp. 1 – 15.

第三，西非卫生组织资金管理程序滞后，缺乏有效的项目管理规划。资金在到达研究机构之前通过公共服务总账户分发，经常造成资金延误。尽管自2009年以来，西非卫生组织为一些捐助者资助的项目提供财务和技术管理监督，但由于成员国内没有常设办事处，资金使用环节监督不力，依靠与成员国卫生部签署的绩效合同进行结果监督。

（二）西非区域卫生研究环境欠佳

第一，该区域一系列的政治动荡和武装斗争损害了成员国改善研究环境的能力。一些西非国家在国家建构进程中饱受分离主义和极端主义的威胁，需要投入大量资源以应对挑战，对卫生研究投入受限。同时，部分成员国卫生机构和国家领导层的频繁变动，严重影响了卫生研究计划的执行。第二，网络通信、电力和多语种等因素限制了卫生协作研究。一些研究机构在互联网接入和图书馆服务方面也有困难。同时一些西非国家电力供应不足，无法保证研究仪器的正常运转。第三，该地区主要使用英语、法语和葡萄牙语这三种语言，许多研究人员往往精通其中一门语言，但无法使用其他语言交流，在某种程度上限制了区域研究合作。第四，许多成员国一直在全球腐败的名单上排名靠前，并且拥有大量的官僚机构，这进一步加剧了它们面临的挑战。这些因素影响到卫生研究的各个方面，从而影响到研究环境。

（三）医护人力资源和研究资金匮乏

医护人力资源是开展卫生研究的主要行为体，医护人力资源直接关系到卫生研究的全过程。根据世界卫生组织的估计，每10000名居民至少需要9名医生和约35名护士，然而2018年西非区域内的实际数据是10000名居民约有2.6名医生和11.5名护士。[①] 其中，青年研究人员缺乏健全完善的职业成长路径，培训有限、缺乏辅导机会、薪酬不足、研究活动缺乏资金等因素

---

① West African Health Organization，*2019 Health Situation in the ECOWAS Region*，p. 14.

都导致青年研究人员缺乏动力。① 因此，研究人员更愿意将更多的时间投入到其他创收活动上，如咨询、诊所、行政和教学工作，以补充他们的收入。对于研究人员和研究机构而言，开展研究活动所需的基础设施往往供应不足，如生物医学研究设备往往需要从发达国家进口和维修。此外，卫生研究资金主要依靠成员国国内财政拨款和国外援助。尽管一些成员国承诺拨付卫生研究经费，但实际上大多难以兑现。国外援助者非常关注受援国国内的政治环境和研究成果的转化使用，在受援国爆发内部动乱时，援助资金快速减少、中断甚至停止。

三　西非卫生组织采取多重措施应对新冠肺炎疫情

西非卫生组织在其创立议定书中的第一个目标是促进对该次区域主要流行病的研究，并开展旨在控制和根除这些疾病的活动。② 自西非卫生组织成立以来，一直致力于对抗拉萨热、黄热病和埃博拉等传染病，为西非卫生组织在对抗传染病方面积累了经验。2020年1月，世界卫生组织宣布新冠肺炎疫情为国际关注的突发公共卫生事件，2020年3月宣布为大流行。新冠肺炎疫情需要政策制定者做出紧急决定，包括治理、监测、接触者追踪、隔离、病人管理和限制传播的非药物措施等，以限制新冠肺炎疫情的传播。西非卫生组织通过统一采购调配医疗物资、强调研究证据的使用、建立区域信息平台和增强医护人员应对能力为抗击新冠肺炎疫情做出了贡献。

（一）统一采购调配医疗物资

为应对紧急情况，西非卫生组织在西共体的财政支持下购买了抗击新冠

---

① Issiaka Sombié, Jude Aidam, Blahima Konaté, Télesphore D. Somé & Stanislas Sansan Kambou, "The State of the Research for Health Environment in the Ministries of Health of the Economic Community of the West African States (ECOWAS)," *Health Research Policy and Systems*, 2013, pp. 1 - 11.

② WAHO, https：//documentation. ecowas. int/download/en/legal_documents/protocols/Protocol%20on%20the%20Establishment%20of%20a%20West%20African%20Health%20Organisation. pdf.

肺炎疫情大流行所必需的医疗用品和设备，分发给成员国。截至 2020 年 4 月 6 日，西非卫生组织已经购买了 30500 个诊断试剂盒，10000 个防护装备（工作服、防护服、手套、护目镜、靴子等），740000 片处方药（氯喹和阿奇霉素），并分发给 15 个成员国。同时为成员国下单采购以下物品：240000 个诊断包，240000 个提取套件，250000 台病毒样本转运设备，285100 套个人防护装备，268100 个医务人员口罩（口罩、外科口罩、全面罩），120 台呼吸机和数千升酒精凝胶和消毒剂。[1] 这些举措在一定程度上缓解了成员国疫情期间医疗物资紧张的状况，为抗击新冠肺炎疫情做出了贡献。

（二）强调研究证据的使用

西非卫生组织提倡决策者和卫生行为者在决策和实践中使用准确、及时的研究证据，强调研究人员和决策者共同发挥作用。西非卫生组织为主要行为者组织了关于实验室诊断、监测和疫情应对模拟演习的区域培训讲习班，关于新冠肺炎疾病流行病监测、协调和管理不同方面的网络研讨会，让政府决策者、医疗部门和医院利用证据来影响政策和实践，还综合最新的证据和流行病学模型，以启发决策者选择和执行应对措施。[2] 西非卫生组织目前正在通过提高研究人员和决策者的能力，建立研究人员和决策者之间的交流平台，制定基于证据的政策制定区域准则。[3] 促进证据利用来影响政策的措施，包括培训、制订指南和政策简报、综合和分享证据以及组织会议和分享经验。[4]

---

[1] WAHO, https：//www.wahooas.org/web-ooas/en/actualites/benin-burkina-faso-cabo-verde-cote-divoire-gambia-ghana-guinee-guinee-bissau-liberia-30.

[2] Issiaka Sombié et al. , "How Does the West African Health Organisation（WAHO）Contribute to the Evidence Based Decision-making and Practice during COVID-19 Pandemic in ECOWAS Region？" *Pan African Medical Journal*, 2020.

[3] Chigozie Jesse Uneke, Issiaka Sombie, Ermel Johnson, Bilikis Iyabo Uneke & Stanley Okolo, "Promoting the Use of Evidence in Health Policymaking in the ECOWAS Region：The Development and Contextualization of an Evidence-based Policymaking Guidance," *Globalization and Health*, 2020, pp. 1 – 12.

[4] Brian W. Head, "Toward More 'Evidence-Informed' Policy Making？" *Public Administration Review Par*, 2016, pp. 472 – 484.

同时举办了多次部长级卫生协调委员会会议，除讨论新冠肺炎疫情的应对外，还探究减轻大流行对其他领域的影响，例如产妇健康、性健康、疟疾和心理健康等。

（三）建立区域信息平台和增强医护人员应对能力

为了避免该区域实验室试剂库存短缺，设立了一个区域平台——西共体新冠仪表盘（ECOWAS COVID-19 Dashboard），每天更新 15 个西共体成员国的疫情信息，收集和监测所进行的试验次数、诊断工具包和其他实验室消耗品的供应情况。各成员国通过西非卫生组织及其机构，即西共体监测和疾病控制区域中心（ECOWAS Regional Centre for Surveillance and Disease Control）来建立区域网络，以协调公共卫生物资的供应和分配。西非卫生组织在 2020 年 2 月组织了一次区域培训研讨会，该研讨会有助于来自 15 个国家的实验室人员获得相关知识和实践技能，提高他们的诊断能力。该培训使所有成员国都能够在本国进行聚合酶链反应（Polymerase Chain Reaction，PCR）诊断测试，并将新冠肺炎疾病实验室测试可用场地增加到 150 个。[1] 西非卫生组织举办多次网络研讨会，主题包括感染预防和控制、新冠病毒的流行病学及其对预防和监测的影响、接触者追踪、新冠病人管理的基本原则、新冠肺炎疾病实验室诊断的步骤、对照顾者和病人的社会心理影响以及缓解方法、应对新冠肺炎疾病和风险沟通的跨境战略。[2]

四　结语

总体而言，西非利用区域行动计划支持整个区域卫生研究发展的这一行动取得了一定成效。西非卫生组织主要通过动员伙伴关系以及向各国提供财

---

[1] Issiaka Sombié et al. , "How Does the West African Health Organisation （WAHO） Contribute to the Evidence Based Decision-making and Practice during COVID-19 Pandemic in ECOWAS Region?" *Pan African Medical Journal*, 2020.

[2] Ibid.

政和技术支持，加强成员国的国家卫生研究系统。尽管存在诸多困难，西非地区的卫生研究还是有所发展，今后更应注重各国实际情况的差距，并在可能的情况下应对区域共同挑战，西非卫生组织在促进国家和区域一级利益攸关方协作和相互学习方面的作用和经验对于改进本区域的卫生研究十分重要。目前，通过卫生研究使本区域人民健康状况和卫生系统在短期内有所改善是不现实的，建立国家卫生系统和社会服务体系是一个长期的过程。该次区域各成员国之间卫生系统的发展水平差异较大，影响了卫生研究项目之间的协作，此外整个区域获得研究资金的机会和可得性差异较大。

妇女在西非法语国家可持续发展中的
角色研究

李东旭

摘　要：西非法语国家重视可持续发展，但目前在可持续发展道路上的整体进展有限。妇女是该地区实现可持续发展的重要参与者，在西非经济发展、环境保护和社会发展三大方面都发挥着积极作用。因此，该地区要更好地实现可持续发展，必须重视妇女发展问题。但是，受参政水平低、教育程度不高、新冠肺炎疫情等不利因素的限制，该地区妇女在参与当地可持续发展的过程中面临诸多挑战，需各国政府和国际社会予以重视。

关键词：西非法语国家　可持续发展　非洲妇女发展　性别平等

作者简介：李东旭，山东青年政治学院外国语学院讲师，北京外国语大学法语语言文化学院博士生。

妇女问题在《2030 年可持续发展议程》中占据重要地位，在联合国制定的 17 个可持续发展目标中，共有 11 个涉及与妇女相关的内容，其中目标 5 专门针对性别平等、妇女权能做出详细要求。由此可见，妇女在可持续发展中的作用不可低估。2020 年，西非法语国家①的平均性别发展指数（0.823）低于撒哈拉以南非洲地区（以下简称"撒南非洲"）的平均性别发展指数（0.894），均处于低人类发展水平，② 这说明该地区的性别不平等问

---

① 本文涉及的西非法语国家包括塞内加尔、几内亚、科特迪瓦、多哥、贝宁、马里、布基纳法索和尼日尔 8 个国家。

② UNDP, *Human Development Report 2020*, New York, 2020, pp. 356 - 359.

题依然严峻，严重制约了这些国家可持续发展目标的完成进度，需要对该地区妇女参与可持续发展的问题予以关注。本文将探讨妇女与可持续发展的关系，关注妇女在西非法语国家可持续发展进程中的积极作用，并分析该地区妇女在参与可持续发展道路上面临的主要挑战。

一　妇女参与是非洲实现可持续发展的重要条件

习近平主席曾在 2011 年北京召开妇女与可持续发展国际论坛时指出，妇女是推动人类文明进步的伟大力量。没有妇女事业的进步，就没有全社会的进步。没有全球妇女的积极参与，就不可能真正实现人类社会的可持续发展。[①] 公平性是可持续发展的重要原则之一，包括代际公平、代内公平和区际公平，其中性别平等属于代内公平。因此，维护男女平等，促进妇女发展是可持续发展的重要条件和内容。

随着可持续发展理念的不断成熟，妇女在可持续发展中的作用逐渐得到国际社会的重视，多项保障妇女有效参与可持续发展的重要文件先后出台，为各国的性别平等工作提供了政策支持。最先将可持续发展与妇女参与结合的文件可追溯至 1992 年联合国环境与发展大会通过的《里约宣言》（*Rio Declaration*）和《21 世纪议程》（*Agenda 21*）。其中，《里约宣言》第 20 条原则指出，"妇女的充分参与对于实现可持续发展至关重要"。[②]《21 世纪议程》第 24 章将妇女作为促进可持续发展的主要群体之一，并对各国政府在保障妇女参与可持续发展方面的目标和措施给予了指导和建议。

1995 年，在北京召开的联合国第四次世界妇女大会上通过了《北京宣言》和《行动纲领》，明确提出"需要妇女参加经济和社会发展、男女有平等的机会并作为推动者和受益者充分和平等地参加以人为中心的可持续发展"。[③] 同

---

① 《习近平：在妇女与可持续发展国际论坛开幕式上的致辞》，2011 年 11 月 19 日，http：//www.gov.cn/ldhd/2011 – 11/09/content_1989527. htm，最后访问日期：2021 年 6 月 30 日。

② UN, *Rio Declaration on Environment and Development*, Rio de Janeiro, 1992, p. 4.

③ 联合国：《北京宣言》，第四次世界妇女大会，1995，第 3 页。

时,《行动纲领》在妇女参与环境决策、将性别观点纳入可持续发展政策和方案、加强评估机制建设这三个方面阐述了明确的战略目标和措施。

进入21世纪以来,联合国先后制定了两次全球性发展议程,其中都强调了妇女参与可持续发展的重要性。2000年联合国通过的《千年宣言》决心"促进性别平等和赋予妇女权能,以此作为战胜贫穷、饥饿和疾病及刺激真正可持续发展的有效途径"。[①] 2015年制定的《2030年可持续发展议程》呼吁全球各国在2030年实现17个可持续发展目标,指出"实现性别平等和增强妇女和女童权能将大大促进我们实现所有目标和具体目标。如果人类中有一半人仍然不能充分享有人权和机会,就无法充分发挥人的潜能和实现可持续发展"。[②] 因此,性别平等和赋权女性皆作为一项具体目标出现在两次发展议题中,极大地体现了国际社会对于妇女角色的重视与肯定,为各国政府在制定本国政策时提出了建议与指导。

上述重要的国际文件和议程为妇女参与可持续发展提供了蓝图和路线,也为区域层面的国际组织提供了行动支持,营造了促进妇女参与可持续发展的良好国际氛围。在非洲地区,从非洲联盟(African Union,以下简称"非盟")到西非国家经济共同体(Economic Community of West African States,以下简称"西共体"),再到多哥、塞内加尔、科特迪瓦等国家都对保障性别平等和促进妇女参与可持续发展的重要性予以肯定并做出了政策指引,这也是对上述国际政策的呼应。其中较为重要的文件是西共体在2015年通过的《关于性别平等促进西共体可持续发展补充法案》(Supplementary Act on Equality of Rights between Women and Men for Sustainable Development in the ECOWAS Region,以下简称《补充法案》)。《补充法案》是在西非各国的共同努力下通过的一部法律文件,是近些年西非地区保障妇女参与可持续发展的全面性综合文件,具有重要的指导意义。

近年来,非洲经济发展虽然整体向好,但仍然面临着发展不均衡、政局

---

① 联合国:《千年宣言》,联合国千禧年首脑会议,纽约,2000,第5页。
② 联合国:《2030年可持续发展议程》,联合国可持续发展峰会,纽约,2015,第6页。

不稳定、债务危机风险加剧、性别不平等、粮食危机、环境破坏、气候变化等挑战。可持续发展切中非洲发展问题的要害。只有实施以反贫困为突破口，把环境保护和经济发展、社会稳定和政治变革结合起来的新战略，才能促进非洲的全面进步。[1] 非盟希望建立一个由非洲人民推动发展的非洲，尤其要发挥妇女和青年的潜力。《2063 年议程》（*Agenda 2063*）的首要愿景便是在包容性增长和可持续发展的基础上建立繁荣的非洲，由此可见非洲各国对可持续发展的重视。同时，《2030 年可持续发展议程》与非盟《2063 年议程》目标相融合，在两大议程的指导下，非洲各国都加快了本国可持续发展的进程，虽然距离联合国《2030 年可持续发展议程》的目标还有很大的进步空间，但在经济发展、社会稳定以及基础设施建设等方面都取得了一定的成绩。根据 2019 年非洲可持续发展目标中心提供的数据，西非地区的可持续发展目标完成度约为 52.6%，[2] 说明西非国家整体在可持续发展道路上的进展有限，仍面临很多挑战。从具体目标完成情况分析，西非地区在目标 16（和平、正义与强大机构）、目标 8（体面工作和经济增长）和目标 17（促进目标实现的伙伴关系）取得了显著进步。但是，在目标 13（气候行动）、目标 10（减少不平等）、目标 7（经济适用的清洁能源）、目标 1（无贫穷）的完成情况一般，仅初显成效，在未来 10 年内仍需更进一步的努力。[3]

实现以上四项目标对于西非地区加快可持续发展进程具有重要意义，妇女在其中扮演着关键角色。一方面，妇女积极参与有助于促进该地区实现目标 13 和目标 7。妇女是气候行动的积极推动者，对减轻气候变化的不利影响发挥着重要作用。没有妇女的充分参与，气候行动和能源转型则不能有效完成，因为她们是新农业活动的践行者，是森林资源的保护者，同时也是家庭中有关能源使用的决策者。另一方面，妇女在积极参与实现目标 13 和目标 7 的过程中，也将有助于缓和性别不平等现象和实现妇女减贫，对于实现目标

---

① 包茂宏：《非洲的环境危机和可持续发展》，《北京大学学报》（哲学社会科学版）2001 年第 3 期，第 95~104 页。

② UN, "Rapport 2020 sur le développement durable en Afrique de l' Ouest," octobre 31, 2020.

③ Ibid.

10 和目标 1 亦有推动作用。因为在撒南非洲，妇女家庭生活收入和经济活动主要依赖自然资源，有效的气候行动可以减缓因气候变化造成的农作物减产、森林资源减少等负面影响，从而缓解了贫困女性化现象。简言之，妇女发展和可持续发展之间是相辅相成的关系，妇女如何在可持续发展中发挥主观能动性是西非法语地区实现可持续发展目标的重要议题。

二 妇女在西非法语国家可持续发展进程中发挥积极作用

可持续发展要求人类通过合理高效地利用自然资源，保持生态系统的完整性，维持资本系统的稳定性，维护社会系统的公平性，在不断提高人类生活质量的同时，实现经济系统、生态系统和社会系统的协同进步。[①] 因此，本部分将从经济、环境和社会三个方面探讨妇女在西非法语国家可持续发展中的积极作用。

（一）妇女是西非法语国家经济增长的生力军

妇女经济赋权是西非法语国家实现繁荣发展和减贫的必经之路。该地区妇女通过广泛参与经济活动，构成了促进地区经济可持续发展的重要力量。第一，妇女是西非法语国家食品经济行业的主要参与者，[②] 对当地经济发展发挥着重要作用。在西共体区域，食品经济是地区经济增长的支柱产业，2020 年创造的经济总额估值为 2590 亿美元，占该地区 GDP 的 35%，预计到 2030 年其经济价值将翻一番。[③] 另外，2018 年西非农业与就业研究显示，食品经济行业创造了西非地区 66% 的就业岗位，其重要性不言而喻。[④] 这与该

---

① 龚胜生、敖荣军：《可持续发展基础》，科学出版社，2019，第 24～25 页。
② 食品经济行业指从农业生产到食品加工业、产品商业化等一系列的经济活动。
③ OECD, "The Growing Potential of the ECOWAS Food Economy," February 8, 2020, http://www.west-africa-brief.org/content/en/growing-potential-ecowas-food-economy, accessed: 2021 - 06 - 30.
④ Allen, T., P. Heinrigs and I. Heo, "Agriculture, Alimentation et emploi en Afrique de l'Ouest," *Notes ouest-africaines* 14 (2018), p. 7.

地区城市化进程加速、人民生活水平提高相关联。在该地区，妇女是食品经济行业的主力军，从农业生产到食品加工、产品包装、运输和市场销售等经济活动，都离不开妇女的参与。据统计，西非法语国家68%的妇女投身于该领域的相关工作中，其中，妇女在餐饮行业、食品加工业、产品商业化方面的参与度突出，分别占比88%、83%、72%。[①] 同时，生活在边境从事跨境贸易的妇女还是促进地区经济一体化的重要参与者。

第二，妇女自主创业为该地区经济增长注入新活力。在西非法语国家，妇女多从事非正式职业，容易面临就业不稳定和保障性低等问题。很多女性企业家通过积极创业来摆脱困境，并在创业成功后带动其他妇女就业和创业，通过分享自身成功经验帮助她们在职场中获得成功，形成良性循环，很大程度上促进了当地经济发展。例如，科特迪瓦的马索戈贝·图雷（Massogbé Touré）女士在1980年创立了科特迪瓦第一家腰果加工公司，为科特迪瓦的腰果产业发展做出了重要贡献。目前其公司拥有800多名员工，为周边的百余户小型腰果种植户提供了收入保障，并且在腰果收获季节雇用大量季节工，为当地居民就业和经济发展做出了重要贡献。此外，作为科特迪瓦企业联合会（CGECI）女性创业发展委员会的负责人，马索戈贝还致力于当地妇女经济赋权。[②] 多哥的坎迪德·巴梅松－勒盖德（Candide Bamezon-Leguede）女士是一位经验丰富的企业家，希望通过分享自己的专业知识来帮助多哥其他女性和年轻企业家。在联合国开发计划署（UNDP）的资助下，她创立了西非首个创业孵化平台，即"INNOV'UP"平台，来帮助多哥妇女通过自主创业创造财富和提供可持续的就业机会。[③]

第三，妇女追求绿色经济，尤其关注有机农业的发展。在撒南非洲，化

---

① T. Allen, P. Heinrigs and I. Heo, "Agriculture, alimentation et emploi en Afrique de l'Ouest," *Notes ouest-africaines* 14 (2018), p. 21.

② "La SITA au service de la nation," https://www.sita-sa.com/detail-article, accessed: 2021 - 06 - 30.

③ World Bank, "Candide Bamezon-Leguede: Shining a New Light on Women's Entrepreneurship in Togo," https://www.worldbank.org/en/news/feature/2019/03/08/candide-leguede-shining-a-new-light-on-womens-entrepreneurship-in-togo, accessed: 2021 - 06 - 30.

肥使用量不足是农作物产量不高的原因之一，很多农民因化肥价格昂贵而无力购买。据世界银行统计，2018 年，世界每公顷耕地化肥施用量为 136.8 千克，而撒南非洲地区仅为 20 千克。① 为此，该地区很多妇女开始着手于绿色有机农业的发展，既可以通过使用有机化肥缓解化肥的负担问题，又可以迎合部分市场对于绿色食品的需求。例如，"有机农业和公平贸易妇女网络组织"（Réseau des Femmes pour l'Agriculture Biologique et le Commerce Equitable）是位于塞内加尔西部捷斯省（Thiès）的一个由妇女创办的致力于有机农业发展的组织，其主要活动为种植和销售有机农产品，促进公平贸易以及妇女经济赋权。② 另外，农产品收获后遭受损失也是女性企业家关注的问题。由于储存方法和设备不完善等问题，非洲每年都面临着严重的产量损耗和食物浪费，削弱了农产品的经济价值，不利于经济可持续发展。面对严重的食物浪费，来自几内亚的法图马塔·巴（Fatoumata Bah）女士在 2019 年创立了一家干果生产和销售公司，以避免水果不易储存而腐烂，在实现自身经济价值的同时，也促进了可持续经济的发展。③

（二）积极参与城市环境治理

西非法语国家妇女积极参与城市垃圾治理，通过再生资源回收实现自身经济发展。据世界银行统计，撒南非洲在 2016 年产生了 1.74 亿吨垃圾，人均每天产生 460 克，预计到 2050 年垃圾总量将增至 3 倍。在垃圾处理方面，69% 的垃圾露天堆放或者焚烧，24% 的垃圾被填埋，仅有 7% 的垃圾被回收处理。④

① 世界银行：《化肥消费量（每公顷耕地千克数）》，https：//data. worldbank. org. cn/indicator/ AG. CON. FERT. ZS，最后访问日期：2021 年 6 月 30 日。

② Ginette Imboua，"Le Réseau des femmes pour l'agriculture biologique et le commerce équitable，"Publié le 10 mai 2014，https：//www. suco. org/le-reseau-des-femmes-pour-lagriculture-biologique-et-le-commerce-equitable/，accessed：2021 – 06 – 30.

③ "Fatoumata BAH，l'autre force de l'agribusiness en Guinée，"28 avril 2020，https：// myafricainfos. com/fatoumata-bah-lautre-force-de-lagribusiness-en-guinee/，accessed：2021 – 06 – 30.

④ World Bank，*What a Waste 2.0: A Global Snapshot of Solid Waste Management to 2050*，Washington DC，2018，pp. 59，81.

由此可见，撒南非洲国家普遍面临垃圾污染以及回收率低等问题，过量的垃圾露天堆放和焚烧会造成水体和土壤污染、有害气体产生、土地侵占、疾病传染、资源浪费等问题，给非洲可持续发展带来挑战。很多西非法语国家妇女通过回收可再生资源参与城市垃圾治理。在贝宁科托努，"女性再生资源回收者"主要负责收集当地的可回收物品并以此谋生。据统计，一位女性再生资源回收者平均每天回收 20 公斤的物品，每年以再生资源制成的物品进入销售市场的体积约 3090 立方米。[①] 不仅帮助妇女获得了经济独立的能力，还让该妇女群体有经济能力支持子女接受教育。同时，为了更好地获利，其成员还会加强对再生资源分类以及销售相关知识的学习，提高了妇女的发展能力和经济能力。

在布基纳法索也有类似的社会组织，通过回收垃圾创造财富。克里斯蒂安娜·拉米扎纳（Christiana Lamizana）创立的乌埃省经济复兴妇女行动小组（Groupe d'action des femmes pour la relance économique du Houet），致力于改善妇女生活状况和促进妇女自我发展。[②] 通过组织当地妇女利用回收塑料制作成手工艺品在海内外进行销售，不仅赋予了可再生资源商业价值，还促进了妇女经济发展，同时对环境保护有重要意义。

同时，西非法语国家妇女积极改善居住环境，为清洁城市贡献力量。在非洲城市垃圾中，塑料垃圾造成了严重的环境污染问题。贝宁的女性环保者桑德哈·伊多素（Sandra Idossou）创立的社会承诺行动组织（Engagement Action Sociale），通过反对使用不可降解塑料袋，促使人们提高环保意识。在桑德哈的带领下，社会承诺行动组织主要通过发起反对使用塑料袋倡议活动和环保跑，树立贝宁人民的环保意识，并且督促政府严格执行禁塑令。鉴于当地居民卫生意识不强，桑德哈还向贝宁 77 个市镇捐赠了 200 个垃圾桶。[③] 另

---

① Oxfam Québec, "Fiche projet investissement solidaire gestion des déchets solides ménagères," https：//docplayer. fr/89916759-Fiche-projet-investissement-solidaire-gestion-des-dechets-solides-menagers-benin. htmlé，accessed：2021 - 05 - 30.

② "Groupe d'Action des Femmes pour la Relance Economique du Houet," http：//courantsdefemmes. free. fr/Assoces/Burkina/Gafreh/gafreh. html，accessed：2021 - 06 - 30.

③ "200 poubelles pour le Benin," https：//www. kwendoo. com/cagnottes/200-poubelles-pour-le-benin，accessed：2021 - 06 - 30.

外，1995 年，在布基纳法索首都瓦加杜古市启动的"绿色卫队倡议"
（Green Brigade Initiative）也是妇女发展与城市清洁相结合的成功案例。截至
2018 年，该倡议已经向 1700 名妇女提供了清洁街道的就业机会，让她们在
获得家庭经济收入的同时，也为改善城市环境、提升城市面貌做出了贡献。①

（三）促进社会可持续发展

西非法语国家妇女在提高人们可持续发展意识以及维护地区和平稳定两方
面促进社会可持续发展。第一，妇女是传播生态文明的重要使者，为提高人们
的环境意识做出巨大努力。该地区为更好地实现可持续发展，除政府政策支持
和各类项目推动外，最根本的还需要人们树立正确的可持续发展的价值观，即
尊重自然，选择可持续的社会发展方式，从而与自然和谐共生。妇女是可持续
发展行为的重要践行者和传播者，一方面，妇女肩负着树立下一代环境意识的
重任，其在日常生活中的环保行为会为子女树立榜样，其生态环境观念也会潜
移默化地影响下一代；另一方面，妇女可以通过成立协会、组织等各项活动来
提高人们的可持续发展意识。例如，教育是提高人们环境意识的重要手段，
科特迪瓦"绿页组织"（Page Verte）创始人让娜·伊莱娜·库默（Jeanne
Irène Koumo）女士呼吁人们对青少年群体进行可持续发展教育，旨在使受教
育的青少年成长为具有生态环保意识的公民，这对于青年人口不断增加的非
洲大陆尤为重要，因为他们将是非洲地区实现可持续发展的重要力量。

第二，和平稳定是实现可持续发展目标的重要条件。西非地区安全形势
复杂且严峻，西非法语国家妇女是维护地区稳定的重要力量。一方面，妇女
是暴力的主要受害者；另一方面，妇女也肩负着地区预防冲突和战后和平重
建等方面的重任。该地区妇女主要通过参加妇女和平组织参与和平进程，其
中较为重要的有西共体妇女和平与安全联络网（Network on Peace and
Security for Women in the ECOWAS Region）和马诺河妇女和平网络（Réseau
des Femmes du Fleuve MANO pour la Paix）。此外，有些妇女参与联合国的维

---

① UN-Habitat, "Gender mainstreaming in local authorities," 2008.

和行动，成为蓝盔部队的一员。例如，在 2018 年马里稳定团（MINUSMA）①
部署的两次维和行动中，共有 9 名来自多哥的女性维和人员参与其中，给当
地人民，尤其是妇女和儿童提供了巨大帮助。在多哥的维和部队中，约有 37
名多哥女性维和人员，她们出色的工作广受好评。② 2019 年，塞内加尔国家
警察部队的警长赛娜布·迪乌夫（Seynabou Diouf）荣获了联合国年度杰出
维和女警察奖。同时迪乌夫还是"维和警察妇女网络"（Réseau des femmes
de la police）的负责人，致力于为女性维和警员提供一个交流心得经验、增
加专业知识的平台。③ 该地区妇女广泛地参与和平行动促进了该地区社会的
可持续发展，为地区的持久和平做出了重要贡献。

三　西非法语国家妇女参与可持续发展面临的挑战

通过上文分析，西非法语国家妇女在经济、环境和社会三大方面参与国
家可持续发展进程，尤其在食品经济、绿色经济、城市清洁、教育和维护地
区稳定等方面发挥着独特作用。同时也应该注意到该地区妇女参与可持续发
展还面临诸多挑战：一方面，性别歧视导致的政治权利低、受教育程度不高
等因素是阻碍妇女进步发展的重要问题；另一方面，新冠肺炎疫情又为该地
区妇女参与可持续发展提出了新挑战。

首先，西非法语国家妇女的低参政水平制约了其在可持续发展进程中的
参与度与积极性。2021 年该地区女性议员平均比例仅为 19.71%，低于撒南

---

① 该组织全称为"联合国马里多层面综合稳定特派团"（The United Nations Multidimensional
Integrated Stabilization Mission in Mali），是联合国安理会于 2013 年设立的组织，用于支持马
里政治和平进程。

② MINUSMA, "FURAJI II: Une opération des casques bleus au féminin," https://minusma.
unmissions. org/furaji-ii-une-op% C3% A9ration-des-casques-bleus-au-f% C3% A9minin, accessed:
2021 – 06 – 30.

③ UN, "Une Sénégalaise lauréate du Prix de la policière de l'ONU," https://news. un. org/fr/
story/2019/11/1055261, accessed: 2021 – 06 – 30.

非洲（25.1%）的平均水平,[1] 在一定程度上说明了本文研究对象国的妇女整体参政水平不高。低参政水平限制了妇女在可持续发展领域中进行决策和公共管理，导致相关政策和项目中不能体现妇女对于可持续发展的独特认知，不能真实反映妇女的意愿和利益，也不能全面发挥妇女的作用。该地区妇女参政水平较低是由性别刻板印象和歧视性法律制度等结构性障碍所致，降低了妇女参与投票或选举等政治活动的可能性。虽然很多国家出台了相关政策肯定妇女对于实现可持续发展的积极作用，但是在政策落实和资金支持方面往往不到位，难以真正达到政策的目标和效果。

其次，受教育程度低是限制妇女参与可持续发展的另一个重要因素。该地区女性入学率和完成学业率普遍低于男性，2015 年，该地区成年妇女文盲率高达 60.1%。[2] 一方面，低文化水平限制了妇女充分发展，使她们面临就业率低、收入低、难以在政策制定中进言献策、无法接受职业培训等问题。同时，低文化水平也制约了妇女对可持续发展的理解，不利于妇女群体参与地区可持续发展。虽然通过各方努力，该地区女性初等和中等教育的入学率均有所提高，但女性进入高等教育体系的比例仍然不高，并且由于隐形性别歧视，女性在选择专业时往往受到各种限制，减少了她们平等参与可持续发展的机会。另一方面，多项相关研究表明，在提高妇女教育水平和降低生育率之间存在显著的负相关。[3] 据统计，2019 年西非地区的生育率位居世界第二，平均每位妇女生育 5.2 个孩子，是世界人口增长的主要地区。[4] 生育率过高给该地区妇女带来身体和心理的双重压力，繁重的照料负担阻碍了妇女

---

① Inter-Parliamentary Union, "Femmes en politique: 2021," https://www.ipu.org/women-in-politics-2021, accessed: 2021 - 06 - 30.

② Knoema, "Population analphabète chez les femmes adultes," https://knoema.fr/atlas/topics/%c3%89ducation/Alphab%c3%a9tisation/Analphab%c3%a9tisme-chez-les-femmes-adultes, accessed: 2021 - 06 - 30.

③ 肖扬、肖萌:《论妇女发展在可持续发展战略中的作用》,《中共宁波市委党校学报》2005 年第 3 期, 第 78~82 页。

④ La DG Trésor, "Perspectives démographiques en Afrique de l'Ouest," https://www.tresor.economie.gouv.fr/PagesInternationales/Pages/c03c4bbb-4aad-4923-ba90-62a5a9d66636/files/50b25128-5ae6-409a-813e-0c59c1b68609, accessed: 2021 - 05 - 30.

进入劳动市场，也压缩了妇女自主发展的时间，从而限制了妇女在可持续发展中发挥积极作用。总体而言，妇女的受教育水平不高制约了其对社会发展的贡献度。

最后，新冠肺炎疫情为该地区妇女参与可持续发展提出了新挑战。第一，非正式经济是西非法语国家经济的重要组成部分，该地区大多数妇女从事非正式工作，同时也是非正规经济的跨境贸易的重要参与者。① 西非各国为防控疫情制订的居家隔离和关闭边境等措施沉重打击了从事非正式职业妇女的经济活动，不利于该群体的经济赋权，加重了贫困女性化现象。同时，这场空前的全球公共卫生危机造成西共体 2020 年经济负增长，削减了各国政府用于妇女发展项目的资金，导致该地区的性别平等事业退步，不利于妇女群体的发展。第二，新冠肺炎疫情增加了该地区妇女遭受家庭暴力的风险，对妇女的身心健康造成巨大伤害，严重限制了妇女的发展权。据统计，在疫情期间，塞内加尔、马里、尼日尔、布基纳法索妇女遭受家庭暴力比例分别增长了 14.93%、10.12%、7.69%、5.35%。② 遭受家庭暴力的妇女难以融入社会，更无法为社会的建设和发展发挥作用。第三，疫情加剧的粮食危机给该地区妇女参与可持续发展带来消极影响。随着新冠肺炎疫情的持续蔓延，西非地区正经受着近几十年以来最严峻的粮食安全问题，疫情导致的全球贸易收缩冲击了严重依赖粮食进口的国家。据统计，2020 年 6～8 月，约 170 万西非人民遭受粮食危机，其中尼日尔、布基纳法索、马里三国问题尤为突出。③ 妇女易受到粮食不安全造成的饥饿和营养不良等问题的冲击，这严重制约了妇女的发展。联合国粮食及农业组织（FAO）2014～2019 年粮食不安全经历分级表（FIES）研究显示，中度或重度粮食不安全问题在全

---

① CEDEAO, *Plan d'action de la CEDEAO sur le genre et le commerce 2015 - 2020*, Dakar, 2015, p. 7.

② AG DALLA Ousmane, Julie L. Snorek, "Analyse rapide de l'impact de la pandémie liée au COVID-19 sur les violences faites aux femmes et aux Filles au Sahel," p. 16.

③ RPCA, "Crise alimentaire et nutritionnelle 2020," https://www.oecd.org/fr/csao/cartes/Food-nutrition-crisis-2020-Sahel-West-Africa_FR.pdf, accessed: 2021 - 05 - 30.

球范围内对于女性的影响高于男性，且这一现象在非洲地区更加突出。^① 简言之，新冠肺炎疫情给妇女的经济赋权和身心健康提出了挑战，制约了妇女在可持续发展中发挥积极作用。

除以上主要挑战外，气候变化以及地区安全局势不稳定也是阻碍妇女参与可持续发展的不利因素，同时加剧了该地区性别不平等问题，仍需各国政府和国际社会予以关注。

四 结语

在新冠肺炎疫情背景下，西非法语国家在实现可持续发展目标的进程中将受到更大阻力，国际合作对于该地区妇女充分参与可持续发展具有重要意义。联合国妇女署、非盟和西共体是该地区促进性别平等和妇女发展的重要国际组织。另外，以法语为纽带，法语国家组织以及法语国家与地区也注重该地区的妇女发展问题，例如，法国、加拿大魁北克在该地区成立了多个妇女发展合作项目。同时，许多西方国家和新兴国家亦与该地区在妇女发展方面进行合作。西非法语国家是我国重要的合作伙伴，因此，我国也应进一步探讨在"一带一路"合作框架下如何加强中非妇女合作发展以及促进性别平等事业，为中非合作注入新活力。

---

① FAO, "L'État de la sécurité alimentaire et de la nutrition dans le monde," Rome, 2020, pp. 26 – 27.

国别形势

塞内加尔：以《振兴塞内加尔计划》为蓝图的发展道路

赵启琛

摘　要：2020～2021 年，塞内加尔仍以《振兴塞内加尔计划》为发展纲要。在政治上，塞内加尔政局总体稳定，政府对疫情处理得当。2020 年 11 月，萨勒总统改组了政府，新任政府人员构成更加年轻多元，有利于疫情背景下的发展需求。2021 年 3 月发生的暴力游行事件受到国际关注，最终回归和平。在经济上，塞内加尔经济由于疫情打击出现负增长，第二、三产业受到冲击。但随着经济计划的调整，更关注内生性发展，塞内加尔的国内生产总值有望从 2021 年起恢复增长。在社会发展方面，医疗基础设施缺乏和医护人员不足问题仍存在，政府正着手于医院建设和人口健康状况改善；教育投入加大后，基础教育阶段毛入学率提升，但学校基础设施仍待完善，高等教育阶段增设了高等职业技术教育学院以满足发展需求；在就业问题上，政府出台青年人就业方案来缓解疫情下的就业难问题。在外交方面，塞内加尔与法国和中国都保持着良好的合作关系，积极参与区域和国际事务，在马里危机处理中积极作为，在巴黎和平论坛上为维护非洲利益发声。

关键词：塞内加尔　马基·萨勒　《振兴塞内加尔计划》　新冠肺炎疫情

作者简介：赵启琛，北京外国语大学非洲学院博士研究生。

塞内加尔地处西部非洲，政局长期稳定，经济发展潜力较大，与周边国家及大国关系和谐，是 2021 年第八届中非合作论坛的非方共同主席国。在政治上，塞内加尔政权交接平稳，至今未发生过军事政变，常被视为非洲民

主的楷模。1960 年独立至今，共有四任总统：列奥波尔德·塞达·桑戈尔
（Léopold Sédar Senghor）、阿卜杜·迪乌夫（Abdou Diouf）、阿卜杜拉耶·瓦
德（Abdoulaye Wade）和马基·萨勒（Macky Sall）。萨勒总统于 2012 年当
选，并在 2019 年 2 月获得连任，任期 5 年。在经济上，塞内加尔虽被联合
国认定为最不发达的国家，[①] 但是其经济门类较齐全，三大产业发展较均衡，
因该国沿海区位优势，渔业成为经济支柱产业之一。近年来，塞内加尔经济
发展强劲，新冠肺炎疫情暴发前，其经济增速维持在每年 6% 左右。在对外
关系上，塞内加尔与区域内国家保持着良好的合作关系，隶属西非国家经济
共同体（Communauté économique des États de l'Afrique de l'Ouest，CEDEAO）
和西非经济货币联盟（Union Économique et Monétaire Ouest-Africaine，UEMOA），
积极参与区域事务和国际事务。此外，其与原殖民宗主国法国联系紧密，在
中非合作框架下，中塞关系近年来发展迅速。

2020～2021 年，塞内加尔政局总体稳定，政府致力于出台措施减轻疫情
对经济的打击，医疗、教育和就业等社会民生事业受到政府重视，与法国和
中国的关系有一定进展，在区域事务中发挥积极作用。

一 政治形势：总体平稳但偶发游行示威

2020～2021 年，虽然反对党支持者游行示威偶发，但塞内加尔政局总体
平稳。政治形势上有以下三个方面值得关注：政府对疫情危机处理得当、政
府改组和反对党支持者举行游行示威。

（一）塞内加尔政府积极应对新冠肺炎疫情

自 2020 年 3 月 2 日塞内加尔发现首例本土新冠肺炎确诊病例以来，[②] 据

---

① UNESCO, "List of Least Undeveloped Countries," February 11, 2021, https://www.un.org/
development/desa/dpad/wp-content/uploads/sites/45/publication/ldc_list.pdf, accessed：2021 - 07 - 31.

② Ministère de la Santé et de l'Action sociale, "Coronavirus：Communiqué de presse N°1 du Ministère
de la Santé et de l'Action sociale," https://www.sante.gouv.sn/Actualites/coronavirus-communiqué-
de-presse-n°1-du-ministère-de-la-santé-et-de-laction-sociale, accessed：2021 - 06 - 28.

塞内加尔卫生和社会行动部（Ministère de la Santé et de l'Action sociale）统计，截至 2021 年 6 月 30 日，塞内加尔共报告确诊病例 43138 例，其中，治愈病例 41429 例，死亡病例 1166 例。① 由此可见，塞内加尔新冠肺炎治愈率较高，疫情发展趋于平稳。在医疗条件有限的情况下，这一成效得益于政府所采取的严格、及时的防控措施。

政府的积极应对表现在快速响应新冠肺炎疫情并投入资金。发现首例确诊病例后，萨勒总统随即召开新型冠状病毒总统委员会议（Conseil Présidentiel sur le Coronavirus），通过了《国家对新冠肺炎流行病的反应计划》（*Plan national de riposte contre l'épidémie à Covid-19*），宣布拨款 14.4 亿西非法郎（约合人民币 1692 万元）用于抗击疫情。② 3 月 23 日，萨勒总统宣布国家进入紧急状态，实行宵禁措施，并拨款 1 万亿西非法郎（约合人民币 117 亿元）成立抗击疫情互助基金，用以支持受疫情影响的个人、企业和侨民。③

除拨款外，政府的积极应对措施还包括颁布防控条令、推进疫苗接种和实时发布疫情信息。2020 年 7 月 10 日，塞内加尔内政部（Ministère de l'Intérieur）颁布第 011592 号部令，规定必须在公共服务场所、私营场所、商业场所和交通工具中佩戴口罩。④ 2021 年 1 月，塞内加尔疫情出现第二波高峰，首都达喀尔和捷斯市再次进入紧急状态。2 月 23 日，塞内加尔正式启

① Ministère de la Santé et de l'Action sociale, "Coronavirus: Communiqué de Presse N° 483 du Dimanche 30 juin 2021, du Ministère de la Santé et de l'Action sociale," https://www. sante. gouv. sn/sites/default/files/COMMUNIQUE% 20486% 20DU% 2030% 20JUIN% 202021. pdf, accessed: 2021 – 06 – 28.

② Ndèye Tické Ndiaye Diop, "Communiqué du Conseil des ministers du 4 mars 2020," https:// www. presidence. sn/actualites/communique-du-conseil-des-ministres-du-4-mars-2020_1980, accessed: 2021 – 06 – 28.

③ Présidence du Sénégal, "Déclaration d'état d'urgence dans le cadre de la lutte contre la maladie à coronavirus COVID-19," https://www. presidence. sn/actualites/declaration-detat-durgence-dans-le-cadre-de-la-lutte-contre-la-maladie-a-coronavirus-covid-19_1996, accessed: 2021 – 06 – 28.

④ Gouvernement de la République du Sénégal, "Arrêté ministériel n° 011592 du 10 juillet 2020 prescrivant le port obligatoire de masque de protection dans les lieux publics et privés," https:// www. sec. gouv. sn/arrêté-ministériel-n°-011592-du-10-juillet-2020-prescrivant-le-port-obligatoire-de-masque-de, accessed: 2021 – 06 – 28.

动新冠肺炎疫苗接种计划，25 日，萨勒总统和各部部长带头接种了中国国药集团的疫苗，以号召民众积极接种。截至 6 月 27 日，共有 52 万余名塞内加尔人接种了新冠肺炎疫苗。[①] 此外，塞内加尔卫生和社会行动部自出现病例后每日在其网站发布疫情简报，并在新闻中播报疫情数据，提升民众的防疫意识。萨勒政府面对疫情及时、得当的应对以及防控成效展现了一个负责任的政府形象，有利于国家政治稳定。

（二）萨勒总统改组政府

萨勒总统开启第二任期以来，两次对政府人员配置做出调整。2019 年 5 月，塞内加尔通过宪法修订案，正式取消总理这一职位，[②] 之后总统既是国家元首也是政府首脑，意在提升行政效率，但反对派批评此举实质上扩大了总统权力。2020 年 10 月 28 日，萨勒总统解散了连任时组建的政府，关于 11 月 1 日宣布了新政府人员名单，提名了 33 名部长和 4 名国务部长。

重组后，新政府人员构成有两个特点。其一，青年部长所占比例提升，且负责与青年利益相关的部门。一方面，保留了两位在上届政府中任职的青年部长职务。年仅 38 岁的内妮·法图玛塔·塔勒（Néné Fatoumata Tall）仍任青年部长（Ministre de la Jeunesse）；曾任城市化、住房和公共卫生部长（Ministre de l'Urbanisme，du Logement et de l'Hygiène publique）的阿卜杜·卡里姆·福法纳（Abdou Karim Fofana），现被委任为负责推进塞内加尔振兴计划部长（Ministre en charge du suivi du Plan Sénégal Émergent）。另一方面，两位青年政治家扬胡巴·迪亚塔拉（Yankhoba Diattara）和帕普·阿马杜·恩迪亚耶（Pape Amadou Ndiaye）分别被任命为数字经济和电信部长（Ministre de

---

① Ministère de la Santé et de l'Action sociale，"Coronavirus：Communiqué de Presse N° 483 du Dimanche 30 juin 2021，du Ministère de la Santé et de l'Action sociale，" https：//www. sante. gouv. sn/sites/default/files/COMMUNIQUE% 20486% 20DU% 2030% 20JUIN% 202021. pdf，accessed：2021 - 06 - 28.

② Ndèye Tické Ndiaye Diop，"Promulgation de la loi constitutionnelle portant suppression du poste de Premier Ministre，" https：//www. presidence. sn/actualites/promulgation-de-la-loi-constitutionnelle-portant-suppression-du-poste-de-premier-ministre_1630，accessed：2021 - 06 - 28.

l'Économie numérique et des Télécommunications）以及手工业和非正式产业转型部长（Ministre de l'Artisanat et de la Transformation du Secteur informel）。

改组后的政府从人员结构上能更好地呼应塞内加尔青年的需求，上述四位青年部长执掌的部门都与青年的利益和发展紧密相连。对于这个 35 岁以下人口数量超过总人口 3/4 的国家而言，[①] 上述举措有利于政治稳定和民生发展。

其二，新政府吸纳了反对党代表，更具包容性和多元性。自 2016 年以来，萨勒总统创建了"全国对话"（Dialogue national）机制，听取反对党的意见，致力于达成共识，共促国家发展。萨勒 2020 年 11 月组建的新政府人员中纳入反对党代表，正是该机制的成果之一。除前文提及的来自国家党（Rewmi）[②] 的迪亚塔拉外，对该党领袖伊德里萨·塞克（Idrissa Seck）的任命也受到格外关注。塞克曾在瓦德总统任期内担任总理，并曾多次参与总统竞选，在 2019 年总统大选中以 20.51% 的选票名列第二，被视为下届总统职位的有力竞争者。然而，在新政府中，塞克被任命为经济、社会与环境理事会（Conseil économique, social et environnemental）主席，标志着塞内加尔政局力量的新变化。

（三）反对党支持者举行游行示威

虽然塞内加尔政局一直较为稳定，但是 2021 年 3 月却发生了一场为期数日的游行示威，其间不乏暴力行为和骚乱。此次游行示威与反对党争取工作、道德、博爱爱国者（PASTEF-LES PATRIOTES）领导人奥斯曼·桑科（Ousmane Sonko）有关，桑科曾参加 2019 年总统大选，支持率位列第三。塞克在新政府任职后，桑科被视为反对派中最有希望参与 2024 年总统大选的候选人。

2021 年 2 月，桑科被指控强奸和死亡威胁，他对此予以否认并以议员豁

---

① Agence Nationale de la Statistique et de la Démographique, "Population du Sénégal Année 2020," https：//www.ansd.sn/ressources/publications/Rapport% 20sur% 20la% 20Population% 20du% 20Sngal% 202020_ 03022021. pdf, accessed：2021 – 06 – 29.

② "Rewmi" 在塞内加尔通用语言沃洛夫语中意为"国家"。

免权为由拒绝宪兵传唤。桑科称这起指控是萨勒总统谋求第三任期的"政治阴谋"。3月3日，桑科被法院传唤，此时其豁免权已被取消，在前往法院的路上，他因危害公共秩序和参与未经批准的集会活动被拘留。其支持者因此在包括首都达喀尔在内的多地集结民众举行游行示威活动，要求释放桑科。同时，示威者还因不满萨勒总统与法国总统马克龙的紧密关系而袭击了多家在塞内加尔的法国企业，数家欧尚超市的门牌被损毁。街头骚乱持续数日，多地爆发警民冲突。此次暴力游行引起国际关注，联合国和西共体均呼吁各方保持冷静和克制。3月8日，桑科被释放，萨勒总统发表全国讲话，呼吁民众回归平和。

此次桑科被捕事件之所以引发大规模游行示威，一方面是因为民众担忧萨勒总统借机打压反对党，以谋求第三任期连任，威胁国家的民主传统；另一方面，由于疫情对经济的冲击，民众的生活质量受影响，借此表达不满情绪。目前，塞内加尔国内反对党力量较分散，最主要的反对党领袖桑科由于此次指控声誉受影响，萨勒总统或在2024年总统大选中寻求连任。

二 经济形势：调整计划以应对负增长

萨勒总统于2014年提出了为期十年的《振兴塞内加尔计划》（*Plan Sénégal Émergent*）（以下简称《振兴计划》），该规划的愿景是在2035年将塞内加尔打造成新兴国家，并为此制定了三大战略重心：经济结构转型和增长；人力资本、社会保障和可持续发展；治理、机构、和平与安全。[1] 在此计划刺激下，塞内加尔近年来经济形势向好，国内生产总值增速保持在6%左右，国民经济部门的种类也较齐全。然而，疫情给塞内加尔经济发展带来挑战，2020年，塞国内生产总值并未达到预期7%的增长率，反而出现了负增长。[2] 此外，

---

[1] République du Sénégal, *Plan Senegal Émergent*, 2014, pp. i – ii.
[2] République du Sénégal, "Projet de loi de finances de l'année 2020," http：//www. finances. gouv. sn/wp-content/uploads/2019/11/LFI-2020. pdf, accessed：2021 – 06 – 29.

经济支柱行业之一旅游业因疫情影响也受到严重的打击。政府为应对这一挑战，采取了一系列经济举措，包括适时调整经济振兴计划以适应疫情背景和推进新兴产业发展，进一步优化产业结构。

（一）疫情对经济发展的影响

疫情加剧了塞内加尔经济发展的压力。一方面，政府财政支出因抗疫而大幅增加，财政压力加剧；另一方面，世界经济的停滞和国际贸易的中断影响了其投资和出口，对各行业均产生了一定影响，尤其是涉及人员流动的产业如旅游业等，这进一步制约了该国经济发展。2020~2021年，塞内加尔经济增速放缓，部分产业遭受严重损失。

塞内加尔国内生产总值增速明显下降，通货膨胀压力增加。2014~2018年，塞内加尔经济发展迅速，国内生产总值增速保持在6%以上，2017年达到7.4%，[1] 而2020年为-0.7%。此外，通货膨胀率也显著上升，2019年，其通货膨胀率维持在1.1%左右，到2020年增加至2.1%。[2]

为防控疫情采取的如关闭国境线、实施宵禁等措施对三大产业都产生了不同程度的负面影响，其中，对第一产业的影响较为轻微，第二、三产业受影响较严重。

第一产业由于渔业、农业的良好发展态势，2020年仍表现强劲，同比增长了5.1%。[3] 其中，畜牧业受疫情影响最严重，仅同比增长了0.8%，[4] 这主要是出于以下两个原因：其一，关闭国境线的疫情防控举措切断了塞内加尔与周边牲畜供应国如毛里塔尼亚、马里等的贸易；其二，酒店、酒吧和餐厅歇业以及对宗教、家庭庆祝活动举办的限制也减少了当地对牲畜的消费需求。

---

[1] Agence Nationale de la Statistique et de la Démographie, "Comptes nationaux provisoires de 2019 et définitifs de 2018 (Base 2014)," http：//www. ansd. sn/ressources/publications/Note% 20analyse% 20comptes% 20nationaux% 202019. pdf, accessed：2021 - 06 - 29.

[2] Direction de la prévision et des études économiques, *Situation économique et financière en 2020 et perspectives 2021*, 2020, p. 3.

[3] Ibid. , p. 8.

[4] Ibid. , p. 9.

第二产业受疫情影响较大，总体出现了负增长（－1.1%），但是各行业的表现略有不同。[①] 受疫情影响较大的有采掘业、农产品加工业和石油炼制工业，表现较好的产业包括建筑业、电力产业、水和废物处理产业及化工产品生产业。此外，因疫情和防控措施，皮具生产、旅行用品和鞋类制造、纸张和纸箱制造、冶金和金属铸造业以及交通运输材料业都受到了较大冲击。相比之下，疫情背景下对防疫物资的需求则助推了其国内轧棉和纺织品制造业的发展。

第三产业受疫情打击最为严重，下降了2.8%。[②] 其中，交通运输业、住宿和餐饮业、教育产业受波及较为严重。以住宿和餐饮业为例，2016年以来该产业得益于政府的政策支持，显现良好的发展态势，政府正着手打造萨里区域的海滨浴场。然而疫情的冲击使该产业发展出现倒退，2020年下降了18.7%。[③] 塞内加尔以第三产业为主的产业结构经济在疫情背景下更显脆弱。殖民主义时期，塞内加尔产业呈"三一二"模式，即第三产业居首，农业居中，工业居末尾。[④] 独立之后，政府着手调整产业结构，助推工业发展，产业结构由此转变为"三二一"模式。近年来塞内加尔的产业结构仍旧是以第三产业为主，第二产业为辅，第一产业占比最少的模式（见表1）。由于此次疫情主要影响第三产业，所以塞内加尔的经济受到较大影响，但近年来第一产业的发展态势良好，预计其会对产业结构进行进一步优化。

表1 塞内加尔三大产业占国内生产总值比重（2014~2021年）

单位：%

产业	2014年	2015年	2016年	2017年	2018年	2019年	2020年（预估）	2021年（预估）
第一产业	13.4	14.3	14.4	15.0	15.0	15.0	17.0	16.9
第二产业	23.2	23.6	23.3	23.3	24.0	23.1	23.2	23.9
第三产业	48.5	46.4	46.8	47.0	46.6	45.7	44.3	43.6

数据来源：Direction de la Prévision et des Études Économiques（DPEE），http：//www.dpee.sn/Structure-du-PIB，123. html？lang = fr。

---

① Direction de la prévision et des études économiques, *Situation économique et financière en 2020 et perspectives 2021*, 2020, pp. 10 – 12.

② Ibid. , p. 13.

③ Ibid.

④ 潘华琼、张象：《列国志·塞内加尔》，社会科学文献出版社，2018，第142页。

（二）经济计划调整与发展走向

2018 年 12 月，振兴计划第一期告一段落，塞内加尔政府根据第一期完成情况制定了第二期（2019～2023）《关键行动计划》（*Plan d'actions prioritaires 2019 - 2023*）。疫情发生后，该国政府积极采取措施，调整经济发展计划，2020 年 12 月，发布了《调整和加速版优先行动计划》（以下简称《加速计划》）。[①]

该计划对疫情危机下塞内加尔的经济发展情况做出判断，分析了各产业面临的挑战和机遇，并总结出三条教训：其一，疫情暴露出世界尤其是发展中国家社会经济系统的有限性，鉴于此，塞内加尔应调整发展模式，目的是能生产出自身消费所需的产品，以掌握粮食、卫生和药品主权（souveraineté alimentaire，sanitaire et pharmaceutique）[②] 并使教育系统更适配发展需求，从而在不久的将来能够依靠自己的资源，使国家对冲击有更强的抵抗力；其二，搭建一个完备的早期预警系统，对危机更有抵御力；其三，随着疫情背景下远程办公的发展，所有人都应能使用高速网络，还应考虑在公共政策中运用人工智能，必须缩小数字鸿沟。

基于这三方面的反思，第二期振兴计划的调整着眼于打造强有力的私营部门来助推内生性发展（développement endogène）。由此，塞内加尔政府在疫情背景下提出了《塞内加尔社会和经济恢复方案》（*Programme de Résilience économique et sociale du Sénégal*），并向该方案投入 1 万亿西非法郎，[③] 这相当于国内生产总值的 7%，而其中 83% 的资金将用于支持企业，资金的这一分配方式体现出政府对发展私营部门的重视（见图 1）。

[①] Ministère de l'Économie, du Plan et de la Coopération, *Plan Sénégal Émergent Plan d'actions prioritaires 2 ajusté et accéléré（PAP 2A）pour la relance de l'économie（2019 - 2023）*.

[②] "粮食主权"最早于 1996 年由一个名为"农民之路"（Via Campesina）的国际农民组织提出，该组织将其定义为"每个国家在尊重文化和农业多样性的前提下，维持和发展自己生产基本粮食能力的权利"（参见江虹《发展中国家粮食主权的思考——以 WTO 农产品自由贸易规则为视角》，《理论与改革》2014 年第 5 期）。"卫生主权和药品主权"在国际上尚无一致定义，此处应为塞内加尔政府将粮食主权概念延展到卫生和药品领域，强调发展自主性。

[③] 即前文提及的抗击疫情互助基金。

图1 《塞内加尔社会和经济恢复方案》资金分配
数据来源：笔者依据塞内加尔经济、合作与计划部的数据自制。

除制定经济恢复方案外，塞内加尔政府还在《加速计划》中重新评估了振兴计划第二期《关键行动计划》所制定的战略目标，经济方面主要涉及第一个战略重点即经济结构转型和增长，主要有六个战略目标：（1）促进高增长、出口和社会融入部门的发展；（2）增加经济的投资水平和效率；（3）发展高质量的基础设施；（4）增加获得能源和土地资料的机会；（5）加固高生产力的基础；（6）助推包容性和可持续性的工业化。在这六个战略目标的指导下，《加速计划》确定了十个优先发展产业。其中包括关乎粮食主权的农业、渔业水产业和畜牧业，关乎卫生主权的健康产业和关乎药品主权的制药业。此外，还涉及工业平台推广、数字转型、旅游和航空运输业、城市化与住房和社会保障。

2020～2021年，塞内加尔经济受疫情影响出现负增长，第二、三产业受到冲击。不过，随着政府经济计划的调整，2021年，塞内加尔的国内生产总值有望恢复增长。① 疫情使塞内加尔更注重内生性发展，强调减少对外部的

---

① 据塞内加尔经济、合作与计划部估计，2021年国内生产总值增速预计达4.7%。参见 Direction de la prévision et des études économiques, *Situation économique et financière en 2020 et perspectives 2021*, 2020, p. 35。

依赖，重视对国内私营部门的扶持，注重经济发展的自给、自足和自主。①
预计随着离岸油气田项目②的进展，到 2023 年，塞内加尔经济将出现新的增
长点，国内生产总值增速有望达两位数。③

三　社会发展：以提升人力资本为目标

《振兴计划》的第二个战略重点是人力资本、社会保障和可持续发展，
旨在改善民生。第二期《关键行动计划》制定了十个目标：（1）改善人口
的健康和营养状况；（2）促进符合社会经济、环境和文化需求的优质教育；
（3）促进研究和创新以推动发展；（4）改善农村地区的能源供应和优质水及
卫生设施；（5）改善获得社会住房和体面生活环境的机会；（6）促进体面工
作；（7）加快人口转型的步伐；（8）促进更好地治理移民问题；（9）促进社
会保障；（10）减少环境退化、自然资源和气候变化的不利影响。根据以上
十个目标，塞内加尔政府积极采取举措促进民生发展，在医疗、教育和就业
等领域取得一定进展，但仍面临非法移民等社会问题。

（一）医疗卫生事业发展

自独立以来，塞内加尔的卫生系统就面临着医疗资源分布不均的问题。
区域差异表现在医疗资源集中于沿海地区，尤其是首都和地区级大城市，内
陆地区医疗资源匮乏，可及性低于沿海地区。从医院分布来看，根据塞内加
尔卫生和社会行动部 2019 年《国家卫生和社会发展计划 2019~2028》〔*Plan
National de Développement Sanitaire et Social（PNDSS），2019 - 2028*〕的统计，

---

① 除上文所提到的粮食主权等概念外，塞内加尔还重视数据主权，依靠中国的资金和技术支
持，塞内加尔在新城迪亚姆尼亚久建立了国家数据中心。
② 桑戈马尔（SNE）海上油田项目和毛里塔尼亚与塞内加尔共享的 Grand Tortue Ahmeyim
（GTA）油田开发项目，由于疫情影响，预计于 2023 年开始生产，将拉动经济增长。
③ 据塞内加尔经济、合作与计划部估计，2023 年国内生产总值增速预计达到 13.7%。参见
Ministère de l'Économie, du Plan et de la Coopération, *Plan Sénégal Émergent Plan d'actions
prioritaires 2 ajusté et accéléré（PAP 2A）pour la relance de l'économie（2019 - 2023）*, p. 34。

塞内加尔共有 36 家公立医院，分为三级，一级医院（省级医院）10 家，二级医院（区级医院）15 家，三级医院（国立医院）11 家。其中，三级医院（国立医院）服务能力最强，10 家分布在达喀尔，1 家在久尔贝勒。[1] 从人力资源分布来看，根据塞内加尔卫生和社会行动部发布的《2019 年健康地图监测报告概要》（*Synthèse du Rapport de suivi de la carte sanitaire 2019*），全国医生与人口的平均比例为 1∶10424，达喀尔大区医生与人口比例为 1∶3962，然而在塞久区，这一比例则低至 1∶46084。[2]

为改善医疗资源分布不均的情况，近年来，塞内加尔政府加紧内陆地区医院的建设。2021 年，塞内加尔共落成 3 家二级医院，分别分布在塞久区、卡夫林区和凯杜古区。其中，塞久区和卡夫林区为首次拥有二级医院，而位于东南部凯杜古区的二级医院则为该区第一家医院。[3] 医院的建设和落成能够增加医疗资源的覆盖面，从而改善该地区人民的健康状况。此外，全国还有 102 个公立医疗中心和 1415 个公立卫生站。[4] 塞内加尔还制定了《数字医疗战略计划 2018～2023》（*Plan stratégique santé digitale 2018 – 2023*），依靠信息通信技术来发展远程医疗，从而提高医疗系统的效率。

尽管政府的努力取得了一定进展，但其国内人口健康状况仍不理想，主要存在三个方面的问题。第一，虽然产妇和婴幼儿的发病率和死亡率逐年下降，但仍维持在较高水平。据 2017 年统计，新生儿死亡率仍达 28‰，在内陆地区，该比例高于 30‰。此外，塞内加尔 5 岁以下的儿童死亡率虽然从 1997 年的 139‰降至 2017 年的 56‰，但仍意味着每千人中有 56 名儿童在 5 岁以前不幸夭折。[5]

---

① Ministère de la Santé et de l'Action sociale, *Plan nationale de Développement Sanitaire et Social* (*PNDSS*) *2019 – 2028*, p. 16.

② Ministère de la Santé et de l'Action sociale, *Synthèse du Rapport de suivi de la carte sanitaire 2019*, p. 11.

③ Présidence du Sénégal, "Le Président Macky Sall a inauguré, ce lundi, l'hôpital Amath Dansokho de Kédougou," https://www.presidence.sn/actualites/le-president-macky-sall-a-inaugure-ce-lundi-lhopital-amath-dansokho-de-kedougou_2259, accessed: 2021 – 06 – 29.

④ Ministère de la Santé et de l'Action sociale, *Plan nationale de Développement Sanitaire et Social* (*PNDSS*) *2019 – 2028*, p. 17.

⑤ Ibid., p. 21.

第二，尽管几十年来取得了重大进展，但传染病负担仍然存在。以疟疾为例，2001～2017 年，在全国人口中的发病率从 35.72% 降至 3.26%，疾病死亡率从 29.72% 降至 1.73%。与此同时，驱虫蚊帐的使用率从 41% 上升到 57%。[1] 然而，2020 年，塞内加尔疟疾感染率相较 2019 年增长了 25.5%，共 445313 人患疟疾，死亡人数从 2019 年的 260 人上升至 373 人。[2] 塞内加尔国家疟疾控制项目协调人杜杜·塞纳（Doudou Sène）博士认为死亡人数增长是由于人们因害怕被视为新冠肺炎患者而不愿意去医疗机构，从而耽误了治疗。[3] 新冠肺炎疫情的介入给医疗系统带来了更大挑战。第三，非传染性疾病的负担迅速增加，其中大多数是需要昂贵护理费用的慢性病。此类慢性病的治疗费用占国家卫生系统支出的 30%，[4] 糖尿病、高血压和癌症患者的增加也加剧了该国医疗系统的压力。

随着《国家卫生和社会发展计划 2019～2028》的发布和《振兴计划》第二期的推进，预计未来塞内加尔的医疗基础设施和医护人员配备会进一步完备，传染性疾病的防治也会取得新的进展。

（二）教育事业发展

塞内加尔政府近年来十分重视教育的发展，教育支出占国内生产总值比例不断提升，2017 年占比为 7.69%。[5] 在基础教育阶段，以小学教育为例，教育投入的增加带来了毛入学率的上升。2018 年，这一比例为 86.4%，相较 2013 年的 83.3% 提升了 3.1 个百分点。[6] 然而，2019 年，由于学龄人口

---

[1] Ministère de la Santé et de l'Action sociale, *Plan nationale de Développement Sanitaire et Social* (*PNDSS*) *2019 - 2028*, p. 23.

[2] "LES CAS DE PALUDISME ONT AUGMENTÉ DE PLUS DE 25 % EN 2020," Agence de Presse Sénégalaise, le 22 juin 2021.

[3] Ibid.

[4] Ministère de la Santé et de l'Action sociale, *Plan nationale de Développement Sanitaire et Social* (*PNDSS*) *2019 - 2028*, p. 25.

[5] Ministère de l'Éducation nationale, *Rapport national sur la situation de l'éducation*, p. 173.

[6] Ibid. , p. 40.

的增速（3.2%）快于学生入学人数的增速（1.4%），毛入学率下降了1.5个百分点（84.9%）。[①] 值得注意的是，由于政府在鼓励女童接受基础教育方面采取的宣传和沟通措施，女童的毛入学率得到显著提升，且除凯杜古区外，所有地区女童的毛入学率均明显高于男童。毛入学率的提升得益于新学校的建设，2015～2019年，小学的数量以每年2.0%的速度增长，共增加了794所，其中公立小学增加了496所，截至2019年，全国共有10343所小学。[②] 小学数量的增加扩大了基础教育的容纳和接受能力，提高了儿童接受基础教育的可能性。

尽管教育可及性得到了一定程度的提升，但塞内加尔学校的基础设施还有待完善，以初级中学为例，根据塞内加尔教育部2019年的统计，全国有92.1%的初级中学有自来水，在个别地区如凯杜古区，这一比例仅为42.3%。有电力供应的初级中学占3/4左右，大部分初中没有食堂，少部分初中仍没有厕所，网络的普及率较低。基础设施的缺失在一定程度上影响了学生的就读体验，也不利于教学质量的提升（见表2）。

表2　塞内加尔初级中学基础设施配备比例

单位：%

基础设施	自来水	电	围墙	食堂	厕所	网络
塞内加尔初级中学基础设施配备比例	92.1	76.1	77.0	18.7	89.2	35.7

数据来源：*Rapport national sur la situation de l'éducation Année scolaire 2018 - 2019*。

除基础教育阶段外，为推动青年人就业，塞内加尔政府还大力发展高等教育，包括加强现有大学食堂、宿舍和校医院等基础设施的建设，新建高等职业教育学院（Institut supérieur d'Enseignement professionnel，ISEP）以及创办开放数字空间（Espace numérique ouvert）来推动塞内加尔开放大学（Université virtuelle du Sénégal）的发展，以期提升国内高等教育的质量。其

---

① Ministère de l'Éducation nationale，*Rapport national sur la situation de l'éducation Année scolaire 2018 - 2019*，p. 46.

② Ibid.，p. 49.

中，高等职业教育学院的建设旨在满足国家对技术人才的需求，学院课程设置包括汽车维修、信息技术、农产食品加工业等。除原有的捷斯高等职业技术教育学院（ISEP Thiès）外，2021 年 6 月，由韩国国际合作机构（KOICA）援建的迪亚姆尼亚久高等职业技术教育学院（ISEP Diamniadio）正式投入使用。① 此外，由政府出资建设的马塔姆高等职业技术教育学院（ISEP Matam）以及由法国开发署（Agence Française de Développement）贷款资助的比尼奥纳高等职业技术教育学院（ISEP Bignona）和理查德·托尔高等职业技术教育学院（ISEP Richard Toll）也已动工。

（三）就业问题

新冠肺炎疫情暴发前，塞内加尔政府就十分重视就业尤其是青年的就业问题，这与《振兴计划》的第二战略重点密切相关，政府因此成立了相应的项目、管理机构和基金来帮扶青年就业，如设立职业和技术培训基金（Fonds de Financement de la Formation Professionnelle et Technique，le 3FPT），每年投入 200 亿西非法郎来支持行业培训。

尽管职业教育的发展和行业培训在一定程度上缓解了其就业压力，但在疫情影响下，青年就业问题更加突出。据塞内加尔国家数据和人口统计司的报告，2020 年第四季度失业率为 16.7%，女性失业率（26.3%）明显高于男性失业率（9.3%）。② 此外，政府所采取的防疫措施也对劳动力市场产生了负面影响，大多数人的工作受到不同程度的波及。据统计，从就业人数和地区分布来看，10 名就业人员中有 7 人的工作受疫情影响，城市就业人员受影响的比例高于农村。就就业领域而言，交通运输业、酒店餐饮业、教育业、商业和

---

① Présidence du Sénégal，"Le Chef de l'Etat Macky SALL a inauguré，ce mardi，l'Institut Supérieur d'Enseignement Professionnel de Diamniadio（ISEP），" https：//www. presidence. sn/actualites/ le-chef-de-letat-macky-sall-a-inaugure-ce-mardi-linstitut-superieur-denseignement-professionnel-de-diamniadioisep_2324，accessed：2021 - 06 - 30.

② Agence Nationale de la Statistique et de la Démographie，"Enquête nationale sur l'Emploi au Sénégal quatrième trimestre 2020，" http：//www. ansd. sn/ressources/publications/rapp_enes_t4_ 2020_v1_obs_ab_Vf. pdf，accessed：2021 - 06 - 30.

维修业受影响最大，主要表现为不得不缩短工作时间和中断所从事的经济活动。考虑到青年人口在总体人口中所占比例较大，且 2020 年应届毕业生是进入就业市场的主体人群，因此可以推断青年群体的就业受疫情影响较大。

2021 年 4 月，为应对疫情对青年就业的影响，萨勒总统通过了《社会经济一体化和青年就业紧急方案》（*Programme d'urgence pour l'emploi et l'insertion socio-économique des jeunes*），拨款 4500 亿西非法郎用于该方案在 2021~2023 年的运行。同时，萨勒总统还宣布将从 5 月开始在全国范围内招聘 6.5 万名青年以缓解他们的就业压力。此外，在中国支持下建设的迪亚姆尼亚久数据中心的启用也将提供 1.57 万个就业岗位。[1] 塞内加尔之所以如此重视青年的发展，与其国内的非法移民问题有关。由于与欧洲隔海相望，塞内加尔成为偷渡欧洲的起始站和中转站，青年的发展对塞内加尔国内稳定至关重要。2020 年 10 月，经海路通向欧洲的非法移民现象再次抬头，10 月 7~25 日，塞内加尔海军在西班牙国民警卫队的支持下成功拦截了 5 艘皮划艇，共营救了 388 人。10 月 21 日，一艘独木舟因发动机和燃料桶爆炸在达喀尔海岸起火，此次海难导致至少 20 人死亡。[2] 对此，塞内加尔政府承诺将加强海上监视行动，并呼吁民众提高警惕，同时要增加对青年教育和就业的帮扶措施。非法移民问题尤其是沉船事件成为塞内加尔社会不稳定的因素之一，由此可以看出，给予青年发展机会及使他们对国家未来抱有希望具有重要意义，塞内加尔政府正依托《振兴计划》朝此方向努力。

四　外交形势：与中法交好同时在区域内扮演重要角色

自独立以来，塞内加尔的外交政策呈现两大特点：一是奉行全方位对外

---

① Agence de Presse sénégalaise, "Macky Sall valide le Programme d'urgence pour l'emploi et l'insertion socio-économique des jeunes," http://aps.sn/actualites/societe/social/article/macky-sall-valide-le-programme-d-urgence-pour-l-emploi-et-l-insertion-socio-economique-des-jeunes, accessed：2021-06-30.

② Sud Quotidien, "Le naufrage le plus meurtrier de 2020, selon OIM," http://www.sudonline.sn/-le-naufrage-le-plus-meurtrier-de-2020-selon-oim_a_49328.html, accessed：2021-06-30.

开放和不结盟政策，重视睦邻友好；二是积极主张维护非洲团结，推动区域合作、非洲经济一体化、南北对话和南南合作。① 2020～2021 年，受疫情影响，萨勒总统减少了外访，但仍积极投身于区域和国际事务中，与大国也维系着良好的外交关系。

（一）与法中两国维系良好合作

法国是塞内加尔的原宗主国，塞内加尔独立后在很长时间内仍与法国保持着"特殊关系"，瓦德总统上任后密切同美国和英国的关系，与法国略有疏远。但萨勒总统执政以来，塞、法关系重回佳境，表现在双边对话机制的设立和频繁的高层互访。自 2015 年起，塞、法两国定期举行政府间会谈，磋商青年发展、环境保护等议题。2019 年 11 月，第四次塞、法政府间会谈在达喀尔举行，双方协商了在文化、体育、安全、移民等方面的合作路径。此外，塞内加尔也是唯一一个与法国保持政府间会谈机制的撒哈拉以南非洲国家，这从侧面印证了塞法之间的密切关系。

2020 年，塞内加尔高层三次访问法国。1 月，塞内加尔外交部长阿马杜·巴（Amadou Ba）访问法国；8 月，塞内加尔经济、合作与计划部长与法国经济和财政部长布鲁诺·勒梅尔（Bruno Le Maire）在巴黎进行会谈，萨勒总统也与马克龙总统举行了会谈；11 月，萨勒总统携外交部长和经济、合作与计划部长赴法参加巴黎和平论坛（Paris Peace Forum），其间与法国部长举行多次会谈。② 高层频繁访问和会谈再次体现出塞内加尔与法国的良好沟通，双方在多个议题上保持合作。

自萨勒总统上任以来，塞内加尔和中国关系迅速发展。2016 年 9 月，两国建立全面战略合作伙伴关系。2018 年 7 月，习近平主席访问塞内加尔并发表署名文章《中国和塞内加尔团结一致》，塞内加尔成为第一个与中国签订

---

① 潘华琼、张象：《列国志·塞内加尔》，社会科学文献出版社，2018，第 313 页。
② Ministère de l'Europe et des Affaires étrangères, "Relations bilatérales," https：//www. diploma-tie. gouv. fr/fr/dossiers-pays/senegal/relations-bilaterales/, accessed：2021 - 06 - 30.

"一带一路"协议的西非国家。2018 年 9 月，萨勒总统来华出席中非合作论坛北京峰会，并接任下一届论坛非方共同主席国。

2020 年，中塞关系在疫情背景下更加紧密。在疫情初期，萨勒总统表达了对中国高效抗疫措施的赞赏，并表示塞内加尔人民愿同中国人民坚定站在一起，选择不撤出在华塞内加尔侨民，相信中国将战胜疫情。塞内加尔出现疫情后，中国表示关切并施以援助，这得到塞方的肯定。6 月，习近平主席、萨勒总统和南非拉马福萨总统共同倡议发起中非团结抗疫特别峰会，进一步凝聚了中非抗疫共识，同时也体现出中塞关系是中非关系的重要一环。10 月，习近平主席同萨勒总统就中非合作论坛成立 20 周年互致贺电，强调"愿同论坛各成员携手合作，继续秉持'共商、共建、共享'原则，不断丰富和完善论坛机制，进一步发挥论坛在中非关系中的引领作用，对接中国'两个一百年'奋斗目标和非盟《2063 年议程》，全面推动论坛北京峰会和中非团结抗疫特别峰会成果落实，把中非全面战略合作伙伴关系推向更高水平，构建更加紧密的中非命运共同体，造福中非人民，共创人类美好未来"。① 同时，双方外长也分别在两国主流媒体上发表署名文章，纪念中非合作论坛成立 20 周年。塞内加尔外长艾莎塔·塔勒·萨勒（Aïssata Tall Sall）在文中表示将全力办好于 2021 年在达喀尔召开的论坛会议，推动论坛合作迈上新台阶。② 2021 年 7 月 29 日，艾莎塔外长宣布成立第八届中非合作论坛国家筹备委员会，重申了中非合作论坛对非洲发展的重要意义，并表示"这次即将在达喀尔举行的会议，不仅将是总结过去三年我们共同担任主席国的关键时刻，更将为中非合作论坛开辟新的发展前景"。③

---

① 外交部：《习近平同塞内加尔总统萨勒就中非合作论坛成立 20 周年共致贺电》，https：//www. fmprc. gov. cn/web/zyxw/t1823229. shtml，最后访问日期：2021 年 8 月 2 日。

② 中华人民共和国驻塞内加尔共和国大使馆：《塞内加尔外长艾莎塔发表署名文章纪念中非合作论坛成立 20 周年》，http：//sn. china-embassy. org/chn/zxyw/t1833513. htm，最后访问日期：2021 年 8 月 3 日。

③ Matel Bocoum，"Me Aïssata Tall Sall installe le comité national préparatoire，" *Le Soleil*，le 30 juillet 2021.

（二）在区域和国际事务中发挥积极作用

秉承开国总统桑戈尔的泛非主义思想，塞内加尔一直积极参与区域事务，主张维护非洲团结。2020 年，作为西共体成员国，塞内加尔在调和马里危机中发挥了积极作用。2020 年 7 月马里发生动荡时，萨勒总统以总统调查委员会成员身份前往马里调和。8 月，马里发生军事政变，总统易卜拉欣·布巴卡尔·凯塔（Ibrahim Boubacar Keïta）被迫下台，萨勒总统在强烈谴责这一行为的同时，呼吁西共体重新评估所宣布的制裁，表示考虑到人道主义的需要，基本食品、石油产品和医药产品不应在禁运范围内。[①] 萨勒总统的意见被纳入最后宣言。[②] 此外，他还主张在使用武力方面要保持清醒，需要得到联合国的授权。萨勒总统的主张得到马里方面认可。11 月，马里过渡时期总统巴·恩多（Bah Ndaw）访问西非国家时，在塞内加尔首都达喀尔停留了两天，这次访问反映出两国元首希望努力加强将两国团结在一起的兄弟般的友谊、睦邻友好和多方面合作的良好关系。[③]

此外，塞内加尔也在国际上积极发声，维护非洲利益。萨勒总统在 2020 年 11 月赴法参加巴黎和平论坛，该论坛旨在为促进国际合作和国际治理提供多边平台，此次讨论主要涉及健康、环境、数字和教育等议题。萨勒总统在发言中提及各国应该更加团结，求同存异，并重申联合国等国际组织的规则应将非洲国家的利益考虑在内，例如联合国安理会常任理事国中没有一个非洲国家，但是非洲问题却常常成为议题的核心。这主要是由于此类国际组织成立之初非洲大部分国家尚未获得独立，它们并未参与规则的制定，这对

① Présidence du Sénégal, "Le Président Macky Sall a condamné le coup d'état au Mali," https：// www. presidence. sn/actualites/le-president-macky-sall-a-condamne-le-coup-detat-au-mali _ 2052, accessed：2021 – 06 – 30.

② Communauté économique des États de l'Afrique de l'Ouest, "Déclaration des chefs d'État et de gouvernement de la CEDEAO sur le Mali," https：//www. ecowas. int/wp-content/uploads/2020/ 08/DECLARATION-DES-CHEFS-D-ETAT-SUR-LE-MALI-200820. pdf, accessed：2021 – 06 – 30.

③ République du Sénégal, "Communiqué de presse," http：//www. big. gouv. sn/wp-content/ uploads/2020/11/visite-officielle-SEM-Bah-Ndaw. pdf, accessed：2021 – 06 – 30.

非洲而言是不公平的。[1]

综上所述，2020 年虽受疫情影响，但塞内加尔仍以《振兴塞内加尔计划》为发展蓝图，在政治、经济、社会民生和外交方面都取得了一定成果。政治方面，虽在 2021 年 3 月爆发了受到国际关注的游行示威活动，但是其政局总体平稳，并将于 2024 年举行下届总统选举。在经济方面，受疫情冲击，塞内加尔各产业均受到不同程度的影响，但该国政府适时调整了经济发展战略，预计在 2023 年依托石油开发将出现新的经济增长点。社会民生方面，近年来得益于政府的重视，医疗卫生和教育事业发展态势良好，但仍面临基础设施不足等挑战。在青年发展方面，青年就业扶持政策的出台有利于社会稳定，也体现出政府对青年群体的重视。从外交方面来看，塞内加尔与法国和中国都维持着良好的合作关系。此外，塞内加尔深入开展多边外交，在地区和国际事务中发挥积极作用。整体而言，在《振兴计划》的引领下，塞内加尔未来呈现较为积极的发展态势。

---

[1] Présidence du Sénégal, "Dans son intervention au Forum de Paris 2020 sur la Paix, le Président Macky Sall a fait un plaidoyer pour un nouveau consensus," https：//www. presidence. sn/ actualites/dans-son-intervention-au-forum-de-paris-2020-sur-la-paix-le-president-macky-sall-a-fait-un-plaidoyer-pour-un-nouveau-consensus_2125，accessed：2021 - 06 - 30.

科特迪瓦：第三任期背景下的政治经济发展

邓荣秀

摘　要： 科特迪瓦2020~2021年面临较为严峻的政治和经济形势。就政治而言，随着统一党候选人库利巴利去世、瓦塔拉再次参加大选，该国舆论对瓦塔拉第三任期的讨论不断加剧，甚至爆发了暴力冲突事件。瓦塔拉在大选获胜后采取的系列和解政策，使国内政局逐渐稳定，并顺利举行了立法会选举。从经济来看，新冠肺炎疫情使科特迪瓦经济遭到巨大打击，近十年的高速增长被迫放缓，诸多企业被迫关闭，失业人数不断增多。对此，科特迪瓦政府采取扩大财政支出的方式，减轻企业和失业人员的负担，确保经济的迅速恢复。在外交方面，科特迪瓦的外交重点仍是法国，与法国的合作较为密切。在西共体货币改革上仍支持继续使用西非法郎。在科特迪瓦境内发生数起恐怖袭击后，科特迪瓦反恐力度开始加强，并积极与周边国家合作，阻止恐怖主义势力扩散。

关键词： 科特迪瓦　第三任期　新冠肺炎疫情　多边外交

作者简介： 邓荣秀，西安邮电大学马克思主义学院副教授。

2011年选举危机结束后，科特迪瓦在瓦塔拉（Alassane Dramane Ouattara）总统的带领下，政局保持总体稳定，经济也获得迅速发展，成为西非地区乃至非洲大陆的重要力量。2020年的总统选举虽受到诸多因素影响，但总体是在平稳条件下完成，瓦塔拉由此开始了自己的"第三任期"。在新冠肺炎疫情的打击下，科特迪瓦经济遭受重创，而在政府的系列措施保障下，其经济增长仍居非洲国家前列，预计在2021年能够恢复较快增长。

此外，科特迪瓦在继续保持与法国密切关系的同时，加强了与邻国在反恐方面的合作力度。

一 政治形势：总统和立法会选举实现平稳过渡

2020 年科特迪瓦总统大选对其国内政治的发展影响较大，在诸多事件突发的背景下，瓦塔拉仍赢得选举成功连任。虽然科特迪瓦国内反对派和部分国际观察员都对选举过程的公正性表示怀疑，但其国内并没有爆发大规模动乱，最终的大选结果也得到了独立选举委员会（Independent Electoral Commission，IEC）的确认，并正式组建了新一届政府。具体而言，2020 年至 2021 年上半年，科特迪瓦国内政治有以下两点值得关注。

（一）总统选举意外事件丛生

2020 年科特迪瓦总统选举因一系列意外事件的发生而增加了不确定性。其一，科特迪瓦的执政联盟分裂，"争取民主与和平乌弗埃主义者联盟"（Rassemblement des Houphouëtistes pour la Démocratie et la Paix，RHDP，即"统一党"）作为执政党继续掌权。执政党的前身是以共和人士联盟（Rassemblement des Républicains）为主体，再加其他五个政党组成的执政联盟。不过，经历了 2010 年和 2015 年的总统选举后，部分政党主席认为各个政党都可以掌握政权，不应由统一党长期执政。2018 年科特迪瓦民主党（Parti Démocratique de Côte d'Ivoire，PDCI）宣布脱离执政联盟，标志着执政联盟的正式分裂，民主党成为主要的反对党。为了缓和统一党与民主党之间的紧张关系，瓦塔拉甚至于 2020 年 3 月宣布退出当年的总统选举。[1] 但此举不仅加剧了统一党的内部分歧，还削弱了统一党的选举实力，使该党面临可能不能连续执政的危机。

---

[1] ICG，"Côte d'Ivoire: Defusing Electoral Tensions Amid Polarised Politics," International Crisis Group, May 26, 2020, https://www.crisisgroup.org/africa/west-africa/c% C3% B4te-divoire/cote-divoire-defusing-electoral-tensions-amid-polarised-politics，accessed：2021 – 06 – 10.

其二，统一党推举的总统候选人库利巴利（Amadou Gon Coulibaly）病逝。2020 年 3 月 12 日，时任总理库利巴利被统一党推举为该党总统候选人，以参加 2020 年的总统大选。库利巴利在科特迪瓦很受欢迎，有极好的群众基础，一直被外界视为总统瓦塔拉钦定的继任者，同时也被认为最有希望赢得选举。有研究人员表示，推举库利巴利为总统候选人这一举措，也是瓦塔拉通过推举其亲密盟友参选以保持自身政治影响力的手段。不过，库利巴利却在 7 月因心脏问题突然去世。这不仅使瓦塔拉保持自身政治影响力的计划落空，更让统一党面临无人参加竞选的局面。[①]

其三，在总理库利巴利去世后不到一周，副总统邓肯（Daniel Kablan Duncan）辞职。科特迪瓦政府表示早在 2020 年 2 月 27 日，邓肯就以个人理由向总统提交辞呈。而到 7 月 7 日瓦塔拉总统才接受其辞职申请，并于 13 日正式对外宣布。[②] 不过对于邓肯的突然辞职，舆论大多认为是库利巴利突然去世后科特迪瓦政治局势不明朗带来的后果。邓肯虽然是反对党科特迪瓦民主党的成员，但其历来被视为与瓦塔拉关系密切的政府要员，他也是科特迪瓦 2016 年宪法增设副总统一职后的首位副总统。[③] 即使在 2018 年民主党退出执政联盟后，邓肯仍表示支持瓦塔拉。国际危机组织（International Crisis Group，ICG）西非分部主任里纳尔多·德帕涅（Rinaldo Depagne）表示，邓肯在此时辞职很有可能是未能与瓦塔拉就总统候选人资格达成一致的结果，而邓肯极有可能向瓦塔拉表示过参加总统竞选的意愿，但被瓦塔拉否

---

① "Ivory Coast's Prime Minister Amadou Gon Coulibaly Dies at 61," Reuters, July 9, 2020, https://www.reuters.com/article/ivorycoast-politics-primeminister/ivory-coasts-prime-minister-amadou-gon-coulibaly-dies-at-61-idUSL8N2EF5B5, accessed: 2021 - 06 - 11; Cristina Krippahl, "Presidential Race in Ivory Coast Takes a Dangerous Turn," Deutsche Welle (DW), July 14, 2020, https://www.dw.com/en/presidential-race-in-ivory-coast-takes-a-dangerous-turn/a-54173518, accessed: 2021 - 06 - 11.

② "Ivory Coast Vice President Daniel Kablan Duncan Resigns," Aljazeera, July 13, 2020, https://www.aljazeera.com/news/2020/7/13/ivory-coast-vice-president-daniel-kablan-duncan-resigns, accessed: 2021 - 06 - 11.

③ "Ivory Coast Vice President Daniel Kablan Duncan Quits," Rappler, July 13, 2020, https://www.rappler.com/world/africa/ivory-coast-vice-president-daniel-kablan-duncan-quits, accessed: 2021 - 06 - 11.

决了。科特迪瓦民主党政治局的恩戈兰·杰德里（N'Goran Djédri）认为邓肯是感到自己被瓦塔拉背叛才提出辞职的。[1]

其四，瓦塔拉宣布重归总统大选。在总理突然去世、副总统辞职的背景下，加之2016年宪法放宽了总统候选人的资格要求，删除了总统候选人必须年满35岁和75岁以下的条款，这就意味着原则上瓦塔拉仍可继续参选。

瓦塔拉的再次参选给科特迪瓦本就风波不断的大选带来了诸多危机，反对党强烈反对瓦塔拉表里不一的态度。以民主党主席同时也是该党总统候选人的贝迪埃（Henri Konan Bédié）为代表的反对党人士认为，宪法中有关总统两届任期的限制依然存在，瓦塔拉参选属于第三任期，是违宪行为。[2] 贝迪埃还一直拒绝加入作为管理总统选举投票的机构——独立选举委员会，他认为该委员会的诸多成员都与瓦塔拉关系密切，已被瓦塔拉控制。他还宣布将放弃参加总统选举，并呼吁其支持者阻止总统选举的正常进行。[3] 此外，反对党还围绕选举法规定的任期、年龄、选民登记册的制订、新宪法的实施以及独立选举委员会的成员组成等问题与统一党展开辩论。由于无法就上述问题达成共识，诸多反对党举行了一系列抗议活动，一些地区的抗议活动甚至升级为流血冲突事件，并造成人员伤亡。科特迪瓦主要反对党之一的人民阵线（Front Populaire Ivoirien）主席恩盖桑（Pascal Affi N Guessan）也表示，如果上述问题不能得到解决，自己将退出竞选。[4]

在瓦塔拉强力政策以及反对党选举力量分散的背景下，2020年10月31

---

[1] Cristina Krippahl, "Presidential Race in Ivory Coast Takes a Dangerous Turn," Deutsche Welle (DW), July 14, 2020, https：//www.dw.com/en/presidential-race-in-ivory-coast-takes-a-dangerous-turn/a-54173518, accessed：2021 – 06 – 11.

[2] André Silver Konan, Vincent Duhem, "Côte d'Ivoire's Ouattara Announces Third Term Bid in October Vote," *The Africa Report*, August 7, 2020, https：//www.theafricareport.com/36858/cote-divoires-ouattara-announces-third-term-bid-in-october-vote/, accessed：2021 – 06 – 12.

[3] Mubin Adewumi Bakare, "Elections and Electoral Violence in Côte d'Ivoire：ECOWAS's Efforts towards Stability," ACCORD, January, 2021, https：//www.accord.org.za/conflict-trends/elections-and-electoral-violence-in-cote-divoire-ecowass-efforts-towards-stability/, accessed：2021 – 06 – 12.

[4] "Opposition Objects to Côte d'Ivoire President's Third Term," *The Economist*, September 25, 2020, https：//country.eiu.com/article.aspx? articleid = 760198859&Country = C% c3% b4te + d% 27Ivoire&topic = Politics&subtopic = Forecast&subsubtopic = Political + stability, accessed：2021 – 06 – 12.

日举行总统大选，最终瓦塔拉以 95.31% 的选票赢得总统选举，而贝尔廷、贝迪埃和恩盖桑分别只获得选票的 2.01%、1.68% 和 1.01%。① 这一结果在 2020 年 11 月 9 日得到宪法委员会的批准，反对党及其支持者的抗议活动也随之演变成系列暴力事件，造成约 85 人死亡。②

（二）总统选举结束后立法会选举顺利推进

2020 年 12 月 14 日瓦塔拉正式就职总统，其任期延续至 2025 年。在瓦塔拉赢得总统选举后，索洛对选举结果提出质疑，并呼吁军队对总统采取行动，这一度给选举后的科特迪瓦造成了较为紧张的局势。不过，这种局势并没有朝着大规模暴力事件的方向发展。虽然选举后各政党间的关系依然紧张，但是赢得选举后瓦塔拉就开始与主要反对党展开了较为缓慢的和解之路。③ 2021 年 1 月 27 日，瓦塔拉释放被捕的 5 名人民团结会成员，并继续努力与其他政党进行和解。例如，瓦塔拉建议独立选举委员会将提交议会候选人的截止日期从 2021 年 1 月 20 日推迟至 22 日，以确保所有政党和政治团体都能够提交其候选人名单。由于各反对党之间缺乏信任，在竞选失利后，其他各政党联合起来反对统一党的诸多设想也没能实施。在此背景下，为了确保自己在议会中的地位，大多数反对党都决定参加定于 2021 年 3 月 6 日举行的立法会选举，其中包括贝迪埃领导的民主党和恩盖桑领导的人民阵线。虽然人民团结会和其他六个反对党仍拒绝参加投票，但这并没有对立法会选举产生任何实质性影响。④

2021 年 3 月，科特迪瓦立法会选举的结果是执政党统一党赢得多数席位，获得 254 个席位中的 137 个，反对党获得 91 席，其中由民主党和人民阵线组成的反对派联盟获得 50 个席位，剩下的 26 票由独立议员获得。总体来

---

① 科特迪瓦独立选举委员会，http：//www.conseil – constitutionnel.ci。
② Mubin Adewumi Bakare，"Elections and Electoral Violence in Côte d'Ivoire：ECOWAS's Efforts towards Stability," ACCORD，January 2021，https：//www.accord.org.za/conflict-trends/elections-and-electoral-violence-in-cote-divoire-ecowass-efforts-towards-stability/，accessed：2021 – 06 – 15.
③ *Country Report：Côte d'Ivoire*，London：Economist Intelligence Unit，2021，p.4.
④ Ibid.，pp.24 – 25.

看，立法会选举是在和平中进行的，这是自 2011 年以来首次包括其国内所有政党参与的议会选举，给科特迪瓦未来政局的平稳发展带来了希望。[①]

需要提及的是，虽然在总统选举和议会选举前出现了诸多意外，但是统一党在科特迪瓦政治中的地位因此得到了显著巩固。这主要表现在 2018 年民主党退出执政联盟后，统一党依旧能够在总统选举和立法会选举中获得绝对优势。对此，人民阵线主席恩盖桑表示，统一党在这次选举中争取到许多地区的支持，并有向全国性政党发展的势头。相比之下，民主党和人民阵线虽然参加了立法会选举，但其投票率和票数都没能对选举结果产生太大影响。[②]

总统选举和立法会选举结束后，科特迪瓦的政治对峙仍将继续以瓦塔拉和贝迪埃为主，而巴博（Laurent Gbagbo）和索洛等人的政治影响力较为有限。瓦塔拉和贝迪埃于 2021 年重申双方需进一步对话的承诺，也一致同意解决对峙僵局的唯一途径是进行对话。但是贝迪埃在同意参加立法会选举的同时，仍称瓦塔拉的总统职位是"违宪的"。而瓦塔拉则继续努力与各反对党开展对话，以期能够与各方实现政治和解。[③]

此外，科特迪瓦政局面临的另一个较为严重的现实问题是执政党与反对党主要领导人的年龄都偏大，"老人政治"现象较为严重。2021 年瓦塔拉 79 岁，贝迪埃已 87 岁高龄，稍微年轻点的恩盖桑也接近 70 岁。虽然该国也有如贝尔廷、索洛和巴卡约科等年轻有为的政治家，但索洛在宣布要参加 2020 年总统竞选后，却因挪用公款和洗钱等控告而被判处 20 年监禁，一直在法国寻求庇护，并不在科特迪瓦境内。[④] 巴卡约科则在接替库利巴利任总理后

---

① "Ivory Coast: Ouattara's Party Wins Majority in Parliament Vote," Aljazeera, March 9, 2021, https://www.aljazeera.com/news/2021/3/9/i-coast-ouattaras-party-wins-majority-in-parliament-vote, accessed: 2021 – 06 – 15.

② Ibid.

③ *Country Report: Côte d'Ivoire*, London: Economist Intelligence Unit, 2021, p. 32.

④ Krista Larson, "I. Coast Opposition Leader Sentenced to 20 Years in Absentia," *New York Times*, April 28, 2020, https://archive.ph/20200429195546/https://www.nytimes.com/aponline/2020/04/28/world/africa/ap-af-ivory-coast-soro.html#selection-319.0-319.60, accessed: 2021 – 06 – 11.

不到一年，因癌症于 2021 年 3 月 10 日在德国去世。① 科特迪瓦未来的政局具有诸多不确定因素。

二 经济形势：多重措施力促经济恢复

科特迪瓦是西非法语国家的经济中心，在该地区的经济发展中发挥着重要作用。自 2012 年以来其经济取得了长期快速增长，年平均增长率达到 8%，成为非洲乃至世界上经济增长最强劲的国家之一。不断扩大的中产阶层使其国内市场需求不断增长，农业、制造业等也都得到很好的发展。新冠肺炎疫情暴发后，该国 2020 年的经济发展受到较大冲击，增长率仅为 1.8%，远低于 2019 年 6.4% 的增长水平。不过，随着其国内需求和出口的不断稳定，预计 2021 年科特迪瓦的经济将实现复苏。②

在世界银行《营商环境报告 2020》（*Doing Business 2020*）根据开办企业、获得电力和信贷、雇用工人等指标对全球 190 个经济体的打分和排名中，科特迪瓦获得 60.7 分，居第 110 位，比 2019 年的 122 名上升了 12 位。③相较于 2019 年，2020 年科特迪瓦在世界银行人力资本指数（human capital index）评定中获得了 0.38 分，比 2019 年有所提升。此外，其城市的贫困率也从 2015 年的 46.3% 降至 2020 年的 39.4%。④ 在新冠肺炎疫情的影响下，科特迪瓦经济增速放缓，而政府采取的应对政策使经济得以迅速恢复。

（一）经济发展因新冠肺炎疫情遭受巨大打击

2020 年，在新冠肺炎疫情的影响下，科特迪瓦经济增长迅速下滑。疫情

---

① "Hamed Bakayoko: Ivory Coast's PM Dies in Germany," BBC News, March 11, 2021, https://www.bbc.com/news/world-africa-56355869, accessed: 2021 – 06 – 11.

② "The World Bank in Côte d'Ivoire," The World Bank, May 3, 2021, https://www.worldbank.org/en/country/cotedivoire/overview, accessed: 2021 – 06 – 15.

③ *Economy Profile of Côte d'Ivoire: Doing Business 2020 Indicators*, Washington D. C. : World Bank Group, 2020, p. 4.

④ "The World Bank in Côte d'Ivoire," The World Bank, May 3, 2021, https://www.worldbank.org/en/country/cotedivoire/overview#1, accessed: 2021 – 06 – 15.

使科特迪瓦被迫停工停产。根据世界银行 2020 年 4 ~ 5 月的调查，新冠肺炎疫情使科特迪瓦 37.7% 的企业关闭，近 35% 的出口企业和 54% 的外资企业也被迫停业，许多企业则是直接宣布破产。作为科特迪瓦经济中心的阿比让，受疫情影响更为明显，企业关闭率达到 60%。[①] 相比 2019 年，2020 年科特迪瓦的石油产业缩水 26.9%。通货膨胀率从 2019 年的 0.8% 上升至 2020 年的 1.8%。疫情还让本就脆弱的医疗卫生行业不堪重负，随之而来的额外卫生支出，以及大量资金投入经济恢复的相关活动中，使其预算赤字翻倍，从 2019 年占 GDP 的 2.3% 上升至 2020 年的 5.5%。[②]

此外，新冠肺炎疫情导致的企业、商店和餐馆停业使科特迪瓦的失业人数不断增多，大部分家庭的收入也随之减少，部分家庭已面临生存问题的考验。有研究机构指出，如果疫情持续且不能得到控制的话，到 2020 年 12 月底，科特迪瓦将失去超过 13 万个工作岗位。[③] 调查显示，科特迪瓦有 74% 的家庭担心每天的生活开支，部分家庭甚至面临生存问题。只有 35% 的家庭可依靠储蓄应对日常开支，11% 的家庭可以通过信贷维持生活。这次疫情危机也使许多中等收入家庭陷入困难境地。[④]

新冠肺炎疫情的暴发也使全球消费市场萎缩，全球可可和纤维的需求减少。2019 年科特迪瓦政府对棉花和可可行业进行有效扶持，再加上良好的天

---

① "The State of the Ivorian Economy: How Côte d'Ivoire Could Rebound after the COVID-19 Pandemic and Boost Growth," The World Bank, October 1, 2020, https://www.worldbank.org/en/country/cotedivoire/publication/the-state-of-the-ivorian-economy-how-cote-divoire-could-rebound-after-the-covid-19-pandemic-and-boost-growth, accessed: 2021 - 06 - 15.

② "Côte d'Ivoire Economic Outlook," African Development Bank Group, https://www.afdb.org/en/countries/west-africa/cote-d% E2% 80% 99ivoire/cote-divoire-economic-outlook, accessed: 2021 - 06 - 14; Country Report: Côte d'Ivoire, London: Economist Intelligence Unit, 2021, pp. 38 - 42.

③ "Assessment of the Impact of COVID-19 on the Activity of Businesses in the Formal Sector in Côte d'Ivoire (French)," Green Policy Platform, May, 2020, https://www.greengrowthknowledge.org/research/assessment-impact-covid-19-activity-businesses-formal-sector-c% C3% B4te-divoire-french, accessed: 2021 - 06 - 18.

④ Taking Stock and Looking Ahead: Côte d'Ivoire and the Covid-19 Pandemic, Washington D. C.: World Bank Group, August 2020, p. 50.

气条件，2020～2021 年度其棉花产量预计将达到 52 万吨，比 2019～2020 年度增长约 6%，创下了历史最高纪录。同时，2020 年度科特迪瓦的可可产量也极高。这导致科特迪瓦国内两大主要出口创汇产品棉花和可可出现大量库存，并一直滞留在阿比让港口。对此，可可种植农在工会的带领下发起罢工，要求政府在减少库存的同时，还要确保可可的价格。①

（二）采取多重措施恢复经济

新冠肺炎疫情暴发后，科特迪瓦迅速采取措施加以应对，以确保经济稳定。该国政府迅速启动"卫生重建计划"（Plan de Riposte Sanitaire）和"经济、社会和人道主义支持计划"（Plan de Soutien Economique, Social et Humanitaire），并拨款 1.7 万亿西非法郎（FCFA）以应对疫情危机，旨在通过一揽子计划支持各类型企业和民众度过疫情危机。2020 年 4 月，国际货币基金组织（IMF）向科特迪瓦提供 8.86 亿美元的紧急支出。非洲开发银行（African Development Bank）于 2020 年 6 月批准了科特迪瓦 7500 万欧元的贷款，以支持其经济恢复。② 为了确保可可和棉花等产品的出口，科特迪瓦政府通过降价的方式减少库存，农民的收入虽有所减少，但不至于损失过重。③ 此外，科特迪瓦还采取以下三项措施应对疫情。

第一，就安全卫生防护来说，科特迪瓦自 2020 年 3 月发现首个病例后，立即增加对医疗卫生行业的投入。科特迪瓦政府紧急拨出 950 亿西非法郎用于医疗卫生部门购买所需的医疗设备，确保感染病例和疑似病例能够得到有

---

① *Country Report*：*Côte d'Ivoire*，London：Economist Intelligence Unit，2021，pp. 42 – 45.

② *Taking Stock and Looking Ahead*：*Côte d'Ivoire and the Covid-19 Pandemic*，Washington D. C.：World Bank Group，August 2020，pp. 14，55 – 62；"Côte d'Ivoire：Vulnerable Households and Small Businesses Find Relief from Government Program to Ease Covid-19 Headaches," Reliefweb，April 29，2021，https：//reliefweb. int/report/c-te-divoire/c-te-divoire-vulnerable-households-and-small-businesses-find-relief-government，accessed：2021 – 06 – 19.

③ *Country Report*：*Côte d'Ivoire*，London：Economist Intelligence Unit，2021，pp. 38 – 45.

效隔离，在防止病情扩散的同时，及时追踪感染源头。① 同时，还实行宵禁和封锁，禁止大型公共集会，关闭学校和餐馆等。自 2020 年 3 月 16 日起，科特迪瓦关闭其海陆空边界，仅允许货物和特殊人员进入科特迪瓦，暂停有100 个病例以上国家的旅行者入境。②

第二，采取积极财政措施应对疫情。科特迪瓦政府对受疫情影响的企业等实施税收减免，并放宽对企业的信贷，为企业提供流动资金支持。科特迪瓦政府出台免征与抗击新冠肺炎疫情相关的设备、材料和其他卫生用品的进口关税和其他税款的政策，并加快办理医疗用品和相关必需品的海关手续，使其能够迅速投入使用。

第三，采取针对性措施促进社会和私营部门的复苏。科特迪瓦为受疫情影响较严重的穷人和弱势群体设立团结基金（solidarity fund），为其提供水电费补贴或允许其推迟缴纳水电费；针对企业专门设立三个基金，向大型企业、中小企业和非正式部门提供信贷，允许其延期缴纳税款，以减轻企业的负担，确保企业的正常运营。科特迪瓦政府还通过国家补贴的形式为企业提供资金支持，对因疫情而失去正式工作的下岗工人提供 2 个月的补助金，以维持其正常生活。③

科特迪瓦政府多元且有效的紧急支出计划，使其在诸多非洲国家经济负增长的情况下，仍能在 2020 年保持经济正增长，且增长率居非洲国家前列。根据非洲开发银行的预计，2021 年科特迪瓦的经济增长率将恢复到 6.2%，接近 2019 年的 6.4%。通货膨胀率将在 2021 年降至 1.4%，预算赤字占 GDP

---

① *Taking Stock and Looking Ahead*：*Côte d'Ivoire and the Covid-19 Pandemic*，Washington D. C. ：World Bank Group，August 2020，p. 14.

② Ibid. ，p. 62.

③ "Côte d'Ivoire：Vulnerable Households and Small Businesses Find Relief from Government Program to Ease Covid-19 Headaches," Reliefweb，April 29，2021，https：//reliefweb. int/report/c-te-divoire/c-te-divoire-vulnerable-households-and-small-businesses-find-relief-government， accessed：2021 - 06 - 19；*Taking Stock and Looking Ahead*：*Côte d'Ivoire and the Covid-19 Pandemic*，Washington D. C. ：World Bank Group，August 2020，pp. 14，55 - 62.

的比例将减少到 4.3%。① 其经济的迅速恢复增加了投资者的投资信心，使其获得外部资金相对较容易。② 加之科特迪瓦总统大选在相对和平的状态下完成以及瓦塔拉的连任，使诸多投资者恢复了对其投资的信心，其投资流入量在经历了 2020 年的减少后于 2021 年开始回升。2020 年 11 月下旬，科特迪瓦发行了为期 12 年的 10 亿欧元债券。2021 年 2 月，科特迪瓦再次发行8.5 亿美元的欧洲债券，这是由 6 亿美元 2032 年到期的 4.875% 附息债券和2.5 亿美元 2048 年到期的 6.625% 附息债券组成的组合债券。由于投资者对其经济发展前景持有足够信心，这一债券被超额认购，投资者的需求达到了28 亿美元。③

在采取诸多措施确保经济恢复的同时，科特迪瓦还通过了《2021～2025年国家发展计划》(*2021 – 2025 National Development Plan*)，其主要目标是在保持政治社会环境稳定的同时，加快经济结构转型的步伐，并实现高水平的基础设施建设、创造更多的就业机会，努力解决国内腐败问题，以更大程度地改善国内投资和商业环境，并建立可持续且包容性较强的经济体系，同时还要增加对中小企业的支持，增加其获得信贷的机会，提高其在国内市场的活力。④

三 对外关系：保持科法关系与加强邻国反恐合作

在外交领域，科特迪瓦在秉持独立和平等外交政策的同时，还强调国际合作伙伴的多元化，开展多边主义外交。作为法国的前殖民地，科特迪瓦境

① AfDB, *African Economic Outlook 2021 From Debt Resolution to Growth：The Road Ahead for Africa*, African Development Bank Group, 2021, p.38.

② "Debt Markets Re-Open for Sub-Saharan Issuers," Fitch Ratings, November 29, 2020, https：// www.fitchratings.com/research/sovereigns/debt-markets-re-open-for-sub-saharan-issuers-29-11-2020, accessed：2021 – 06 – 15.

③ *Country Report：Côte d'Ivoire*, London：Economist Intelligence Unit, 2021, pp.42 – 44.

④ AfDB, *African Economic Outlook 2021 from Debt Resolution to Growth：The Road Ahead for Africa*, African Development Bank Group, 2021, p.39.

内的法国势力依旧强大，两国在安全、经济等方面有着极为稳固的关系。法国在科特迪瓦有一个永久性的军事基地，主要目的是在帮助科特迪瓦巩固和平的同时，支持法国在非洲大陆其他地区的军事行动。① 科特迪瓦还积极与邻国开展反恐合作，共同维护地区安全。不过需要指出的是，科特迪瓦并没有积极参与西共体摆脱非洲法郎的货币改革，而是继续支持非洲法郎的使用。

（一）与法国继续保持密切往来

2020 年法、科两国间主要围绕总统大选和国内秩序的稳定展开对话。作为法国的前殖民地，科特迪瓦在政治、经贸和军事方面与法国长期保持着密切往来，并长期作为法国在非洲法郎区的主要经济伙伴。2019 年法国对科特迪瓦的出口额已达近 12 亿欧元，进口额超过 9 亿欧元。② 瓦塔拉在 2020 年 8 月决定参加总统选举后，9 月出访法国。法国总统马克龙对科特迪瓦选举前的社会形势表示担忧，担心瓦塔拉的第三任期可能会导致该国局势紧张，并建议瓦塔拉推迟总统选举时间。对此，瓦塔拉表示国内局势已经得到控制，不会向大规模暴乱发展，不需要推迟选举时间。③ 此外，瓦塔拉还表示选举结束后，自己将与长期的竞争对手贝迪埃和巴博达成和解，共同解决选举后可能出现的暴力问题。④ 而当瓦塔拉获得胜利后，马克龙建议应做出开放姿态，对年轻一代的政党表示欢迎，并与反对党进行和解，以缓解因选举造成的紧张

---

① "A Soldier was Killed in An Attack in Northeastern Ivory Coast near the Border with Jihadist-hit Burkina Faso, the Military said Tuesday," France 24, June 8, 2021, https://www.france 24. com/en/africa/20210608-soldier-killed-in-ivory-coast-attack, accessed: 2021 – 06 – 14; *Country Report: Côte d'Ivoire*, London: Economist Intelligence Unit, 2021, p. 5.

② "France Pledges Support to Construct Metro in Ivory Coast," Africa News, April 30, 2021, https://www.africanews.com/2021/04/30/france-pledges-support-to-construct-metro-in-ivory-coast/, accessed: 2021 – 06 – 13.

③ Honoré Banda, "Côte d'Ivoire/France: Ouattara Refuses Macron's Request to Delay Polls," *The Africa Report*, September 8, 2020, https://www.theafricareport.com/40886/cote-divoire-france-ouattara-refuses-macrons-request-to-delay-polls/, accessed: 2021 – 06 – 19.

④ "Ivorian and French Presidents Discuss Election Tensions," *The Economist*, September 10, 2020, https://country.eiu.com/article.aspx? articleid = 780130661&Country = C% c3% b4te + d% 27Ivoire&topic = Politics&subtopic = Forecast&subsubtopic = Election + watch, accessed: 2021 – 06 – 11.

局势。① 从瓦塔拉连任后施行的政策来看，法国对科特迪瓦政局的影响依旧突出。

在政治交往密切的同时，法国与科特迪瓦在经济方面的合作也不断拓展。2021 年 4 月，法国经济和财政部长勒梅尔访问科特迪瓦时表示，法国在未来五年内将向其投资 6850 万欧元，为科特迪瓦北方约 12 万棉农创收，促进科特迪瓦棉花生产技术的革新。勒梅尔还表示法国将为科特迪瓦的可可生产提供类似援助，以推进其农业的可持续发展。② 阿比让的地铁建设项目已委托给法国的布依格（Bouygues）集团，造价约 13.6 亿欧元。勒梅尔访问期间，还与科特迪瓦相关负责人就地铁建设进程进行商议。需要提及的是，这是由两国总统一同见证签署的合作项目。③

（二）参与西共体货币改革的意愿不强

西非国家经济共同体（Economic Community of West African States，ECOWAS，以下简称"西共体"）在西非货币联盟（Union Monétaire Ouest Africaine，UMOA）的基础上于 1994 年成立了西非经济与货币联盟（Union Economique et Monétaire Ouest – Africaine，UEMOA），之后该机构一直努力摆脱法国对西非国家经济的控制，并提出创立区域内统一货币的设想。不过，科特迪瓦并未积极参与其中。在 2017 年西共体尼亚美峰会上，尼日尔总统优素福（Mouhamadou Issoufou）表示西共体成员国已具备使用统一货币的技术条件，并指出西共体应自 2020 年起参照欧洲国家使用欧元的模式实行统一货币。④

① "France's Macron Urges Ivory Coast Leader to Offer Olive Branch to Opponents," Reuters, November 20, 2020, https://www.reuters.com/article/ivorycoast-election-france-idINKBN2801ZX, accessed: 2021 – 06 – 09.

② "France Pledges Investment to Boost Sustainable Cotton in Ivory Coast," Reuters, April 29, 2021, https://www.reuters.com/world/africa/france-pledges-investment-boost-sustainable-cotton-ivory-coast-2021 – 04 – 29/, accessed: 2021 – 06 – 19.

③ "France Pledges Support to Construct Metro in Ivory Coast," Africa News, April 30, 2021, https://www.africanews.com/2021/04/30/france-pledges-support-to-construct-metro-in-ivory-coast/, accessed: 2021 – 06 – 13.

④ Dr Chérif Salif Sy, "Du franc CFA à l'éco: brève histoire d'une monnaie controversée," *Alternatives Economiques*, juillet 12, 2019, https://www.alternatives-economiques.fr/franc-cfa-a-leco-breve-histoire-dune-monnaie-controversee/00089997, accessed: 2021 – 06 – 11.

此后，西共体统一货币的实施进程加快。2019 年 6 月在阿布贾召开的西共体部长级会议决定，用西共体英文缩写 ECOWAS 前三个字母命名西共体新货币"埃科"（Eco），并确定将这一新货币与欧元脱钩，采取浮动汇率，由西共体中央银行负责管理，各成员国中央银行监管。①

然而，法国为了继续保持自己对西共体的经济影响力，决定拉拢不支持货币改革的科特迪瓦，以共同阻止西共体统一货币的推行。2019 年 12 月，科特迪瓦总统瓦塔拉与法国总统马克龙一同宣布将对非洲法郎进行改革。2020 年 5 月 20 日，法国政府在其部长会议上正式宣布用"埃科"取代"非洲法郎"的称呼，用抢注方式阻碍西共体的货币改革进程。② 非洲法郎改革案实施后，"埃科"将继续保持与欧元挂钩，由法国提供担保，不过西共体成员可以不再将外汇储备的一半存入法国财政部开设的运营账户，而法国代表在西共体中央银行执行委员会的职位也被取消。③

在新冠肺炎疫情影响下，西非经济与货币联盟原计划于 2021 年推出"埃科"的计划被迫延期，西共体各国只能继续沿用法国新确定的"埃科"。法国方面表示这一货币改革是非洲法郎结束的标志，此后法非关系将进入新阶段。不过，需要提及的是这更多的只是名称上的改变，而不是彻底的变革。"埃科"仍继续与欧元挂钩实行固定汇率，并由法国提供非

---

① Jean-Baptiste Placca, "Le franc CFA veut-il survivre par l'eco?" RFI, décembre 28, 2019, https：//www. rfi. fr/fr/emission/20191228-le-franc-cfa-veut-il-survivre-eco, accessed：2021 - 06 - 11; Stéphane Ballong avec Diawo Barry, "Autour de l'eco, la guerre pour le leadership dans la sous-région ouest-africaine," *jeune afrique finance*, février 10, 2020, https：//www. jeuneafrique. com/mag/893347/economie/autour-de-leco-la-guerre-pour-le-leadership-dans-la-sous-region-ouest-africaine/, accessed：2021 - 06 - 15.

② Marie-Pierre Olphand, "Fin du franc CFA：une nouvelle monnaie à petits pas," RFI, mai 21, 2020, https：//savoirs. rfi. fr/en/comprendre-enrichir/economie/fin-du-franc-cfa-une-nouvelle-monnaie-a-petits-pas, accessed：2021 - 06 - 11.

③ "Pros and Cons of New West African Currency for Côte d'Ivoire," Oxford Business Group, https：//oxfordbusinessgroup. com/analysis/step-step-moves-towards-launch-new-west-african-currency, accessed：2021 - 06 - 18; 王萌：《西非货币一体化的基础、挑战与实现路径》，《国际研究参考》2020 年第 11 期，第 15 页。

正式担保。① 2020 年 9 月 7 日举行的西共体尼亚美峰会商议的结果是各国必须把国家预算赤字降至国内生产总值的 3% 以下，这样才能有效推行新货币。对此，瓦塔拉表示新冠肺炎疫情致使西非国家经济形势恶化，各国都达不到这一标准，因而用"埃科"取代法国支持的非洲法郎这一计划在未来 3~5 年内都不会实施。② 在疫情常态化的背景下，由于无力推进货币改革，西共体于 2021 年 6 月 19 日宣布将推迟至 2027 年再推行其统一货币"埃科"。③

（三）与周边邻国合作共同反恐

近年来，萨赫勒地区的安全状况不断恶化，伊斯兰极端组织的势力范围正向南扩展至非洲沿海国家，这包括了科特迪瓦。极端主义对科特迪瓦的安全威胁依然是瓦塔拉政府面临的严重问题。虽然目前几乎没有相关组织在科特迪瓦境内有据点，但"伊斯兰国"（ISIS）和伊斯兰马格里布基地组织（AQIM）均在其邻国马里和布基纳法索有活动据点，且势力不断扩大。这些都增加了科特迪瓦成为极端主义组织袭击目标的可能性。④

这导致科特迪瓦尤其是其边境地区遭到恐怖袭击的事件不断增多。2020年 6 月 11 日，"圣战"分子袭击卡福洛（Kafolo）地区的安全哨所，造成至少10 名士兵死亡、6 人受伤。这也是自 2016 年 3 月大巴萨姆（Grand-Bassam）

① "News France Ratifies Law Officially Ending 75 Years of West Africa CFA," Africa News, May 20, 2020, https：//www. africanews. com/2020/05/21/france-ratifies-law-officially-ending-75-years-of-west-africa-cfa/, accessed：2021 - 06 - 15; *Country Report：Côte d'Ivoire*, London：Economist Intelligence Unit, 2021, p. 8; "Pros and Cons of New West African Currency for Côte d'Ivoire," Oxford Business Group, https：//oxfordbusinessgroup. com/analysis/step-step-moves-towards-launch-new-west-african-currency, accessed：2021 - 06 - 18.
② "Ivory Coast President Says New West African Currency Launch May Take Five Years," Reuters, September 27, 2020, https：//www. reuters. com/article/us-westafrica-economy-eco-idUSKBN26H 0V1, accessed：2021 - 06 - 19.
③ Farah Bahgat, "ECOWAS：West African Bloc Aims to Launch Single Currency in 2027," Deutsche Welle（DW）, June 19, 2021, https：//www. dw. com/en/ecowas-west-african-bloc-aims-to-launch-single-currency-in-2027/a-57970299, accessed：2021 - 06 - 20.
④ *Country Report：Côte d'Ivoire*, London：Economist Intelligence Unit, 2021, p. 26.

袭击事件①以来，极端组织对科特迪瓦发动的再次大规模袭击。② 2021 年 3 月，数十名疑似宗教极端分子在与布基纳法索交界处的一次袭击中杀害了科特迪瓦安全部队的 3 名成员；4 月 12 日，一辆在相同地区行驶的科特迪瓦军车被一个简易爆炸装置击中。这次袭击虽然没有造成人员伤亡，但却是科特迪瓦境内首次出现的简易爆炸装置袭击。6 月 7 日，14 名士兵在科特迪瓦与布基纳法索边境地区卡福洛遇袭身亡。此外还有武装分子进入科特迪瓦的图博（Tougbo）村，造成一名士兵因伤势过重身亡。③

一直以来科特迪瓦政府都将恐怖主义视为外部威胁，而 2020 年至 2021 年上半年发生的数起袭击表明已有恐怖主义组织成员利用科特迪瓦和布基纳法索之间的边境漏洞入境，这些成员在科特迪瓦境内通过经济和物质奖励招募人员的同时，还以为其提供保护的方式换取当地居民的支持。科特迪瓦北部甚至还有恐怖分子利用牧民和农民间的牧场和水源冲突来开展恐怖袭击行动。

随着恐怖袭击的不断增多，科特迪瓦已采取相关政策加以应对。一方面，科特迪瓦在其北部边境部署了更多兵力，加强边境地区的军事力量，以阻止圣战人员进入本国。另一方面，科特迪瓦作为西非法语地区的主要经济体，也越来越多地参与到地区安全行动中。科特迪瓦支持西共体和非洲联盟（African Union）打击伊斯兰马格里布基地组织以及其他极端组织的反恐行动。同时，科特迪瓦还允许法国在其境内设立军事基地，该基地作为法国反恐行动——巴克汉行动（Opération Barkhane）的后勤中心。2021 年 4 月，科特迪瓦政府还将"跨境恐怖主义"作为政府工作优先讨论的事项之一，加大

---

① 2016 年 3 月 13 日，3 名持枪人员向科特迪瓦经济首都阿比让以东 25 英里的沿海城镇大巴萨姆的一个海滩度假村开火，造成 19 人死亡，包括 16 名平民和 3 名科特迪瓦士兵。这是伊斯兰马格里布基地组织在科特迪瓦领土上发起的首次袭击。

② "Côte d'Ivoire: Extremism and Terrorism," Counter Extremism Project, https://www.counterextremism.com/countries/cote-d-ivoire, accessed: 2021 – 06 – 16.

③ "A Soldier Was Killed in an Attack in Northeastern Ivory Coast near the Border with Jihadist-hit Burkina Faso, the Military said Tuesday," France 24, June 8, 2021, https://www.france 24.com/en/africa/20210608-soldier-killed-in-ivory-coast-attack, accessed: 2021 – 06 – 14.

对反恐事项的关注力度。①

面对国内恐怖袭击不断增加的实际情况，科特迪瓦政府除了在国内采取反恐措施外，还积极与周边邻国合作进行反恐。同时，考虑到布基纳法索和马里的反恐压力较大，而科特迪瓦遏制恐怖主义的成效又取决于上述两国的反恐力度，如果仅靠科特迪瓦一国的话，反恐效果将会大打折扣。为此，2020 年 6 月卡福洛袭击发生后，科特迪瓦政府于 7 月 13 日宣布将沿本国与马里和布基纳法索的共同边界建立一个北部行动区，目的是监测前往其国内的极端分子。②同时，2021 年 5 月 10 日，科特迪瓦国防部长特内·比拉希马·瓦塔拉（Téné Birahima Ouattara）与布基纳法索国防部长谢里夫·西（Chériff Sy）在瓦加杜古会晤时表示，打击恐怖主义不能由一国单打独斗，应该互通有无，共同行动，才能达到最佳效果。谢里夫也表示两国应共同开展合作打击恐怖主义，以确保两国边界的安全。③随后的 25 日，科特迪瓦和布基纳法索在其边境附近开展反恐联合行动——"科莫行动"（Operation Comoe）。最终以38 名恐怖分子被捕、8 名被击毙获得胜利，摧毁了布基纳法索境内的一个恐怖主义基地。④此外，2021 年 6 月由法国资助的国际反恐学院（International Academy for Fighting Terrorism）在阿比让附近的雅克维尔（Jacqueville）建成，这将为西非国家的安全官员提供射击、近身保护等反恐培训，以加强对

① William Assanvo, "Terrorism in Côte d'Ivoire is No Longer Just an External Threat," Reliefweb, June 15, 2021, https://reliefweb.int/report/c-te-divoire/terrorism-c-te-d-ivoire-no-longer-just-external-threat, accessed：2021 - 06 - 18.

② Ryan Cummings, "Côte d'Ivoire, Prioritizing Counterterrorism, Now Faces Terror Threat," Global Observatory, July 28, 2020, https://theglobalobservatory.org/2020/07/cote-divoire-prioritizing-counterterrorism-faces-terror-threat/, accessed：2021 - 06 - 19.

③ "Burkina Faso, Ivory Coast, to 'Mutualize' Efforts in Anti-jihadist Fight," Africa News, May 10, 2021, https://www.africanews.com/2021/05/10/burkina-faso-ivory-coast-to-mutualize-efforts-in-anti-jihadist-fight/, accessed：2021 - 06 - 15.

④ "Joint Military Operation by Ivory Coast and Burkina Faso Kills 8 Suspected Terrorists," Africa News, May 25, 2021, https://www.africanews.com/2020/05/25/joint-military-operation-by-ivory-coast-and-burkina-faso-kills-8-suspected/, accessed：2021 - 06 - 15.

该地区的反恐专业能力。①

四　结语

从政治、经济和外交三方面来看，科特迪瓦 2020～2021 年的发展因总统选举和新冠肺炎疫情而发生较大变化。总体而言，2020 年科特迪瓦的政治主题是总统选举。2020 年的大选因瓦塔拉的第三任期而遭到诸多反对党的谴责，并爆发了小范围的暴力冲突。而在瓦塔拉以绝对优势赢得总统选举后，其与反对党间的积极和解政策也取得了一定成效，最直接的表现是科特迪瓦顺利进行了范围较广的立法会选举。考虑到瓦塔拉的第三任期已成定局，其国内政局不会发生太大改变。瓦塔拉虽然一直表示要让新政府的团队恢复活力，但其政府内的主要政要依旧"高龄"，年轻一代政治家依旧没有政治舞台。加之在组建新一届政府时，瓦塔拉仍选择与自己关系较为亲密的人员，瓦塔拉的"言行不一"为科特迪瓦政局的发展增添了变数。

在经济方面，在新冠肺炎疫情的打击下，科特迪瓦经济遭受重创，增速逐渐放缓。对此，瓦塔拉政府采取一揽子政策积极加以应对，在防止国内疫情扩散的同时，使经济得以快速恢复。不过科特迪瓦也应注意通货膨胀、失业和随之而来的贫困扩大问题。如果解决不好，上述问题仍将会成为其经济发展的隐患。

从外交方面来看，科特迪瓦的对外关系重点仍是法国与其他西非国家，科特迪瓦将继续与法国开展经贸和反恐方面的合作。考虑到西共体国家经济的脆弱性，科特迪瓦仍认为推行新货币的时机不成熟，并坚定地站在法国一边，支持非洲法郎应由法国继续提供担保。考虑到萨赫勒地区的恐怖主义势力已扩散至科特迪瓦，科特迪瓦还应积极与马里和布基纳法索等周边国家开展反恐合作，尽力阻止恐怖主义势力的扩散。

---

① *Country Report*：*Côte d'Ivoire*，London：Economist Intelligence Unit，2021，p. 4；Kizzi Asala，"Côte d'Ivoire Inaugurates International Academy for Combating Terrorism," Africa News，June 10，2021, https://www.africanews.com/2021/06/10/cote-d-ivoire-inaugurates-international-academy-for-combating-terrorism/，accessed：2021 - 06 - 19.

马里：2020～2021年的两次政变及其背后政治逻辑的转变

唐溪源

摘 要： 2020～2021年，马里连续发生了两次军事政变。连续政变的背后，是三股政治力量即少壮派军官政治集团、职业政客集团和伊斯兰宗教领袖领导的平民主义政治力量的斗争与合作的结果。马里政变后过渡政府的政治安排表明，政变军人有强烈的长期掌权意愿。面对国际制裁压力，政变军人选择与平民主义政治力量合作。这一系列政治上的变化表明，西式多党民主制度下的选举逻辑已经在马里失灵。表面上符合规范的选举既无法反映马里的真实民意，也无法解决马里的治理危机。强人政治与平民主义正在崛起。一个由军事强人主导、与宗教人士联系密切、具有反西方色彩的政府正在谋求长期统治马里。军政府可能在过渡期结束后拒绝交权，试图延长过渡期或实现长期执政。

关键词： 马里 政变 安全问题 强人政治

作者简介： 唐溪源，外交学院外语系讲师。

自2020年4月以来，马里国内政治矛盾因议会选举争议迅速激化。反对派政党联盟组织了多场大规模抗议活动，要求时任总统易卜拉欣·布巴卡尔·凯塔（Ibrahim Boubacar Keita）下台，抗议活动造成多人伤亡。2020年8月18日，马里军人发动政变，凯塔被迫下台。政变军人成立了由前国防和退伍军人部长巴·恩多（Bah N'Daw）为过渡总统，陆军上校阿西米·戈伊塔（Assimi Goita）为副总统的过渡政府。2021年5月24日，马里再次发生军事政变，过渡总统恩多被罢免，政变军人领袖戈伊塔随后宣布就任过渡总统。在 9 个月时间内，马里连续发生两次军事政变，其背后是马里政治逻辑的转变。自 1991 年上台的职业政客集团逐步被迫退出政治舞台，以少壮派军人与伊斯兰宗教领袖为核心的新兴政治力量表现出了强烈的掌权意愿，从而引发了该国在政教关系、安全和国际关系等方面的诸多重大转向。

一　2020 年与 2021 年两次政变的爆发

2018 年 8 月，凯塔在大选第二轮投票中以 67.17% 的得票率击败对手苏迈拉·西塞（Soumaïla Cissé），当选马里总统。[①] 这也是凯塔在 2012 年军事政变后第二次赢得大选。尽管反对派指责大选中存在一些舞弊行为，[②] 不可否认的是凯塔在两轮选举中的得票比例均具有压倒性优势。因此，此次选举的结果很快获得了国际承认，马里国内的政治局势也在选举后的一段时间内相对稳定，凯塔总统似乎又将平稳地完成一个 5 年任期。

然而，自 2020 年 4 月底起，马里国内政治矛盾却陡然升温。冲突的导火索是马里国民议会选举。根据马里领土治理与地方分权部公布的选举初步结果，时任总统凯塔所在的马里联盟党（Le Rassemblement pour le Mali）获得了 147 个席位中的 43 个，没有政党获得议会的绝对多数。[③] 然而，根据马里宪法法院于 4 月 30 日公布的最终选举结果，此次议会选举中有 31 名议员的当选无效，国民议会席位分配情况随之发生变动。执政党马里联盟党的席

---

① Tiemoko Diallo, "Fadimata Kontao, Mali President Keita Wins Landslide Election; Faces Uphill Struggle," Reuters, https：//www.reuters.com/article/us-mali-election-idUSKBN1L10ZK, accessed：2021 – 06 – 23.

② AFP, "Suspicion of Vote Fraud Revives Mali's Ethnic Tensions," France 24, https：//www.france 24.com/en/20180807-mali-suspicion-vote-fraud-revives-ethnic-tension, accessed：2021 – 06 – 01.

③ Jeune Afrique, "Législatives au Mali：le parti d'Ibrahim Boubacar Keïta en tête, sans majorité absolue," https：//www.jeuneafrique.com/933877/politique/legislatives-au-mali-le-parti-dibrahim-boubacar-keita-en-tete-sans-majorite-absolue/, accessed：2021 – 06 – 01.

位数由 43 个升至 51 个。① 该变动引发了马里反对党和社会各界的激烈反应，由宗教组织、反对党和公民社会组织联合组成的"6 月 5 日运动 - 爱国力量联盟"（Mouvement du 5 Juin-Rassemblement des Forces Patriotiques，M5-RFP，以下简称"爱国力量联盟"）成为反对总统凯塔的主要力量，并发起了一系列抗议示威活动。

反对派力量先后于 2020 年 6 月 5 日、6 月 19 日、7 月 10 日、8 月 11 日发起数次集会示威活动，规模为数年来之最。凯塔政府则以强硬手段回应，安全部队与示威人群发生激烈冲突，其中以 7 月 10 日的冲突伤亡最大，"爱国力量联盟"方面宣称有 23 人死亡，政府则称死亡人数为 11 人。② 流血冲突使双方的矛盾变得越来越不可调和，"爱国力量联盟"宣称除了总统凯塔下台之外别无其他危机解决方案，西非国家经济共同体（ECOWAS）的斡旋尝试也以失败告终。

就在政府与反对派力量在街头僵持之时，部分马里军人于 8 月 18 日突然发动军事政变，逮捕了时任总统凯塔、总理布布·西塞（Boubou Cissé）、国民议会主席穆萨·蒂姆比涅（Moussa Timbiné）以及几位在任和前任部长。总统凯塔随后被扣押至首都西北的卡蒂（Kati）镇军营，并于当晚发表全国电视演说，宣布辞去一切职务，并解散了马里政府与国民议会，凯塔政权自此瓦解。

政变成功后，参与政变的军人成立了"全国人民救赎委员会"（Le Comité national pour le salut du peuple，CNSP）作为国家权力机构，由原特种部队指挥官戈伊塔上校担任主席。西共体则对马里实施了封锁边境、贸易禁运等措施，以作为对军事政变的制裁。为回应国内外政治压力，政变军人承

① Aïssatou Diallo, "Mali: les résultats des législatives contestés par la rue, Jeune Afrique," https://www.jeuneafrique.com/940564/politique/mali-les-resultats-des-legislatives-contestes-par-la-rue/, accessed: 2021 - 05 - 02.

② Boubacar Haidara, "Lamine Savane, La chute inéluctable du président malien Ibrahim Boubacar Kéita," The Conversation, https://theconversation.com/la-chute-ineluctable-du-president-malien-ibrahim-boubacar-keita-144787, accessed: 2021 - 05 - 21.

诺将成立过渡政府，并在过渡期结束后移交权力。9 月 25 日，前国防和退伍军人部长巴·恩多被推举为过渡总统，戈伊塔任副总统，为期 18 个月的政治过渡期自此开启。2021 年 1 月 18 日，"全国人民救赎委员会"解散。

然而，马里的政治过渡期并未如外界期待的那样平稳度过。2021 年 5 月 24 日，马里过渡总统巴·恩多和总理莫克塔·瓦内（Moctar Ouane）再度被政变军人逮捕，随后两人宣布辞职。几天后，原任过渡政府副总统的政变军人领导人戈伊塔出任过渡总统。外界将此次政治事件称为"政变中的政变"，其直接起因是前过渡总统巴·恩多试图改组过渡政府，而在 24 日公布的新政府名单中，有 2 名原来担任过渡政府部长职务的政变军人被排除在新政府之外。政变军人则立即以军事手段做出了回应，强迫巴·恩多辞去了职务。作为对事件的回应，西共体于 5 月 31 日决定暂停马里的成员国资格。法国对此事件的反应尤为激烈，在其主导下，欧盟谴责马里发生了"不可接受的政变"，法国总统马克龙表示将采取针对性的制裁措施。[①] 随后，法国宣布暂停与马里的军事合作。

总而言之，马里 2020 年政变爆发的直接原因，是马里议会选举争议引发的政治危机。凯塔政府在"爱国力量联盟"的冲击下极为虚弱。少壮派军人利用凯塔政府的虚弱发动了政变，从"爱国力量联盟"手中夺取了抗议活动的大部分果实。而 2021 年的政变，则是由于过渡政府总统巴·恩多试图削弱政变军人在政府中的权力。不愿放弃权力的军人用再次政变的方式巩固了其在过渡政府中的关键性地位。

二 马里两次政变的主要政治势力分析

在马里 2020～2021 年两次军事政变的背后，是该国多方政治势力的角

---

① AFP, "Mali: Coup d'État inacceptable pour l'UE, prête à prendre des sanctions ciblées, annonce Macron," *Le Figaro*, https://www.lefigaro.fr/flash-actu/mali-la-france-demande-une-reunion-d-urgence-duVconseil-de-securite-de-l-onu-annonce-le-drian-20210525, accessed: 2021 - 06 - 21.

力。其中主要的力量派别有：（1）以校级军官为主体的少壮派军人政治团体；（2）在西式多党民主体制下长期把控马里政权的职业政客；（3）有强烈参政意愿的伊斯兰宗教领袖。

（一）少壮派军人政治团体

自马里独立以来，马里军队曾多次政变干预政治。在2020年政变之前，马里军队曾发动五次军事政变，其中三次成功，两次失败。成功的三次军事政变均由低级军官发起，分别是领导1968年政变的穆萨·特拉奥雷（Moussa Traoré）中尉、领导1991年政变的阿马杜·图马尼·图雷（Amadou Toumani Touré）中校和领导2012年政变的阿马杜·萨诺戈（Amadou Sanogo）上尉。[1] 其中，特拉奥雷与图雷均在政变后成功转型为政治家，并曾长期担任总统职务，他们的成功转型为2020年和2021年的政变树立了榜样。

少壮派军人力量是马里近年来崛起的一股新兴政治势力。在2012年的第四次图阿雷格（Touareg）人叛乱中，马里政府军接连失利。阿马杜·萨诺戈（Amadou Sanogo）上尉于2012年发动军事政变的主要原因之一，就是基层军人不愿继续在劣势条件下与北方叛军作战。[2] 萨诺戈发动政变后，马里军队在北方的战事进一步恶化，战线向首都所在的南方推进，直至国际社会的军事力量介入才稳定住局面。接连的溃败，使马里军队几乎经历了一次整体崩溃的过程，军队亟须重建。

因此，在法国、联合国和非盟介入马里安全问题后，重建和训练马里军队成为一项主要任务。在重建过程中，一些年轻的、有一线作战经验的校级军官得到了重点培养和任用。这些中青年军官在军事合作中与联合国、非盟、欧盟、西共体等国际组织以及法国的军事、政治与外交人员密切接触，

---

① Denis M. Tull, "The European Union Training Mission and the Struggle for a New Model Amry in Mali," *Research paper 89*, Institut de recherche stratégique de l'école militaire, 2020.

② 潘华琼：《试论图阿雷格人与马里危机——兼论马里的民族国家建构问题》，《西亚非洲》2013年第4期，第36页。

并被派往非洲各国、欧洲、美国与俄罗斯的军事院校培训和学习，他们由此学会了如何与国际社会接洽，了解到了国际社会对马里政治局势的底线与态度。少壮派军官之间有密切的人际联系，他们往往在军校相识，在作战行动中有过合作。例如，2020 年政变军人团体的核心成员马利克·迪奥（Malick Diaw）、萨迪奥·卡马拉（Sadio Camara）与莫迪波·科内（Modibo Koné）就曾是军校的同班同学。① 这些联系为他们成为一个政治性团体创造了条件。

与政客化的年长高级军官不同，少壮派中上层军官还需担负在一线与北方分离主义武装以及恐怖主义武装直接作战的任务。他们也是与法国联合军事行动的执行者。这个特点赋予了少壮派军官以下两个政治倾向。

第一，军事上持续的不利局面，加剧了少壮派军官对政治上层的不满和不信任。自 2013 年"薮猫行动"（Opération Serval）结束后，马里国内的作战形式由正面作战转为持续的治安战。尽管这被外界认为是马里局势走向平稳的标志，但实际上马里军队在此时期承受的伤亡要比以往任何一个时期都大。② 而政治上层的腐败，使马里军队长期遭受装备匮乏、缺乏训练、薪水拖欠和挪用问题等困扰。据马里当地媒体估计，2017～2020 年，马里军人被侵吞的津贴总额为 440 亿～1660 亿西非法郎。③ 2017 年，马里军队在北部城市加奥（Gao）重新开始巡逻时，由于缺乏有效的载具和防护装备，无力应对极端组织的袭击。④ 这些问题使马里军队士气和战斗力低下，也激化了中

---

① Aïssatou Diallo, Marième Soumaré, "Mali Coup d'État: The Soldiers Who Brought Down IBK," *The Africa Report*, https://www.theafricareport.com/38414/mali-coup-detat-the-soldiers-who-brought-down-ibk/, accessed: 2021 - 08 - 06.

② Bourbacar Haidara, "Le Mali, une démocratie élective sans électeurs," The Conversation, https://theconversation.com/le-mali-une-democratie-elective-sans-electeurs-104205 (2021/06/20).

③ Djeliba 24, "Mali [enquête]: La LOPM, une escroquerie qui portent sur 44 milliards FCFA," https://www.djeliba24.com/mali-enquete-la-lopm-une-escroquerie-qui-portent-sur-44-milliards-fcfa/, accessed: 2021 - 06 - 25; Adama Dramé, "Armée Malienne, au moins 44 milliards de primes de soldats détournés," *Le Sphinx*, https://www.djeliba24.com/administration-militaire-au-mali-au-moins-44-milliards-de-primes-de-soldats-detournes/, accessed: 2021 - 06 - 25.

④ Baba Ahmed, "Mali: le manque d'équipement des patrouilles mixtes suscite les critiques," *Jeune Afrique*, https://www.jeuneafrique.com/406850/politique/mali-manque-dequipement-patrouilles-mixtes-suscite-critiques/, accessed: 2021 - 06 - 05.

下层军人与政府的矛盾。少壮派军官在军衔上以校级为主，并非马里上层政治分肥的主要受益者，但却直接面对一线的困难局面和伤亡，并有可能因作战不力而被追责，因此少壮派军官团体在政治上容易对上层产生不满和不信任。

第二，马里军队与国际干预力量在合作中的不信任与不愉快，强化了少壮派军官的反西方、反新殖民主义和反帝国主义倾向。尽管国际社会在重建马里军事能力方面提供了许多援助和培训，但国际参与者与马里本国军队对于各自的角色、军队的重建方式与策略存在严重分歧。[1] 国际干预力量经常抱怨当地军队与政客的不配合，认为自身缺少权限。[2] 而马里军队方面则对以法国为主的国际干预力量不尊重主权、家长式作风等问题心生不满。[3] 例如，在2013年的"薮猫行动"中，法国军队在占领马里北部城市基达尔（Kidal）后，竟拒绝马里军队进入。[4] 2019年，时任马里总理西塞即将访问基达尔市的消息，竟是由法国总统马克龙在会见乍得、尼日尔与马里三国总统时宣布的。[5] 这向世界表明马里政府无法有效控制领土，这些事件伤害了马里人民和军队的自尊心。近年来军事上的被动局面加剧了双方的不信任，导致马里军队对外部力量的介入较为抵触。此外，马里社会舆论也对法国长期驻留马里的动机表示怀疑。法国在2013年"薮猫行动"中的进展迅速，但在2014年后开展的"新月形沙丘行动"中却行动迟缓，未对马里军队进

[1] Denis M. Tull, "Rebuilding Mali's Army: The Dissonant Relationship between Mali and Its International Partners," *International Affairs*, Vol. 95, Issue 2, March 2019, pp. 405-422.

[2] Denis M. Tull, "The European Union Training Mission and the Struggle for a New Model Army in Mali," *Research paper 89*, Institut de recherche stratégique de l'école militaire.

[3] Denis M. Tull, "Rebuilding Mali's Army: The Dissonant Relationship between Mali and Its International Partners," *International Affairs*, Vol. 95, Issue 2, March 2019, pp. 405-422.

[4] Paul lorgerie, "Au Mali, le sentiment antifrançais gagne du terrain," *Le Monde*, https://www.lemonde.fr/afrique/article/2020/01/10/au-mali-le-sentiment-anti-francais-gagne-du-terrain_6025466_3212.html, accessed: 2021-06-05.

[5] Maliactu, "Mali: Macron annonce la visite du premier ministre Boubou Cissé à Kidal dans les prochains jours," https://maliactu.net/mali-macron-anonce-la-visite-du-premier-ministre-boubou-cisse-a-kidal-dans-les-prochains-jours/?_cf_chl_jschl_tk_=pmd_863f0234351f3788d9366280 9df47c75ea31503f-1628180067-0-gqNtZGzNAo2jcnBszQb6, accessed: 2021-06-30.

行有效支援，这让马里社会舆论怀疑法国故意拖延行动以长期保持在马里的军事存在。[1] 法国军人在马里的不法行为日益招致马里人民的反感。2020 年初，马里驻法国大使图马尼·吉梅·迪亚洛（Toumani Djimé Diallo）激烈批评了法国军队在马里首都街头横行无忌的行为。随后，马里政府迫于法方压力召回了这位大使。[2] 马里军队内部和社会的舆论思潮不可避免地影响了少壮派军官团体，他们对于西方、新殖民主义和帝国主义的反对集中表现为对法国干预的反感。

（二）职业政客

职业政客势力是此次政变前主导马里政局的主要力量。这些职业政客大多崛起于 20 世纪 80~90 年代反对特拉奥雷统治的斗争中，并于 90 年代初期马里民主化转型后通过多党选举框架下的权力分配进入政府高层。非洲团结正义党（Adméa-PASJ）是马里职业政客势力的一个典型代表，该党在 1992~2002 年为马里的执政党。2007 年，该党联合其他 42 个政党组成"民主进步同盟"，支持阿马杜·图马尼·杜尔（Amadou Toumani Touré）总统连任，并在议会选举中获 51 席，再度成为议会第一大党。从该党分裂出来的马里联盟党（RPM）于 2013~2020 年成为马里的执政党。在 2013 年和 2018 年大选中落败的主要反对党共和民主联盟（URD）同样分裂自非洲团结正义党。

马里民主化后近 30 年政治史的主线，是这些职业政客们领导的各类政党的组合与分裂。他们多数人都曾在政府中担任过部长级以上职务，充分掌握了多党选举的精髓，通过在选举中的交易和相互妥协，职业政客们在国家

---

① Bourbacar Haidara, "Pourquoi l'opinion publique malienne a une vision négative de l'opération Barkhane," The Conversation, https://theconversation.com/pourquoi-lopinion-publique-malienne-a-une-vision-negative-de-loperation-barkhane-130640, accessed: 2021 - 06 - 05.

② "l'ambassadeur du Mali en France dénonce des 'débordements' des forces françaises," https://www.voaafrique.com/a/l-ambassadeur-du-mali-en-france-d%C3%A9nonce-des-d%C3%A9bordements-de-la-l%C3%A9gion-%C3%A9trang%C3%A8re/5305075.html, accessed: 2021 - 08 - 05.

机构中形成了一种默契的轮替机制。在 2012 年的安全危机爆发之前，马里的民主政治被看作西部非洲国家的模范和样板。[①] 然而，这些职业政客们 30 年来的治理成果却难以令人满意。马里安全危机的爆发使该国的治理弊端进一步暴露在国际社会面前，腐败、老龄化、缺乏领导力成为职业政客备受指责的问题。

（三）伊斯兰宗教领袖

伊斯兰宗教领袖是当前马里政坛中的另一派主要力量，这些宗教领袖有着强烈的参政意愿和政治诉求。马里政府治理能力的缺失，使底层民众普遍缺乏教育、医疗、社会保障方面的公共产品。一些受海湾国家资助的伊斯兰非政府组织填补了这些空缺，在一定程度上扮演了政府角色。在这些伊斯兰非政府组织中，有一部分是慈善性、公益性的，但另一部分则具有明显的政治性，其中最具代表性的就是曾由伊玛目玛穆·迪可（Mahmoud Dicko）担任主席的马里伊斯兰高级委员会（Haut Conseil Islamique du Mali）。

近十年来，迪可及其代表的宗教势力在马里政坛十分活跃，其威望也与日俱增。在 2009～2012 年，马里政府试图对《家庭法典》（Code de la famille）进行改革，以推进男女权益的平等化。这项改革举措招致了以迪可为首的宗教势力的强烈反对，最终以政府的让步而告终。2018 年，政府试图在学校中推广性教育，其中的部分内容涉及同性恋问题，这招致了迪可的激烈批评，最终导致时任初等教育部长苏梅卢·布贝耶·马伊加（Soumeylou Boubèye Maïga）辞职。可以说，迪可在与马里政府的历次交锋中都取得了胜利。此外，迪可还在 2012 年的安全危机中充当南方政府与北方分离主义武装之间的斡旋人，并在 2013 年的总统大选中公开支持凯塔，助其当选。以迪可为首的宗教领袖在这一系列行动中展现了自己的政治动员能力和影

---

① Zeïni Moulaye, "Occasions manquées pour une réforme globale du secteur de la sécurité au Mali," Alan Bryden, Fairlie Chappuis, *Gouvernance du secteur de la Sécurité : Leçons des expériences ouest-africaines*, London：Ubiquity Press, 2015, p. 85.

响力。

在 2020 年 4 月马里议会选举争议爆发后，迪可以总召集人的身份牵头成立了反对党组织"爱国力量联盟"，成功组织了数次规模巨大的示威游行活动，并坚决要求前总统凯塔下台。这为 2020 年 8 月军事政变的发生提供了前提条件。在政变之前，伊斯兰宗教领袖领导下的反对派联盟已经通过不断地施压和冲击让凯塔政府岌岌可危。少壮派军人团体看到了这个机遇，于 8 月发动政变，顺利夺取政权。

三 政变后军人团体的政治安排与背后意图

2020 年 8 月政变发生之后，政变军人团体做出了一系列政治安排，主要特点是由政变军人掌握过渡政府关键性职位。同时，其政治安排还呈现阶段性。在 2020 年 8 月至 2021 年 5 月间，即第二次政变发生之前，政变军人团体在过渡政府人事安排上将"爱国力量联盟"排除在外。而在第二次政变发生之后，政变军人团体改变了策略，选择与"爱国力量联盟"联合。

（一）两次政变后的主要政治安排

在 8 月政变发生之初，政变军人向前来斡旋的西共体代表团提出设立为期 3 年的过渡期，[①] 但遭到西共体的拒绝，双方最终协商确定过渡期为 18 个月。协商的过程反映了政变军人试图延缓交权时间的企图。与此同时，政变军人成立了"全国人民救赎委员会"（CNSP），以作为政府和议会被解散后的临时国家权力机关。尽管过渡政府于 2020 年 9 月就得以成立，但"全国人民救赎委员会"直至 2021 年 1 月才解散，这主要是因为该委员会在一定程度上发挥了政变军人内部协调的功能。

---

① "Mali Coup d'État: Military proposes three-year transition," *Jeune Afrique*, https://www. theafricareport. com/38911/mali-coup-detat-military-proposes-three-year-transition/, accessed: 2021 - 08 - 05.

发动政变的少壮派军人整体上对于资深的职业政客缺乏信任，但又需要借助资深职业政客缓和国际压力，争取取消国际制裁，赢得国际社会的承认。因此，在2020年9月成立的过渡政府中，前国防和退伍军人部长巴·恩多被推举为过渡总统，这是一个折中的选择：巴·恩多因其与军队的密切关系而被政变军人相对信任，同时他又是一名年长的资深政客，与法国联系密切。任命前外交部长瓦内为过渡政府总理的意图则更为明显，因为过渡政府的一项主要任务就是尽量争取国际认同，熟悉外交事务的瓦内显然是此职位的合适人选。

少壮派军人在过渡政府中掌握了一些关键性职位。戈伊塔上校担任过渡政府副总统，此职位是特意为戈伊塔首次设立。此外，卡蒂军校前校长萨迪奥·卡马拉（Sadio Camara）上校被任命为国防部长；卡蒂军营前副指挥官马利克·迪奥（Malick Diaw）上校被任命为马里国家过渡委员会主席，成为过渡时期立法机关的负责人；莫迪波·科内（Modibo Koné）上校被任命为内政与公民保护部长；前空军副参谋长伊斯梅尔·瓦格（Ismaël Wagué）被任命为全国民族和解部长。在此安排下，少壮派军人团体掌握了过渡政府的国家首脑、国防、内卫、立法等关键权力，并控制了与北方武装势力的谈判事务。这种政治安排反映了少壮派军人团体对现状的强烈不安全感，以及对未来政局的野心。

在此阶段的政治安排中，政变军人将导致前总统凯塔下台的一个主要推动组织——"爱国力量联盟"排除在外。这一方面是由于少壮派军人团体不愿意过多分享权力，另一方面是由于"爱国力量联盟"的宗教化、反建制色彩有可能会影响过渡政府获得国际社会的认可，特别是不利于其获得法国的认可，同时也不利于其团结原政府中的资深职业政客。

然而，2021年5月政变之后，政变军人团体的政治安排策略又发生了改变。此次政变的背景是过渡总统巴·恩多在对法国进行访问后宣布改组政府，新政府名单事前并未与政变军人团体进行协商。政变军人团体通过媒体得知改组后的政府将免除卡马拉上校的国防部长职位与科内上校的内政与公民保护部长职位。这被认为是巴·恩多在法国授意下对政变军人的削权。少壮派军人迅速以二次政变回应了职业政客们的削权企图。

在二次政变之后，西共体和法国对马里施加了更为严厉的制裁措施。少壮派军人团体也改变了政治安排策略，抛弃了由资深职业政客充当门面的做法，由戈伊塔上校直接担任过渡政府总统。同时转向与"爱国力量联盟"合作，宣布由该组织成员乔盖·科卡拉·马伊加（Choguel Kokalla Maïga）出任过渡政府总理。马伊加曾在往届马里政府中担任部长职务，任命其为总理体现了少壮派军人试图照顾各方利益，尽可能扩大国内政治基础的努力。

（二）政治安排背后的主要意图

马里少壮派军人团体在政变后做出的一系列政治安排，体现了三个主要意图。

第一，政变军人正在极力避免民选政府的事后清算。这一点主要来自2012年政变的教训，当时发动政变的萨诺戈上尉虽然获得了资深职业政客和国际斡旋力量不予追究其政变责任的保证，但在政变结束几年后依然遭到逮捕，并被长期监禁。因此，发动此轮政变的少壮派军人不会再满足于不予追究政变责任的空头保证。而避免被清算的一个有效方法就是长期掌握关键权力，特别是国防、内卫等暴力机关的权力。这也是政变军人始终掌握关键职位，并试图延长过渡期的原因。

第二，政变军人团体对于过渡期结束之后继续掌权抱有兴趣。少壮派军官们不仅害怕失去权力后被清算，同时对于资深职业政客的治国理念和治国能力都有深刻的不信任。他们试图通过自己掌权建立一种新的治理模式。不过，对于在过渡期结束之后将以何种方式继续掌权，政变军人们还没有明确方案，依然处于试探阶段。

第三，政变军人们曾在政变后的一段时间内试图向法国、西共体等国际干预力量示好，使其默认或接受政变军人长期掌权的企图。但当这些外部力量表现出不准备容忍军政府长期存在的态度时，政变军人们也并不会因此退让，而是准备与国内新兴的宗教力量和反建制力量合作，扩大国内政治基础，联合对抗国际压力。

整体而言，政变军人们在 2020 年 8 月以来的政治安排，体现了他们追求长期执政，甚至建立强人政权的意图。

四　政变后马里政治逻辑的转变

从权力分配结构上看，政变后的马里政坛正在上演着一场统治阶级新旧交替的过程。那些崛起于 20 世纪 90 年代初的民主化浪潮、长期把持马里政治权力的职业政客群体，正在面临着来自少壮派军人与富有宗教色彩的街头新兴政治力量的双重挑战。长期以来，职业政客们的统治主要依赖两个合法性支柱，分别是以西式民主选举结果为基础的宪政合法性，以及以西方国家的承认和支持为核心的国际合法性。这两个合法性支柱密切关联，相互支撑。当少壮派军官与宗教力量试图取代职业政客之时，意味着西式选举创造的宪政合法性和由以法国为主的西方国家定义的国际合法性正在受到挑战、质疑和忽视。马里的政治逻辑，正在从西式多党制民主下的选举逻辑转向强人政治逻辑和平民主义①逻辑。

（一）西式选举逻辑在马里政治领域的失灵

2020 年 8 月的政变过程显得异常顺利。政变军人几乎没有遇到任何抵抗，也没有造成流血伤亡，就轻而易举地将包括总统在内的六位高官逮捕，将其带至军营并使其被迫辞职。政变发生后，与西共体、欧盟、联合国的谴责形成对比的是，马里国内民众对政变的反应十分平静，之前在街头曾强烈

---

① 尽管在一些语境下"平民主义"与"民粹主义"意义相同，其外文对应词都是"populism"，但本文有意使用"平民主义"一词，以回避"民粹主义"在中文语境下的贬义。本文中的"平民主义"，是选取"populism"一词在价值观层面的意义，即与"精英主义"相对立，以普通人民大众为基本价值出发点，强调人民第一性和主体性。事实上，已有国内学者对"populism"翻译为"民粹主义"提出不同意见。参见潘维《"平民主义"错译成"民粹主义"该纠正了》，《环球时报》2020 年 1 月 2 日，第 15 版。关于"populism"概念在价值观层面和经验现象层面的意义区别辨析，可参见郭中军《价值观与经验现象：民粹主义概念的尴尬及其重构》，《复旦学报》（社会科学版）2019 年第 1 期，第 147～156 页。

要求总统凯塔下台的"爱国力量联盟"在第一时间对政变表示欢迎，青年学生在广场集会表达对政变军人团体的支持。一些知识分子也在媒体撰文支持政变，例如法学学者、律师巴卡里·迪亚洛（Bakary Diallo）称：

> 大众舆论和青年对马里这场政变的接受，昭然揭示了马里政治领导人在道德和伦理上的堕落。这种接受是一种真实意愿的具象化，即所有追求正义和公平的非洲人民强烈的追求变革与决裂的意愿。在他们眼中，政变不应该被看作对国家"正常"运转秩序的破坏。相反，政变是对统治者造成持续性混乱的合理反应。政变在这里被视为变革的必要因素（它促成变革）。环境和变革的必要性促成了政变。①

然而，既然马里民众对凯塔政府如此不满，为什么在政变前一年多的总统大选中，并未用选票将凯塔赶下台，反而让其以相对漂亮的数据连任？这种貌似自相矛盾表象的背后，是西式民主选举逻辑在马里的失灵。

自 1992 年建立西式多党民主制度以来，马里长期被西方国家誉为非洲民主化的样板。例如，美国前驻马里大使、国际关系学者罗伯特·普林格尔（Robert Pringle）曾在其 2006 年发表的文章中将马里称为"非洲最成功的民主国家之一"，并分析了植根于马里传统文化中的民主基因。② 同样的观点还出现在普林格尔为美国和平研究所（United States Institute of Peace）撰写的研究报告中，该报告认为"马里达成了非洲最好的民主化记录"。③ 美国国际开发署（USAID）在 2014 年评估马里的民主、人权和治理情况时也提到"在（2012 年的）军事政变前，马里被看作非洲实施多党民主制、以和平方

---

① Bakary Diallo, "Entre Coup d'Etat permanent et Coup d'Etat militaire, qui crée véritablement le désordre constitutionnel?" Financial Afrik, https://www.financialafrik.com/2020/08/23/tribune-entre-coup-detat-permanent-et-coup-detat-militaire-qui-cree-veritablement-le-desordre-constitutionnel/, accessed：2021 - 08 - 05.

② Robert Pringle, "Mali's Unlikely Democracy," *The Wilson Quarterly*, Vol. 30, No. 2, Spring, 2006, pp. 31 - 39.

③ Robert Pringle, "Democratization in Mali：Putting History to Work," United States Institute of Peace, 2006.

式实现权力移交的模范"。① 因此，当2012年马里以安全危机与军事政变的方式吸引全球关注之时，这种"民主样板"与"失败国家"之间形成的反差引发了困惑，外界对其民主体制下的"治理成色"也开始提出质疑。正如美国国际开发署在报告中写的那样：

> 2013年举行的总统大选和立法机构选举标志着法治的回归，但政变使人们对政变前法治的本质和危机之后的前景都提出了疑问：一个建立在法治上的政府和国家为何崩溃得如此之快，以致只能依靠外部干预才能重新建立？事实上，腐败与有罪不罚已经变得如此普遍，以致他们将大部分治理系统缩减为一个空壳，让政府和军队无能为力。②

与西方观察者的后知后觉相比，一些非洲学者很早就对马里多党民主的本质和弊端有着较清晰的认识。达喀尔大学的苏莱曼·T. 科内（Souleymane T. Koné）在1998年就指出，尽管马里在当时已经建立了完整的多党制，成立了58个政党，但这种局面导致政治格局受到侵蚀，政治的代表性不足。③政党数量的激增和选民投票率的低下都证明了这一点。马里政党数量过多，政治团体又极不稳定，政治能量分散，内部分歧严重，这使得马里政坛缺乏具有高度代表性的政党系统。④ 这是马里民主化后政治的症结所在。

然而，在西式多党民主制度下，这种政治版图的不稳定和政治力量的碎片化，很容易被作为民主化之前一党制的对照案例，被看作一种民主的进步。也就是说，西式多党民主鼓励了马里政治的碎片化，这种民主体制被执行得越充分，马里就越难产生一个具有高度代表性的、统合全国各方力量的执政党，而马里的族群冲突、区域发展不平衡、民生与经济发展落后等问题，都需要这样一个强有力的政治领导核心。

① USAID, *Democracy, Human Rights and Governance Assessment of Mali*（Public Version）, 2014.
② Ibid.
③ Souleymane T. Koné, "Les partis politiques et la démocratie au Mali," *Africa Development/Afrique et Développement*, Vol. 23, No. 2, 1998, pp. 185-208.
④ Ibid.

2012 年的军事政变暴露了西式多党民主制度下马里政治的衰败。然而，在外部干预力量支持下重建的马里政府未能解决这一问题，再次重复了政变前的政治模式。从表面上看，马里又一次恢复了民主秩序，选出了凯塔政府，成功地实现了从军事政变向民选政府的过渡。然而从实质上看，这种多党选举的政治逻辑已经很难充分反映马里的真实民意。根据"非洲晴雨表"（Afrobarometer）的调查，2013 年，马里人对于民主的诉求要低于 34 个非洲国家在 2012 年的平均水平。只有 38% 的受访者支持民主制度，并拒绝以威权制度替换民主制度。[1] 在 2018 年的竞选中，凯塔在大选第二轮中获得了67.17% 的选票，远高于其竞争对手。但在其高得票率当选的背后，是选举参与度的低下。在马里约 2000 万的人口中，约有 800 万登记选民，而真正投票的大概有 250 万人，凯塔在大选第二轮中大概获得了 170 万票，[2] 这就是凯塔政府的民意成色。两年后，凯塔政府被军事政变推翻，几乎无人出来保卫凯塔政权。

马里在 2020~2021 年的两次政变，反映了西式多党民主制下的选举逻辑在马里的失灵。马里人对参与选举的兴趣越来越低，同时这种兴趣的低下是合乎理性的，因为即使他们积极参与选举，也无法改变马里的贫困、动荡局面，无法使自身的困难得到解决。这种失灵不是指贿选、虚假选票、操纵舆论等技术性问题，尽管这些问题确实普遍存在。这种失灵指的是西式多党民主制度无法解决马里的政治领导力缺失问题，无法解决马里的安全与发展问题。而且这种制度发展得越充分、落实得越有力，马里政治的碎片化、精英化、无力化和代理人化就越容易得到鼓励。这是西式民主选举逻辑在马里衰败的主要原因。

（二）强人政治与平民主义逻辑的崛起

西式民主选举逻辑在马里失灵的同时，强人政治与平民主义的逻辑正在

---

[1] Michael Bratton, Richard Houessou, "Demand for Democracy Is Rising in Africa, But Most Leaders Fail to Deliver," *Afrobarometer Policy Paper*, No. 11, 2014.

[2] Boubacar Haidara, "Le Mali, une démocratie élective sans électeurs," The Conversation, https://theconversation.com/le-mali-une-democratie-elective-sans-electeurs-104205, accessed: 2021 - 08 - 05.

崛起。少壮派军人发动的两次政变，以及政变后的一系列政治安排，表明以戈伊塔上校为代表的马里少壮派军官团体对于解决马里一系列内外问题有自己的计划。在2012年政变后，"非洲晴雨表"的调查称绝大部分马里人拒绝接受强人政治和一党单独行使权力。然而，民众对于军人执政的接受度更高，只有约一半（56%）的受访者明确拒绝军人执政。[1] 在2020～2021年的军事政变发生后，马里人对军人执政的接受程度还不得而知，但戈伊塔等少壮派军官想要长期掌权、变成马里的新政治强人的主要障碍从来就不在马里国内，而是来自西共体、欧盟等国际社会，尤其以法国的态度最为重要。

在马里政变问题上，法国需要在"工具理性"与"价值理性"之间抉择。如果从"工具理性"出发，法国若仅想长期保持在马里的军事存在、确保法国在马里的政治和经济利益、继续在马里政府支持下开展对萨赫勒地区极端组织的清剿，那么一个以戈伊塔为总统的强人政权就可以满足这些利益。支持军人建立强人政权，或者一个仅保留民主形式的强人政权，也许对法国而言所需付出的成本最低。政变军人在2020年9月对过渡政府的人事安排，也是变相地向法国示好。但法国的决策还受到其"价值理性"的深刻影响。在其价值观的影响下，维护一种"纯洁"的、符合程序正义的西式多党民主制度，是最大的政治正确。因此，军人主导的强人政治是不可接受的，即使戈伊塔等政变军人想要组党参加总统大选也不可接受。目前看来，在法国的决策天平中，"价值理性"压到了"工具理性"。前过渡总统巴·恩多之所以在改组政府时试图将政变军人从国防部长和内政与公民保护部长这两个关键职位上剔除，很可能是受到了法国的鼓励和支持。而在政变军人用二次政变回应巴·恩多的削权行动后，法国的反应也非常激烈。法国总统马克龙宣布暂停与马里军队的一切合作，并将结束"新月形沙丘行动"，试图从马里最为关键的军事和安全问题着手向政变军人施压。

面对内外压力，政变军人不得不从国内寻求更大的政治支持，以向国际

---

① Boniface Dulani, "La démocratie Malienne se rétablit, le Régime militaire suscite encore une admiration," *Afrobarometer Policy Paper 12*, 2014.

和国内社会表明其掌权的合理性。政变军人们一改在 2020 年 8 月至 2021 年 5 月间将"爱国力量联盟"排除在政府之外的做法，转而与新兴的街头政治力量积极合作，将总理职位分配给"爱国力量联盟"。这是马里平民主义政治力量走向政治前台的重要一步。自成立以来，马里"爱国力量联盟"就是一个复杂的混合政治组织，该组织的主要核心之一，是以伊玛目玛穆·迪可为代表的伊斯兰宗教力量。同时该组织还融合了左翼政党、青年学生等，具有明显的"草根"色彩。在 2020 年 8 月之前，该组织的共同纲领仅仅是要求前总统凯塔下台。而该组织走向马里政治的决策层后，对内回应民众的民生需求，对外反对外国干预和剥削很可能成为其新的政治纲领。

伊斯兰宗教力量在马里政治领域的崛起，主要依靠的是通过提供慈善、医疗、教育、扶贫等公共产品积累政治威望，同时在意识形态上以伊斯兰教义对抗西方意识形态，具有明显的反西方、反殖民和反帝国主义的色彩。根据其政治叙事，外国势力的干预、侵蚀与掠夺是造成马里落后、分裂、不安全的主要原因。

当政变军人与平民主义政治力量相结合之后，马里政治领域很可能出现一个不以选举为基础的、对法态度较为冷淡或敌对的军事强人政权。据此，至 2022 年 3 月过渡时期结束时，马里可能很难实现平稳的权力交接。军政府有可能在宗教力量和国内草根政治力量的支持下延长过渡期，或将其掌权常态化。而在安全方面，马里北部的地方分离主义武装和恐怖主义武装可能会在法国终止与马里政府军事合作的刺激下，开展一系列进攻性活动与恐怖主义活动。法国也需要这种安全危机的升温，以凸显其军事支持的不可或缺性。

五　结语

总之，通过简要梳理马里 2020~2021 年两次政变发生的过程，本文认为这两次政变背后是马里政坛新旧政治力量的角力。这些政治力量主要有：少壮派军人团体、职业政客与伊斯兰宗教领袖。少壮派军人团体是两次政变的直接发动者，职业政客是两次政变的对象，而伊斯兰宗教领袖领导的平民主义政治力量是政变成功的助力。少壮派军人政治力量与富有宗教色彩的平民主义政治力量构成了新兴势力，向长期垄断马里政治权力的职业政客力量发起了挑战。在政变前夕的抗议运动中，以"爱国力量联盟"为代表的平民主义政治力量动摇了前总统凯塔的统治。而少壮派军人政治力量利用此时机突然发动政变，使国家权力落入军人之手，"爱国力量联盟"一度被排除在过渡政府之外。2020年政变发生后的一系列政治安排表明，政变军人有很强的掌权意愿，可能会寻求长期执政。而在2021年的政变发生后，政变军人改变了政治策略，选择与伊斯兰宗教领袖领导的平民主义政治力量相结合，这种结合可能会使马里出现一个新的强人政权。

马里在2020～2021年连续发生的两次政变所带来的思考，是西式多党民主选举逻辑在马里等非洲国家的失灵。马里曾长期被当作非洲民主化的模范国家，但"民主样板"的背后是国家治理能力的孱弱，2012年的军事政变虽然使这种虚弱暴露于国际社会，但其制度弱点并未得到修补，西式多党民主选举制度在2013年再次被恢复。2020年政变之前，前总统凯塔也通过程序上基本合规、令国际社会基本满意的选举连续两次当选，但这并不妨碍凯塔被军事政变轻易推翻，政变军人没有遭遇任何抵抗，甚至得到了马里国内舆论和底层群众的支持。这表明，西式多党民主选举已经很难反映绝大多数马里民众的真实民意，更无法有效解决马里国内治理能力虚弱的问题。这种选举逻辑的失灵，并不是指贿选、虚假选票、政治操弄等技术性问题，尽管这些技术性问题确实广泛存在。这种选举逻辑的失灵，指的是西式多党民主选举在马里被执行得越充分、越标准，那么马里政治的碎片化问题、地域和民族矛盾问题以及精英化、无力化、代理人化问题就会越严重，马里也就越不可能出现一个强有力的、能够凝聚全国政治共识的、充分回应人民迫切需求的领导政党或领导核心。这是马里政治制度的症结所在。

当多党民主制下的选举逻辑失灵之时，强人政治与平民主义的政治逻辑正在崛起。军政府试图长期掌权，一方面是为了防止交权后因政变而被政治清算，另一方面也是因为少壮派军人团体试图以强人政治方案解决马里的内外危机。平民主义的政治力量与伊斯兰宗教组织关系密切，它们对内通过填补政府职能、提供公共产品以积累政治声望，对外反对外部干预、反对西方价值观侵蚀，既有宗教保守色彩，又有反殖民、反帝国主义色彩。在2021年5月的二次政变发生后，马里的少壮派军人团体与平民主义政治力量联合，共抗外部制裁带来的压力。在此情况下，当前的马里军政府很可能在2022年3月过渡期到期之时拒绝交权，或延长过渡期，或寻求执政常态化。

卢旺达：疫情下继续保持良好发展态势[*]

王　婷　杨若曦

摘　要：2020 年，卢旺达发展形势总体向好。政治方面，卢旺达政府严打政治腐败，加快国家法治化建设步伐。经济方面，卢旺达政府推行一系列结构性改革方案，以数字经济发展为重点，促进国内经济的复苏和发展。社会方面，卢旺达政府以防控疫情为基调，致力于保障社会秩序的和平正常运转。外交方面，卢旺达重视同区域和国际的多边合作，积极开展同中、法、美等大国的友好经贸交往。未来，卢旺达将继续实施"2050 年愿景"发展计划，在国家发展道路上稳扎稳打，保持卢旺达在非洲的优势地位。

关键词：卢旺达　政治局势　经济形势　社会发展

作者简介：王婷，北京外国语大学非洲学院讲师；杨若曦，北京外国语大学非洲学院师资研究生。

卢旺达是连接中部非洲和东部非洲的内陆国家，位于非洲大湖地区，西邻刚果民主共和国［刚果（金）］，东接坦桑尼亚，北与乌干达接壤，南界布隆迪，地理位置上具有重要战略意义。由于卢旺达人口密度高，每平方公里约有 525 人（在非洲国家中排名第二），^① 其在提高城市化水平、促进产业转型、减贫脱贫、协调资源与保护环境方面面临多重压力。2020 年，受新冠

---

* 本文系北京外国语大学校级项目"后疫情时代下非洲大陆自贸区对中国投资的影响研究"（项目编号：283500121003）的阶段性成果。

① "Population Density in Africa as of 2020 by Country," 2021, https：//www. statista. com/statistics/1218003/population-density-in-africa-by-country/, accessed：2021 – 06 – 19.

肺炎疫情影响，卢旺达国内经济、社会发展面临不小阻碍，但卢旺达政府表现出色，通过采取一系列积极举措，稳步推动落实相关政策，致力于在疫情艰难时期克时艰、促发展，逐步实现卢旺达"2020年愿景"蓝图。

一　政治局势

2020年卢旺达总体政治局势较为稳定，执政党重视加强制度建设，在减少贫困、解决腐败、保持高水平经济增长、务实外交、推进民族团结等方面积极做出努力，其执政地位也在逐渐稳固。目前，卢旺达总统为保罗·卡加梅（Paul Kagame），任期至2024年。① 卢旺达国内较为稳定的政治局势呈现以下两个特点。

其一，卢旺达内战后，政权过渡相对和平迅速，为日后国家发展奠定了较好的政治基础。1994年7月19日，卢旺达爱国阵线（Rwandan Patriotic Front，以下简称"爱阵"）取得军事胜利，卢旺达宣告内战结束。随之爱阵建立民族团结政府，实行5年过渡期；1999年，卢旺达政党论坛决定延长过渡期至2003年。2000年4月17日，爱阵领导人保罗·卡加梅在议会和内阁联席会议上被推举为总统。

其二，为维持政局稳定，卢旺达执政党高度重视加强制度建设。自2003年卡加梅当选总统以来，他一直致力于完善各项制度，整顿司法秩序，稳定公共安全。卡加梅在2017年总统选举中的高得票率和爱阵在2018年议会选举中的胜利（74%的选票），② 凸显了总统及其政党的政治优势。本届政府于2018年10月成立，2020年2月改组，共有32人，现任总理为爱德华·恩吉伦特（Edouard Ngirente）。

在政党组成方面，卢旺达政治局面呈现多政党参与的特点。2003年6月

---

① 卢旺达总统任期一届7年。卡加梅此前分别于2010年以93.08%的得票率、2017年以98.79%的得票率高票胜选连任。

② Bertelsmann Stiftung, *BTI 2020 Country Report-Rwanda*, Gütersloh：Bertelsmann Stiftung, 2020.

23 日卢旺达国民议会通过的政党法案明确规定，不得以亲属、部族、地区、宗教和其他一切可能导致国家分裂的因素为基础建立政党，重新登记获政府承认的合法政党共有 11 个，除执政党爱阵外，还包括参政党社会民主党（Democratic Socialist Party）、自由党（Liberal Party）、中间民主党（Centrist Democratic Party）、理想民主党（Democratic Ideal Party）、卢旺达社会党（Rwandan Socialist Party）、卢旺达人民民主同盟（Democratic Popular Union of Rwanda）、团结进步党（Party for Solidarity and Progress）、进步共识党（Party for Progress and Concord）、社会真理党（Social Party Imberakuri）、民主绿党（Democratic Green Party）。

在议会方面，卢旺达实行由参议院和众议院组成的两院制。参议院由 26 名参议员组成，任期 5 年。本届参议院于 2019 年选举产生，任期至 2024 年，现任参议长为奥古斯丁·伊亚穆雷米耶（Augustin Iyamuremye）。众议院由 80 名议员组成，任期 5 年。本届众议院于 2018 年 9 月选举产生，80 个席位中爱阵及其联盟共获 40 席，社会民主党获 5 席，自由党获 4 席，社会真理党获 2 席，民主绿党获 2 席，妇女、青年和残疾人代表占其余 27 席，现任众议长是多娜泰尔·穆卡巴利萨（Donatille Mukabalisa）。

卡加梅政府在减少贫困、解决腐败、保持高水平经济增长、务实外交、推进民族团结等方面的努力使其拥有较高的国民声望，执政地位也在逐渐稳固。具体而言，2020 年卢旺达国内政治动向主要有以下四个方面。

第一，稳步推进国家中长期发展计划的实现。2020 年 1 月，卡加梅将"2020 年愿景"长期发展计划升级为"2050 年愿景"，总体目标是到 2035 年把卢旺达建设成为中等收入国家（MIC），到 2050 年成为高收入国家（HIC）。这一目标将通过为期 7 年的国家转型战略（NST1）予以实现。

第二，大力打击政治腐败现象，提高政府办事效率。卢旺达在"2020全球国际清廉指数排名（非洲国家地区）"中居第 4 位,① 在全球 180 个国

---

① "Worldwide Governance Indicators," World Bank，2019，http：//info. worldbank. org/governance/wgi/Home/Reports，accessed：2021 - 06 - 19.

家中排名第 49 位。^① 2018 年卢旺达议会通过了《刑法》修正案，积极补充与腐败犯罪有关的条款，加大反腐力度。2020 年 7 月，卢旺达国家公共检察机关（NPPA）表示，卢旺达政府已于近几年通报了 928 起涉及腐败和政府资金管理不当的案件，案件共涉及 1187 人。^② 值得赞扬的是，卢旺达政府为打击海关部门的政治腐败现象，于 2012 年推出了撒哈拉以南非洲地区第一个电子清关系统——ReSW（卢旺达单一电子窗口），旨在提高国际进出口贸易的透明度，实现进出口清关的自动化和便利化，减少清关程序中的腐败现象滋生。^③

第三，完善法律制度以推进国家法治化建设发展。首先，在构建吸引内外部投融资的法律环境层面，2020 年 2 月卢旺达修订了《反洗钱法》，以加大对国际洗钱和恐怖主义行为的打击力度；^④ 8 月，卢旺达内阁会议批准了《合伙企业法》草案，^⑤ 旨在为卢旺达创造更加法治化的投资营商环境。《合伙企业法》已于 2021 年 2 月正式生效；^⑥ 12 月，卢旺达议会修订了《国籍法》，旨在吸引外资、加大人才引进力度。^⑦ 其次，卢旺达政府也通过相关法律制度来保护本国的环境。例如，卢旺达环境部宣布在 2019 年新版《禁塑

---

① "Corruption Perceptions Index," Transparency International, 2020, https：//www. transparency. org/en/countries/rwanda, accessed：2021 - 06 - 19.

② "War on Corruption：Accomplices in Hiding Illicit Property to be Pursued," *The New Times*, July 29, 2020, https：//www. newtimes. co. rw/news/war-corruption-accomplices-hiding-illicit-property-be-pursued, accessed：2021 - 06 - 19.

③ "Managing Trade Facilitation in Pandemic Times：The Experience of Rwanda at the Kiyanzi Dry Port," UNCTAD, September 21, 2020, https：//unctad. org/news/managing-trade-facilitation-pandemic-times-experience-rwanda-kiyanzi-dry-port.

④ "Why Rwanda Amended Anti-money Laundering Law," *The New Times*, July 29, 2020, https：//www. newtimes. co. rw/news/rwanda-amend-anti-money-laundering-law, accessed：2021 - 06 - 19.

⑤ "How New Partnership Law will Improve Investment Ecosystem," *The New Times*, August 19, 2020, https：//www. newtimes. co. rw/news/new-partnership-law-improve-investment-ecosystem, accessed：2021 - 06 - 19.

⑥ "Rwanda Publishes Partnership Law," Orbitax, February 24, 2021, https：//www. orbitax. com/news/archive. php/Rwanda-Publishes-Partnership-L-45498, accessed：2021 - 06 - 19.

⑦ "Rwanda Nationality Law Repealed To Attract Investments, Skills," KT Press, December 30, 2020, https：//www. ktpress. rw/2020/12/rwanda-nationality-law-repealed-to-attract-investments-skills/, accessed：2021 - 06 - 19.

法令》的基础上完善相关法条, 即对生产制造一次性塑料征收巨额罚款 (1000 万卢旺达法郎), 旨在通过法律强制手段进一步强化卢旺达国内的禁塑力度。①

第四, 致力于推进国内各民族和解进程。自 1994 年以来, 卢旺达政府一直致力于实现本国的民族和解进程, 并已先后废除了前政府的引起部族矛盾和隔阂的相关政策。2018 年, 卢旺达通过第 59 号《关于种族灭绝意识形态和相关犯罪法》修正案, 不仅将 "种族灭绝" 的国际法定义纳入法案,② 还补充界定 "种族灭绝意识形态" 和相关犯罪的法律适用范围。例如, 根据法律规定, 任何否认 1994 年种族灭绝事件或为其辩护的人, 将被判处 5～7 年有期徒刑, 并处以高额罚款。2020 年, 卢旺达发布了针对种族灭绝逃犯的七项新起诉书, 再次呼吁世界各国政府协助逮捕相关逃犯。据统计, 种族灭绝逃犯名单目前已增加至 1145 人。③

总的来说, 2020 年卢旺达国内政治局势较为平稳, 政治、经济与社会秩序得到积极的发展。卡加梅政府在严打腐败、依法治国和推进国家内部团结等方面的努力使卢旺达在非洲东部地区中脱颖而出, 但是仍面临诸多挑战。例如, 国际人权组织对卢旺达内部民族问题的指责和干涉、境内外反对派势力的储备力量崛起,④ 与邻国布隆迪和刚果 (金) 在武装民兵和反政府团体层面的安全冲突风险、新冠肺炎疫情对卢旺达国家建设和经济发展的多重挑战等。

---

① "Rwanda Announces Heavy Fines Against Single Use Plastics," KT Press, February 12, 2020, https：//www. ktpress. rw/2020/02/rwanda-announces-heavy-fines-against-single-use-plastics/, accessed：2021 - 06 - 19.

② "2020 Country Reports on Human Rights Practices：Rwanda," U. S. Department of State, March 20, 2021, https：//www. state. gov/reports/2020-country-reports-on-human-rights-practices/rwanda/.

③ "Rwanda Issues New Indictments for Genocide Suspects," *The East African*, December 12, 2020, https：//www. theeastafrican. co. ke/tea/news/east-africa/rwanda-issues-new-indictments-for-genocide-suspects-3226516, accessed：2021 - 06 - 19.

④ "Rwanda Events of 2019," Human Right Watch, 2020, https：//www. hrw. org/world-report/2020/country-chapters/rwanda#, accessed：2021 - 06 - 19.

二 经济形势

2020 年卢旺达经济发展受新冠肺炎疫情的影响较大，但以制造业为首的部分行业仍呈现上升发展趋势。卢旺达政府积极稳步推出一系列复苏政策方案以促进经济平稳发展。

卢旺达具备良好的经济发展环境。在过去十年，卢旺达实现了经济高速增长，年均增长率超过 7%，这与卢旺达国内稳定的政治环境、相对较少的腐败现象、友好的投资环境等因素密不可分。① 世界银行发布的《2020 年营商环境报告》显示，② 卢旺达营商环境在全球 190 个经济体中排名第 38 位，在东非排第 1 位，在整个非洲大陆居第 2 位。卢旺达国内生产总值从 2000 年的 17.3 亿美元跃升至 2019 年的 102.1 亿美元。卢旺达经济的快速发展与其积极参与国际多边合作的发展理念息息相关。卢旺达活跃于多个次区域经济组织，目前，卢旺达是东南非共同市场（COMESA）和东非共同体（EAC）的成员，同时也是非洲大陆自由贸易区（AfCFTA）的成员国之一，这为卢旺达实现互补资源、开放市场、扩大需求等提供了便利的贸易环境。

新冠肺炎疫情暴发之前，卢旺达经济态势持续向好。③ 宏观经济运行方面，卢旺达债务可持续性良好。2019 年外债占 GDP 的比例为 44%，相对较低（但增长较快）；外国援助占比在该国的年度预算中已从 10 年前的 80% 下降到 39.5%。④ 税收一直是卢旺达政府财政收入的主要来源。2020 年 2 月，卢旺达 2019/2020 财年预算总额为 30171 亿卢郎（约合 33.55 亿美元），较 2018/2019 财年预算总额增加了 11%。另外，截至 2020 年，卢旺达外汇

---

① World Economic Outlook Database, IMF, October 2020, https：//www. imf. org/en/Publications/WEO/weo-database/2020/October, accessed：2021 - 06 - 19.

② World Bank, *Doing Business 2020 Comparing Business Regulation in 190 Economies*, Washington D. C. ：World Bank Publications, 2020.

③ "General Profile：Rwanda," UNCTAD, 2021, http：//unctadstat. unctad. org/Country Profile/General Profile/en-GB/646/index. html, accessed：2021 - 06 - 19.

④ 笔者根据 2020/2021 财年卢旺达国家预算数据统计得出。

储备为 11.73 亿美元，外债总额为 69 亿美元。

农业方面，农副产品出口是推动卢旺达经济增长、创造就业、减贫的重点领域。近年来卢政府采取新农业政策，提高粮食产量，促进畜牧业发展，并逐步增大农业投入。2018 年 6 月，卢旺达启动第四期农业转型战略，大幅提升农业产量，增加农产品附加值，咖啡、茶叶和园艺产业已成为卢旺达农业部门商业化的主要战略产业。

工业方面，卡加梅政府大力推动产业结构的优化发展。目前，制造业和建筑业仍是卢旺达工业的主要增长点。通过推出一系列政策以加速产业私有化进程，政府鼓励促进国内外投资，重点拓展矿业领域发展。其中，卡吕吕马锡冶炼厂现已成为非洲最大的锡厂之一，是卢旺达产业发展的一大标志性成果。

进出口贸易方面，2019 年卢旺达出口总值增长了 3.8%，[1] 出口量同比增长了 40.6%，达到 11.645 亿美元，这得益于非传统商品出口和再出口的良好表现。金、锡、钽、钨、茶叶和咖啡占卢旺达出口收入的 57% 以上。一方面，卢旺达矿产品出口额在 2018～2019 年下降了了 31.3%，茶叶出口收入为 8630 万美元，比 2018 年下降了 4.6%。另一方面，咖啡的出口额为 6920 万美元，比上年增长了 0.2%。从贸易对象来看，美国和欧洲是卢旺达咖啡出口的主要市场，而中东和巴基斯坦是卢旺达茶叶出口的主要对象国。

卢旺达仍以非洲国家作为主要贸易对象国。2019 年卢旺达贸易总额的 1/3 来自非洲内部贸易，其中与东非共同体成员国间的贸易额占总贸易额的 50%。[2] 在东南非共同市场自贸区（COMESA FTA）以外的非洲国家中，卢旺达主要与刚果（金）、南非和喀麦隆保持密切贸易往来。在非洲内部贸易中，出口至刚果（金）的份额占总份额的 69%，出口至东非共同体和东南非共同

[1] "Annual Report," Nation Bank of Rwanda, October 29, 2020, https://www.bnr.rw/news-publications/publications/annual-reports/, accessed: 2021-06-19.

[2] "Rwanda: 2019 Intra-Africa Trade and Tariff Profile," TRALAC, November 23, 2020, https://www.tralac.org/resources/infographics/15013-rwanda-2019-intra-africa-trade-and-tariff-profile.html, accessed: 2021-06-19.

市场的份额占总份额的 25%；从肯尼亚和坦桑尼亚的贸易进口额占总进口额的59%，从东非共同体和东南非共同市场成员的贸易进口额仅占总进口额的 1%。

2020 年卢旺达经济发展态势受新冠肺炎疫情的影响较大。卢旺达 2019/2020 财年的平均通胀率为 6.3%，[①] 高于上一财年的 0.8%。整体通胀率的上升反映了诸多产品的通胀上升。根据卢旺达国家统计局（NISR）2021 年 3月 18 日公布的该国 2020 年全年宏观经济统计数据可知，[②] 2020 年卢旺达国内生产总值为 9.746 万亿卢郎（约合 98 亿美元），较 2019 年萎缩了 3.4%，低于此前的经济增长预期。从供给侧看，2020 年全年总消费支出降低了4%，其中居民消费支出降低了 5%，政府消费支出增加了 2%；资本形成总额增长了 4%，其中固定资产总额萎缩了 5%；全年出口总值降低了 9%，其中货物出口总值增加了 21%，服务出口总值降低了 50%。此外，卢旺达 2月份消费者物价指数（CPI）较 2019 年同期增长了 2.2%，低于上月的3.5%，物价增长继续相对趋缓。从社会整体行业发展来看，服务业占 GDP的 46%，农业和工业分别占 26% 和 19%。其中农业在 2020 年度增长了 1%，粮食作物产值增长停滞，出口作物产值降幅达 9%，渔业产值降幅达 16%；畜牧业和林业分别增长了 8% 和 4%。工业在 2020 年度萎缩了 4%，其中采矿业产值降低了 31%，建筑业产值降低了 6%。服务业在 2020 年度萎缩了6%，拉低了 GDP 增速 2.6 个百分点，受疫情影响严重的酒店餐饮业、教育业和运输业降幅分别达到 40%、38% 和 24%。

值得注意的是，虽受疫情的影响，但卢旺达仍有呈上升发展趋势的行业。制造业总产值全年增长了 2%，其中食品加工业、烟酒饮料加工业和非金属矿产品加工业分别增长了 2%、7% 和 8%。此外，医疗卫生与社会工作行业增幅达 16%，信息通信业增幅达 29%。卢旺达政府高度重视包括信息

[①] "Annual Report," Nation Bank of Rwanda, October 29, 2020, https：//www. bnr. rw/news-publications/publications/annual-reports/, accessed：2021 – 06 – 19.

[②] "Statistics of Business, Establishment, Finance and Trade," National Institute of Statistics of Rwanda, March 18, 2021, https：//www. statistics. gov. rw/statistical-publications/subject/business%2C establishment%2C finance-and-trade, accessed：2021 – 06 – 19.

通信行业在内的数字经济发展。2020 年该国信息通信技术（ICT）行业产值为 2080 亿卢旺达法郎（约合 2.09 亿美元），较 2019 年的 1860 亿卢旺达法郎（约合 1.87 亿美元）增长了 12%。卢旺达最大的移动通信服务商 MTN Rwanda2020 年的营业收入较 2019 年同比增长了 20%。同时，信息通信技术行业中的互联网服务、应用程序、编程等领域也呈现巨大的市场需求。2020 年卢旺达移动支付服务价值增长了 87%，移动银行业务的价值增长了 131%，与此同时，卢旺达零售电子支付金额也从 2019 年占 GDP 的 34% 增加到 2020 年的 76%。

卢旺达政府推出一系列政策方案以稳定经济发展。2020 年 4 月，卢旺达将中央银行利率从 5% 降至 4.5%，将存款准备金率从 5% 降至 4%；修订债券再贴现窗口机制、推广数字支付渠道、保持更加宽松的货币政策；启动 2 年期的经济复苏基金计划（Economic Recovery Fund），旨在扶持受新冠肺炎疫情影响严重的本国企业，助力其恢复生产经营、保障就业人员的基本权益。

虽然卡加梅政府通过一系列结构性改革致力于复苏经济，但是否能够保持经济增长仍将取决于国际商品价格及外国援助力度等多重因素。[1] 此外，卡加梅政府也面临着影响经济发展的诸多问题，包括如何激励农村和城市民众提高生产效率；如何创造尽可能多的生产性新工作、支持技术教育；如何利用区域和全球机会寻求发展出口动力，促进区域一体化发展；如何成为通往印度洋运输走廊的十字路口；如何成为基伍湖地区产品的贸易和加工枢纽；如何与邻国合作共同发展区域旅游业等。上述提及的问题都将是卢旺达在未来推进国内经济发展、构建良好商业投资环境过程中所不可忽视的重要因素。

三　社会形势

2020 年卢旺达的社会形势受到新冠肺炎疫情的影响，主要体现在高失业率、城乡居民低收入等方面。卡加梅政府采取诸如建立综合社会保障体系、

---

[1]　Bertelsmann Stiftung, *BTI 2020 Country Report-Rwanda*, Gütersloh：Bertelsmann Stiftung, 2020.

公开透明化公共卫生信息、完善线上教育系统等积极举措以应对疫情扩散，稳定卢旺达社会发展的大环境。

自疫情暴发以来，卡加梅政府采取积极的应对措施控制疫情扩散。自卢旺达于2020年3月14日出现第一例新冠肺炎病例以来，截至2021年3月31日，该国累计确诊病例21783例，累计治愈20182例，累计死亡307例。2021年3月5日，卢旺达启动全国性新冠肺炎疫苗接种工作，计划今年共接种全国人口的30%，截至3月31日，累计接种人数达到348926人，预计到2022年底将有60%的人口接种疫苗。卡加梅政府于2020年3月初组建了新冠肺炎疫情联合工作组，制定了为期6个月的《新冠肺炎国家准备和响应计划》（*Coronavirus National Preparedness and Response Plan*），详细阐述政府应对疫情的具体措施，如：组建应对疫情的快速反应团队（RRT）；使用无人机宣传防疫抗疫指南；使用住院护理机器人进行体温监测及药物配送；通过社交媒体平台辟谣不实信息及调动民众的凝聚力等。随着疫情的蔓延，政府进一步采取了严格的宵禁政策与限制跨区流动等措施。总的来说，与其他非洲国家相比，卢旺达新冠肺炎疫情管控较好，这得益于在疫情暴发初期卡加梅政府迅速采取的由中央政府领导、多部门协同管控的措施，凸显出非洲国家领导人杰出的领导能力。

社会层面，卢旺达受新冠肺炎疫情影响较大。首先，失业率飙升，其中非熟练劳动力与妇女受影响较大。卢旺达的失业率在2020年8月（第三季度）为16.0%，2020年11月（第四季度）升至20.3%。[①] 2020年2~5月，城市工人的就业率平均下降了10%，而未经正规教育的工人就业人数下降了25%。这一下降趋势与占用大量非熟练劳动力的关键服务业（例如运输、酒店、建筑和商业）的大幅减少趋势相一致。[②] 而女性工人相较于男性工人就

---

① "Covid-19 and its Impact on Labour Force in Rwanda," National Institute of Statistics of Rwanda, March 18, 2021, https://www.statistics.gov.rw/publication/covid-19-and-its-impact-labour-force-rwanda-0, accessed: 2021-06-19.

② "Rwanda Economic Update," The World Bank, January 2021, https://openknowledge.worldbank.org/bitstream/handle/10986/35111/Rwanda-Economic-Update-Protect-and-Promote-Human-Capital-in-a-post-COVID-19-World.pdf? sequence=1&isAllowed=y, accessed: 2021-06-19.

业人口比例下降幅度更大（女性工人为 6.2 个百分点，男性工人为 4 个百分点）。其次，卢旺达国内就业和贸易机会持续减少。疫情管控条例限制了卢旺达的进出口交易，导致交易成本增加，带来的结果之一是城乡居民收入减少。据世界银行统计，2020 年卢旺达居民家庭收入下降了 6.3%，居民消费价格却上涨了 2.9%。① 此外，由于农业部门受到疫情的影响小于服务业和制造业，相较城市居民，农村居民家庭损失较少。2020 年农村家庭和城市家庭的消费量分别比疫情暴发前的预期数据低 7.2% 和 9.4%。不过，尽管在短期内农村地区居民家庭损失低于城市地区，但从长期来看，农村家庭更容易陷入贫困，新冠肺炎疫情导致的长期不利影响将加剧城乡不平等现象。疫情常态化时期，城市活动（服务业和工业）的增长可能快于农业活动，将更加凸显农村地区经济结构的脆弱性和依附性。

在公共卫生健康方面，卢旺达政府第一时间公布了统一的公共卫生信息，不仅维护了政府当局的政策透明度，也增加了公众对政府的信心。政府利用从国家层面到区、镇、村层面的"从上至下"的等级结构，实时公布每日病例数目、分布地区及传染途径报告，有效传达了有关佩戴口罩和洗手重要性的公共卫生信息，并通过制定政策严厉禁止亲密接触和大型集会行为。此外，卢旺达政府采用高风险人群针对性检测与集中检测策略，有效利用设备和测试套件资源，实现对大量无症状人员的检测。在防控疫情的关键期，卢旺达政府将快速响应实验室数量从 1 个（2020 年 3 月）增加到 12 个（2020 年 9 月）。同时，政府还组织建立了全国新冠肺炎专门治疗站点网，保证了充足的床位容量。为减轻医疗工作者的压力，政府针对较低风险地区与轻症病例推出了以社区为核心的医疗系统，组织培训社区卫生工作者及病患家庭成员，实现及时随访、护理和报告机制。

卢旺达政府继续致力于建立综合社会保障体系。早于 2007 年 2 月通过

---

① "Rwanda Economic Update," The World Bank, January 2021, https：//openknowledge.worldbank.org/bitstream/handle/10986/35111/Rwanda-Economic-Update-Protect-and-Promote-Human-Capital-in-a-post-COVID-19-World.pdf? sequence = 1&isAllowed = y，accessed：2021 – 06 – 19.

的《2020 年区域展望计划》（The Vision 2020 Umurenge Program），为实现"加速消除贫困、促进农村增长和加强社会保护"的目标提供了政策支持。该计划首先对于贫困人口类型及程度进行了详细划分，并根据类目实施相应扶贫工作，措施包括提供全年灵活兼职工作机会、为 2 岁以下儿童提供基本营养及健康护理服务等。另外，卢旺达政府于 2018 年 12 月启动了《"美好明天"长期储蓄计划》（Ejo Heza Long-Term Savings Scheme），其中特别关注非正规部门工人的养老保险福利。在疫情暴发后，2020 年 5 月，卢旺达政府启动"紧急现金转付"（emergency cash transfers）措施，辅助《2020 年区域展望计划》与《"美好明天"长期储蓄计划》降低疫情对贫困人口造成的负面影响。自疫情初期以来，卡加梅政府坚持对食物与生活必需品进行对口配给，接收家庭数量已从 2020 年 4 月的 55272 户增加到 2020 年 12 月的 112882 户。

在中小学教育方面，尽管卢旺达教育系统为应对疫情冲击对教学及相关工作做出了积极调整，但仍面临许多后续问题。2020 年 3 月 14 日，卢旺达政府宣布关闭该国所有学校，这一举措影响了大约 350 万在校中小学生。[1] 2020 年 11 月，中小学开始分阶段重新开放，学生返回停课前的年级。停课期间，卢旺达政府采取积极举措，推行远程学习以确保学生的学习继续进行。卢旺达教育委员会（REB）在国家电视台和广播电台推出教育节目，同时，利用报纸及社交媒体加强家校沟通，并升级了电子学习网站，还为教师学习线上教学相关技能提供专业指导课程。[2] 尽管政府大力推行线上学习，以缓解关闭学校带来的负面影响，但长达 8 个月的停课仍带来了一系列问题。首先，部分学生家庭贫困或来自网络覆盖率较低甚至电力供应不足的农

---

[1] "Rwanda Economic Update," The World Bank，January 2021，https：//openknowledge. worldbank. org/bitstream/handle/10986/35111/Rwanda-Economic-Update-Protect-and-Promote-Human-Capital-in-a-post-COVID-19-World. pdf? sequence = 1&isAllowed = y，accessed：2021 – 06 – 19.

[2] "Effects of School Closures on Secondary School Teachers and School Leaders in Rwanda：Results from a Phone Survey," Leaders in Teaching Research and Policy Series，Laterite Rwanda and REAL Centre University of Cambridge，January 2021，https：//www. ukfiet. org/2021/effects-of-school-closures-on-secondary-school-teachers-and-leaders-in-rwanda-results-from-a-phone-survey/，accessed：2021 – 06 – 19.

村地区，导致他们无法通过广播、电视、互联网实现远程学习。其次，疫情对学习生活的巨大影响使得青少年身心健康问题日益凸显。最后，贫困家庭的学生，特别是女性学生面临无法重返学校的问题。与此同时，女性学生居家学习持续面临较高的基于性别及其他类型的暴力风险。

总的来说，2020 年卢旺达政府在疫情防控及稳定社会和平、发展环境建设方面做出了贡献，但是如何实现防疫常态化，如何有效规避社会风险等问题仍需要卡加梅政府未来予以重视并解决。

四　外交关系

2020 年卢旺达继续奉行和平、中立和不结盟的外交政策，一方面将争取外援和谋求本国安全作为外交的主要任务；另一方面重视地区和国际合作，加紧同非洲大陆域内外国家的合作进程，积极参与地区和国际层面的经济和安全议题。

在安全领域，卢旺达系联合国主要维和出兵国之一，至 2020 年 11 月，卢累计派出维和部队及警察、军事专家等 6388 人，是全球第二大维和人员派遣国。[①]

在地区合作领域，卢旺达于 20 世纪末积极寻求加入多个区域组织以实现区域内的经济合作。1999 年，卢加入东部和南部非洲共同市场；2000 年 11 月，卢签署《非洲联盟章程》；2007 年加入东非共同体；2013 ~ 2014 年，卢任联合国安理会非常任理事国；2015 年，卢重新加入中部非洲国家经济共同体（CEEAC）。卢旺达长期寻求与东非地区各国建立稳定友好的外交关系。近一年来，在密切区域睦邻友好关系方面，卢旺达致力于解决两个问题。一是与布隆迪的关系。2020 年布隆迪新任总统上台后，卢旺达与布隆迪两国关

[①] "Summary of Troops Contributing Countries by Ranking：Police, UN Military Experts on Mission, Staff Officers and Troops," November 2020, https：//peacekeeping.un.org/sites/default/files/02_country_ranking_32.pdf, accessed：2021 - 06 - 19.

系始有缓和。10月，两国外长会面，双方承诺解决边境安全问题，为维护地区和平与安全开展合作，以重振两国睦邻关系。二是与乌干达的关系。卢旺达努力修复与乌干达的裂痕，但收效甚微，两国关系仍未摆脱外交僵局。自2017年以来，卢旺达与乌干达的关系一直在恶化，卢旺达指责乌干达支持其境内反卢旺达政府的武装团体，乌干达也指控卢旺达试图实施贸易禁运和间谍活动。两国的紧张关系一度升级至关闭边境口岸甚至在边境部署军队。2020年2月，卢乌签署引渡条约，以期缓解两国紧张局势。此后两国虽多次互相释放人质，但紧绷的关系并未因此出现明显缓解，2020年8月数据显示，乌干达向卢旺达的出口收入已降至历史最低点。①

在国际合作领域，卢旺达与法国关系趋于缓和。法国对1994年卢旺达种族灭绝态度转变成为卢法关系改善的重要因素。2020年5月，种族灭绝头号逃犯之一费利西安·卡布加（Félicien Kabuga）在法国被捕，其落网很大程度上得益于法国政府的司法努力。此外，法国进一步恢复与卢旺达的经济合作。2020年6月，法国开发署（AFD）恢复对卢旺达的经济支持，两国签署了一系列融资协议，包括提供4500万美元的贷款以用于抗击新冠肺炎疫情及其对经济的影响；提供220万美元支持贫困家庭生存所需和卢旺达红十字会的赈济行动；提供50万美元的专项协议，用于资助该国职业培训系统的发展并促进青年就业；提供200万美元，用于对卢旺达理工学院进行技术援助。

卢旺达与美国双边交往密切。美国加大对卢旺达的援助力度，同卢旺达保持良好外交关系。例如，2020年7月，美国国际开发署（USAID）同卢旺达签署一项共计6.438亿美元的5年融资协议，并向卢方提供4860万美元现金援助。为协助卢旺达应对新冠肺炎疫情，美国分别于2020年7月、8月、11月分批次向卢旺达捐赠约1000万美元的医疗用品及配套物资。2020年12月，美国国际开发署在卢旺达布雷拉（Burera）区建立社区图书馆，并协助

---

① "Uganda's Export Earnings From Rwanda Fall to an All Time Low," All Africa, November 5, 2020, https://allafrica.com/stories/202011050571.html, accessed：2021 - 06 - 19.

培训约 900 名卢旺达社区的青年志愿者。该项目隶属"让我们读书吧"（Mureke Dusome）计划，自 2016 年至今，此计划已在卢旺达全国各地建立了 2500 多个阅读俱乐部。① 同月，美国国际开发署发起"全民工作"（Umurimo Kuri Bose）活动，② 该活动旨在为卢旺达残疾青年提供就业机会，近两年投资已超过 150 万美元。

卢旺达同中国继续保持友好合作关系。在新冠肺炎疫情援助层面，中国为卢旺达提供了切实有效的帮助和支持。2020 年 4 月，中国政府提供了第一批援卢防疫物资。同月，中国专家通过网络研讨会与卢旺达的一线医生分享了医院管理、紧急响应和医务人员培训方面的抗疫经验。5 月，中国驻卢旺达大使馆向卢旺达武术协会捐赠抗疫物资，捐赠物资发放给 400 户练习武术的家庭，帮助解决疫情期间的实际困难。6 月，中国人民解放军向卢国防军捐赠了一批抗疫医疗物资。7 月，中国驻卢旺达大使馆向卢第一夫人办公室转交中国政府援卢妇女儿童抗疫物资。同月，全国政协向卢参议院捐赠一批抗疫物资。8 月，中国驻卢旺达大使馆移交给卢首都加萨博（Gasabo）区政府一批抗疫物资，分配给受新冠肺炎疫情影响的 300 户当地教师家庭。③ 9 月，驻卢旺达大使馆向卢卫生部正式移交第二批中国政府援卢抗疫物资。11 月，驻卢旺达大使馆与卢种子基金会签署新一期合作备忘录。12 月，在新冠肺炎疫情较为严重时期，中国（内蒙古）第 21 批援卢旺达医疗队赴卢旺达执行为期一年的援外医疗任务。此外，2020 年卢旺达与中国保持密切的经贸往来。2020 年卢中双边贸易额达 3.21 亿美元，同比增加了 6.9%，其中中方出口额为 2.83 亿美元，同比增长了 6.6%，进口额为 0.38 亿美元，同比

---

① "USAID Promotes Reading With Launch of a New Community Library," U. S. Embassy in Rwanda, December 4, 2020, https://rw.usembassy.gov/usaid-promotes-reading-with-launch-of-a-new-community-library/, accessed: 2021 – 06 – 19.

② "USAID Launches Umurimo Kuri Bose to Promote an Inclusive Environment for Youth with Disabilities for Employment," U. S. Embassy in Rwanda, December 2, 2020, https://rw.usembassy.gov/usaid-launches-umurimo-kuri-bose/, accessed: 2021 – 06 – 19.

③ 《中国使馆向卢旺达部分教师家庭捐赠抗疫物资》，2020 年 8 月 28 日，新华网，http://www.xinhuanet.com/world/2020 – 08/28/c_1126425490.htm，最后访问日期：2021 年 4 月 15 日。

增长了9.1%。2020年9月，中国和卢旺达经济、技术和贸易合作联合委员会第八次会议以视频方式召开，此次会议亦是新冠肺炎疫情发生以来中国与非洲国家召开的第一次经贸机制会议。

五　结语

总体而言，在卢旺达"2020年愿景"收官之年，卢旺达国内政治形势基本稳定，经济持续发展，社会保障体系建构日益完善。2020年亦是卢旺达"疫情之年"，为应对疫情冲击，卡加梅政府有效整合资源、协同推进疫情防控工作，采取如封锁跨区流动、全国范围停课等极为严格的措施积极抗疫。经济层面，卢旺达推进落实一系列宏观调控经济政策，借力数字经济，助推经济实现快速发展。社会层面，卢旺达充分利用现有公共卫生健康与社会保障体系，持续扩大针对性服务保障规模，织密疫情防控救治网。外交层面，卢旺达继续保持与中国、美国、法国等国的积极往来，重视发展与非洲各邻国间睦邻友好关系，在多领域展开密切合作，携手抗击疫情。虽然卢旺达国内仍面临着许多挑战，但是整体来看，卡加梅政府的国家治理能力呈现积极的发展态势。

刚果（金）：齐塞克迪总统时期的
国家发展

李湘云

摘　要： 2020～2021年，是刚果民主共和国政治转型的重要时期。政治发展方面，"引领变革方向"和"刚果共同阵线"的执政联盟破裂，组建新的执政联盟"国家神圣联盟"。伊隆坎巴总理及其内阁成员辞职，基恩格继任总理并组建新政府。齐塞克迪总统的执政基础逐渐稳固。经济发展方面，经济发展缓慢，失业率上升，国际收支失衡，刚果法郎贬值。社会发展方面，新冠肺炎等多种疫情蔓延，粮食危机愈发严重，人类发展指数有所提升。安全形势继续恶化，东部地区问题升温。对外关系方面，积极发展与中美等大国的关系，加强与刚果（布）、卢旺达、安哥拉等非洲国家的交往。

关键词： 刚果民主共和国　政治发展　新冠肺炎疫情　安全形势

作者简介： 李湘云，云南大学非洲研究中心副研究员。

刚果民主共和国［简称刚果（金）］，是中非地区国土面积最大的国家。2019年1月24日，费利克斯·齐塞克迪（Félix Tshisekedi）就任刚果（金）总统。这是刚果（金）自1960年独立以来首次实现国家权力和平交接。齐塞克迪执政以来，对内致力于维护稳定、发展经济、改善民生，对外力图使刚果（金）在非洲乃至国际舞台上占有一席之地。[①] 2020年，齐塞克迪继续推进政治民主化进程，并迅速登上非洲外交舞台。然而受新冠肺炎疫情、东

---

① 余文胜：《刚果民主共和国总统齐塞克迪》，《国际研究参考》2020年第7期，第54页。

部地区问题等因素影响，刚果（金）的经济更加脆弱，社会更加动荡，普通民众更加贫困。

一 政治形势：齐塞克迪政权更加稳固

2020 年，刚果（金）国内政治格局发生较大变化。齐塞克迪中止了"引领变革方向"（Cap pour le Changement，CACH）与"刚果共同阵线"（Front Commun pour le Congo，FCC）的执政联盟，以"引领变革方向"为主组建了"国家神圣联盟"（Union sacrée de la Nation，USDN），夺取国家治理的主导权。

（一）齐塞克迪与卡比拉博弈的背景

2018 年 12 月 30 日，刚果（金）举行大选。刚果（金）有 600~650 个政党，政党自身力量薄弱，普遍以结盟的方式参与总统选举和议会选举，以便在竞选成功后从政党联盟中获取政治利益。[①] 在总统选举和议会选举中，有 3 个政党联盟的实力最强：一是由前总统约瑟夫·卡比拉（Joseph Kabila）领导的、以争取重建与民主人民党（Le Parti du Peuple pour la Reconstruction et la Démocratie，PPRD）为主建立的"刚果共同阵线"；二是由费利克斯·齐塞克迪领导的民主与社会进步联盟（Union pour la Democratie et le Progres Social，UDPS）和维达尔·卡梅雷（Vital Kamerhe）领导的刚果国家联盟（Union pour la Nation Congolaise，UNC）组成的"引领变革方向"；三是由马尔丹·法尤卢（Martin Fayulu）领导的为公民和发展而战斗党（Parti d'Engagement pour la Citoyenneté et le Développement，ECiDé）和刚果解放运动（Mouvement pour la Libération du Congo，MLC）等政党组成的"拉穆卡联

---

① Peter Fabricius, "Déjà vu: The DRC's Perpetual Cycles of Hope and Despair," July 23, 2021, https://issafrica.org/iss-today/deja-vu-the-drcs-perpetual-cycles-of-hope-and-despair, accessed: 2021 – 07 – 30.

盟"（Lamuka Coalition）。

2019年1月10日，全国选举委员会公布总统选举结果，齐塞克迪当选总统。1月12日，全国选举委员会公布议会选举结果。"刚果共同阵线"在国民议会选举中获得了绝大多数席位，成为立法机构中最大的政治力量。[①] 1月24日，经宪法法院确认，齐塞克迪宣誓就职，实现了刚果（金）历史上第一次政权的和平过渡。1月26日，新一届国民议会成立，"刚果共同阵线"的珍妮·马本达（Jeanine Mabunda）任国民议会议长。根据刚果（金）《宪法》的规定，总理由总统任命，通常来自在国民议会中占多数席位的政党或政党联盟。经过数月谈判，3月，参议院选举结束，"刚果共同阵线"的亚历克西斯·坦布韦·姆万巴（Alexis Thambwe Mwamba）任参议院议长。5月20日，齐塞克迪任命西尔维斯特·伊隆加·伊隆坎巴（Sylvestre Ilunga Ilunkamba）为总理。[②] 8月26日，伊隆坎巴领导的刚果（金）政府成员宣誓就职。

（二）齐塞克迪与卡比拉的博弈以及执政联盟的破裂

首先，齐塞克迪行使最高指挥官的权力，削弱卡比拉阵营的军方力量。2020年2月12日，前国家情报局长卡列夫·穆顿德（Kalev Mutond）在从乌干达返回刚果（金）时，因涉嫌非法持有外交护照而在金沙萨恩德吉利机场被捕，[③] 此后他被当局禁止出国。[④] 2月27日，刚果（金）武装部队

---

① John Pike, "DR Congo: Political Parties-2019 Assembly," https://www.globalsecurity.org/military/world/congo/political-parties-2019.htm, accessed: 2021 – 07 – 30.

② Pierre Boisselet, "DRC: Sylvestre Ilunga Ilunkamba, the New Prime Minister," *The Africa Report*, May 28, 2019, https://www.theafricareport.com/13397/drc-sylvestre-ilunga-ilunkamba-the-new-prime-minister/, accessed: 2021 – 06 – 10.

③ Romain Gras, Stanis Bujakera Tshiamala, "DRC: Kalev Mutond, Former Spy Boss, Arrested for Illegal Passport," *The African Report*, February 13, 2020, https://www.theafricareport.com/23421/drc-kalev-mutond-former-spy-boss-arrested-for-illegal-passport/, accessed: 2021 – 06 – 10.

④ Jeune Afrique, "DRC: Kalev Mutond, Ex-spy Chief, Hits Back after Arrest," *The Africa Report*, February 18, 2020, https://www.theafricareport.com/23580/drc-kalev-mutond-ex-spy-chief-hits-back-after-arrest/, accessed: 2021 – 06 – 10.

（Forces Armées de la République Démocratique du Congo，FARDC）军事情报局长德尔芬·卡欣姆（Delphin Kahimbi）被解职后神秘死亡。[1] 刚果（金）武装部队副总参谋长加布里埃尔·阿米西（Gabriel Amisi）、监察长约翰·努比（John Numbi）被解职。[2] 4月22日，共和国卫队司令加斯顿·胡格斯·伊隆加·坎佩特（Gaston Hugues Ilunga Kampete）被解职。[3] 7月，齐塞克迪对武装部队高级将领进行调整，任命塞莱斯廷·姆巴拉（Célestin Mbala）为总参谋长，让·克洛德·亚夫（Jean Claude Yav）为副总参谋长，米歇尔·曼迪安古（Michel Mandiangu）为军事情报局长，加布里埃尔·阿米西为监察长。[4] 12月2日，刚果（金）武装部队和警察部队的高级军官公开宣布效忠齐塞克迪总统。

其次，齐塞克迪通过与卡比拉阵营的博弈，取得部分司法权。宪法法院负责审查与《宪法》有关的案件，在国家选举中有着至关重要的作用。按照《宪法》第82条的规定，根据高级司法委员会的建议，总统可任命或解除法官的职务。[5] 宪法法院原有9名法官，1名来自"引领变革方向"。2020年7月，齐塞克迪未与高级司法委员会磋商，即由副总理吉尔伯特·坎孔德（Gilbert Kankonde）签署命令，任命3名宪法法院法官。[6] 国民议会和参议院

---

① Romain Gras，Stanis Bujakera Tshiamala，"DRC：Suspended Spy Chief Delphin Kahimbi Found Dead，" *The Africa Report*，April 30，2020，https：//www. theafricareport. com/24080/drc-suspended-spy-chief-delphin-kahimbi-found-dead/，accessed：2021 – 06 – 10.

② Romain Gras，Stanis Bujakera Tshiamala，"DRC：Felix Tshisekedi Plans to Take Over the Army，" *The Africa Report*，July 20，2020，https：//www. theafricareport. com/24993/drc-felix-tshisekedi-plans-to-take-over-the-army/，accessed：2021 – 07 – 30.

③ Stanis Bujakera Tshiamala，"DRC：Meet Felix Tshisekedi's New Head of Security，" *The Africa Report*，May 1，2020，https：//www. theafricareport. com/27207/drc-meet-felix-tshisekedis-new-head-of-security/，accessed：2021 – 07 – 30.

④ Stanis Bujakera Tshiamala，"DRC：Under Pressure from the US，Tshisekedi Reshuffles Army，" *The Africa Report*，July 20，2020，https：//www. theafricareport. com/34129/drc-under-pressure-from-the-us-tshisekedi-reshuffles-army/，accessed：2021 – 07 – 30.

⑤ Democratic Republic of the Congo，"Congo（Democratic Republic of the）'s Constitution of 2005 with Amendments through 2011，" Translated by Jefri J. Ruchti，William S. Hein & Co.，Inc.，2012，p. 22.

⑥ 袁武：《意大利大使遇袭折射刚果（金）动荡局势》，《世界知识》2021年第6期，第47页。

坚决反对这一任命，齐塞克迪亦毫不妥协，双方陷入僵持状态。10 月 21 日，齐塞克迪任命的 3 名宪法法院法官在金沙萨宣誓就职。[①]

最后，齐塞克迪运用议会斗争，罢免了国民议会议长马本达。国民议会和参议院是立法机构，主要负责国家决策和监督总理履行职责。马本达是卡比拉阵营的核心成员。2020 年 5 月 25 日，国民议会投票罢免了来自民主与社会进步联盟的第一副总统让·马克·卡本德（Jean Marc Kabund）。[②] 12 月 5 日，"引领变革方向"和"拉穆卡联盟"的议员提交了罢免议长马本达及其主席团的请愿书。[③] 12 月 7 日，部分议员干扰马本达组织的议会会议，进而引发骚乱。12 月 10 日，国民议会再次召开会议，马本达被罢免。克里斯托弗·姆博索（Christopher Mbosso）担任国民议会临时委员会主席。12 月 28~29 日，在金沙萨举行的第 7 次省长会议中，有 24 人支持齐塞克迪结束执政联盟。[④]"刚果共同阵线"彻底丧失了与"引领变革方向"联合执政的基础。

（三）组建"国家神圣联盟"和新一届政府

2020 年，齐塞克迪开始筹建新的联盟。9 月 20 日，齐塞克迪会见基滕格·叶苏（Kitenge Yesu）率领的代表团，代表团成员包括菲尤·恩东多博尼（Fiyou Ndondoboni）、基督教民主党成员尤金·迪奥米·恩东加拉（Eugène Diomi Ndongala）、卢本巴希律师协会前主席让·克洛德·穆扬博

① Hereward Holland and Stanis Bujakera, "Congo Leader Boosts Influence With New Constitutional Court Judges," Reuters, October 21, 2020, https：//www. usnews. com/ news/world/articles/2020 – 10 – 21/congo-leader-boosts-influence-with-new-constitutional-court-judges, accessed：2021 – 06 – 10.

② Security Council of United Nations, "United Nations Organization Stabilization Mission in the Democratic Republic of the Congo-Report of the Secretary-General（S/2020/554）," June 18, 2020, https：//undocs. org/pdf? symbol = en/S/2020/554, accessed：2021 – 05 – 10.

③ Romain Gras, Stanis Bujakera Tshiamala, "DRC：Félix Tshisekedi Terminates Coalition with Joseph Kabila," *The Africa Report*, December 7, 2020, https：//www. theafricareport. com/ 53665/drc-felix-tshisekedi-terminates-coalition-with-joseph-kabila/, accessed：2021 – 06 – 10.

④ Security Council of United Nations, "United Nations Organization Stabilization Mission in the Democratic Republic of the Congo," March 18, 2021, S/2021/274, p. 2.

（Jean Claude Muyambo）和刚果国家联盟前秘书长让-贝特朗·埃万加
（Jean-Bertrand Ewanga），讨论新的政治联盟纲领。[1] 11月2～25日，齐塞克
迪与"拉穆卡联盟"等反对党就选举改革等问题进行讨论，并取得反对党的
支持。12月6日，齐塞克迪在刚果（金）国家广播电视台发表讲话，公开
宣布退出与"刚果共同阵线"的联盟，[2] 并以"国家神圣联盟"为名建立一
个新的联盟，推动刚果（金）的政治发展。[3] 2021年1月1日，齐塞克迪任
命莫德斯特·巴哈蒂·卢克韦博（Modeste Bahati Lukwebo）为协调人，负责
确定国民议会议员的政治立场。1月27日，卢克韦博提交了调查报告，报告
说明，已与包括"刚果共同阵线"2/3成员的391名议员达成协议。[4] 1月
29日，齐塞克迪宣布组建"国家神圣联盟"。

1月5日，国民议会召开特别会议，选举新的主席团。2月3日，克里
斯托弗·姆博索当选国民议会议长。2月5日，参议院议长姆万巴及其主席
团成员辞职。刚果国家联盟参议员莱昂·曼博莱奥担任参议院临时委员会主
席。3月2日，莫德斯特·巴哈蒂·卢克韦博当选参议院议长。3月5日，
新的参议院主席团成员就职，第一副主席萨米·巴迪班加（Samy Badibanga）
因参与了反对前主席团的动议而继续留任。

1月27日，国民议会讨论了对伊隆坎巴总理及其政府的不信任议案，最
终以367票对7票通过该议案。[5] 1月29日，伊隆坎巴被迫辞职，并解散了

---

① Jeune Afrique, "DRC: Tshisekedi Rounds up New Allies for 2023 Presidential Polls," *The Africa Report*, October 1, 2020, https://www.theafricareport.com/44126/drc-tshisekedi-rounds-up-new-allies-for-2023-presidential-polls/, accessed: 2021 - 07 - 30.

② "DR Congo President Tshisekedi Announces He is Quitting 'Kabila Coalition'," AFP, December 7, 2020, https://www.france24.com/en/africa/20201207-dr-congo-president-tshisekedi-announces-he-is-quitting-kabila-coalition, accessed: 2021 - 06 - 10.

③ ISS Great Lakes Region Team, "Félix Tshisekedi Moves to Take Charge," December 14, 2020, https://issafrica.org/iss-today/felix-tshisekedi-moves-to-take-charge, accessed: 2021 - 06 - 10.

④ Security Council of United Nations, "United Nations Organization Stabilization Mission in the Democratic Republic of the Congo," March 18, 2021, S/2021/274, p. 2.

⑤ Rédaction Africanews with AFP, "DR Congo's Prime Minister Sylvestre Ilunga Resigns after Censure," January 29, 2021, https://www.africanews.com/2021/01/29/dr-congo-s-prime-minister-sylvestre-ilunga-resigns-after-censure/, accessed: 2021 - 05 - 10.

政府。2月14日，齐塞克迪签署法令，任命萨马·卢孔德·基恩格·让－米歇尔（Sama Lukonde Kienge Jean-Michel）为总理。

4月26日，卢孔德总理领导的新政府宣誓就职。新政府由57人组成，包括总理1人、副总理4人、国务部长9人、部长31人、部长级代表1人。① 卢孔德当天宣布了新政府的施政纲领。国民议会随后以412票赞成、2票弃权的表决结果通过了新政府的施政纲领。② 施政纲领中提出，2021～2023年，新政府将集中在政治发展、司法和行政、经济和公共财政、国家重建和社会事务等核心领域投资360亿美元。③ 政府将优先发展以下事项：第一，改善人民生活条件，特别是住房、保健、教育和就业；第二，组织2023年国家选举；第三，实施全民健康计划；第四，在全国范围内巩固国家权力；第五，打击所有武装团体和民兵组织；第六，促进民主和巩固法治。④

（四）刚果（金）面临的政治风险

尽管齐塞克迪暂时取得了胜利，⑤ 然而，刚果（金）的政治发展道路充满了不确定性，齐塞克迪政府面临着各种各样的政治风险。

第一，齐塞克迪及其政府面临着利益分配不均衡的风险。

从政府组织看，新政府面临着利益分配的问题。为了妥善分配利益，2021年3月1日，卢孔德总理就组建新政府问题，与来自政党、民间社会团体的56个代表团进行了磋商。卢孔德组建的政府引入了大量新鲜血液，前

---

① 外交部：《刚果民主共和国国家概况》，https：//www.fmprc.gov.cn/web/gjhdq_676201/gj_676203/fz_677316/1206_677680/1206x0_677682/，最后访问日期：2021年6月30日。
② 史彧：《刚果（金）新政府宣誓就职》，2021年4月27日，新华网，http：//m.xinhuanet.com/2021-04/27/c_1127379500.htm，最后访问日期：2021年5月10日。
③ 对于平均每年120亿美元的投资计划，观察家们基本上持否定态度。2020年12月3日，刚果（金）政府通过了2021年国家预算，数额为71亿美元，比2020年减少21.2%。
④ World Food Programme, "WFP D. R. Congo External Situation Report #24," May 7, 2021, p.1, https：//reliefweb.int/report/democratic-republic-congo/wfp-dr-congo-external-situation-report-24-07-may-2021, accessed：2021-05-20.
⑤ Romain Gras, "DRC：Tshisekedi can now Plot His Moves Ahead of 2023 Polls," *The Africa Report*, June 2, 2021, https：//www.theafricareport.com/89521/drc-tshisekedi-plots-his-moves-ahead-of-2023-presidential-election/, accessed：2021-06-10.

政府的 66 名成员中仅有 10 名留任，其余 80% 是新面孔。[①] 从国家治理看，刚果（金）政府面临着经济发展缓慢、民众依然贫困等问题。这些问题已成为卡比拉阵营攻击新政府的主要切入点。

第二，前总统卡比拉的影响依然存在。

从武装部队看，尽管卡比拉阵营损失了总参谋长、副总参谋长等重要职位，但是卡比拉阵营的加布里埃尔·阿米西等人依然担任要职。从司法机构看，在宪法法院中仍有 4 名法官来自卡比拉阵营。从立法机构看，争取重建与民主人民党在国民议会有 117 个席位，仍是不容忽视的政治力量。[②] 从政治影响力看，卡比拉在上加丹加省等地依然有影响力。2020 年 12 月 18 日，卡比拉到达上加丹加省卢本巴希市与支持者见面，场面火爆。[③]

二　经济形势：疫情重创下努力恢复

2020 年，新冠肺炎疫情在全球蔓延，对世界经济产生了严重影响。刚果（金）经济经历了自 2002 年以来的首次衰退。

（一）经济发展速度下滑

2020 年，刚果（金）国内生产总值为 448.56 亿美元，与 2019 年的 498.16 亿美元相比，国内生产总值略有下降，通货膨胀率为 11.8%，比 2019 年上升了 7.3 个百分点。[④] 商业贸易在国内生产总值中占比 32%。外债

---

① 张春、张紫彤：《齐塞克迪的胜利？刚果（金）政治转型及其风险》，非洲研究小组，2021 年 4 月 23 日，https：//mp. weixin. qq. com/s/z_ LihUOQeWFVAcXhu-LOnw，最后访问日期：2021 年 5 月 1 日。

② 《对外投资合作国别（地区）指南：刚果民主共和国（2020 年版）》，2020，第 10 页，http：//fec. mofcom. gov. cn/article/gbdqzn/#，最后访问日期：2021 年 6 月 30 日。

③ José Mukendi，"RDC：Joseph Kabila est arrivé à Lubumbashi，" December 18，2020，https：//actualite. cd/index. php/2020/12/18/rdc-joseph-kabila-est-arrive-lubumbashi/，accessed：2021 - 06 - 10.

④ 数据来自非洲开发银行国别宏观数据库，https：//dataportal. opendataforafrica. org/Macro_Data_Country，最后访问日期：2021 年 7 月 27 日。

存量为 5.438 亿美元，外国直接投资为 1.351 亿美元，官方发展援助为 3.0255 亿美元，个人境外汇款为 1.109 亿美元。① 就业率为 58.6%，比 2019 年下降了 3.89 个百分点。②

从国内生产总值的增长速度看，经济增速明显下降。2020 年，刚果（金）国内生产总值实际增长率为 -1.7%，2018 年的经济增速为 5.8%，2019 年为 4.4%。③ 2020 年，刚果（金）及其周边国家的经济增长速度均急速下滑（见图 1）。

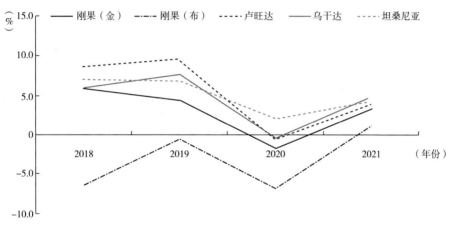

图 1 刚果（金）、刚果（布）、卢旺达、乌干达、坦桑尼亚的经济增长速度
数据来源：非洲开发银行国别宏观数据库。

采矿业是刚果（金）经济的重要支柱。2018 年，采矿业的产值为 15.7 亿美元，较 2017 年增加了 9.1%。2010 ~ 2017 年，采矿业对刚果（金）经济平均贡献率为 14.32%。④ 为了防控新冠肺炎疫情，刚果（金）政府采取

① World Bank，"Country Profile：Democratic Republic of the Congo," https：//databank. worldbank. org/views/reports/reportwidget. aspx? Report_ Name = CountryProfile&Id = b450fd57&t bar = y&dd = y&inf = n&zm = n&country = COD，accessed：2021 - 06 - 10.

② Knoema，"Democratic Republic of the Congo," https：//knoema. com/atlas/Democratic-Republic-of-the-Congo/Employment-to-population-ratio，accessed：2021 - 07 - 20.

③ 数据来自非洲开发银行国别宏观数据库，https：//dataportal. opendataforafrica. org/Macro_Data_ Country，最后访问日期：2021 年 7 月 27 日。

④ 《对外投资合作国别（地区）指南：刚果民主共和国（2020 年版）》，2020，第 25 页，http：//fec. mofcom. gov. cn/article/gbdqzn/#，最后访问日期：2021 年 6 月 30 日。

了城市封锁、限制运输等措施，这些措施导致制造业、建筑业以及服务业受到严重影响。这些行业对国内生产总值的贡献率也从 2019 年的 4.1% 下降到 2020 年的 1.9%。国内需求减弱，大量公司倒闭。国家经常账户赤字从 2019 年占国内生产总值的 3.8% 上升至 2020 年的 5.4%。①

（二）政府债务增加

刚果（金）是入选"重债穷国计划"的国家，② 对外举债受国际货币基金组织和世界银行等国际组织的限制，所借用新债务必须符合国际货币基金组织及世界银行规定的优惠条件，即赠予率必须达到 35%。所投资的项目也必须对国家发展具有明显增长效应。③ 因此，刚果（金）政府历来对债务持谨慎态度。2020 年，为了应对刚果法郎贬值，刚果（金）中央银行采取措施稳定本国货币，将银行利率从 7.8% 提高到 18.5%。2019 ~ 2020 年，刚果法郎对美元贬值 12.4%。④ 融资方面，刚果（金）政府于 2020 年 4 月从国际货币基金组织和非洲开发银行筹集到紧急资金支持。国内债务和累积欠款持续增加。2020 年，刚果（金）的国际债务和国内债务总量上涨，国际债务占国内生产总值的 15.9%，国内债务占国内生产总值的 8.9%。⑤

---

① AfDB，"Democratic Republic of Congo Economic Outlook，"https：//www. afdb. org/en/countries-central-africa-democratic-republic-congo/democratic-republic-congo-economic-outlook， accessed：2021 – 07 – 27.

② 1996 年，国际货币基金组织和世界银行设立了"重债穷国计划"（the Heavily Indebted Poor Countries，HIPC），其目的是协助世界最穷困的国家将外债降至能够承担的水准，让这些国家的政府得以正常施政。全球现有 38 个国家入选。

③ 《对外投资合作国别（地区）指南：刚果民主共和国（2020 年版）》，2020，第 25 页，http：//fec. mofcom. gov. cn/article/gbdqzn/#，最后访问日期：2021 年 6 月 30 日。

④ AfDB，"Democratic Republic of Congo Economic Outlook，"https：//www. afdb. org/en/countries-central-africa-democratic-republic-congo/democratic-republic-congo-economic-outlook， accessed：2021 – 07 – 27.

⑤ World Bank，"The World Bank in DCR，"April 2, 2021，https：//www. worldbank. org/en/country/drc/overview#1， accessed：2021 – 07 – 20.

（三）经济发展展望

刚果（金）政府致力于改善营商环境。2020 年，齐塞克迪政府开展了旨在加强自然资源管理治理和改善营商环境的改革。如：加强对采矿业的管理，取消了暂免征收矿业公司增值税的措施。[①] 通过降低企业的注册费，降低创业成本；将公司所得税率从 35% 降至 30%，降低纳税成本。2020 年，世界营商环境报告显示，刚果（金）在全球 190 多个国家中排名第 183 位，比 2019 年上升了一位，营商指数为 36.2。[②] 采矿业仍将是刚果（金）的主要支柱产业。2020 年下半年，铜矿和钴矿的价格上升，刚果（金）的经济有复苏迹象。2021 年 4 月，齐塞克迪更换矿业部长，继续推进采矿业改革，整顿刚果（金）东部的采矿业。2020 年，国际货币基金组织批准了刚果（金）政府提交的 14.85 个百万特别提款权，[③] 用于贷款和债务减免，266.5 个百万特别提款权，用于快速信贷。这些款项到账后，将减缓刚果（金）的外债压力。2021 年，刚果（金）的新冠肺炎疫情持续蔓延，受宵禁、封锁等疫情防控措施的影响，经济发展速度仍将放缓。

三 社会形势：以新冠肺炎为主的流行病疫情蔓延

2020 年，刚果（金）社会发展状况不佳。受新冠肺炎、埃博拉、霍乱等疫情影响，刚果（金）粮食短缺情况严重，民众贫困加剧。

（一）新冠肺炎疫情逐渐蔓延

2020 年 3 月 10 日，刚果（金）金沙萨出现首例新冠肺炎病例。在世界卫生

---

① World Bank, "The World Bank in DCR," April 2, 2021, https：//www.worldbank.org/en/country/drc/overview#1, accessed：2021 – 07 – 20.

② World Bank Group, "Economy Profile of Congo, Dem. Rep. Doing Business 2020 Indicators," October 24, 2019, p. 4, https：//www.doingbusiness.org/content/dam/doingBusiness/country/c/congo-dem-rep/ZAR.pdf, accessed：2021 – 06 – 10.

③ 2020 年 4 月 30 日前，一个特别提款权 = 1.36640 美元。

组织的指导下，刚果（金）政府积极开展疫情防控，在抗击疫情方面成果显著。

截至 2021 年 6 月 30 日，刚果（金）境内累计发现新冠肺炎确诊病例 41353 例，其中治愈 28422 例，死亡 933 例。累计接种疫苗人数 58589 人。[①] 目前，刚果（金）新冠肺炎疫情仍呈上升趋势（见图 2），刚果（金）政府主要采取以下措施应对新冠肺炎疫情。

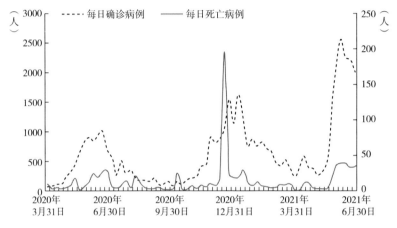

图 2　刚果（金）新冠肺炎疫情趋势

数据来源：WHO，"Democratic Republic of the Congo Situation，" https：//covid19. who. int/region/afro/country/cd。

第一，建立组织机构。2020 年 1 月 28 日，刚果（金）政府成立了由卫生部、外交部、国际合作部、运输部和社会事务部等部门负责人组成的联合委员会，以跟踪新冠肺炎疫情，采取限制航班，严查入境人员、与世界卫生组织合作加强检测等方式应对新冠肺炎疫情。

第二，采取紧急措施。2020 年 3 月 18 日，齐塞克迪发表电视讲话，宣布自 3 月 20 日起，采取一系列新冠肺炎疫情防控措施，防止人员流动。如：暂停所有来自高风险国家或经上述国家过境的航班；加强口岸监控；对从金沙萨前往其他省份的旅客采取系统性管控措施。禁止家庭以外公共场所 20

---

① 中华人民共和国驻刚果民主共和国大使馆：《刚果（金）每日疫情通报（7 月 1 日）》，2021 年 7 月 1 日，http：//cd. chineseembassy. org/chn/zytz/t1889353. htm，最后访问日期：2021 年 7 月 3 日。

人以上规模集会、会议和庆祝活动；关闭全国各地的学校、大学、官方和私立高等教育机构；暂停所有宗教活动、体育赛事和活动；暂时关闭迪厅、酒吧、咖啡馆、餐馆等场所；禁止在密闭空间和家里举行葬礼，并限制送葬人数。① 3 月 24 日，刚果（金）进入国家紧急状态，关闭金沙萨边境口岸。7 月 22 日，刚果（金）结束卫生紧急状态，取消一些与社会经济发展相关的限制性措施。重新开放边境口岸，恢复国际和国内航线，催促各类企业复工复产。但是，继续保持在公共场所佩戴口罩、洗手和测量体温等个人强制措施。12 月 13 日，刚果（金）恢复全国宵禁措施。

第三，寻求国际支持。刚果（金）继续寻求世界卫生组织、联合国儿童基金会、世界粮食计划署、世界银行等组织的支持。2020 年 4 月 2 日，世界银行批准了 4720 万美元的紧急行动资金，帮助刚果（金）应对新冠肺炎疫情。此外，世界银行还批准了 1300 万美元大流行紧急融资机制（The Pandemic Emergency Financing Facility，PEF）。②

（二）埃博拉、霍乱等疫情流行

刚果（金）是世界上遭遇埃博拉病毒袭击最多的国家之一。1976 年刚果（金）出现第一次埃博拉疫情后，至今已出现 12 次疫情。③ 2020 年 6 月，

---

① 《对外投资合作国别（地区）指南：刚果民主共和国（2020 年版）》，2020，第 99 页，http://fec.mofcom.gov.cn/article/gbdqzn/#。
② 大流行紧急融资机制，是世界银行的一个融资机制。旨在提供额外的资金来源，帮助世界上最贫穷的国家应对跨境大规模疫情。该机制是国际开发协会、世界银行最贫穷国家基金以及其他国际组织和捐助者在为疫情应对提供资金方面的重要补充机制。该机制付款灵活。不但可以直接将资金支付给受援国政府和预先批准的前线响应组织，如世界卫生组织和联合国儿童基金会，而且可以通过现金或者保险渠道支付。World Bank Group, "The World Bank in DRC," April 2, 2021, https://www.worldbank.org/en/country/drc/overview#2, accessed: 2021-07-20。
③ 朱瑟夫（Mimbale Molanga Joseph）:《刚果（金）的埃博拉疫情应对研究》，硕士学位论文，浙江师范大学，2020，第 14 页，参见中国优秀硕士学位论文全文数据库，https://kreader.cnki.net/Kreader/CatalogViewPage.aspx?dbCode=cdmd&filename=1020381154.nh&tablename=CMFD202101&compose=&first=1&uid=WEEvREcwSlJHSldSdmVpaVVVSk1pamFWYkhJSGQ3c08wOWc2cUdJUlcrYz0=$9A4hF_YAuvQ5obgVAqNKPCYcEjKensW4IQMovwHtwkF4VYPoHbKxJw。

北基伍省布特姆博地区出现埃博拉疫情。11 月 18 日，刚果（金）政府正式宣布第 11 次埃博拉疫情结束。2021 年 2 月 7 日，北基伍省布登博县出现埃博拉疫情。3 月 30 日，比耶纳、布特姆博、卡特瓦和穆西涅等四个省出现病例。5 月 3 日，刚果（金）政府宣布第 12 次埃博拉疫情结束，共有 6 人死亡，6 人康复。① 霍乱也是刚果（金）的主要流行病。2017～2018 年，霍乱在刚果（金）中部和东部地区流行。此后，每年刚果（金）均有部分省份暴发疫情。2020 年 3 月，南基伍省出现霍乱疫情。截至 2021 年 5 月 31 日，刚果（金）共发现病例 3201 例，其中 86 人死亡。②

（三）人类发展指数有所提高

据世界银行统计，2018 年，刚果（金）的贫困人口约为 6000 万人，约占总人口的 73%。③ 2004 年以来，刚果（金）的贫困人口比例一直呈稳步下降趋势。④ 2020 年，刚果（金）仍是低收入国家。大多数民众处于极端贫困的状态。根据 2020 年《人类发展报告》，2019 年，刚果（金）的人类发展指数为 0.480，在全球 189 个国家和地区中居第 175 位。1990～2019 年，刚果（金）的人类发展指数从 0.369 增长到 0.480（见图 3），增长率为 30.1%。预期寿命增加了 11.6 岁，平均受教育年数增加了 4.5 年。⑤

---

① World Bank，"D. R. Congo，" http：//www. worldbank. org/en/country/drc/overview，accessed：2021 – 05 – 01.

② UNICEF，"UNICEF DRC Humanitarian Situation Report No. 5：May 2021，" July 19，2021，https：//reliefweb. int/report/democratic-republic-congo/unicef-drc-humanitarian-situation-report-no-5-may-2021.

③ World Bank，"D. R. Congo，" http：//www. worldbank. org/en/country/drc/overview，accessed：2021 – 05 – 01.

④ 这里的贫困人口指的是每天生活费低于 1. 90 美元的人群。

⑤ UNDP，"Human Development Report 2020：The Next Frontier：Human Development and the Anthropocene，Briefing Note for Countries on the 2020 Human Development Report：Democratic Republic of the Congo，" p. 2，http：//hdr. undp. org/en/2020-report.

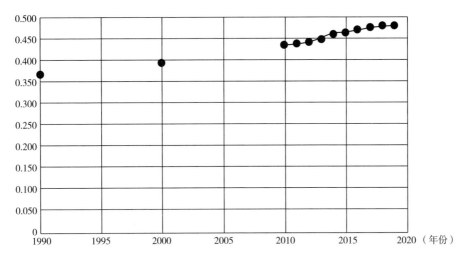

图 3 刚果（金）人类发展指数趋势

数据来源：联合国开发计划署。

四 对外关系：平衡大国关系，加强多边合作

齐塞克迪政府非常重视发展对外关系，尤其注重与欧美国家的关系。2020 年，齐塞克迪政府继续坚持积极中立主义的原则[①]，广泛开展多边合作外交。一方面积极发展与中国、美国、法国、英国、德国、比利时等东西方国家的外交关系；另一方面，进一步加强与南非、安哥拉、刚果（布）、卢旺达等非洲国家的关系，着力推动非洲国家次区域经济合作和安全合作。

（一）改善与欧美国家的关系

其一，积极改善与美国的关系。2019 年 4 月，齐塞克迪访问美国，刚、美两国建立"和平与繁荣特权伙伴关系"，致力于在教育、稳定、民主和治

[①] 卢蒙巴政府时期，确立了三项原则：一是对东西方集团实行积极中立主义，二是支持泛非主义和非殖民化运动，三是同比利时保持友好关系。卢蒙巴政府所制定的外交政策基本确立了刚果历届政府的外交政策基调。该观点参见李智彪编著《列国志·刚果民主共和国》，社会科学文献出版社，2004，第 274 页。

理、卫生、社会保护和经济增长等领域加强合作。同月，刚果（金）成为美国领导的以打击"伊斯兰国"为目标的世界联盟成员。[1] 7 月，美国援助刚果（金）9800 万美元以应对埃博拉疫情。2019 年美国援助刚果（金）的总金额为 5.62 亿美元。[2] 2020 年，美国加强与刚果（金）的政治与军事合作。2 月 10～13 日，美国五大湖问题特使彼得·帕姆（Peter Pam）访问金沙萨。有观察家认为，刚果（金）军方的高层人员变动，与美国施加的压力有关。[3] 3 月，齐塞克迪总统再次访美，刚果（金）成为美国全球卫生安全议程支持国。根据约定，当刚果（金）出现埃博拉、麻疹、脊髓灰质炎以及其他与健康相关的安全威胁时，美国将给予一定的帮助。2021 年 2 月，齐塞克迪总统同美国副总统哈里斯通电话。7 月 20 日，美国国际开发署（USAID）特派团团长保罗·萨巴廷与刚果（金）外交部副部长萨米·阿杜班戈·阿沃托签署了新的美刚国家合作发展战略，美国计划在 5 年内投资 16 亿美元。根据新战略，美国国际开发署将继续在南基伍、北基伍、豪特－乌埃勒、坦噶尼喀、赤道、马涅马、上加丹加、伊图里和开赛以及金沙萨等省提供人道主义和发展援助。[4]

其二，加强与法、比、德、英等欧洲国家的交往。刚果（金）是法语国家组织成员国，齐塞克迪十分重视与法国的关系。2019 年 3 月，齐塞克迪赴肯尼亚出席联合国环境大会期间，与法国总统马克龙会晤。5 月，法国外交

① Bureau of African Affairs, "U. S. Relations With Democratic Republic of the Congo," April 15, 2020, https://www. state. gov/u-s-relations-with-democratic-republic-of-the-congo/, accessed: 2021 - 03 - 10.

② 数据来自经济合作与发展组织数据库，https://public. tableau. com/views/OECDDACAidataglance byrecipient_ new/Recipients?: embed = y&: display_ count = yes&: showTabs = y&: toolbar = no? &: showVizHome = no，最后访问日期：2021 年 7 月 30 日。

③ Romain Gras, Stanis Bujakera Tshiamala, "DRC: Suspended Spy Chief Delphin Kahimbi Found Dead," *The African Report*, April 30, 2020, https://www. theafricareport. com/24080/drc-suspended-spy-chief-delphin-kahimbi-found-dead/, accessed: 2021 - 06 - 10.

④ U. S. Embassy, "United States Renews Development Cooperation Strategy with the Government of the DRC Totaling $1. 6 Billion Dollars Over 5 Years," https://cd. usembassy. gov/united-states-renews-development-cooperation-strategy-with-the-government-of-the-drc-totaling-1-6-billion-dollars-over-5-years/, accessed: 2021 - 07 - 30.

部长勒德里昂访问刚果（金）。11 月，齐塞克迪赴法国出席巴黎和平论坛，再次与马克龙总统会晤。2021 年 1 月，齐塞克迪同马克龙总统通电话。4 月，齐塞克迪再次前往法国巴黎，与马克龙总统举行会谈。

比利时是刚果（金）的重要伙伴，齐塞克迪积极改善与比利时的关系。2019 年 9 月，齐塞克迪访问比利时，两国签署促进两国合作发展的谅解备忘录。2019 年，比利时援助刚果（金）1.146 亿美元。[①] 2020 年 1 月 13 日，关闭 2 年的比利时驻卢本巴希总领馆重新开放。2 月，比利时首相维尔梅斯访问刚果（金）。7 月，齐塞克迪对比利时进行私人访问。

德国是刚果（金）的主要捐助国。2019 年 11 月，齐塞克迪总统访问德国，与德国总理默克尔举行会谈。2020 年 3 月，德国提供 5000 万欧元援助用于改善刚果（金）南基伍省和北基伍省民众的生活。2019 年，德国援助刚果（金）1.723 亿美元。[②]

英国也是刚果（金）的主要捐助国。2019 年 5 月，英非洲事务外交大臣鲍德温访问刚果（金）。2019 年，英国援助刚果（金）2.54 亿美元。[③] 2020 年 1 月 20 日，齐塞克迪赴英国伦敦出席英非投资峰会。11 月，英国非洲事务国务大臣杜德里奇访问刚果（金）。

（二）积极发展与非洲国家的关系

齐塞克迪政府重视发展睦邻友好关系。一方面，围绕东部地方武装问题，加强与大湖地区及其周边国家的联系，提升刚果（金）在地方事务中的影响力；另一方面，巩固与刚果（布）、南非、安哥拉等长期友好国家的关系，争取在南部非洲经济发展中获取利益。

其一，参与斡旋卢旺达与乌干达关系。2019 年 3 月，齐塞克迪访问乌干

---

① 数据来自经济合作与发展组织数据库，https：//public. tableau. com/views/OECDDACAidataglance byrecipient_new/Recipients?：embed = y&；display_count = yes&；showTabs = y&；toolbar = no?&；showVizHome = no，最后访问日期：2021 年 7 月 30 日。

② 同上。

③ 同上。

达，此外还赴卢旺达出席第七届非洲 CEO 论坛，并会见卡加梅总统。7 月，齐塞克迪总统赴安哥拉首都罗安达出席次区域小型峰会，会上刚果（金）、安哥拉、卢旺达、乌干达四国发表联合声明，表示将致力于缓解卢旺达与乌干达的关系。8 月，齐塞克迪再次赴安哥拉首都罗安达，出席卢旺达、乌干达、安哥拉和刚果（金）四国首脑会议，其间，卢旺达和乌干达签署了缓和两国关系的谅解备忘录。

2020 年 2 月 20～21 日，卢旺达、乌干达、安哥拉和刚果（金）分别召开了第三次和第四次四国首脑会议。第三次和第四次四国首脑会议通过了改善卢旺达和乌干达双边关系的具体措施，如相互释放囚犯和再次承诺不向外国武装团体提供支持等。① 10 月，齐塞克迪主持召开卢旺达、乌干达、安哥拉和刚果（金）四国首脑视频会议，与会各国领导人就维护大湖地区和平稳定、推进地区一体化进程、共同应对新冠肺炎疫情等进行了深入交流。

其二，密切与非洲传统友好国家的关系。刚果（布）、安哥拉、南非是刚果（金）的传统友好国家。齐塞克迪执政后，进一步加强与刚果（布）等国的政治、经济、外交、安全等领域的合作，稳固双边关系。

刚果（布）是刚果（金）的重要邻国。齐塞克迪先后于 2020 年 2 月、7 月和 2021 年 1 月访问刚果（布）。2020 年 7 月访问刚果（布）时，齐塞克迪与刚果（布）总统德尼·萨苏－恩格索讨论了遣返难民问题和布隆迪政治局势。②

刚果（金）同安哥拉保持传统友好关系，各层次交往频繁。2020 年 1 月，齐塞克迪访问安哥拉，就两国在大西洋共同利益区的石油开发问题与洛伦索总统（João Lourenço）展开讨论，并达成"两国的技术队伍应尽快碰

---

① Security Council of United Nations, "United Nations Organization Stabilization Mission in the Democratic Republic of the Congo—Report of the Secretary-General (S/2020/214)," March 18, 2020, p. 2, https://undocs.org/pdf? symbol = en/S/2020/214, accessed: 2021 - 05 - 01.

② Security Council of United Nations, "United Nations Organization Stabilization Mission in the Democratic Republic of the Congo—Report of the Secretary-General (S/2020/554)," September 21, 2020, p. 2, https://undocs.org/pdf? symbol = en/S/2020/554, accessed: 2021 - 05 - 01.

头，以制订必要的行动日程表，来实施共同的项目"的一致意见。[①] 9 月 16 日，安哥拉和刚果（金）签署了《关于共同边界地区安全和公共秩序合作的协定》和《关于人员和货物流通的协定》。两国决定在 2021 年设立一个关于国防和安全事务的联合常设委员会。[②]

南非是南部非洲发展共同体的核心国家。刚果（金）与南非长期友好，两国在政治、经济、安全等领域的交往密切。南非积极参与斡旋刚果（金）东部地区问题。2020 年 12 月，齐塞克迪总统访问南非。

其三，积极参与非盟和其他次区域组织合作事务。2020 年 2 月，齐塞克迪总统出席非盟峰会并当选非盟第一轮值副主席。12 月，非盟委员会主席法基访问刚果（金）。2021 年 2 月 6 日和 7 日，在国家元首和政府首脑大会第三十四届常委会上，齐塞克迪总统当选非盟轮值主席，任期 1 年。2021 年，非盟的主题是：应对和抗击新冠肺炎和其他传染类疾病；促进人力资本投资；促进妇女和青年参与。作为联盟主席，齐塞克迪主要负责和平与安全，审批非洲大陆自由贸易区协定，一体化项目和气候变化，非洲文化、艺术和遗产。2020 年 11 月，齐塞克迪总统赴博茨瓦纳首都哈博罗内，出席南部非洲发展共同体"三驾马车"暨联刚团快速反应旅出兵国峰会。

（三）加强与中国的公共卫生和经贸合作

刚果（金）与中国的关系稳步发展。双方高层加强交往。2021 年 5 月 7 日，中国国家主席习近平同刚果（金）总统齐塞克迪通电话。习近平表示，刚果（金）是中国在非洲的重要合作伙伴。中方始终从战略高度和长远角度看待和发展中刚关系，支持刚方维护国家独立、主权、安全、发展利益，愿

---

① Security Council of United Nations, "United Nations Organization Stabilization Mission in the Democratic Republic of the Congo—Report of the Secretary-General (S/2020/214)," March 18, 2020, p. 3, https: //undocs. org/pdf? symbol = en/S/2020/214, accessed: 2021 - 05 - 01.

② Security Council of United Nations, "United Nations Organization Stabilization Mission in the Democratic Republic of the Congo—Report of the Secretary-General (S/2020/554)," September 21, 2020, p. 5, https: //undocs. org/pdf? symbol = en/S/2020/554, accessed: 2021 - 05 - 01.

同刚方加强政治交往和治国理政交流。刚方加入共建"一带一路"倡议，为中刚合作搭建了新平台、开辟了新前景。中方愿同刚方共同规划下一步合作，加强经贸、基础设施、医疗卫生、农业、文化等领域的务实合作，推动中刚关系迈上新台阶。齐塞克迪表示，希望同中方在抗击疫情、恢复经济、环境保护、自由贸易区建设等领域加强合作，推动非中关系和非中合作论坛取得新发展。① 2021 年 1 月 5~6 日，国务委员兼外长王毅访问刚果（金）。齐塞克迪与王毅举行会谈。王毅委员表示，中国支持刚果（金）政府维护国家团结稳定；支持刚果（金）政府发展振兴经济；支持刚果（金）出任非盟轮值主席国。② 王毅委员同刚果（金）国务部长兼外长通巴签署了两国政府关于共同推进"一带一路"建设的谅解备忘录，刚果（金）成为第 45 个与中国签署"一带一路"建设备忘录的非洲国家。③

中国与刚果（金）共同抗击新冠肺炎疫情。2020 年 6 月 17 日，齐塞克迪通过视频连线参加了中非团结抗疫特别峰会。④ 5 月 11 日，中国抗疫医疗专家组赴刚果（金）协助开展疫情防控工作。⑤ 中国驻刚果（金）大使馆多次向刚果（金）捐赠医药物资，帮助刚果（金）抗击疫情。

中国与刚果（金）的经贸关系稳定。2019 年 5 月，刚果（金）中央银行批准人民币进入刚外币流通体系，并授权有关商业银行在刚果（金）开展人民币结算服务。2020 年 1 月 15 日，中国有色集团在刚果（金）投资兴建的迪兹瓦矿业和卢阿拉巴铜冶炼项目（LCS）在科卢韦齐举行竣工投产大

---

① 外交部：《习近平同刚果（金）总统齐塞克迪通电话》，2021 年 5 月 7 日，https：//www. fmprc. gov. cn/web/zyxw/t1874103. shtml，最后访问日期：2021 年 5 月 10.
② 外交部：《刚果（金）总统齐塞克迪会见王毅》，2021 年 1 月 7 日，https：//www. fmprc. gov. cn/web/wjbzhd/t1844894. shtml，最后访问日期：2021 年 1 月 10 日。
③ 外交部：《王毅：欢迎刚果（金）成为非洲第 45 个"一带一路"合作伙伴》，2021 年 1 月 7 日，https：//www. fmprc. gov. cn/web/wjbzhd/t1844896. shtml，最后访问日期：2021 年 1 月 10 日。
④ 外交部：《中非团结抗疫特别峰会联合声明》，2020 年 6 月 17 日，https：//www. fmprc. gov. cn/web/zyxw/t1789566. shtml，最后访问日期：2021 年 1 月 10 日。
⑤ 高丽：《中国（河北）赴刚果（金）抗疫医疗专家组启程》，2020 年 5 月 12 日，新华网，http：//m. xinhuanet. com/he/2020 - 05/12/c_1125972645. htm，最后访问日期：2021 年 6 月 10 日。

会。据商务部统计，2019 年，中国对刚果（金）直接投资流量为 9.31 亿美元；截至 2019 年末，中国对刚果（金）直接投资存量为 55.97 亿美元。中国企业在刚果（金）新签承包工程合同 197 份，新签合同额为 35.63 亿美元，完成营业额为 24.47 亿美元。累计派出各类劳务人员 3358 人，在刚果（金）劳务人员 6485 人。[①]

五　安全局势：东部地区问题持续升温

齐塞克迪执政以来，一直致力于改善刚果（金）东部地区的安全局势。东部地区是非洲大湖地区冲突的核心地带，[②] 该地区地方武装众多，尖锐的族际矛盾、多元的利益分布、众多的族群武装，增加了暴力冲突发生的概率。[③] 2020 年，东部地区形势更加复杂。一方面，国家武装部队加强对东部地方武装的军事打击，解放了一些地区。另一方面，政府的军事行动引发东部地方武装的报复行动，各类恐怖事件和暴力事件升级。除此之外，东部地区是埃博拉、腺鼠疫、霍乱的流行区，2021 年 5 月尼拉贡戈火山突然爆发，粮食危机严重。

（一）开展打击地方武装行动

2019 年 10 月，在联合国驻刚果（金）稳定特派团（简称"联刚团"）的协助下，刚果（金）武装部队向东部地区地方武装团体发起军事进攻。11 月 26 日，刚果（金）武装部队在南基伍省卡莱亥县对全国振兴和民主委员会发起行动。12 月，刚果（金）武装部队将 362 名全国振兴和民主委员会的外国战斗人员和家属移交卢旺达。2020 年 1 月 9 日，刚果（金）武装部队

[①] 以上数据来自中国商务部.《对外投资合作国别（地区）指南：刚果民主共和国（2020 年版）》，2020，第 42～43 页，http://fec.mofcom.gov.cn/article/gbdqzn/#，最后访问日期：2021 年 6 月 30 日。

[②] 袁武.《意大利大使遇袭折射刚果（金）动荡局势》，《世界知识》2021 年第 6 期，第 46 页。

[③] 胡洋.《刚果（金）东北地区土著与移民的冲突研究》，《世界民族》2020 年第 3 期，第 56 页。

成功占领了位于贝尼、埃伦盖蒂和塞穆利基之间三角地带的民主同盟军马迪纳营地。在伊图里省，政府与伊图里爱国抵抗力量的谈判取得了较大进展。2月28日，政府和伊图里爱国抵抗力量正式签署和平协议，结束了伊鲁穆县长达20年的暴力冲突。[①]

2021年5月3日，齐塞克迪宣布伊图里省和北基伍省自5月6日起进入为期一个月的围困状态。围困期间，两省的所有事务由国家武装部队和警察负责。两省的议会和政府暂停工作。两省的省级机构成员可以继续享受国家提供的福利。[②]

（二）恐怖袭击事件增多

尽管刚果（金）武装力量采取了一系列军事行动，但是东部地区的安全局势仍然不容乐观。恐怖袭击、屠杀、绑架等暴力事件仍在增加。

地方武装团体制造各类恐怖事件，针对的人群包括普通民众、当地工作的外国人、刚果（金）武装部队人员、联刚团维和人员等。其中，以民主同盟军发动的袭击事件最多。根据联合国刚果（金）联合人权办公室（联发部队）的报告，[③] 2019年1月1日至2020年6月30日，北基伍省和伊图里省的793名平民被民主同盟军杀害，176人受伤，717人被绑架。此外，民主同盟军招募了59名儿童，袭击和抢劫了1所学校、7个保健中心和数十间民房。[④]

[①] Security Council of United Nations，"United Nations Organization Stabilization Mission in the Democratic Republic of the Congo-Report of the Secretary-General（S/2020/214），" March 18, 2020，pp. 3 - 5，https：//undocs. org/pdf? symbol = en/S/2020/214，accessed：2021 - 05 - 01.

[②] UNICEF，"UNICEF DRC Humanitarian Situation Report No. 5：May 2021," July 19，2021，https：//reliefweb. int/report/democratic-republic-congo/unicef-drc-humanitarian-situation-report-no-5-may-2021.

[③] 联合国刚果（金）联合人权办公室成立于2008年2月，由联刚团人权司和刚果（金）人权事务高级专员办事处组成。

[④] MUNUSCO，"DRC：Attacks by ADF Armed Group may Amount to Crimes Against Humanity and War Crime," July 7，2020，https：//monusco. unmissions. org/en/drc-attacks-adf-armed-group-may-amount-crimes-against-humanity-and-war-crimes-0，accessed：2021 - 05 - 31.

2020 年 4 ~ 6 月，在伊图里省的朱古县、伊鲁穆县和马哈吉县，至少有
323 名平民丧生（包括 64 名妇女和 87 名儿童）、156 人受伤（包括 58 名妇
女和 33 名儿童）以及 127 人被绑架（包括 30 名妇女和 18 名儿童）。[①] 地方
武装还攻击了刚果（金）武装部队，引发 21 次冲突，造成约 50 名武装部队
士兵死亡。6 月 22 日，联刚团的车队在贝尼—卡辛迪公路上遭袭，造成 1 名
维和人员死亡，1 人受伤。[②]

2021 年 2 月 22 日，东部地区发生了最严重的袭击事件。世界粮食计
划署车队前往北基伍省的一所学校时，遭遇地方武装的恐怖袭击。意大利
驻刚果（金）大使卢卡·阿塔纳西奥（Luca Attanasio）及其随行人员共 3
人丧生。[③] 刚果（金）内政部指控卢旺达反政府武装"卢旺达解放民主力
量"袭击了车队，但是该组织予以否认。[④] 这一事件引起了国际社会极大的
震动。

（三）粮食安全和难民问题严重

刚果（金）是粮食进口国，是联合国粮食计划署重点资助的国家。2020
年，刚果（金）成为世界上粮食最不安全的国家之一。据联合国粮食计划署
的统计，2020 年 7 ~ 12 月，刚果（金）受饥饿影响的人数为 2180 万人，比
2019 年同期增加了 593 万人。预计 2021 年刚果（金）受饥饿影响人数将减
少到 1960 万人。其中 1480 万人处于粮食危机阶段，480 万人处于紧急阶段。
2020 年刚果（金）民众的营养状况较差，约 440 万人患有急性营养不良，

---

① Security Council of United Nations, "United Nations Organization Stabilization Mission in the Democratic Republic of the Congo-Report of the Secretary-General (S/2020/554)," September 21, 2020, p. 2, https://undocs.org/pdf? symbol = en/S/2020/554, accessed: 2021 – 05 – 01.

② Ibid.

③ 《意大利大使突然遇袭身亡，迅速惊动多国媒体，此时中方正义表态》，2021 年 2 月 25 日，齐鲁视讯，https://www.163.com/dy/article/G3M14TC70550UVMD.html，最后访问日期：2021 年 3 月 10 日。

④ 袁武：《意大利大使遇袭折射刚果（金）动荡局势》，《世界知识》2021 年第 6 期，第 46 页。

其中 340 万人是 5 岁以下的儿童。①

2020 年，据联合国难民署统计，在刚果（金），有 520 万人在国内流离失所，其中包括约 300 万名儿童。②

2021 年 5 月 22 日，刚果（金）东部北基伍省省会戈马市附近的尼拉贡戈火山爆发。火山喷发导致 23.4 万人流离失所，1340 名儿童与家人分离，19.5 万人无法获得安全和清洁的水。3629 所房屋、7 所学校和 4 个保健中心被毁。火山爆发导致许多家庭分离，增加了性暴力等儿童保护的风险。③

六　结语

总而言之，齐塞克迪执政以来，刚果（金）政治形势基本稳定，但经济、社会与安全局势较为复杂。在政治方面，齐塞克迪执政基础趋于稳固，但面临着利益分配不均与前总统影响过大的政治风险，使得刚果（金）政治发展道路充满不确定性。在经济方面，由于新冠肺炎疫情的影响，刚果（金）经历了自 2002 年后首次衰退，国家经济发展速度下滑，政府债务增加，虽然齐塞克迪政府出台了一系列经济改革措施，旨在扭转经济颓势，但受宵禁、封锁等疫情防控措施影响，其经济发展形势不容乐观。2020 年以来，刚果（金）新冠肺炎、埃博拉与霍乱等多种疫情流行，粮食短缺情况加重，民众贫困状况加剧，社会状况不佳。为应对各类社会问题，齐塞克迪政府完善疫情应对组织机构的建设，出台一系列紧急应对措施并积极寻求国际社会的支持，取得了一定成效，在疫情大流行的背景下，人类发展指数有所

---

① OCHA，"RD Congo：Tableau de bord humanitaire（PRH 2020）（Janvier à décembre 2020），" April 7，2021，https：//reliefweb. int/report/democratic-republic-congo/rd-congo-tableau-de-bord-humanitaire-prh-2020-janvier-d-cembre-2020，accessed：2021 – 06 – 10.

② Globle Centre for the Responsibility to Protect，Democratic Republic of the Congo，May 31，2021，https：//www. globalr2p. org/countries/democratic-republic-of-the-congo/，accessed：2021 – 05 – 31.

③ UNICEF，"UNICEF DRC Humanitarian Situation Report No. 5：May 2021，" July 19，2021，https：//reliefweb. int/report/democratic-republic-congo/unicef-drc-humanitarian-situation-report-no-5-may-2021，accessed：2021 – 06 – 10.

提高。在对外关系方面，齐塞克迪政府致力于平衡大国关系，加强多边合作，改善与欧美国家关系，加强同中国的公共卫生与经贸合作。然而，刚果（金）东部地区各类恐怖、暴力事件逐渐升级，由此导致的难民问题引发国际社会担忧。

刚果（布）：2020～2021大选年背景下的国家发展

孙利珍

摘　要：2021年3月，刚果（布）举行总统选举。在2020～2021大选年，刚果（布）面临严峻的政治经济局势。就政治而言，萨苏再次连任虽没有引发大规模的暴力事件，但依旧面临国内的不稳定因素。在经济方面，受2020年暴发的新冠肺炎疫情影响，该国经济改革步伐放缓，石油价格大幅下跌对其经济增长造成较大影响。对此，刚果（布）积极营造良好的营商环境，并不断完善以其为中心的区域交通网络以促进经济多元化和区域经济一体化。与此同时，刚果（布）在积极应对自然灾害和新冠肺炎疫情的同时，加大对教育和基础设施的投入，努力通过改善民众生活来稳定国内局势。

关键词：刚果（布）　大选年　新冠肺炎疫情　经济多元化

作者简介：孙利珍，云南大学国际关系研究院非洲中心博士研究生。

刚果（布）总统德尼·萨苏－恩格索（Denis Sassou-N'Guesso）在2016年赢得总统大选实现连任之后，其政治派别又相继赢得2017年的国民议会、地方议会和参议院选举。此后，该国政局整体趋于稳定。刚果（布）积极采取措施推动国家建设，对内不断加快电力、医疗和教育等领域建设，对外积极改善与邻国的外交关系，推动与加蓬、喀麦隆和刚果（金）等国的互联互通项目，为经济发展创造良好条件。

一 政治形势：平稳中潜藏着不稳定因素

2016 年大选过后，刚果（布）国内局势整体较为平稳。随着 2021 年大选的临近，其国内政治动向主要表现为以下两个方面。

第一，2021 年大选前刚果（布）暂时形成合作的政党格局。为了确保2021 年大选顺利进行，以"让我们通过自由、透明、和平的选举来巩固民主成果"为主题，刚果劳动党（Parti Congolais du Travail，以下简称"刚劳党"）邀请反对党进行政治对话。2020 年 11 月 17 日，泛非社会民主联盟（Union Panafricaine pour la Démocratie Sociale）、人道主义民主联盟（Union des Démocrates Humanistes-Yuki）、民主共和联盟（Union pour la Démocratie et la République-Mwinda）和共和行动党（Parti pour l'action de la République）等政治团体组成反对党代表团，要求采取措施以确保选举公正、透明。11 月25～26 日，刚劳党与反对党代表团在马丁古举行政治协商会议。其中，刚劳党有 160 余名代表，而反对党参会代表不足 30 名。由于力量悬殊，双方仅在候选人实行单选票和对选举官员、候选人进行培训两方面达成共识，① 而修改选举法、加强全国独立选举委员会的权力和限制竞选费用上限以增加选举透明度等政治诉求，反对党代表团无法与刚劳党达成共识。

随着新冠肺炎疫情暴发和石油价格下降，刚果（布）的经济发展环境受到较大影响，部分反对党开始呼吁国家内部的政治团结以抵抗外部的不利影响。2021 年初，体现希望党（Incarner l'Espoir）候选人安德烈亚·恩贡贝特（Andréa Ngombet）和团结与发展运动党（Mouvement pour la Solidarité et le Développement）候选人布兰查德·奥巴（Blanchard Oba）相继退出总统大选，且后者将在 3 月 21 日的选举中支持萨苏总统。2 月 26 日，为了增加与

---

① "La concertation de Madingou: un échec selon le Collectif des partis de l'opposition congolaise," *Congo Media Time*, December 4, 2020, https://congomediatime.com/la-concertation-de-madingou-un-echec-selon-le-collectif-des-partis-de-lopposition-congolaise/, accessed: 2021 – 08 – 10.

刚劳党抗衡的实力，民主与发展联盟（Rassemblement pour la Démocratie et le Développement）和人道主义民主联盟形成联盟草案，双方以人道主义民主联盟的帕法伊特·科莱拉斯（Parfait Kolélas）作为共同候选人。此外，根据联盟草案，民主与发展联盟在2021年大选中不能支持其政治组织的候选人。①

第二，刚果（布）2021年大选的顺利举行及新政府的组建。为了确保连任，萨苏采取了一系列措施。2021年1月，萨苏政府在全国范围内推行修改选民名单的特别行动，旨在促使新选民参加3月份的总统大选。所谓新选民主要包括2016年大选过后满18岁拥有选举权的人和以前没有进行选民登记的公民。同时，独立选举委员会修订了2017年的选举法和地方选举名单制度，增加了33.5万名新选民，选民总人数达到约255万人。② 此外，为了确保大选的顺利进行，萨苏政府宣布国防和安全部队成员将比普通选民提前48小时投票。

在2021年3月的总统选举中，刚果（布）共有6名反对党候选人。实际上，其中有4名反对党候选人被认为是为了显示选举合法性而凑数的"傀儡"，③ 仅有马蒂亚斯·道恩（Mathias Dzon）和科拉斯2名真正的反对党候选人。为了确保总统连任，政府阻止道恩和科拉斯参加竞选集会。此外，刚果（布）拒绝接受天主教会培训的选举监督员，并在大选当天禁止在投票站使用通信工具和互联网。在总统选举中，萨苏以88.40%的得票率获得连任，科拉斯获得了7.7%的选票，道恩获得了1.9%的选票。最大的反对党泛非社会民主联盟认为总统大选缺乏相应监督而抵制选举结果，但没有发生大规

---

① "Two Opposition Congolese Parties have Formed a Coalition Ahead of Presidential Elections," *Congo Media Time*, February 27, 2021, https：//congomediatime. com/two-opposition-congolese-parties-have-formed-a-coalition-ahead-of-presidential-elections/, accessed：2021 – 08 – 10.

② "Congo Elections：More than 2.5 Million Eligible Voters Registered," *Congo Media Time*, March 5, 2021, https：//congomediatime. com/% f0% 9f% 87% ac% f0% 9f% 87% a7-congo-elections-more-than-2-5-million-eligible-voters-registered/, accessed：2021 – 08 – 10.

③ Brett Carter, "Congo：Sassou Nguesso Wins another Term but Still Faces Two Big Threats," *Africa Arguments*, April 13, 2021, https：//africanarguments. org/2021/04/congo-sassou-nguesso-wins-another-term-but-still-faces-two-big-threats/, accessed：2021 – 08 – 10.

模的暴力事件。

5月12日，萨苏任命阿纳托尔·克利内·马科索（Anatolc Collinet Makosso）为总理并负责组建新政府。在保留部分原政府成员的基础上，新政府有11名新成员加入。其中，在新政府中仅有1名反对党成员——泛非社会民主联盟的奥诺雷·恩察伊（Honoré Ntsayi）担任能源和水利部长一职。由于新政府的关键职位都掌握在刚劳党手中，反对党在新政府中的代表性有限，遭到国内反对党的强烈反对。最终，泛非社会民主联盟退出新政府，恩察伊以个人名义在马科索政府中任职。至此，刚果（布）国内政局维持稳定，没有爆发暴力事件。

整体而言，在《2018～2022年国家发展计划》（*National Development Plan 2018–2022*）的指导下，刚果（布）国家建设取得较好成绩，政治局势基本稳定。但其在政治领域还存在一些不稳定因素，主要表现在以下三方面。

第一，关于权力交接。削弱反对派一直是萨苏总统的既定政策，但始终面临如何将权力交接至其儿子德尼·克里斯戴尔·萨苏-恩格索（Denis Christel Sassou N'Guesso）的难题。由于克里斯戴尔被视为刚果（布）腐败的象征，萨苏将权力交接至克里斯戴尔的过程并不顺利。2015年10月，萨苏总统将国家权力移交至克里斯戴尔失败，被迫诉诸宪法修正案寻求第三任期。2021年大选前，萨苏总统将国家权力移交至克里斯戴尔的举动引发秘密政变，再加上新冠肺炎疫情的影响，其权力交接的进程再次被打断。2021年大选后，萨苏总统即将开始新任期，权力移交开始变得迫切。在组建的新政府中，克里斯戴尔出任国际合作和促进公私伙伴关系部长，对内负责监督国内私营企业、民营资本与政府进行合作，并参与公共基础设施的建设；对外负责刚果（布）的国际合作。克里斯戴尔在新政府中担任关键职位，表明萨苏权力交接的过程或将开始，但如何实现权力和平交接成为影响该国政局变化的重要因素。

第二，群众运动。2016年大选过后，萨苏将其政治对手——让-马里·米歇尔·莫科科（Jean-Marie Michel Mokoko）和安德烈·奥康比·萨利萨

（Andre Okombi Salissa）以"破坏国家安全"的罪名判处20年有期徒刑。此外，刚果（布）还逮捕了克里斯特·东吉（Christ Dongui）等数名人权活动家和记者。2020年7月，由于莫科科健康状况恶化，社会民众不断组织游行示威，要求对其进行医疗救助并释放。以马科索新政府的组建为契机，公民运动组织"当你受够了的时候"（Ras-Le-Bol）的积极分子开始进行抗议活动，并要求释放被捕的人权活动家。随后，刚果人权观察处（Observatoire Congolais Des Droits de l'Homme）和人权与发展中心（Centre pour les droits de l'homme et le développement）等组织也加入抗议活动。刚果（布）政府拒绝释放被捕的人权活动家，预计抗议活动将在该国其他城镇继续进行，且规模会越来越大。此外，罢工成为普遍现象，特别是在公共部门。从2020年起，该国邮政储蓄公司、医院和银行部门罢工不断。随着经济增速放缓，罢工可能还会持续。如何应对持续出现的群众运动成为维护政局稳定需要面对的难题之一。

第三，难民问题。近年来，由于对石油资源的过度依赖，刚果（布）经济增速随国际油价波动，并依赖国际组织和其他国家的援助。与此同时，刚果（金）和中非共和国等邻国的大量难民涌入刚果（布），给其发展带来较大压力。截至2020年12月底，该国共接收约13万名难民，① 此后还有难民不断涌入。刚果（布）将难民纳入其粮食援助分配计划。短期来看，难民会加重该国的财政赤字，影响经济复苏；长远来看，难民问题将成为影响地区政治稳定和安全局势的重要因素之一。这也给该国的政局稳定带来了经济和政治两方面的挑战。

二 经济形势：改善营商环境、推动多元发展

自2014年石油危机以来，刚果（布）一直致力于经济结构改革，以实

---

① "UNICEF Congo Humanitarian Situation Report-Reporting Period：From 1st of January to 31st of December 2020," Relief Web，February 26, 2021，https：//reliefweb. int/report/congo/unicef-congo-humanitarian-situation-report-reporting-period-1st-january-31st-december，accessed：2021－08－10.

现经济多样化。2020年伊始，受新冠肺炎疫情的影响，该国政府实施了较长时间的封锁政策，经济发展前景不容乐观。9月，国际评级机构标准普尔（Standard & Poor's）将刚果（布）的评级从"B－/B"下调至"CCC＋/C"，① 意味着该国经济发展面临风险。目前，刚果（布）政府正积极应对新冠肺炎疫情和油价波动带来的不利影响，通过构建电力网络，改善营商环境，大力推进经济特区建设以推动经济多元化发展。

2020年4月1日，刚果（布）被列为世界上负债最多的国家之一，公共债务占其GDP的119%。② 为了改善经济环境，重振受双重危机严重冲击的国民经济，自2019年以来，刚果（布）一直在与国际货币基金组织进行关于扩大信贷机制（Extended Credit Facility）的谈判。一旦谈判成功，刚果（布）将获得4.5亿美元的财政援助，可以将债务占GDP的比例减少到70%，③ 达到中部非洲国家经济共同体规定的债务可持续水平。此外，为了重振国民经济，2020年8月25日，该国邮政银行与中非国家开发银行签署了一项针对中小企业贷款的协议，将为中小企业提供10亿非洲法郎以促进经济发展。④

根据世界银行2018年的报告，刚果（布）的电力供应率为68.5%。虽然近年来布拉柴维尔和黑角等大城市的断电情况有所改善，但农村地区的电力供应依然滞后，通电率仅为5%。⑤ 从目前来看，刚果（布）的电力供应

---

① "Le Congo dans la catégorie des pays à risque élevé de non-remboursement de la dette," *Congo Media Time*, September 8, 2020, https：//congomediatime. com/le-congo-dans-la-categorie-des-pays-a-risque-eleve-de-non-remboursement-de-la-dette/, accessed：2021－08－10.

② "La République du Congo classée 12e pays le plus endetté au monde," *Congo Media Time*, May 20, 2021, https：//congomediatime. com/la-republique-du-congo-classee-12e-pays-le-plus-endette-au-monde/, accessed：2021－08－10.

③ "Le Congo vers la conclusion de la première revue de l'accord avec le FMI," *Congo Media Time*, March 1, 2021, https：//congomediatime. com/le-congo-vers-la-conclusion-de-la-premiere-revue-de-laccord-avec-le-fmi/, accessed：2021－08－10.

④ "La BDEAC octroie 10 milliards de F CFA aux PME congolaises pour affronter la crise," *Congo Media Time*, August 26, 2020, https：//congomediatime. com/la-bdeac-octroie-10-milliards-de-f-cfa-aux-pme-congolaises-pour-affronter-la-crise/, accessed：2021－08－10.

⑤ "Congo：The Government Launches Work on a Hybrid Solar Power Plant in Impfondo," Afrik 21, March 11, 2021, https：//www. afrik21. africa/en/congo-the-government-launches-work-on-a-hybrid-solar-power-plant-in-impfondo/, accessed：2021－08－10.

依旧无法满足生产生活的基本需要，加上电网年久失修，输变电条件未得到有效改善，加剧了该国的电力危机。为了增加电力供应，刚果（布）开始构建电力网络。2021 年 2 月，刚果（布）委托阿克萨能源公司扩建黑角的杰诺火力发电厂：第一阶段修复发电站的 2 台 25 千瓦的涡轮发动机；第二阶段进行扩建，至少提供 100 兆瓦的电力。为了平衡电力短缺和对石油出口的过度依赖，阿克萨能源公司计划在黑角和布拉柴维尔分别修建一座火力发电厂。修建火力发电厂不仅能够优化使用石油资源，还能够缓解电力供应不足的问题，促进经济发展。此外，该国还计划对杰诺水力发电厂进行修复、扩建和委托管理。随着发电量的增加，消除电力传输障碍也成为缓解刚果（布）电力短缺的关键。刚果（布）政府已经启动改善布拉柴维尔和黑角之间高压线路过境能力的项目，尤其是计划在黑角建设高压新线路，提高电力传输能力。

在世界银行发布的《2020 年世界营商环境报告》中，刚果（布）在全球 190 个经济体中居第 180 位。[①] 为了营造良好的营商环境，刚果（布）在税收、司法和企业用工等方面积极采取措施。2020 年 7 月 1 日，刚果（布）启动了 E-TAX 电子税收平台以简化纳税程序，并与财政部和其他相关部门进行信息共享。为了满足企业用工需求，8 月 20 日，刚果（布）政府在黑角设立就业局，积极促进就业。10 月，刚果（布）高等教育部与刚果雇主和跨专业联盟（Union Patronale et Interprofessionnelle du Congo）建立合作伙伴关系，以确保学生培训与企业需求相符。为了进一步满足企业的用工需求，公司可以参与学生课程计划的修订。[②] 10～12 月，刚果（布）启动了第一次企业普查，统计部门将全国范围内所有企业的经营状况和规模等一系列信息

---

① *Doing Business：Comparing Business Regulation in 190 Economies*，Washington D. C. ：World Bank Group，p. 4.

② "Signature d'un partenariat universités-Unicongo pour l'insertion professionnelle des étudiants," *Congo Media Time*，November 2，2020，https：//congomediatime. com/signature-dun-partenariat-entre-les-universites-et-unicongo-pour-linsertion-professionnelle-des-etudiants/，accessed：2021 – 08 – 10.

建立一个综合系统。此举不仅弥补了长期缺乏综合商业统计系统的缺陷，还有助于制定有效的公共政策和实现经济结构多元化，为企业正确判断行业发展和市场走向提供帮助。10月22日，黑角领事商会还建立了调解与仲裁中心，专门为设在黑角的公司通过调解和仲裁解决商业纠纷提供帮助。

为促进经济多样化，刚果（布）政府特别设立布拉柴维尔、黑角、奥约－奥隆博、韦索4个经济特区，并依据各个特区特点发展不同产业。2009～2019年，刚果（布）政府对黑角码头投资近2600亿非洲法郎，[①]提高了港口容量和运营绩效。为巩固过境中转站的地位，刚果（布）将进一步引进现代化基础设施并进行扩建。此外，刚果（布）还计划在黑角主要发展石油冶炼及其相关行业，在创造就业岗位的同时打造更完善的产业价值链，从而对经济增长产生积极影响，预计在2022年黑角将创造11.16亿美元的经济产值。[②]布拉柴维尔和奥约－奥隆博主要发展非石油经济，特别是劳动密集型产业和农产品加工业，在创造就业岗位的同时，力求实现经济多样化。此外，刚果（布）将对韦索进行阶段式开发：第一阶段，利用木材发展相关加工产业；第二阶段，进行咖啡和可可种植、加工；第三阶段，发展棕榈种植业，预计在2030年将实现7亿美元的经济产值。[③]

此外，刚果（布）还重视农业发展。该国农业水平相对落后，大部分是传统的粗耕农业。在绿色气候基金组织（Green Climate Fund）的资助下，刚果（布）实施了"保护森林"项目，以促使当地农民从传统耕作方式向树木管理与作物管理相结合的耕作方式转变。"保护森林"项目在减少温室气体排放的同时，还将提高农业生产力，预计将使刚果（布）1/6以上的人口受益。[④]

[①] "Congo Unveils New Docks in Commercial City Port," *Africa News*, February 19, 2020, https：//www. africanews. com/2020/02/19/congo-unveils-new-docks-in-commercial-city-port/, accessed：2021－08－10.

[②] 《对外投资合作国别（地区）指南：刚果共和国（2020年版）》，2020，第50页。

[③] 同上，第51页。

[④] "Green Climate Fund Approves $80 Million in FAO-led Projects in Congo and Jordan," Relief Web, March 9, 2021, https：//reliefweb. int/report/congo/green-climate-fund-approves-80-million-fao-led-projects-congo-and-jordan, accessed：2021－08－10.

新政府成立后，刚果（布）计划将农业放在经济发展的首位，并承诺对该国的农业部门进行现代化改造以提高生产力，减少各种农产品和食品进口，维护国家粮食安全。同时，刚果（布）还制定针对女性的激励性土地政策，使她们能够从贷款和其他类型的融资中受益，并增强其自立能力。

三 社会发展：抗击疫情并积极改善民生

为了抗击新冠肺炎疫情，刚果（布）在努力提高疫苗接种率的同时，还不断改善国内的基础设施并加强对其他传染病和自然灾害的防护。自疫情出现以来，刚果（布）积极采取应对措施。2020年5月，萨苏将第一批当地制造的150万个口罩分发给本国弱势群体。[1] 2020年底，布拉柴维尔和黑角两家综合医院完工，用于改善民众的就医状况。此外，刚果（布）还设立全民健康保险基金来提高接种疫苗率，并积极通过两个途径获得新冠肺炎疫苗：其一，通过世界卫生组织的"新冠肺炎疫苗实施计划"（COVAX）将获得42万剂疫苗；[2] 其二，国际组织为刚果（布）提供资金购买疫苗。2021年6月，世界银行批准了国际开发协会提供的1200万美元的援助，[3] 以提高刚果（布）的疫苗接种率。截至2021年6月，刚果（布）已有9万余人接种了疫苗，其中近6万人接种了两剂疫苗，[4] 到2022年7月，刚果（布）将

---

[1] "Livraison de 788000 masques made in Congo destinés aux personnes vulnérables," *Congo Media Time*, May 12, 2020, https：//congomediatime. com/livraison-de-788000-masques-made-in-congo-destines-aux-personnes-vulnerables/, accessed：2021 – 08 – 10.

[2] *Country Report-Congo*（*Brazzaville*）, London：Economist Intelligence Unit, 2021, p. 15.

[3] "Congo/Covid-19：12 millions de dollars pour appuyer l'accès équitable aux vaccins contre la pandémie," Agence Congolaise d'Information, June 5, 2021, https：//www. aci. cg/congo-covid-19-12-millions-de-dollars-pour-appuyer-lacces-equitable-aux-vaccins-contre-la-pandemie/, accessed：2021 – 08 – 10.

[4] "Brazzaville：des crieurs pour inciter la population à la vaccination contre la Covid 19," *Congo Media Time*, June 14, 2021, https：//congomediatime. com/brazzaville-des-crieurs-pour-inciter-la-population-a-la-vaccination-contre-la-covid19/, accessed：2021 – 08 – 10.

争取达到60%的疫苗接种率。① 此外，刚果（布）国家新冠病毒管理协调会决定设立一个国家疫苗接种基金，以处理国内疫苗接种出现的突发状况。

此外，刚果（布）还一直面临艾滋病、结核病和疟疾等疾病的预防和治疗等难题。该国每年约有2.6万名艾滋病患者接受抗反转录病毒治疗，约有1.2万名患者接受结核病的筛查和治疗。2021年2月，抗艾滋病、结核病和疟疾全球基金（The Global Fund to Fight AIDS, TB and Malaria, 以下简称"全球基金"）与刚果（布）建立健康合作伙伴关系，旨在增加艾滋病、结核病和疟疾等疾病的预防和治疗机会，进而弥补刚果（布）卫生系统的不足。在捐助者和合作伙伴的支持下，全球基金在刚果（布）投资超过1.22亿美元以加强艾滋病和结核病的防治工作。此外，在全球基金的帮助下，刚果（布）已经完成首次全国性大规模分发蚊帐的运动，近470万人受益。② 根据世界卫生组织终止结核病的计划，刚果（布）将加强对结核病的识别率，计划在2023年之前使该病治愈成功率达到90%。③

同时，刚果（布）还面临洪水灾害的破坏。2021年1月，刚果（布）北部发生水灾，并宣布进入紧急状态。在国际合作伙伴的帮助下，刚果（布）派遣一支发放食品和生活必需品的车队以帮助18万余名灾民。④ 2021年4月24日，法国通过世界粮食计划署为刚果（布）筹集1.97亿非洲法

① "Congo/Télécommunications: L'Arpce appelée à plus de rigueur pour la sécurité des consommateurs," Agence Congolaise d'Information, June 12, 2021, https://www.aci.cg/congo-telecommunications-larpce-appelee-a-plus-de-rigueur-pour-la-securite-des-consommateurs/, accessed: 2021-08-10.

② "La République du Congo et le Fonds mondial signent deux nouveaux accords de subvention pour améliorer l'accès à la prévention et au traitement du VIH, de la tuberculose et du paludisme," Relief Web, February 26, 2021, https://reliefweb.int/report/congo/la-r-publique-du-congo-et-le-fonds-mondial-signent-deux-nouveaux-accords-de-subvention, accessed: 2021-08-10.

③ Ibid.

④ "Congo Authorities Battling with Huge Floods," Africa News, January 9, 2021, https://www.africanews.com/2021/01/09/congo-authorities-battling-with-huge-floods/, accessed: 2021-08-10.

郎，以帮助受灾民众。① 同时，在国际伙伴的帮助下，刚果（布）正在筹措资金以从根本上解决该地区的洪水灾害。

刚果（布）与国际组织开展合作共同应对新冠肺炎疫情和自然灾害的同时，还积极加强国内基础设施建设。2019 年，由于非法偷电，刚果（布）电力公司（Énergie électrique du Belgium）损失 400 多万欧元，② 加剧了国内供电危机。为了完善国内电网，2020 年 10 月 26 日，刚果（布）与喀麦隆达成在恩戈科河建设容量为 600 兆瓦的水电站的协议。③ 该水电站不仅能够向两国供应电力，还能将多余电力出口至周边国家。12 月 30 日，黑角蒙戈 - 姆普库区的变电站投入运营，为 4.6 万多户家庭供电。同时，刚果（布）还计划在该地区建设 34 个低压和中压变电站以及完善整个地区的公共照明工程。④ 2021 年 2 月中旬，刚果（布）开通了兼巴拉 - 莱卡纳电力线，将有助于加大农村地区的电力供应。3 月 2 日，刚果（布）启动了利夸拉省在因普丰多热能和太阳能混合发电厂的建设，⑤ 有助于改善当地居民用电状况。6 月，刚果（布）计划在因普丰多的发电厂安装一个光伏电站以加大发电量。此外，为了缓解用电负荷，电力公司正在对其用户进行清点，清理非法偷电用户。新政府成立以后，刚果（布）计划启动新达和乔莱两座大坝的建设工作

① "Congo/Social: La France octroie 197 millions de Fcfa aux populations victimes des inondations," Agence Congolaise d'Information, April 21, 2021, https://www.aci.cg/congo-social-la-france-octroie-197-millions-de-fcfa-aux-populations-victimes-des-inondations/, accessed: 2021 - 08 - 10.

② "Power Cuts: Congolese Energy Firm to Check Illegal Connections," *Africa News*, January 14, 2020, https://www.africanews.com/2020/01/13/power-cuts-congolese-energy-firm-to-check-illegal-connections/, accessed: 2021 - 08 - 10.

③ "Barrage hydroélectrique entre le Congo et le Cameroun: des études prévues début 2021," *Congo Media Time*, October 28, 2020, https://congomediatime.com/barrage-hydroelectrique-entre-le-congo-et-le-cameroun-des-etudes-prevues-debut-2021/, accessed: 2021 - 08 - 10.

④ "Congo/Énergie: Mise en service d'une sous-station de 30/20kv dans le quartier Vindoulou," Agence Congolaise d'Information, December 30, 2020, https://www.aci.cg/congo-energie-mise-en-service-dune-sous-station-de-30-20kv-dans-le-quartier-vindoulou/, accessed: 2021 - 08 - 10.

⑤ "Congo/Énergie: Les populations de la Likouala réservent un accueil chaleureux au Président Denis Sassou-N'Guesso," Agence Congolaise d'Information, March 3, 2020, https://www.aci.cg/congo-energie-les-populations-de-la-likouala-reserve-un-accueil-chaleureux-au-president-denis-sassou-nguesso/, accessed: 2021 - 08 - 10.

来增加电力供应，并改善农村地区的供电状况。

除此之外，刚果（布）还积极保护弱势群体：土著人和未婚妈妈。该国南部莱库穆省的土著人约占全国土著人口的25%，[①] 其发展程度较低。2021年4月，在世界粮食计划署、联合国儿童基金会和世界卫生组织的共同帮助下，莱库穆省的19个土著人团体参与了旨在改善土著人民生活条件的培训班。6月，在联合国儿童基金会的支持下，65名女童和未婚妈妈在黑角接受缝纫、刺绣、美容美发等生存技能培训，并将获得一个工具包和一笔创业资金。[②] 同时，此次培训还与世界月经卫生日的活动相结合。刚果（布）小学、初中、高中的女学生参加了关于日常生活和月经卫生管理的培训，减少女学生缺勤和辍学的风险，并提高其教育水平及生存能力。

四 外交形势：睦邻友好，积极促进地区经济一体化

刚果（布）的外交政策立足非洲，在与周边国家保持良好关系的同时，积极参与地区事务并推动中部非洲经济一体化进程。

在与邻国关系上，刚果（布）与安哥拉、刚果（金）等邻国保持友好双边关系。2020年7月，刚果（金）总统费利克斯·齐塞克迪对刚果（布）进行第三次访问，双方就刚果（金）与赞比亚的边界争端、刚果（金）东部的安全局势和中非共和国选举等问题交换了意见。针对刚果（布）北部发生的洪水灾害，刚果（金）不仅提供人道主义援助，还与刚果（布）和联合国难民事务高级专员联合发出刚果（金）难民自愿回国的倡议。为了促进非洲大陆自由贸易区的建立，2020年8月25日，刚果（布）和刚果（金）举行重新修订两国贸易协定条款的工作会议，双方达成取消非关税和关税壁

---

① "WFP Republic of Congo Country Brief, February 2021," Relief Web, April 6, 2021, https：//reliefweb. int/report/congo/wfp-republic-congo-country-brief-february-2021, accessed：2021 – 08 – 10.

② "Congo/Société：65 filles-mères formées dans les métiers de leurs choix," Agence Congolaise d'Information, June 1, 2021, https：//www. aci. cg/congo-societe-65-filles-meres-formees-dans-les-metiers-de-leurs-choix/, accessed：2021 – 08 – 10.

垒、取消贸易限制、打击进出口贸易欺诈以及增加两国贸易的协定。基于加强经济区域一体化和增进两国合作关系的目的，连接布拉柴维尔和金沙萨的桥梁将于2021年建成。由于刚果（布）与安哥拉之间边境线较长，跨境安全问题是两国多年来合作的重点。2021年6月8日，安哥拉总统若昂·洛伦索（João Lourenço）对刚果（布）进行访问，并邀请萨苏总统参加10月4～8日在罗安达举行的第二届泛非洲和平与非暴力文化论坛和非洲侨民论坛。

刚果（布）还积极与其他国家合作促进地区问题的和平解决。2021年1月，萨苏总统主持了非洲联盟关于利比亚问题高级委员会第8次会议，决定将与利比亚各方、邻国和联合国协商召开利比亚和解会议。同时，由萨苏总统担任主席的11人委员会还同意为非盟利比亚论坛设立一个筹备委员会，该委员会将对利比亚冲突的各方开放，包括部落领袖、妇女、青年和其他利比亚的政治人士、社会人士。① 4月20日，萨苏总统出席大湖区问题国际会议第二次小型峰会，讨论中非共和国的政治和安全局势。6月4日，萨苏总统应邀与中非共和国、刚果（金）和安哥拉国家元首召开会议，致力于帮助乍得实现和平过渡。

在国际组织的帮助下，以刚果（布）为核心的区域交通网络逐步完善。2020年3月6日，刚果（布）边境桑加省通往喀麦隆的森贝—苏安凯—恩塔姆公路通车，不仅实现了刚果（布）北部和喀麦隆南部的互联互通，也有利于挖掘刚果（布）北部在农业、矿产和木材方面的经济潜力。2021年1月23日，刚果（布）启动了多利西通往加蓬边境的恩登代—杜萨拉—多利西公路中多利西—基班古公路的建设，不仅让周边民众获得了基本的基础设施，还促进了地区货物的流通，促进了区域经济的包容性增长。值得注意的是，包括正在建设中的恩耶莱—贝图公路，这一时期刚果（布）的公路建设都与邻国公路相连，有助于加快区域经济一体化的进程。

---

① "AU Planning Inter-Libya Reconciliation Forum after Brazzaville Summit," *Africa News*, January 31, 2020, https://www.africanews.com/2020/01/31/au-planning-inter-libya-reconciliation-forum-after-brazzaville-summit/, accessed: 2021 - 08 - 10.

　　刚果（布）继续与中国保持密切往来。2020 年 2 月 18 日，为表达对友好城市苏州抗击新冠肺炎疫情的支持，黑角市政府向中国苏州市捐赠了 1 万只医用口罩。① 3 月，新冠肺炎疫情开始在刚果（布）传播，中国向刚果（布）捐赠大量抗疫物资。2021 年 5 月，中国向刚果（布）政府捐赠了 20 万剂疫苗和 20 多万支注射器。② 此外，中国还积极减免刚果（布）债务和支持教育发展。2021 年 2 月，中国免除刚果（布）1300 万美元的债务，并向刚果（布）捐款 350 亿非洲法郎，③ 助力多项两国合作项目的实施。6 月，中国对两国间债务进行重组并调整贷款还款时间表，保持两国经济合作的良性发展。此外，中国政府为刚果（布）学生设立了 49 个奖学金名额，④ 并在冈波·奥利卢革命中学设立孔子课堂以促进两国文化交流。

　　作为刚果（布）的原宗主国，法国一直是该国重要的贸易伙伴。出于对刚果（布）选举缺乏透明度以及萨苏家族腐败案件的担忧，双边关系比较微妙，但整体上保持合作关系。2020 年 4 月 25 日，刚果（布）与法国签署了国家公共卫生实验室的融资协议：法国出资 3.55 亿非洲法郎旨在支持刚果（布）国家公共卫生实验室的发展，增强预防和应对流行病的能力。⑤ 7 月，法国司法部扣押刚果（布）总统专机引发两国关系暂时恶化，但并没有影响两国关系的整体发展。10 月，法国驻加蓬将军让-皮埃尔·佩兰（Jean-

---

① 中华人民共和国驻刚果共和国大使馆：《黑角市捐赠 10000 只医用口罩支持苏州抗击新冠肺炎疫情》，http：//cg. chineseembassy. org/chn/zgzgg/sgkx/t1747775. htm，最后访问日期：2021 年 8 月 10 日。

② "Covid19：la Chine fait un nouveau don de 200 mille doses de vaccins au Congo," *Congo Media Time*，May 21，2021，https：//congomediatime. com/covid19-la-chine-fait-un-nouveau-don-de-200-milles-doses-de-vaccins-au-congo/，accessed：2021 – 08 – 10.

③ "Congo-Chine：l'annulation de la dette et le don de 35 milliards sont actés," *Congo Media Time*，February 15，2021，https：//congomediatime. com/congo-chine-lannulation-de-la-dette-et-le-don-de-35-milliards-sont-actes/，accessed：2021 – 08 – 10.

④ "La Chine met à la disposition des étudiants congolais 49 bourses d'études," *Congo Media Time*，January 20，2021，https：//congomediatime. com/la-chine-met-a-la-disposition-des-etudiants-congolais-49-bourses-detudes/，accessed：2021 – 08 – 10.

⑤ "355 millions pour la surveillance et la recherche épidémiologique au Congo," *Congo Media Time*，April 28，2020，https：//congomediatime. com/355-millions-pour-la-surveillance-et-la-recherche-epidemiologique-au-congo/，accessed：2021 – 08 – 10.

Pierre Perrin）前往刚果（布）首都参加布拉柴维尔宣言 80 周年庆祝活动，双方就加强在军事领域的伙伴关系达成共识，法国将提供更多技术和军事知识方面的支持，有助于加强刚果（布）军队的作战能力。

五　教育发展：疫情期间努力保持教育的延续性

2020 年初，新冠肺炎疫情严重影响了非洲国家教育系统的正常运转，部分非洲国家的学校被迫长期停课。在国际社会的帮助下，刚果（布）在保持国民教育延续性方面采取了诸多措施。2020 年 4 月，为应对学校食堂关闭，世界粮食计划署向刚果（布）的 6.1 万名学生分发了 3 个月的粮食。① 2020 年 10 月起，全球教育合作伙伴（Global Partnership for Education）资助刚果（布）城市和郊区的当地食堂，约 2.2 万名学生从中受益。② 11 月 26 日，刚果（布）政府向实施本土学校供餐计划的 19 个城市食堂捐赠了厨具。截至 2021 年 2 月，刚果（布）近 4.8 万名儿童从本土学校供餐计划中受益。③

为满足教育部门对教师的需求，刚果（布）计划在 2021 年招聘小学、中学和扫盲教师 1700 人，技术职业教育、技能培训教师 410 人，④ 教育部门招聘人数几乎占到政府招聘人数的一半。2021 年 5 月，刚果（布）教育部开始对全国范围内的教师进行生物识别注册，将每位教师的所有信息储存在一张生物识别卡上，特别是目前的职位、参加的培训课程、晋升和退休年份。本次教师普查还将所有在岗的教师，特别是志愿者、临时工、合同工和

①　"WFP Republic of Congo Country Brief, April 2020," Relief Web, June 4, 2020, https://reliefweb. int/report/congo/wfp-republic-congo-country-brief-april-2020, accessed: 2021 - 08 - 10.

②　"WFP Republic of Congo Country Brief, September 2020," Relief Web, October 16, 2020, https://reliefweb. int/report/congo/wfp-republic-congo-country-brief-september-2020, accessed: 2021 - 08 - 10.

③　"WFP Republic of Congo Country Brief, February 2021," Relief Web, April 6, 2021, https://reliefweb. int/report/congo/wfp-republic-congo-country-brief-february-2021, accessed: 2021 - 08 - 10.

④　"Congo/Emplois: Plus de 4500 agents à recruter à la fonction publique en 2021," Agence Congolaise d'Information, December 23, 2020, https://www.aci. cg/congo-emplois-plus-de-4500-agents-a-recruter-a-la-fonction-publique-en-2021/, accessed: 2021 - 08 - 10.

公务员汇集在同一个数据库中集中管理，以提高对教师队伍的管理水平。与此同时，教师数据库将与公务员部和财政部的数据库连接，有助于根据现有岗位合理调配和解决师资短缺的问题。

此外，刚果（布）还改善了教育领域的基础设施建设。2020年底，该国在黑角－奎卢省建立了一所跨省高中学校，有48间教室、4个实验室，可容纳2400多名学生。① 2021年2月，刚果（布）第二所大学——萨苏大学建成。萨苏大学是刚果（布）校园规模最大、现代化程度最高的大学，能够容纳大约3万名学生并为1.5万名学生提供住宿。② 同时，萨苏大学还将为刚果（布）教师提供培训机会，以响应该国在教育前沿领域的发展。6月，刚果（布）计划在黑角建设第三所公立大学。与以往不同，第三所大学学科设置比较齐全，其中包括采矿和石油相关专业。③

受新冠肺炎疫情影响，2020年3月，刚果（布）实施"在家上学"计划，旨在通过技术手段实现学校教育活动的连续性。9月，刚果（布）学校制定了轮流授课的时间表，实行3天在校上课和3天远程学习的学习规划。④ 为了保证师生健康，2021年1月6日，刚果（布）政府对全国范围内学生和教师进行大规模筛查，学校复课再次被推迟。4月28日，为了缓解学校长期停课对教学进度的影响，刚果（布）与联合国教科文组织、联合国儿童基金会合作并签署了一项协议，通过国家电视台播放教学课程，以提高学生入学

---

① "Congo/Infrastructures: Clément Mouamba satisfait de l'évolution des travaux de construction du lycée interdépartemental Pointe-Noire-Kouilou," Agence Congolaise d'Information, December 30, 2020, https://www.aci.cg/congo-infrastructures-constater-levolution-des-travaux-de-construction-du-lycee-interdepartemental-pointe-noire-kouilou/, accessed: 2021-08-10.

② "Congo/Education: Sassou-N'Guesso inaugure la deuxième Université du pays," Agence Congolaise d'Information, February 8, 2021, https://www.aci.cg/congo-education-sassou-nguesso-inaugure-la-deuxieme-universite-du-pays/, accessed: 2021-08-10.

③ "Congo/Éducation: Bientôt la construction d'une université publique à Pointe-Noire," Agence Congolaise d'Information, June 23, 2021, https://www.aci.cg/congo-education-bientot-la-construction-dune-universite-publique-a-pointe-noire/, accessed: 2021-08-10.

④ "Le Congo parmi les rares pays ayant programmé une rentrée scolaire 2020-2021," Congo Media Time, October 8, 2020, https://congomediatime.com/le-congo-parmi-les-rares-pays-ayant-programme-une-rentree-scolaire-2020～2021/, accessed: 2021-08-10.

机会和获得平等的教育机会。根据协议，国家电视台在一周的 6 天中每天播放 5 小时的学校课程，有效期限为 3 个月。[①] 此外，刚果（布）还从全球教育伙伴关系获得了 700 万美元的财政援助，[②] 以支持政府出台针对新冠肺炎的教学和预防措施，确保全国范围内基础教育的连续性和学校重新开放。

六　结语

虽然在 2020～2021 大选年期间刚果（布）受到新冠肺炎疫情的较大影响，但其政治、经济、外交等方面基本保持稳定，并取得了一定发展。在政治方面，刚果（布）平稳举行了总统大选，萨苏总统的连任虽遭到反对派抗议，但没有引发大规模暴力冲突。萨苏总统连任后，刚劳党将继续削弱反对派势力，国内政治局势将保持一定的稳定性。在经济方面，受新冠肺炎疫情影响，刚果（布）在积极营造良好的营商环境的同时，还为其经济发展走向多元化进行基础设施建设，尤其是缓解电力短缺问题。在外交方面，刚果（布）努力与地区邻国保持持续合作关系，不断在地区事务中发挥积极作用。同时，刚果（布）还不断完善以自身为重要节点的区域交通网络，积极推动地区经济一体化。在社会发展方面，刚果（布）积极应对新冠肺炎疫情及其北部地区的洪水灾害，并满足民众对国内基础设施的需求。在教育领域，刚果（布）不断完善教育设施，并与国际组织开展广泛合作以保证教育的延续性。

---

① "Congo/Éducation: Lancement de la diffusion des cours à domicile sur la Télévision nationale," Agence Congolaise d'Information, April 29, 2020, https://www.aci.cg/congo-education-lancement-de-la-diffusion-des-cours-a-domicile-sur-la-television-nationale/, accessed: 2021 - 08 - 10.

② "7 millions de dollars pour soutenir le secteur éducatif congolais," *Congo Media Time*, July 28, 2020, https://congomediatime.com/7-millions-de-dollars-pour-soutenir-le-secteur-educatif-congolais/, accessed: 2021 - 08 - 10.

阿尔及利亚："希拉克运动"后的
政治局势

赵 畅

摘 要：2021 年阿尔及利亚政局仍旧难以走向平稳。阿尔及利亚在 2019 年经历了"希拉克运动"后，政治局势仍旧处于动荡之中。总统阿卜杜勒－马吉德·特本在 2021～2025 年继续执政，其年龄和身体状况引起外界诸多猜疑，内部政变的可能性越来越大。阿尔及利亚的威权政治体制难以持续下去，政治生态遭到破坏，加剧了国内权力各方的紧张态势。2020 年，阿尔及利亚经济急剧衰退，2021 年虽恢复增长，但其经济结构性问题和政府财政状况欠佳会限制增长速度，使得通货膨胀率继续上升，影响整体经济发展。阿尔及利亚社会问题日益突出，抗议、骚乱有演变为暴力冲突的风险。该国在安全形势方面有恶化趋势，境外和境内恐怖主义都有回潮之势，恐怖事件时有发生，严重影响社会安全和经济发展。外交上，该国与中国关系较好并逐步升温，在经贸、教育文化等领域开展合作，同时与原宗主国法国也保持良好关系，但与个别周边邻国关系仍较为紧张，整体上，阿尔及利亚外交依旧存在诸多难以解决的困难。总体而言，2021 年阿尔及利亚面临着政治、经济、社会和外交上的多重困境，形势不容乐观。

关键词：阿尔及利亚 希拉克运动 政治局势 总统 军队

作者简介：赵畅，云南大学非洲研究中心博士生，云南财经大学讲师。

近年来，阿尔及利亚国内政局一度较为稳定，经济迅速发展，地区影响力有所提升。依靠其丰富的油气资源，阿尔及利亚赢得了世界大国的关注。

2019 年"希拉克运动"（Hirak Movement）打破了阿尔及利亚的稳定局面，总统阿卜杜勒－马吉德·特本（Abdelmadjid Tebboune）的上任也并未使国内局势有较大转变。尤其是随后总统感染新冠病毒，总统的健康状况更加剧了政治紧张局势。当前，阿尔及利亚新冠肺炎疫情虽逐步得到控制，国内经济秩序缓慢恢复，但国家政治权力核心要素遭遇挑战，经济转型充斥着不确定，恐怖极端势力有回归风险，与周边国家和欧洲关系尚存在矛盾。作为"阿拉伯之春"的一个例外国家，阿尔及利亚政局为何在十年后出现严重动荡？之后该国政治又会如何发展？回答后者的前提是对前者的理解，同时，探讨后者的意义远大于前者。鉴于此，本文通过分析 2020 年阿尔及利亚的政治、经济、安全和外交，希望为阿尔及利亚未来政局走向提供参考。

一 政治：威权政治体制遭遇挑战

阿尔及利亚的权力结构是典型的横向结构，其权力分布主要集中于两大支柱：总统和军队。两大权力支柱间无明显等级之分，换句话说，任何试图垄断权力的一个支柱都必须吸收或抵消另一个权力支柱。① 总统和军队的紧张关系态势日益突出，两大权力支柱的"合作关系"逐渐破裂，直接影响阿尔及利亚国内政治生态。其原因不仅来自总统和军队自身相互争斗，也来自民众对两大权力支柱的不满，从而动摇了阿尔及利亚长期形成的威权政治体制。

一方面，总统与军队的权力博弈更趋激烈。军队虽有控制国家政权的历史，但军队在一定程度上也保持参与政治的"距离"，出现过军队和总统为加强各自权力而相互支持的情况。随着阿尔及利亚国内形势的变化，总统和军队试图弱化另一方影响力而强化和巩固自身实力的趋势明显。例如，情报部门曾作为阿尔及利亚权力关系的中心，主要承担两方面工作：监视和打击军队内部的间谍活动；发挥"政治警察"的作用，控制政党、工会、媒体、

---

① "Algeria 2019：From the Hirak Movement to Elections，" Arab Center for Research & Policy Studies（2020），January 2021，pp. 2 - 6.

民间社会组织和国家官僚机构。它不断地监视反对者以对其进行遏制和消除，挫败任何可能威胁政权生存的内部或外部威胁。前总统阿卜杜勒－阿齐兹·布特弗利卡（Abdelaziz Bouteflika）一直试图重组情报机构，并将其打造成服从于总统意愿的机构，目的就在于摆脱军事力量对政府的干涉。在第三任期之际，他用奥斯曼·塔塔克（Othman Tartag）更换了情报部门领导人穆罕默德·梅迪内（Muhammad Meddin），将原有机构分为内部安全总署、外部安全文件总署和信息技术总署，且不隶属于国防部而是共和国总统府，以此达成了他的政治目的。① 对军队领导层而言，情报部门的隶属是总统权力在政治领域的延伸，军方意识到情报部门对其是潜在的威胁，并采取相应措施。如借气田遭恐怖袭击之由，试图限制情报部门的作用。"希拉克运动"的爆发显示出情报部门作用力进一步下降，也成为军方对情报部门进行重组的理由，情报部门因此恢复了其作为军队组成部分的起源。②

另一方面，民众对权力支柱的合法性产生怀疑。2014 年受国际油价下跌影响，阿尔及利亚的失业率持续升高，2014 年为 10.6%，2020 年上升到 14.1%，据国际货币基金组织预测，到 2025 年，阿尔及利亚的失业率将达到 18.1%。③ 原先依靠福利稳定社会，赢得民心的做法失去了物质基础，政府无力支撑庞大的开支，围绕就业、住房、卫生、教育、基础设施等民生问题引起的抗议活动频发。随着人口的快速增长，阿尔及利亚青年人口比例越来越大，2020 年 25 岁以下人口占总人口的比重为 53%，④ 他们期待国家能从政治、经济等方面改革，满足他们的生活需求，以及尊严和公正。围绕总统放权的示威逐渐演变成了阿尔及利亚民众对政府在政治、社会、经济等诸多方面治理不满的宣泄，2019 年 12 月特本上任后，民众对政府的愤怒也未

① Annahar, "اعادة هيكلة جهاز الاستخبارات الجزائري والحاقه برئاسة الجمهورية (صحف)," http：//www.annaharkw. com/annahar/Article. aspx? id = 627218&date = 25012016，accessed：2021 - 04 - 30.

② "Algeria 2019：From the Hirak Movement to Elections," Arab Center for Research & Policy Studies (2020)，January 2021，pp. 11 - 12.

③ IMF, "Algeria," https：//www. imf. org/en/Countries/DZA#countrydata，accessed：2021 - 05 - 15.

④ UN, "World Population Dashboard, Algeria," https：//www. unfpa. org/data/world-population-dashboard，accessed：2021 - 05 - 15.

能平息。石油等部门的诸多腐败问题和严重的官僚作风已持续多年，特本要求治理国家腐败问题。在对腐败问题的治理过程中，涉及食品、公共基础设施等领域的主要官员和商人被抓捕，与此同时，许多雇佣者因此受到负面影响。他们无法获得应有的报酬，本就存在的高失业率问题更趋严重。民众对政府的不满激增，对特本的执政表示怀疑。2020年6月全国性反政府抗议再次爆发，并持续至8月。2021年阿尔及利亚举行了新的国民议会选举，其国民议会议员由全民普选产生，至于是否能够在真正意义上满足民众的愿望，阿尔及利亚国内政治体制还要经历较长的改革之路。

军队与民众的矛盾亦如此。从"希拉克运动"中可以看出，军方为维护自身在民众中的合法性，会支持政权更迭。在"希拉克运动"初期，军方将该运动的参与者描述为"在不安全的道路上由可疑实体领导的欺骗冒险者，具有潜在的灾难性后果"。但随着民众抗议浪潮的推动，军方意识到必须放弃盟友——总统，承认大众诉求，于是公开表态与总统决裂。[1] 此举说明军方希望从"希拉克运动"中吸收政治力量，以增强自身在权力关系中的影响力。布特弗利卡下台后，民众抗议声势并未减弱，要求军方将权力移交给平民，并建立法治国家。历史上，军方在打击极端势力，维护国家安全，恢复民众安宁方面的确功不可没，但军队高层已形成了既得利益集团，与地方官僚集团利益交织，其贪污腐败背离了民众期望。此外，阿尔及利亚军事支出较高，这部分支出很大程度来源于石油出口收入。2018年军事支出占石油出口收入的34%，几乎是OPEC国家中最高的。[2] 将石油收入直接用于军事支出，很可能导致国家的财富从本国转移到出口军事装备的发达国家，从而抵消了石油收入对提高国民福利和改善生活水平的积极影响，加剧了国民与军队在国家财富分配上的矛盾。对于民众的抗议，军方认为避免与大规模民众抗议运动继续发生冲突的唯一解决办法就是选任新的国家元首。由于军方仍

---

[1] "Algeria 2019: From the Hirak Movement to Elections," Arab Center for Research & Policy Studies (2020), January 2021, p. 9.

[2] T. Bakirtas, A. G. Akpolat, "The Relationship Between Crude Oil Exports, Crude Oil Prices and Military Expenditures in Some OPEC Countries," *Resources Policy* 67 (2020), p. 2.

未摆脱威权的传统，未能设计一个使投票过程合法化的政治架构，这为军方、总统和民众之间的紧张关系埋下了隐患。事实上，民众持续的抗议行为已深刻地动摇了阿尔及利亚政治体系中的权力平衡关系。

二　经济：经济转型面临困境

长期以来，阿尔及利亚的经济主要依赖石油、天然气和其他能源相关产品，占出口收入的95%，国内生产总值（GDP）的30%,[①]“唯石油发展战略”的经济结构已严重制约了国家经济发展。联合国2030年可持续发展目标提出“促进持久、包容、可持续的经济增长，实现充分和生产性就业，确保人人有体面工作（SDGs）”。阿尔及利亚努力进行经济转型，但其转型还面临困难，未来任务艰巨。

（一）经济基础脆弱增加转型困难

布特弗利卡执政期间，阿尔及利亚经济进入了持续快速的增长期，人均国内生产总值（以现值美元计算）从2000年的1765美元增长到2019年的3974美元。[②] 主要原因是布特弗利卡放弃“唯石油发展战略”，一方面进行国有企业改革，另一方面吸引外资，鼓励和促进本国产品参与国际竞争。[③]此外，政府长期维持低税收趋势，2000年税收收入仅占国内生产总值的11.5%,[④] 2008年为8.4%,[⑤] 2017年为6.5%。[⑥] 国内经济呈现利好态势，

① Khaldoon A. Mourad, Helen Avery, "The Sustainability of Post-Conflict Development: The Case of Algeria," *Sustainability* 11 (2019), p. 5.
② World Bank Data, "Algeria-Per Capital of GDP," https://data.worldbank.org/indicator/NY.GDP.PCAP.CD? locations = DZ, accessed: 2021 – 05 – 15.
③ 赵慧杰：《布特弗利卡执政方略浅析》，《西亚非洲》2005年第3期。
④ M. Clement Henry, "Algeria's Agonies: Oil Rent Effects in a Bunker State," *Journal of North African Studies* 9 (2004), p. 70.
⑤ African Economic Outlook, "Algeria," http://www.oecd.org/countries/algeria/38555907.pdf., accessed: 2021 – 05 – 15.
⑥ CEIC, "Algeria Tax Revenue," https://www.ceicdata.com/en/indicator/algeria/tax-revenue, accessed: 2021 – 05 – 15.

失业率从 2000 年的 29.8% 下降至 2020 年的 12.8%。[1] 随着政府收入增加，政府为国民提供免费医疗、教育等福利性分配。经济改革取得了一定成效，民众的物质期望得以满足，大大缓解了社会矛盾，为国家进一步进行经济改革创造了民众基础。

然而，阿尔及利亚经济体制的结构性矛盾始终未能扭转，领导人以福利换稳定的意图失败。传统经济模式作为政权的物质保障，以此收获民心。而阿尔及利亚之所以能够维持国家高成本的福利开支，主要依靠油气资源收入。因此，国际油价一旦下滑波动，其经济就出现衰退，国内民众对政府的不满情绪随之爆发。正因如此，受新冠肺炎疫情影响，国际石油价格和需求下降，阿尔及利亚经济遭受重挫。2020 年全球能源消费市场能力下降，工业化的欧洲国家天然气进口大幅下降，非洲石油出口国国内生产总值收缩了 1.5%，阿尔及利亚是受影响较为严重的国家，实际国内生产总值下降了 4.7%。[2] 政府维持原有的"福利"捉襟见肘，赢得民心的做法失去了物质基础。民众随即表现出对政府的不满情绪，政府公信力下降，社会矛盾由此激化。2020 年下半年，国际货币基金组织（IMF）、国际能源署（IEA）等上调了全球石油需求复苏的预测，假设阿尔及利亚财政收入会随着能源收入和税收收入的温和增长而增长，但政府为安抚民众情绪，财政赤字就难以缩减。预计 2022 年财政赤字仍占国内生产总值的 8.7%，[3] 在 2021 年的财政预算中，支出总额增加了 10%，其中工资等支出增加了 11.8%。[4] 因此，阿尔及利亚几乎完全基于国际石油和天然气价格和出口增长保障其财政收入，对民众的补贴继续缩减无法避免，围绕就业、住房、卫生、教育、基础设施等

---

[1] World Bank Data，"Algeria，"https：//data. worldbank. org/indicator/SL. UEM. TOTL. ZS？view = chart&locations = DZ，accessed：2021 – 05 – 15.

[2] African Development Bank，"African Economic Outlook 2021，"March 2021，p. 38，https：//afdb-org. cn/wp-content/uploads/2021/05/AfDB21-01-AEO-main-English-highlights. pdf，accessed：2021 – 05 – 18.

[3] IMF，" Algeria-Current Account Balance，Percent of GDP，"https：//www. imf. org/en/Countries/DZA#countrydata，accessed：2021 – 05 – 18.

[4] Economist Intelligence Unit，*Country Report：Algeria*，2021，p. 6.

民生问题引起的抗议活动开始频发，对进一步推进经济转型极为不利。

（二）"资源诅咒"困扰经济转型

石油资源丰富的国家往往陷入"资源诅咒"（Resource Curse），与此类国家工业化程度低下密切相关。阿尔及利亚亦如此，其民族工业实力薄弱，本土制造业不足。自2014年政府力图实现经济多元化以来，制造业占国内生产总值的份额始终限于20%~30%，2019年为23.8%。[①] 2020年，阿尔及利亚发布《2020年财政法补充法案》（以下简称《补充法案》），以促进恢复生产性投资和增强外国直接投资吸引力，如取消必须使用本地融资的规定，取消针对外国公司或外国人为受益人进行的所有股份转让的国家优先购买权等。另外，《补充法案》规定了建立新的优惠制度，旨在通过免税和免征关税，复兴机械、电气和电子工业。[②] 在此之前，阿尔及利亚于2016年制定出"新经济增长模式"战略，在第四个五年计划（2015~2019年）里提出集中发展具有竞争力和多元化的经济，逐步实现改革工业发展政策、重组和整合工业土地资源等六大经济目标的"2030年远景计划"。种种措施表明，政府致力于通过不断替代传统能源资源，寻求融资来源的多样化，以期实现经济多元化的战略转型。

根据世界银行统计数据，2016年后阿尔及利亚国内生产总值中工业占比有小幅上升，2018年开始下降。2020年国家公共领域的工业生产指数第一季度和第二季度与2019年同期相比，分别下降了10.4%和14.1%。[③] 在《2021年财政法》预算中，能源部门获得622.13亿第纳尔的预算，工业部

---

① World Bank Data, "Algeria-Industry（including construction），" https：//data. worldbank. org/indicator/NV. IND. TOTL. ZS？locations = DZ&view = chart，accessed：2021 – 05 – 20.

② Direction Générale des Douanes, "La Loi de finances complémentaire pour 2020，" https：//www. douane. gov. dz/IMG/pdf/loi_no20 – 07 _ du _ 04 _ juin _ 2020 _ portant _ loi _ de _ finances _ complementaire_pour_2020. pdf. ，accessed：2021 – 06 – 18.

③ Office National des Statistiques, "Indice de la production industrielle au 2èmetrimestre 2020，" https：//www. ons. dz/IMG/pdf/I. Ipi2t2020. pdf. ，accessed：2021 – 05 – 20.

门获得 45.36 亿第纳尔的预算。① 可见，阿尔及利亚传统经济发展模式惯性可能持续较长时间。其重要原因是传统经济模式已成为威权统治的物质基础，国家陷入"资源诅咒"，忽略了工业化发展。无论政界、军方，还是所谓的"社会精英"阶层，他们都可以轻松地依靠自然禀赋——油气资源获得丰厚收入，聚敛财富，而不会或很少考虑提升本国工业化水平。当财富集中于少数人手中时，反过来就将强化这部分人对自然资源的垄断权。进而，政治决策者更多是考虑如何控制自然资源，而非推进国家工业化进程。

（三）新冠肺炎疫情加剧经济转型的不确定风险

阿尔及利亚于 20 世纪 70 年代完成油气资源国有化改革，此后，石油和天然气成为国民经济的支柱。布特弗利卡时期尝试改变国家单一的经济发展模式，但由于油气资源的丰厚回报，其成效大打折扣，因此这一产业的支柱性地位并未有任何改变。2014 年之前，阿尔及利亚经济维持了较快的发展速度，主要得益于国际油价的飙升。之后，国际油价下滑重挫阿尔及利亚经济。2020 年新冠肺炎疫情暴发，再次阻挡了阿尔及利亚经济发展的步伐。

一方面，全球新冠肺炎疫情蔓延导致传统能源消费需求正在下降。当前，阿尔及利亚依靠油气资源的经济发展模式已持续较长时间，石油和天然气的税收占国家财政收入的 60% 左右，其油气资源总收入占国内生产总值的 1/3 以上，2020 年石油收入达 220 亿美元。② 国内能源消费占其能源总产量的 30%，其余 70% 都用于出口，尤其是出口到欧洲。③ 其外汇收入的 96% 来自石油和天然气，由于国际油价下降，与 2019 年相比，外汇收入减少了 110 亿美元（−30%）。④ 整个社会已经形成了以油气资源开采为主体的产业发

---

① Direction Générale des Douanes，"La Loi de finances pour l'année 2021," https：//douane. gov. dz/IMG/pdf/f2020083_joradp_31_12_2020_fr. pdf. ，accessed：2021 - 05 - 20.

② 中华人民共和国商务部：《阿尔及利亚：2020 年石油收入 220 亿美元》，http：//www. mofcom. gov. cn/article/i/jyjl/k/202101/20210103034096. shtml，最后访问日期：2021 年 5 月 15 日。

③ 《对外投资合作国别（地区）指南：阿尔及利亚（2020 年版）》，2020，第 19 页。

④ 中华人民共和国商务部：《阿尔及利亚：2020 年石油收入 220 亿美元》，http：//www. mofcom. gov. cn/article/i/jyjl/k/202101/20210103034096. shtml，最后访问日期：2021 年 5 月 15 日。

展模式，出口、财政收入和 GDP 主要依赖石油收入，使阿尔及利亚的经济对外依存度较高，极易受到国际市场波动的影响。虽然 2021 年油价有所回升，但 2021 年阿尔及利亚仍将面临财政赤字，债务占 GDP 的比例将进一步增加。《2021 年财政法》预计 2021 年的预算赤字将增加到占 GDP 的 13.57%，而《2020 年财政法》中预计的预算赤字率为 10.4%。① 2021 年非洲开发银行报告指出，2019 年底，虽然阿尔及利亚外债占 GDP 的比例不到 1%，但包括担保在内的内债却略高于 GDP 的 46%，并且在未来几年内可能还会增加。② 据国际能源署预测，全球石油需求增长将在未来十年结束。如果全球经济从疫情中复苏的速度较慢，并造成持久性的损失，石油需求继续增长的可能性将仅有几年时间。③ 阿尔及利亚的农业、服务业等其他产业均较为初级，虽有发展旅游业、农业和服务业的资源，但潜力与能力不匹配。因此，阿尔及利亚政府需要大力扶植其他产业才能转变传统经济发展模式，而政府财政收入来源中油气资源收入贡献占比较大，使它又无法摆脱对油气资源的依赖。尽管预计随着外部需求的复苏，阿尔及利亚能源出口量将再次开始上升，但全球能源价格仍然较低（尽管仍在上升），这将限制消费和投资的复苏。此外，财政刺激的范围有限，将阻碍政府消费和降低失业率。投资者的谨慎态度将持续存在，固定投资减少。随着新冠肺炎疫情对整个世界能源消费市场和能源经济结构的持续影响，阿尔及利亚经济改革面临挑战。

另一方面，新冠肺炎疫苗政策是保障 2021 年国家经济复苏的关键。自 2020 年 12 月，阿尔及利亚新冠病毒感染人数有所控制，截至 2021 年 5 月，平均每天感染人数不超过 300 例，呈持续下降状态。但需要注意的是，2020 年底各国已开始接种新冠肺炎疫苗，2021 年全球新冠肺炎疫苗接种率大幅攀

① 中华人民共和国商务部：《2021 年财政法：一系列有利于投资和出口的措施》，http://dz.mofcom.gov.cn/article/jmxw/202101/20210103029792.shtml，最后访问日期：2021 年 5 月 15 日。
② 中华人民共和国商务部：《非洲开发银行预测阿尔及利亚经济增长将在 2021 年反弹至 3.4%》，http://www.mofcom.gov.cn/article/i/jyjl/k/202103/20210303044535.shtml，最后访问日期：2021 年 5 月 15 日。
③ 吴磊：《新能源发展对能源转型及地缘政治的影响》，《太平洋学报》2021 年第 1 期。

升。而在阿尔及利亚，除了确认购买俄罗斯 Sputnik-V 疫苗外，政府几乎没有有关疫苗接种的具体计划。2021 年阿尔及利亚财政预算中只有 1120 万美元用于疫苗采购，[①] 这意味着疫苗接种只能覆盖国内一小部分人群。鉴于阿尔及利亚严重的财政困难，可以预计疫苗后续采购资金也将较为紧张。且当地医疗环境较差，疫苗接种场地也受到限制。因此，阿尔及利亚的疫苗接种计划可能会一直延迟至 2022 年。在这种情况下，阿尔及利亚经济复苏速度将受到直接影响。疫苗接种率的提高，一是能够降低国民感染新冠病毒的概率，逐步形成群体免疫，控制病毒蔓延造成的严重后果；二是能增加市场活跃度和投资者信心，创造安全的营商环境。目前，阿尔及利亚出口的 64.78% 的目的地是欧洲，进口的 53.61% 来自欧洲，[②] 欧洲是其主要合作伙伴。如法国与阿尔及利亚的经济利益主要存在于油气合作领域。若阿尔及利亚不能控制新冠肺炎疫情再次大规模蔓延的风险，提高国民疫苗接种率，国外投资者的谨慎态度将持续下去，主要经济支柱油气领域会继续受到负面影响。据非洲开发银行预测，2022 年阿尔及利亚的实际国内生产总值增长率也只能达到 2.9%，与北非地区的 6.0% 相比有较大差距。[③]

三 安全：安全风险有所上升

化险咨询（Control Risks）2021 年全球安全风险预测显示，阿尔及利亚为中风险地区。[④] 阿尔及利亚长期深受恐怖主义威胁，政府自 20 世纪 90 年代制定了多项反恐措施，试图消除恐怖主义对国内安全和经济发展的影响，

[①] Economist Intelligence Unit, *Country Report*：*Algeria*，2021，p.7.

[②] 中华人民共和国商务部：《阿尔及利亚：大部分贸易与欧洲进行》，http：//www.mofcom.gov.cn/article/i/jyjl/k/201906/20190602875154.shtml，最后访问日期：2021 年 5 月 18 日。

[③] African Development Bank, *African Economic Outlook 2021*，March 2021，p.38，https：//afdb-org.cn/wp-content/uploads/2021/05/AfDB21-01-AEO-main-English-highlights.pdf.，accessed：2021 – 05 – 20.

[④] Control Risk, "Risk Map 2021," https：//www.controlrisks.com/-/media/corporate/files/riskmap-2021/riskmap-2021-map-regions-world-a3v2.pdf.，accessed：2021 – 05 – 15.

但恐怖主义势力在近年来有回潮之势，直接影响阿尔及利亚国内政治稳定和经济改革。

（一）境外的周边恐怖主义渗透

2020年1月，阿尔及利亚反恐部队在阿尔及尔以西65公里处的山区巡逻时与恐怖分子发生交火，4名恐怖分子死亡。2月，阿尔及利亚南部靠近马里边境地区一处军事基地遭不明武装分子自杀式炸弹袭击，造成1名士兵死亡。6月，阿尔及利亚定期在东部和南部以及阿特拉斯山脉地区（曾是"伊斯兰马格里布基地组织"据点）的恐袭风险极高地区开展反恐行动，其间在艾因迪夫拉省和麦迪亚省遭遇袭击，造成3名士兵死亡。7月，阿尔及利亚安全部队在塔曼拉塞特省开展安全行动，逮捕了1名曾活跃在萨赫勒地区的武装组织的武装分子。

上述事件值得关注的是，来自边境地区的极端势力在不断向阿尔及利亚境内渗透。虽然该国近年来在重点区域反恐力度加强，联合国际组织、域外大国和周边国家共同开展联合行动，如与摩洛哥政府计划在共同边界附近建立军事基地，但由于阿尔及利亚拥有广阔的沙漠地区、崎岖的山地地区和包括与利比亚和马里在内的圣战极端分子和其他武装组织的相连边界，再加上利比亚、伊拉克和叙利亚武装人员的回归，阿尔及利亚反恐压力增大。阿尔及利亚与利比亚、突尼斯等国接壤且边境线较长，这些接壤国家政局不稳，恐怖组织势力不断扩张。自2011年开始，利比亚陷入一片混乱，恐怖组织肆虐，"伊斯兰国"极端组织不断壮大声势，鼎盛时其武装分子约7000名，对利比亚境内及周边国家发动多次恐怖袭击。[1] 同一时期，突尼斯进入民主转型期，随之恐怖主义成为其最严峻的安全威胁，"基地"组织在突尼斯与阿尔及利亚接壤的西部边境地区尤为活跃。阿尔及利亚与这些国家还未形成保障双方边境安全的有效机制，这些极端组织极易渗透进阿尔及利亚，并与阿尔及利亚境内的极端势力互动。例如，对阿尔及利亚安全威胁最大的"伊

---

[1]　王金岩：《利比亚战争十年：乱局持续 前景难期》，《当代世界》2020年第10期。

斯兰马格里布基地组织"就将注意力集中在阿突边境，接收突尼斯"圣战"分子，对其进行增强战斗力的培训。[①] 因此，境外恐怖组织势力短时期内难以消除。经济与和平研究所（IEP）全球恐怖主义报告（GTI 2020）显示，阿尔及利亚恐怖主义指数得分为 2.696，在 138 个国家中排第 65 位，较 2019年下降了 8 位，[②] 可见阿尔及利亚反恐虽取得了一定进步，但形势仍较为严峻，武装分子对该国的安全构成持续威胁。

（二）境内极端势力兴起

根据 NUMBEO 公布的数据，阿尔及利亚首都阿尔及尔省（Algiers）的安全得分为 48.13，暴力犯罪得分为 51.87，其他主要省份安全得分均低于50（见表 1），主要城市安全状况显示暴力犯罪正对社会稳定和治安带来严重挑战。

表 1　阿尔及利亚部分省份安全状况

省份	安纳巴 （Annaba）	巴特纳 （Batna）	贝贾亚 （Bejaia）	比斯克拉 （Biskra）	卜利达 （Blida）	君士坦丁 （Constantine）	吉杰尔 （Jijel）
安全得分	37.94	39.71	29.90	46.57	42.82	44.68	45.34
暴力犯罪得分	62.06	60.29	70.10	53.43	57.18	55.32	54.66

数据来源：NUMBEO，"Algeria，"https：//www.numbeo.com/crime/in/Algiers，最后访问日期：2021 年 4 月 23 日。

其主要原因有以下四个方面。第一，宗教保守势力回潮。在阿尔及利亚，政治伊斯兰一直存在并成为政党参与政治的重要变量因素。一方面，政府通过《政党法》和《选举法》保障了政治伊斯兰的政治参与权力；另一方面，由于本国政治精英未能探索出符合本国特色的国家治理道路，部分民众对伊斯兰主义存有幻想，政治伊斯兰在阿尔及利亚国内具有一定的号召力。阿尔及利亚存在多个政治伊斯兰流派，根据形势需要，政府对政治伊斯

① 李竞强：《突尼斯民主转型时期的安全治理》，《阿拉伯世界研究》2020 年第 1 期。
② Institute for Economics & Peace，*Global Terrorism Index 2020*：*Measuring the Impact of Terrorism*，Sydney，November 2020，p. 8.

兰的态度会发生变化。例如，当总统需要对抗军方势力时，就会积极发展与政治伊斯兰的联系。这也是民族解放阵线能在沙德利总统任职期间迅速发展的主要原因。而当政府与政治伊斯兰关系紧张时，如中东剧变后，民族解放阵线就与政治伊斯兰保持距离。由于阿尔及利亚政体限制，政党在国民生活中的作用不如欧美国家明显，政党在议会中的影响力受控于政府。除此之外，政党的议席数量、政治参与都受到严格控制。如根据 2016 年《选举法》，政党需在前次选举中获得至少4%的选票或在每个选区获得 250 个签名才能提出竞选者名单，对小党而言，参选难度增加。① 因此，近年来政党和宗教团体更趋保守化。伊斯兰政党的战略目标逐渐由通过选举动员争取政治地位，转向通过民间宣教来扩大自身的社会影响力。② 许多年轻人被吸纳进宗教团体，他们遵循伊斯兰原教旨主义的思想，为国内极端主义提供了思想土壤。

第二，近年来阿尔及利亚经济下滑，年轻人与政府矛盾激增且呈现极端化趋势。阿尔及利亚人均国内生产总值增长率为负值，2020 年人均国内生产总值为 3542 美元，国内失业率达 15.1%，③ 其中年轻人失业率相对较高。民众普遍承受较大的经济压力，促使这些人频繁发动反政府游行、罢工，在这一过程中与政府矛盾激化，迅速演变为反政府的极端事件。2020 年 1 月，阿尔及利亚学生在阿尔及尔烈士广场发起反政府示威，并一直持续。根据《2020 年全球和平指数报告》(Global Peace Index 2020)，阿尔及利亚和平指数为 2.287，排第 117 位，属于中等。暴力的经济成本占国内生产总值的 10%。④ 在新冠肺炎疫情期间，犯罪率一定程度上呈现高涨态势。反映出疫情对经济造成冲击后，民众犯罪案件增多。由此，经济衰退引发民众与政府

① 易小明：《阿尔及利亚左翼政党的政治参与及其特征研究》，《社会主义研究》2019 年第 4 期。
② 张楚楚：《阿尔及利亚去极端化模式：手段、成效与困境》，《阿拉伯世界研究》2019 年第 6 期。
③ 中华人民共和国外交部：《阿尔及利亚国家概况》，https://www.fmprc.gov.cn/web/gjhdq_6 76201/gj_676203/fz_677316/677318/1206x0_677320/，最后访问日期：2021 年 5 月 20 日。
④ Institute for Economics & Peace, Global Peace Index 2020: Measuring Peace in a Complex World, Sydney, June 2020, pp. 9-99.

对抗，反过来又阻碍经济恢复，陷入恶性循环。

第三，"希拉克运动"还有继续发酵的势头，国内去极端化措施不力。总统特本曾在就职演说中表示，愿意与"希拉克运动"进行对话，政府将巩固民主、法治和对人权的尊重。2020 年 1 月 2 日，在特本任命新政府的同一天，大约 70 名"希拉克运动"囚犯被释放。不久之后，政府又开始逮捕抗议者。2020 年初，数百名"希拉克运动"抗议者在抗议活动中被捕，一些人因"非法集会"被判处监禁。2 月，"希拉克运动"和其他民间社会团体成员在首都阿尔及尔举行集会，以纪念"希拉克运动"成立一周年。各工会经常呼吁举行全国大罢工，阿尔及利亚国家天然气电力公司（Sonelgaz）员工已发起周期性罢工。此外，港口工人也发起周期性罢工。阿尔及尔、奥兰、君士坦丁、安纳巴和贝贾亚等地的企业、高校和中小学校均受到罢工影响。显然，特本所采取的和解措施至今未能平息底层民众发起的示威。2020 年 5 月，数百名阿尔及利亚反对派抗议者在卡比利亚地区 Tizi Gheniff 公社举行集会，谴责政府对"希拉克运动"活跃人士的监禁。根据《世界人权观察报告 2020》，阿尔及利亚政府在 2019 年 6～10 月逮捕并起诉了 86 人，所有人都被指控"损害国家领土的完整性"。[1] 2020 年 4 月 1 日，特本总统签署了一项赦免 5037 人的法令，但其中并不包括"希拉克运动"人士。[2] 特本对"希拉克运动"采取的不当措施导致国内社会治安状况日益恶化，偷盗、抢劫等犯罪案件频发。3 月，靠近阿尔及利亚瓦尔格拉省 Hassi Messaoud 的 Hassi Al Misfah 附近发生劫车事件，导致当地 1 名石油工人遇袭身亡。由于国家财政收入下降，新组建的政府还存在国家治理的调试期和适应期，国家在警察等安全力量和措施上表现出财力和人力的不足，"希拉克运动"的后续负面影响可能持续并演变为极端行为。

第四，非法移民问题和有组织犯罪问题交织现象越来越严峻。阿尔及利

---

① International Drug Policy Consortium, *2020 Human Rights Watch*, New York, January 2020, p. 33.

② Ibid.

亚当局援引"打击非法移民"，2020 年 1 ~ 10 月驱逐了 17000 多名移民。即使在 3 月由于新冠肺炎疫情蔓延导致边境关闭后，驱逐行动仍在继续。①在大规模逮捕过程中，安全人员未对难民和移民进行鉴别筛查，强行遣返，并剥夺移民的财产，对其殴打或虐待，这不免人为制造了政府与非法移民间的矛盾。在这些移民中，也常混入恐怖分子，并与犯罪集团发生联系，自杀式袭击等境内恐怖活动增多，危害国家安全。

四 外交：对外关系仍存困境

阿尔及利亚奉行独立、自主和不结盟的外交政策，主张建立公正合理的国际政治、经济新秩序，坚持其外交为经济建设服务。阿尔及利亚努力通过与周边国家合作，发展与西方国家关系，谋求地区安全和经济发展。近年来，阿尔及利亚着重强调与中国的友好合作关系。当前，随着国际和国内环境变化，阿尔及利亚对外关系面临的困境亟须解决。

（一）与周边国家关系

1. 与利比亚关系受利局势困扰

阿尔及利亚与利比亚相邻，利比亚战争爆发后，阿尔及利亚的安全受到直接威胁。随着 2011 年利比亚局势陷入动荡，两国交往逐渐频繁。尤其是，自 2014 年利比亚内部武装冲突升级后，阿尔及利亚与利比亚关系升温，阿政府表示支持成立利比亚民族团结政府，主张和平解决利比亚问题。阿尔及利亚政府积极参与利比亚局势进程，与利比亚开展安全合作，为利比亚军队国民军士兵进行军事培训，防范极端武装分子在两国边境活动，减少武装抵抗的升级或僵化，逐步分离反对派，安抚和削弱反对派力量。2021 年 5 月，利比亚民族团结政府总理阿卜杜勒·哈米德·德贝巴访问阿尔及利亚，讨论

---

① International Drug Policy Consortium, *2020 Human Rights Watch*, New York, January 2020, p. 33.

关于利比亚局势及双边合作事宜。7 月，特本总统会见到访的利比亚总统委员会主席穆罕默德·尤尼斯·门菲，并表示将一如既往地向兄弟国家利比亚提供帮助和援助。此前，2020 年 1 月，利比亚前总理萨拉吉也访问了阿尔及利亚。

需要注意的是，法国和其他大国对利比亚反对派的政策继续在利比亚发挥作用，阿尔及利亚有可能越来越被边缘化。此外，利比亚国内武器泛滥，毒品走私活动猖獗。边境军队力量薄弱，大量武装人员和恐怖分子游走于阿尔及利亚和利比亚边境，给阿尔及利亚边境安全带来较大压力。因此，阿尔及利亚与利比亚关系面临两方面挑战：一是利比亚自身安全局势复杂，短期内难以恢复稳定，而且自身安全治理能力有限，欠缺与阿尔及利亚协调配合共同应对安全问题的能力；二是西方大国优先考虑自身利益干涉利比亚局势，阿尔及利亚的政策主张受限，甚至与西方发生分歧，不利于该地区稳定。

2. 与摩洛哥关系因边界问题紧张

由于新冠肺炎疫情继续蔓延，阿尔及利亚再次关闭与摩洛哥的边境。2021 年，阿尔及利亚与摩洛哥在西撒哈拉领土争议上的紧张局势加剧。

2020 年 10 月，波利萨里奥阵线因进入摩洛哥政府控制区并进行封锁，导致与摩洛哥政府摩擦升级。波利萨里奥阵线一直得到阿尔及利亚的支持，伴随阿尔及利亚在 2021 年初不断向摩洛哥边境增兵，阿尔及利亚与摩洛哥关系愈发紧张，引起国际上对北非局势的关注。另外，2020 年 12 月，美国对摩洛哥在西撒哈拉地区领土问题的表态，即承认摩洛哥对西撒哈拉领土的主权，并将其定位为"战略盟友"，使得阿尔及利亚与摩洛哥之间的关系复杂化。两国紧张关系状态持续并在 2021 年 8 月宣布断交，两国关系的不和睦达到了顶点。

3. 与其他邻国维系友好关系

阿尔及利亚近年来逐渐回归国际舞台，尤其重视在北非国家特别是海湾国家中树立形象，已发展为非洲大陆较具实力的地区大国，与周边邻国突尼斯、毛里塔尼亚、马里保持友好关系。

2020 年 2 月，突尼斯总统赛义德访问阿尔及利亚。阿尔及利亚提供了突尼斯国内 2/3 的天然气消费量，两国在 2019 年天然气协议到期后，又签订了新的天然气协议。此外，阿尔及利亚部分公路与突尼斯相连，未来两国建设重点还涉及交通网络。由于阿尔及利亚部分恐怖分子潜伏于突尼斯境内，并与突尼斯极端势力勾结，两国还加大了在安全方面的合作力度。

阿尔及利亚致力于与马里、毛里塔尼亚发展睦邻友好关系。2021 年 3 月，阿尔及利亚总统特本访问马里，与马里过渡总统巴·恩多进行会谈，并表示继续支持马里政府恢复国内局势。同年 4 月，阿尔及利亚与毛里塔尼亚的关系也取得明显成效，总统特本与毛里塔尼亚外长伊斯梅尔·乌尔德·谢赫·艾哈迈德会谈，并拟签署成立一个双边合作和协商机制——边境委员会，以共同协商处理边境事务，加强在边境地区开发和边防安全。

（二）与西方国家关系

1. 与法国关系

阿尔及利亚独立后，依然深受法国影响，尤其是在经贸领域与法国保持紧密关系。根据 OECD 的统计，阿尔及利亚 2019 年共接收 DAC 国家官方发展援助（Official Development Assistance，ODA）净额 1.76 亿美元，其中，法国的捐助额达到 1.34 亿美元。[①] 目前，阿尔及利亚是法国在非洲的第一大贸易伙伴，是法国重要的能源供应国和商品出口目的地。[②] 2020 年，法国外长勒德里昂分别在 1 月和 3 月两次访问阿尔及利亚。尽管如此，阿尔及利亚与法国也存在短期内难以解决的问题。突出的表现是在政治上，两国历史阴影挥之不去。阿尔及利亚要求法国对其统治期间犯下的罪行道歉，而法国总统马克龙在 2021 年初明确表态，法国不会道歉，这再次引发阿尔及利亚民众对法国的不满和抗议。另外，法国在非洲的影响力越来越明显地表现出自我利益优先，在利比亚问题上的干涉行径与阿尔及利亚存在较大分歧，加剧了两国间矛盾。

---

① OECD, "Receipts for Algeria," https：//public. tableau. com/views/OECDDACAidataglancebyre cipient_new/Recipients?：embed = y&：display_count = yes&：showTabs = y&：toolbar = no? &：showVizHome = no, accessed：2020 – 05 – 15.

② 《对外投资合作国别（地区）指南：阿尔及利亚（2020 年版）》，http：//www. mofcom. gov. cn/dl/gbdqzn/upload/aerjiliya. pdf.，最后访问日期：2021 年 5 月 18 日。

2. 与美国关系

由于地缘优势，近年来美国加强了与阿尔及利亚的关系建设。2020 年 10 月 1 日，美国国防部长马克·埃斯珀（Mark Esper）访问阿尔及利亚，围绕北非、萨赫勒地区和利比亚局势问题商讨双方共同战略利益，两国开始恢复战略伙伴关系。其主要原因在于美国认为阿尔及利亚在促进地区稳定方面发挥着重要作用，如稳定利比亚和马里局势。此外，阿尔及利亚是美国粮食的主要进口国之一，同时美国进口了阿尔及利亚近一半的原油。由此来看，阿尔及利亚与美国的关系主要是基于美国的战略利益，不利于双边关系的深入发展。

3. 与俄罗斯关系

2020 年 7 月 22 日，俄罗斯外交部长谢尔盖·拉夫罗夫（Sergey Lavrov）与阿尔及利亚外交部长萨布里·布卡杜姆（Sabri Boukadoum）会谈，对双方战略伙伴关系表示肯定。① 受新冠肺炎疫情对两国经贸往来的影响，两国正致力于通过双边投资及在能源、农业、运输和制药领域的具体项目合作，恢复两国经贸关系。作为阿尔及利亚与俄罗斯军事合作的一部分，2021 年 1 月，俄罗斯"卡萨托诺夫海军上将"号护卫舰到访阿尔及利亚，目的在于在海军技术方面加强两国间交流。5 月，阿尔及利亚能源和矿业部长穆罕默德·阿尔卡布（Mohammad Arqab）会见了俄罗斯驻阿尔及利亚大使伊戈尔·别利亚耶夫，并呼吁俄罗斯企业增加对其能源和采矿业的投资。作为战略合作伙伴，近年来两国间经贸与科技合作取得了一定进展。此外，两国正在推动关于和平利用外层空间、打击有组织犯罪及加强双边人文交流等方面的合作。

阿尔及利亚可谓俄罗斯在北非地区关系最稳定的国家。这种关系的稳定性和可持续性归功于阿尔及利亚殖民时期苏联对阿尔及利亚的支持和冷战期间苏联对阿尔及利亚的安全援助。近年来，阿尔及利亚认识到俄罗斯作为一

---

① The Ministry of Foreign Affairs of the Russian Federation，"Foreign Minister Sergey Lavrov's Opening Remarks During Talks With Algerian Foreign Minister Sabri Boukadoum，Moscow，" http：// cn. mid. ru/foreign_ policy/news/2196，accessed：2021 – 05 – 18.

个全球领先大国的重要性，以及俄罗斯认可阿尔及利亚作为阿拉伯世界和地中海地区大国的作用，推动了两国关系发展。因此，两国战略合作伙伴关系基于已有的信任基础和共同利益。但需注意的是，阿尔及利亚与俄罗斯的关系还将面临两方面挑战。一方面，两国间的战略合作伙伴关系仍缺乏实质性内容。俄罗斯和阿尔及利亚利益的交叉点是能源贸易，尤其是天然气。两国都向欧洲出售天然气，寻求在日益拥挤的欧洲天然气市场中争取更大份额，这解释了两国投资合作未达到期望水平的原因。例如，俄罗斯能源公司和阿尔及利亚 Sonatrach 石油公司之间的合作，仅限于不影响它们利益相互竞争出口的地区。① 此外，西方加紧对俄罗斯的制裁也影响到两国间的合作进程。另一方面，阿尔及利亚与其他大国间军贸的发展，间接影响了阿尔及利亚与俄罗斯战略合作伙伴关系的深入推进。阿尔及利亚是非洲地区军费开支大国，根据斯德哥尔摩国际和平研究所 2020 年最新数据，阿尔及利亚军费支出为 92.6 亿美元，占其国内生产总值的 6.7%。② 阿尔及利亚最大的武器来源国是俄罗斯，但近年来阿尔及利亚从其他武器出口大国，如法国、美国的武器订单额在增加，与中国的军贸关系也在加强，对两国战略合作伙伴关系的稳定带来了压力。另外，俄罗斯对阿尔及利亚国内态势的冷漠态度造成阿尔及利亚国内民众，尤其是布特弗利卡的支持者对俄罗斯的不信任。

（三）与中国关系

阿尔及利亚是共建“一带一路”国家，中阿两国在政治、经贸、医疗、教育、文化等领域建立了广泛合作。2020 年 5 月，在新冠肺炎疫情肆虐期间，中国派出医疗队援助阿尔及利亚共同抗疫，多次捐赠防护口罩、呼吸机、检测试剂等防疫物资。2021 年 2 月，中国向阿尔及利亚捐赠新冠肺炎疫苗，帮助阿

---

① Eugene Rumer, "Russia Returns to North Africa," *Carnegie Endowment for International Peace* (*2019*), p. 37.

② SIPRI Military Expenditure Database, "Military Expenditure by Country, in Local Currency, 1949 – 2020," "Military Expenditure by Country as Percentage of Gross Domestic Product, 1988 – 2020," https：//www.sipri.org/databases/milex, accessed：2021 – 05 – 18.

尔及利亚尽快全面恢复正常的经济社会生活。[①] 根据中国商务部统计，阿尔及利亚与中国的贸易额在 2020 年上半年达到 30.3 亿美元，中国企业对其全行业直接投资额为 952 万美元，[②] 中国已是阿尔及利亚最大的商品出口国。

2020 年 3 月，李克强总理在同阿尔及利亚总理杰拉德的电话会谈中，表示对中国与阿尔及利亚的全面战略伙伴关系的高度重视。预计阿尔及利亚与中国将不断加强和深化已有的合作项目，并不断增进战略互信，扩大军事、能源等其他领域的合作，实现互利共赢。值得注意的是，随着中美关系在各领域彰显的紧张态势，包括其他大国追随美国对中国态度的变化，及欧盟、美国、俄罗斯等国家和地区组织调整了对非战略，势必干扰、阻挠或破坏阿尔及利亚与中国关系的建设，这将是两国关系发展的主要挑战。

五　结语

经历 2019 年的动乱后，阿尔及利亚似乎很难再恢复平静。就目前国家形势来看，新总统特本上任并未从根本上改变国内动荡的局面。军政体制的存在显然不利于国家民主政治的发展，总统和军方两大权力集团的博弈及民众对现执政集团和军队的不满情绪表明，继续维系威权政体已不太现实。然而，阿尔及利亚的政治改革要朝着哪个方向发展，还需要较长时间的探索。当前政局不稳的很大原因是国内经济发展停滞，长期的单一经济模式必须做出改变，但其自身的脆弱性、"资源诅咒"的恶性循环及新冠肺炎疫情的冲击，使得经济改革不会如理想中的一帆风顺。随之而来的社会矛盾显露出极端化和复杂化趋势，对外关系要同时应对新旧挑战。总体而言，2020 年阿尔及利亚当局面临政治、经济、社会和外交多个层面的压力，其政局继续动荡或将在 2021 年持续。

---

① 中华人民共和国驻阿尔及利亚民主人民共和国大使馆：《驻阿尔及利亚大使李连和出席中国向阿尔及利亚提供新冠肺炎疫苗援助仪式》，http://dz.china-embassy.org/chn/xw/t1854909.htm，最后访问日期：2021 年 5 月 20 日。

② 中华人民共和国商务部：《中国—阿尔及利亚经贸合作简况》，http://xyf.mofcom.gov.cn/article/tj/hz/202008/20200802993675.shtml，最后访问日期：2021 年 5 月 20 日。

数据资料

非洲法语地区国家数据资料*

表1 2017～2021年非洲法语地区国家国内生产总值（GDP）及增长率

单位：百万美元，%

项目 国家	GDP①					GDP增长率②			
	2017年	2018年	2019年	2020年③	2021年④	2018年	2019年	2020年③	2021年④
阿尔及利亚	170097	175415	171162	153749	160937	1.4	0.8	-4.7	3.4
贝宁	12697	14257	14392	15600	17547	6.7	6.9	2.3	4.8
布基纳法索	14082	15912	15991	18966	21607	6.7	5.7	-0.2	5.1
布隆迪	3298	3325	3370	3122	3217	4.2	4.1	-3.3	3.5
喀麦隆	34997	38712	39009	39787	44984	4.1	3.7	-2.4	3.5
科摩罗	1077	1179	1166	1196	1324	3.4	2.0	-0.9	3.5
科特迪瓦	51588	58011	58539	63107	72676	6.9	6.4	1.8	6.2
吉布提	2751	3013	3346	3300	3817	8.4	7.8	1.4	9.9
加蓬	14924	16875	16875	15261	16491	0.8	3.9	-2.7	2.1
几内亚	10282	10860	12284	14735	15513	6.2	5.6	5.2	5.6
赤道几内亚	12197	13285	11025	9315	10191	-6.4	-5.6	-6.1	2.6
马达加斯加	13176	13760	14105	14216	15718	3.2	4.4	-4.0	3.5

* 整理者：刘肖兰，云南大学非洲研究中心博士研究生。

299

续表

项目 国家	GDP①					GDP 增长率②			
	2017 年	2018 年	2019 年	2020 年③	2021 年④	2018 年	2019 年	2020 年③	2021 年④
马里	15360	17079	17280	16545	18601	5.2	5.1	-2.0	4.0
摩洛哥	109683	118096	119701	119934	131948	3.1	2.5	-5.9	4.5
毛里求斯	13259	14182	14048	12713	13335	3.8	3.0	-15.0	7.5
毛里塔尼亚	6784	7048	7600	9215	9341	2.1	5.9	-3.6	2.8
尼日尔	11166	12827	12928	13307	14458	7.0	5.9	1.2	6.9
中非共和国	2072	2222	2117	2278	2513	3.8	4.5	0.4	3.3
刚果（金）	37615	47099	49816	44856	47712	5.8	4.4	-1.7	3.3
刚果（布）	11110	13403	12542	11316	12711	-6.4	-0.6	-6.8	1.2
卢旺达	9133	9686	9465	10259	10353	8.6	9.4	-0.4	3.9
塞内加尔	20989	23247	23579	27549	31845	6.4	5.3	-0.7	5.1
塞舌尔	1525	1579	1702	1508	1539	3.8	4.7	-12.0	4.6
乍得	9321	9951	9676	9099	9815	2.3	3.0	-0.6	6.1
多哥	6393	7115	7221	4973	5552	4.9	5.5	0.4	4.3
突尼斯	39806	39771	38797	39056	40261	2.7	1.0	-8.8	2.0

注：①国内生产总值为当前价格；
②实际增长率，与上一年数据相比的百分比变化；
③2020 年数据为非洲开发银行评估数值（estimated value）；
④2021 年数据为非洲开发银行预测测值（projections）。

数据来源：根据非洲开发银行国别宏观数据数据库自制。

表 2 2018～2021 年非洲法语地区国家国内投资占 GDP 比重

单位：%

项目 国家	国内投资总额				公共投资				私人投资			
	2018 年	2019 年	2020 年①	2021 年②	2018 年	2019 年	2020 年①	2021 年②	2018 年	2019 年	2020 年①	2021 年②
阿尔及利亚	47.3	46.0	44.5	46.4	22.7	19.8	20.2	20.8	24.6	26.2	24.3	25.6
贝宁	26.4	25.6	24.9	25.5	5.9	2.6	2.5	2.5	20.5	23.0	22.4	23.0
布基纳法索	22.0	23.0	19.2	19.3	9.7	10.8	9.7	9.9	12.3	12.1	9.6	9.4
布隆迪	14.8	14.4	14.6	15.9	2.8	4.3	4.2	4.6	12.0	10.1	10.4	11.3
喀麦隆	22.8	22.6	20.2	20.5	4.0	4.0	4.0	3.9	18.8	18.6	16.2	16.6
科摩罗	15.0	15.9	16.2	16.7	4.1	3.9	3.9	3.9	10.9	12.0	12.3	12.7
科特迪瓦	21.2	20.1	22.2	21.5	5.2	5.4	8.1	7.4	16.0	14.7	14.1	14.2
吉布提	28.4	28.6	27.6	25.2	19.8	18.4	17.5	16.1	8.6	10.2	10.1	9.2
加蓬	22.0	22.2	24.0	24.0	2.1	1.7	1.9	1.8	19.9	20.5	22.2	22.2
几内亚	19.0	18.7	15.6	14.8	10.9	13.0	10.6	10.2	8.1	5.7	5.0	4.7
赤道几内亚	16.2	13.2	14.0	14.0	9.6	7.3	7.8	7.5	6.5	5.9	6.3	6.5
马达加斯加	20.7	22.7	20.4	19.8	5.8	7.8	13.2	10.2	14.9	14.9	7.3	9.5
马里	20.5	21.6	18.8	19.5	6.9	8.7	8.1	8.0	13.5	12.9	10.7	11.4
摩洛哥	33.4	32.2	31.6	31.8	6.2	6.0	6.2	5.9	27.2	26.2	25.5	25.8

续表

项目/国家	国内投资总额				公共投资				私人投资			
	2018 年	2019 年	2020 年①	2021 年②	2018 年	2019 年	2020 年①	2021 年②	2018 年	2019 年	2020 年①	2021 年②
毛里求斯	19.4	19.8	20.4	21.7	4.5	5.3	5.9	6.1	14.9	14.5	14.5	15.7
毛里塔尼亚	28.4	44.7	44.6	45.3	10.7	10.6	10.8	11.0	17.7	34.0	33.8	34.2
尼日尔	29.3	31.4	29.3	30.4	10.3	11.6	11.3	11.5	19.1	19.8	18.0	18.8
中非共和国	25.9	23.6	24.0	24.2	18.7	16.2	16.5	16.5	7.2	7.4	7.5	7.7
刚果（金）	20.8	21.0	18.7	19.6	6.4	6.8	6.2	6.0	14.4	14.2	12.5	13.7
刚果（布）	25.0	23.7	21.1	23.6	1.3	0.5	0.5	0.5	23.7	23.3	20.6	23.1
卢旺达	22.0	21.0	18.9	18.4	10.6	10.3	9.8	9.2	11.4	10.7	9.1	9.2
塞内加尔	31.6	32.0	29.5	31.2	6.3	6.0	6.3	6.0	25.4	26.0	23.2	25.2
塞舌尔	30.1	32.8	43.4	44.2	7.8	10.8	15.0	15.5	22.3	22.0	28.4	28.7
乍得	24.2	24.0	21.0	20.7	4.4	3.8	3.7	3.4	19.8	20.2	17.4	17.2
多哥	18.1	20.5	21.2	21.1	5.1	5.5	7.5	8.0	13.0	15.0	13.7	13.1
突尼斯	20.9	17.9	12.2	12.4	5.8	5.9	5.7	5.6	15.1	12.0	6.4	6.8

注：①2020 年数据为非洲开发银行评估数值；

②2021 年数据为非洲开发银行发银行预测预测值。

数据来源：根据非洲开发银行发银行国别宏观数据数据库数据自制。

表 3　2017～2019 年非洲法语地区国家制造业增加值占 GDP 比重

单位：%

年份 国家	2017	2018	2019
阿尔及利亚	23.73	26.32	23.84
贝宁	9.62	9.17	9.87
布基纳法索	10.26	9.75	10.11
布隆迪	—	—	—
喀麦隆	15.12	14.26	14.20
科摩罗	—	—	—
科特迪瓦	10.11	11.96	11.79
吉布提	3.11	3.13	2.77
加蓬	17.62	39.91	40.06
几内亚	10.02	10.57	9.84
赤道几内亚	25.75	25.30	19.58
马达加斯加	—	—	—
马里	6.06	6.29	6.61
摩洛哥	15.70	15.68	14.92
毛里求斯	11.80	11.34	10.85
毛里塔尼亚	7.71	7.81	—
尼日尔	7.56	7.09	7.07
中非共和国	18.44	18.13	18.64
刚果（金）	19.49	18.50	20.01
刚果（布）	10.91	7.50	8.57
卢旺达	7.68	7.58	8.39
塞内加尔	15.81	7.58	15.66
塞舌尔	5.93	6.75	6.16
乍得	2.93	2.87	2.85
多哥	6.51	6.58	6.34
突尼斯	15.29	15.23	14.75

数据来源：根据世界银行数据库数据自制。

表4 2017～2020 年非洲法语地区国家国民储蓄占 GDP 比重

单位：%

年份 国家	2017	2018	2019	2020①
阿尔及利亚	39.0	47.3	44.5	48.6
贝宁	13.8	15.3	15.6	17.1
布基纳法索	8.3	7.9	10.1	11.1
布隆迪	-5.8	-8.6	-10.1	-10.4
喀麦隆	23.0	23.9	25.8	28.5
科摩罗	9.9	8.9	8.2	9.3
科特迪瓦	15.6	17.6	20.5	22.1
吉布提	9.7	10.6	11.7	13.2
加蓬	27.2	30.3	32.1	39.6
几内亚	-0.7	-1.1	3.3	3.4
赤道几内亚	5.7	5.6	9.1	14.0
马达加斯加	10.9	12.2	14.4	15.3
马里	12.6	13.3	14.5	15.9
摩洛哥	30.2	32.2	34.8	40.1
毛里求斯	12.7	11.5	11.1	17.5
毛里塔尼亚	20.3	22.0	21.0	24.6
尼日尔	17.2	17.0	18.4	19.8
中非共和国	4.1	3.6	5.9	8.0
刚果（金）	12.6	11.4	10.8	11.6
刚果（布）	8.5	17.3	20.5	20.9
卢旺达	12.3	13.0	14.1	16.0
塞内加尔	13.2	16.7	18.5	20.5
塞舌尔	14.3	15.4	17.1	27.2
乍得	15.7	19.2	20.7	25.1
多哥	15.1	20.8	22.1	26.6
突尼斯	12.6	14.2	17.0	18.6

注：①2020 年数据为非洲开发银行评估数值。

数据来源：根据非洲开发银行国别宏观数据库数据自制。

表5 2017～2021年非洲法语地区国家通货膨胀率[1]

单位：%

年份 国家	2017	2018	2019	2020[2]	2021[3]
阿尔及利亚	5.6	4.3	2.0	1.9	3.0
贝宁	1.8	0.8	-0.9	2.0	1.8
布基纳法索	1.5	2.0	-3.2	1.4	2.1
布隆迪	16.1	-2.8	-0.7	7.6	5.4
喀麦隆	0.6	1.1	2.5	2.9	2.3
科摩罗	1.0	1.7	3.7	3.1	1.9
科特迪瓦	0.7	0.6	0.8	1.8	1.4
吉布提	0.6	0.2	3.3	3.5	3.4
加蓬	2.7	4.8	2.0	3.0	3.0
几内亚	8.9	9.8	9.5	10.4	8.0
赤道几内亚	0.7	1.3	1.2	3.0	2.6
马达加斯加	8.3	8.6	5.6	4.2	6.0
马里	1.8	1.7	-2.9	0.5	1.5
摩洛哥	0.7	1.9	0.2	0.2	0.8
毛里求斯	3.7	3.2	0.5	2.6	3.3
毛里塔尼亚	2.3	3.1	2.3	2.7	3.9
尼日尔	0.2	2.8	-2.5	2.8	0.5
中非共和国	4.5	1.6	3.5	2.9	2.7
刚果（金）	35.8	29.3	4.5	11.8	10.4
刚果（布）	0.4	1.2	2.2	2.4	2.6
卢旺达	4.8	1.4	2.4	6.6	2.8
塞内加尔	1.3	0.5	0.9	1.9	2.1
塞舌尔	2.9	3.7	1.8	4.1	3.0
乍得	-0.9	4.0	-1.0	2.7	3.0
多哥	-0.7	0.9	0.7	1.6	1.9
突尼斯	5.3	7.3	6.7	5.9	5.7

注：①基于消费者物价指数；

②2020年数据为非洲开发银行评估数值；

③2021年数据为非洲开发银行预测值。

数据来源：根据非洲开发银行国别宏观数据库数据自制。

表6 2017～2020年非洲法语地区国家消费者物价指数

单位：2010年＝100

年份 国家	2017	2018	2019	2020
阿尔及利亚	142.38	148.46	151.36	155.02
贝宁	110.79	111.51	110.72	114.07
布基纳法索	109.83	111.98	108.36	110.40
布隆迪	118.68	183.37	182.11	195.45
喀麦隆	114.58	115.81	118.65	121.54
科摩罗	—	—	—	—
科特迪瓦	112.45	112.86	111.61	114.31
吉布提	116.22	116.39	120.25	—
加蓬	114.25	119.68	122.10	123.78
几内亚	218.71	240.20	262.95	280.83
赤道几内亚	121.19	122.83	124.35	130.28
马达加斯加	160.71	174.52	184.32	192.06
马里	110.23	110.56	108.73	108.20
摩洛哥	108.77	110.73	111.07	111.85
毛里求斯	125.36	129.39	129.91	133.27
毛里塔尼亚	128.08	131.98	135.02	138.24
尼日尔	108.88	112.12	109.32	—
中非共和国	145.47	147.82	151.79	155.28
刚果（金）	—	—	—	—
刚果（布）	120.66	122.05	124.74	165.95
卢旺达	146.63	146.17	151.07	112.03
塞内加尔	106.87	107.36	109.25	—
塞舌尔	123.10	127.65	129.96	—
乍得	113.98	118.85	117.70	—
多哥	111.50	112.54	113.31	115.38
突尼斯	135.63	115.55	155.33	164.08

数据来源：根据世界银行数据库数据自制。

表7　2017～2021年非洲法语地区国家财政赤字/盈余占GDP比重①

单位：%

年份 国家	2017	2018	2019	2020②	2021③
阿尔及利亚	-6.5	-6.6	-5.6	-13.6	-10.3
贝宁	-4.2	-3.0	-0.5	-3.0	-3.0
布基纳法索	-6.9	-4.3	-3.5	-5.4	-6.3
布隆迪	-4.3	-4.5	-4.2	-8.7	-7.9
喀麦隆	-3.8	-2.5	-3.6	-4.9	-4.1
科摩罗	-0.5	-0.7	-2.1	-3.6	-2.4
科特迪瓦	-3.3	-2.9	-2.3	-5.5	-4.3
吉布提	-0.3	-1.9	-0.3	-2.3	-2.0
加蓬	-1.7	-0.2	1.4	-5.2	-3.4
几内亚	-2.4	-1.4	-0.5	-3.1	-2.5
赤道几内亚	-7.0	0.1	1.6	-4.7	-2.4
马达加斯加	-2.1	-1.3	-1.4	-6.3	-4.6
马里	-2.9	-4.8	-1.8	-6.1	-4.5
摩洛哥	-3.5	-3.7	-4.1	-7.8	-6.2
毛里求斯	-3.5	-3.1	-3.2	-7.9	-10.8
毛里塔尼亚	0.0	1.2	2.1	-4.1	-2.3
尼日尔	-4.1	-3.0	-3.6	-5.7	-4.4
中非共和国	-0.2	-0.1	0.2	-2.2	-0.2
刚果（金）	1.4	0.0	-0.8	-1.2	-1.4
刚果（布）	-5.9	5.8	4.8	0.6	0.4
卢旺达	-5.1	-6.9	-7.3	-8.3	-7.8
塞内加尔	-3.0	-3.7	-3.9	-6.0	-5.0
塞舌尔	4.2	5.2	4.5	-5.0	-1.0
乍得	-0.3	2.3	-0.3	-0.8	-1.1
多哥	-0.2	-0.5	-0.8	-4.7	-4.0
突尼斯	-6.0	-4.6	-3.5	-13.1	-8.6

注：①表格中数据财政赤字为"-"，财政盈余为"+"；

　　②2020年数据为非洲开发银行评估数值；

　　③2021年数据为非洲开发银行预测值。

数据来源：根据非洲开发银行国别宏观数据库数据自制。

表 8　2017～2019 年非洲法语地区国家固定资产投资占 GDP 比重

单位：%

国家 ＼ 年份	2017	2018	2019
阿尔及利亚	40.78	40.15	30.69
贝宁	23.44	25.91	25.17
布基纳法索	20.88	19.83	20.48
布隆迪	8.98	11.10	12.26
喀麦隆	22.97	22.78	22.57
科摩罗	13.32	14.87	—
科特迪瓦	20.12	19.76	21.11
吉布提	26.22	27.80	—
加蓬	21.30	21.78	22.23
几内亚	25.77	21.58	18.59
赤道几内亚	13.95	16.13	13.24
马达加斯加	18.14	18.81	21.14
马里	18.25	18.70	20.04
摩洛哥	28.62	28.39	27.67
毛里求斯	17.38	18.75	19.61
毛里塔尼亚	38.15	40.57	39.47
尼日尔	25.96	28.45	29.95
中非共和国	24.24	25.01	22.36
刚果（金）	24.72	20.71	24.00
刚果（布）	35.93	24.92	27.11
卢旺达	22.71	22.96	26.89
塞内加尔	25.83	26.04	28.66
塞舌尔	—	—	—
乍得	20.54	20.87	21.41
多哥	23.78	25.32	26.35
突尼斯	18.84	18.58	17.69

数据来源：根据世界银行数据自制。

表9   2017～2021年非洲法语地区国家财政经常项目收支占GDP比重

单位：%

国家 ＼ 年份	2017	2018	2019	2020①	2021②
阿尔及利亚	-13.0	-9.5	-10.0	-14.8	-13.8
贝宁	-4.2	-4.6	-4.7	-4.0	-4.4
布基纳法索	-5.0	-4.2	-3.4	1.2	0.1
布隆迪	-15.1	-13.9	-17.8	-19.1	-17.0
喀麦隆	-2.7	-3.6	-3.1	-5.2	-4.3
科摩罗	-2.1	-2.9	-3.2	-4.3	-3.6
科特迪瓦	-2.0	-3.6	-1.9	-3.5	-3.3
吉布提	-4.8	14.2	13.0	-9.2	13.0
加蓬	-7.0	-3.2	-0.3	-9.5	-6.4
几内亚	-6.8	-21.0	-11.7	-13.3	-14.2
赤道几内亚	-5.8	-5.6	-5.9	-9.9	-6.0
马达加斯加	-0.4	0.7	-2.3	-3.9	-5.0
马里	-7.2	-4.9	-4.2	-1.7	-1.1
摩洛哥	-3.6	-5.5	-4.1	-7.6	-5.8
毛里求斯	-6.6	-5.8	-5.5	-12.9	-7.5
毛里塔尼亚	-9.8	-13.8	-10.9	-17.6	-14.3
尼日尔	-11.3	-12.7	-12.5	-13.0	-16.2
中非共和国	-7.8	-8.2	-5.0	-5.7	-5.4
刚果（金）	-3.3	-3.6	-3.8	-5.4	-4.0
刚果（布）	-4.8	1.5	2.3	-4.2	-3.0
卢旺达	-7.6	-7.8	-9.3	-16.5	-10.4
塞内加尔	-7.3	-9.5	-7.9	-10.2	-8.2
塞舌尔	-19.4	-17.9	-15.9	-32.3	-31.1
乍得	-7.7	-1.6	-4.9	-13.3	-9.8
多哥	-1.5	-2.0	-2.2	-3.2	-2.8
突尼斯	-10.3	-11.2	-8.5	-8.1	-4.1

注：①2020年数据为非洲开发银行评估数值；

　　②2021年数据为非洲开发银行预测值。

数据来源：根据非洲开发银行国别宏观数据库数据自制。

表 10　2017～2021 年非洲法语地区国家贸易增长率

单位：%

年份 国家	2017	2018	2019	2020①	2021②
阿尔及利亚	13.5	28.8	- 0.8	- 15.5	- 12.2
贝宁	- 0.9	7.9	- 2.7	0.9	- 3.5
布基纳法索	- 0.4	0.8	- 0.8	27.8	16.9
布隆迪	- 1.4	2.1	6.5	17.6	1.1
喀麦隆	0.1	- 0.2	23.1	- 13.4	2.1
科摩罗	27.8	2.4	- 8.1	6.7	- 10.6
科特迪瓦	- 2.6	- 5.7	- 3.3	3.1	0.9
吉布提	0.0	0.0	0.0	0.0	0.0
加蓬	28.5	27.3	- 5.9	- 34.6	2.2
几内亚	- 7.3	0.3	- 8.4	22.4	- 0.3
赤道几内亚	38.0	32.2	- 16.9	- 30.6	28.9
马达加斯加	14.2	5.6	- 15.5	1.9	6.8
马里	- 25.4	- 0.3	16.8	38.5	- 2.9
摩洛哥	0.4	2.7	2.1	12.1	5.4
毛里求斯	- 6.5	- 4.7	1.4	14.5	- 11.7
毛里塔尼亚	- 8.8	- 4.8	- 1.9	- 3.5	4.0
尼日尔	0.8	- 0.4	1.0	1.7	4.7
中非共和国	- 18.2	- 12.5	14.7	- 3.7	- 0.2
刚果（金）	15.9	5.9	- 9.1	- 1.4	4.8
刚果（布）	14.0	2.4	- 3.0	- 14.9	14.5
卢旺达	10.0	8.0	1.4	11.7	- 8.2
塞内加尔	- 1.3	2.1	3.6	2.7	3.0
塞舌尔	2.8	3.4	- 6.1	- 8.6	4.9
乍得	30.2	21.4	- 6.4	- 28.4	5.0
多哥	26.1	- 1.4	- 3.1	- 0.7	0.4
突尼斯	- 1.2	- 3.2	- 2.3	- 3.1	- 2.3

注：①2020 年数据为非洲开发银行评估数值；

　　②2021 年数据为非洲开发银行预测值。

数据来源：根据非洲开发银行国别宏观数据库数据自制。

表11 2017～2021年非洲法语地区国家进出口增长率①

单位：%

项目 国家	进口增长率					出口增长率				
	2017年	2018年	2019年	2020年②	2021年③	2017年	2018年	2019年	2020年②	2021年③
阿尔及利亚	0.0	0.7	1.8	-2.7	-0.5	5.7	-6.1	-5.1	-2.5	-5.0
贝宁	11.9	13.3	-12.5	-8.7	27.5	5.1	0.5	-11.0	-19.4	36.6
布基纳法索	14.3	4.4	0.5	4.9	9.7	21.2	5.9	-2.3	-13.2	-5.6
布隆迪	18.9	14.4	19.5	13.9	1.9	31.5	14.2	-3.3	-13.4	0.4
喀麦隆	-1.5	4.2	24.8	-7.4	7.2	-1.4	-0.7	-1.4	-8.7	10.0
科摩罗	12.3	11.0	1.0	4.6	-12.2	-1.0	2.9	4.7	-0.7	5.5
科特迪瓦	10.3	2.3	-2.1	0.3	7.1	13.5	-2.1	10.3	-5.0	12.6
吉布提	53.3	-0.2	11.2	-13.9	5.7	82.1	10.3	9.8	-23.5	6.6
加蓬	6.2	0.3	7.6	-6.9	-3.2	-8.4	-8.4	20.3	4.0	2.0
几内亚	-13.7	9.9	-2.9	22.0	7.5	68.1	-11.5	15.7	-13.4	19.1
赤道几内亚	5.0	-22.0	-22.2	-9.0	-4.1	-3.1	-39.8	-7.9	-8.1	-5.0
马达加斯加	13.5	-0.2	3.4	-16.1	17.0	-3.8	-4.8	6.5	-23.3	27.5
马里	-14.2	-12.1	9.3	-5.1	13.5	11.1	-0.6	-5.5	-14.2	17.0
摩洛哥	6.3	4.7	4.7	-16.1	20.7	10.7	2.9	3.2	-26.8	18.5

续表

国家	进口增长率					出口增长率				
项目	2017年	2018年	2019年	2020年②	2021年③	2017年	2018年	2019年	2020年②	2021年③
毛里求斯	6.0	2.8	1.2	-12.6	10.3	-1.4	1.0	-4.6	-11.7	15.7
毛里塔尼亚	-5.3	10.3	1.0	-1.9	2.8	18.8	0.0	12.1	-0.2	1.9
尼日尔	9.6	8.7	8.1	13.2	23.7	11.9	-7.0	-1.9	-14.7	21.0
中非共和国	-1.5	-0.8	11.3	-5.5	4.2	42.5	10.3	-6.7	-10.0	13.5
刚果（金）	-10.5	26.1	-14.1	3.6	5.6	-19.7	24.7	-10.0	2.4	3.3
刚果（布）	-40.9	6.5	-15.1	1.6	6.6	26.0	30.2	-3.7	-10.7	3.8
卢旺达	-1.0	13.8	14.1	2.5	8.1	40.7	4.0	6.3	-20.4	42.3
塞内加尔	21.4	14.0	3.3	2.9	24.1	13.7	13.3	6.9	-4.6	21.6
塞舌尔	9.8	-3.0	-2.3	-22.6	26.0	7.0	-2.6	-1.9	-2.6	24.8
乍得	8.1	0.8	5.6	5.4	11.7	-11.6	13.7	9.6	7.0	21.6
多哥	6.3	2.9	4.5	7.4	4.6	-0.3	-1.2	5.5	-4.9	10.8
突尼斯	3.4	1.0	-8.6	-27.0	17.4	3.2	3.5	-5.1	-18.0	14.8

注：①进出口贸易均为商品贸易；
②2020年数据为非洲开发银行评估数值；
③2021年数据为非洲开发银行预测值。

数据来源：根据非洲开发银行国别宏观数据数据库数据自制。

表 12　2017～2021 年非洲法语地区国家外债占 GDP 比重

单位：%

年份 国家	2017	2018	2019	2020①	2021②
阿尔及利亚	2.4	2.3	2.3	1.9	3.5
贝宁	16.8	18.6	24.0	25.1	24.7
布基纳法索	22.1	20.7	23.5	26.7	24.1
布隆迪	15.6	16.2	17.4	21.9	24.4
喀麦隆	28.9	29.4	31.6	35.6	33.7
科摩罗	17.8	18.9	23.5	29.8	31.2
科特迪瓦	32.5	35.4	35.2	40.5	39.1
吉布提	70.9	69.2	66.0	70.2	68.3
加蓬	40.6	38.5	38.9	51.3	49.4
几内亚	20.5	19.3	19.3	29.8	32.8
赤道几内亚	9.2	11.7	13.5	21.1	21.7
马达加斯加	49.3	49.6	49.2	53.3	52.4
马里	26.2	24.0	26.2	28.6	26.6
摩洛哥	35.0	32.1	33.1	39.2	38.9
毛里求斯	79.4	78.4	88.5	121.2	125.2
毛里塔尼亚	63.6	60.3	56.7	62.6	62.3
尼日尔	49.0	44.6	47.5	54.3	53.8
中非共和国	29.5	26.9	26.1	26.4	24.0
刚果（金）	27.8	25.6	24.5	27.1	22.4
刚果（布）	67.4	53.6	58.0	75.0	71.9
卢旺达	44.5	47.9	52.8	61.5	68.8
塞内加尔	62.1	64.6	67.7	74.1	69.9
塞舌尔	107.5	111.6	113.6	153.8	154.9
乍得	26.8	24.9	24.4	29.3	25.4
多哥	21.1	19.7	23.5	31.6	29.6
突尼斯	82.0	86.1	99.4	97.2	103.1

注：①2020 年数据为非洲开发银行评估数值；

　　②2021 年数据为非洲开发银行预测值。

数据来源：根据非洲开发银行国别宏观数据库数据自制。

表13　2017～2019年非洲法语地区国家外国直接投资净额①

单位：百万美元

年份 国家	2017	2018	2019
阿尔及利亚	1232	1466	1382
贝宁	201	194	230
布基纳法索	3	268	208
布隆迪	0	1	1
喀麦隆	814	765	782
科摩罗	4	7	8
科特迪瓦	975	620	1009
吉布提	165	170	182
加蓬	1314	1379	1553
几内亚	577	353	45
赤道几内亚	305	396	452
马达加斯加	358	353	227
马里	563	467	494
摩洛哥	2686	3559	1599
毛里求斯	480	372	472
毛里塔尼亚	587	773	885
尼日尔	339	466	593
中非共和国	7	18	26
刚果（金）	4417	4315	3366
刚果（布）	1340	1617	1478
卢旺达	356	382	420
塞内加尔	588	848	983
塞舌尔	192	120	126
乍得	363	461	567
多哥	89	-183	133
突尼斯	881	1036	845

注：①均为当前价格。

数据来源：根据非洲开发银行数据库数据自制。

表14　2019年至2021年1~5月中国与非洲法语地区国家进出口贸易额

单位：千美元，%

年份\国家	2019	2020		2021年1~5月
		贸易额	累计比去年同期±	
阿尔及利亚	8082759	6594038	−18.4	2719657
贝宁	2306876	1047127	−54.6	608660
布基纳法索	321513	400213	24.5	231437
布隆迪	79335	83773	5.6	57135
喀麦隆	2680271	2774436	3.5	1309135
科摩罗	73717	50661	−31.3	21408
科特迪瓦	2496944	2909658	16.5	1384872
吉布提	2226344	2354499	5.8	1020297
加蓬	5016210	3633135	−27.7	1189608
几内亚	4176975	4388100	5.1	2059921
赤道几内亚	1836279	1276382	−30.5	481054
马达加斯加	1276971	1136216	−11.0	497092
马里	595404	637306	7.0	278133
摩洛哥	4670120	4763694	2.1	2466548
毛里求斯	845295	726246	−14.1	299347
毛里塔尼亚	1956541	1967973	0.7	1022937
尼日尔	511204	527760	3.2	157493
中非共和国	61862	85035	37.5	331536
刚果（金）	6505342	9043778	39.0	5284433
刚果（布）	6485175	3958585	−39.4	2166771
卢旺达	300072	320720	6.9	157493
塞内加尔	2511747	2878677	14.6	1542525
塞舌尔	65722	57695	−12.2	17586
乍得	726495	719229	−1.7	331536
多哥	2311841	2625347	13.6	1408221
突尼斯	1573279	1650337	4.9	856871

数据来源：中国海关总署海关统计数据在线查询平台，http：//43.248.49.97/。

表 15 布隆迪 2020 年总统大选

登记选民人数：5113418 人

实际投票人数：4484928 人

登记选民投票率：87.71%

总统候选人	政党	第一轮投票	
		得票数（张）	得票率（%）
埃瓦里斯特·恩达伊施米耶	保卫民主全国委员会 – 保卫民主力量	3082210	71.45
阿加顿·鲁瓦萨	全国自由委员会	1084788	25.15
加斯顿·辛迪沃	争取民族进步统一党	73353	1.7
多米蒂安·恩达伊泽耶	基拉布隆迪联盟	24470	0.57
列昂·恩根达库曼	布隆迪民主阵线	21232	0.49
纳希玛纳	独立竞选人	18709	0.43
弗朗西斯·洛迦罗	独立竞选人	8942	0.21

数据来源：布隆迪全国独立选举委员会，https://www.ceniburundi.bi/2020/06/09/arret-rccb-387-du-4-juin-2020-les-resultats-definitifs-de-lelection-presidentielle/。

表 16 科特迪瓦 2020 年总统大选

登记选民人数：6066441 人

实际投票人数：3269813 人

登记选民投票率：53.9%

总统候选人	政党	第一轮投票	
		得票数（张）	得票率（%）
阿拉萨内·瓦塔拉	共和人士联盟	3031483	95.31
科阿迪奥·贝尔廷	独立竞选人	64011	2.01
亨利·科南·贝迪埃	科特迪瓦民主党	53330	1.68
帕斯卡尔·恩盖桑	科特迪瓦人民阵线	31986	1.01

数据来源：科特迪瓦独立选举委员会，http://www.conseil-constitutionnel.ci。

表 17 几内亚 2020 年总统大选

登记选民人数：5367198 人
实际投票人数：4267574 人
登记选民投票率：79.51%

总统候选人	政党	第一轮投票	
		得票数（张）	得票率（%）
阿尔法·孔戴	几内亚人民联盟	2438815	59.5
塞卢·达莱因·迪亚洛	几内亚民主力量同盟	1372920	33.49
易卜拉希马·西拉	共和国新一代	63676	1.55
奥斯曼·卡巴	希望民主党	48623	1.19
奥斯曼·多雷	全国发展运动党	46235	1.13
马卡莱·卡马拉	民族联盟阵线	29958	0.73
马卡莱·特拉奥雷	公民工作行动党	29589	0.72
卡贝莱·卡马拉	几内亚发展联盟	22507	0.55
阿卜杜拉耶·库鲁马	复兴与发展联盟	29073	0.47
曼迪乌夫·莫罗·西迪贝	几内亚共和力量同盟	10632	0.25
莱·苏莱曼·迪亚洛	几内亚进步复兴联盟	9619	0.23
布亚·科纳特	捍卫共和利益联盟	7544	0.18

数据来源：几内亚全国独立选举委员会，http://www.ceniguinee.org。

表 18 尼日尔 2020～2021 年总统大选

第一轮投票登记选民人数：7446556 人　　　　第二轮投票登记选民人数：7446556 人
第一轮投票实际投票人数：5189132 人　　　　第二轮投票实际投票人数：4684779 人
第一轮投票登记选民投票率：69.68%　　　　第二轮投票登记选民投票率：62.91%

总统候选人	政党	第一轮投票		第二轮投票	
		得票数（张）	得票率（%）	得票数（张）	得票率（%）
穆罕默德·巴祖姆	尼日尔争取民主和社会主义党	1879629	39.3	2490049	55.67
马哈曼·奥斯曼	民主共和复兴党	812412	16.99	1983072	44.33

续表

总统候选人	政党	第一轮投票		第二轮投票	
		得票数（张）	得票率（%）	得票数（张）	得票率（%）
赛尼·欧马鲁	全国发展社会运动党	428083	8.95		
阿尔巴德·阿布巴	共和国爱国运动党	338511	7.08		
易卜拉欣·雅各巴	尼日尔爱国运动党	257302	5.38		
萨洛吉博	和平正义进步党	142747	2.98		
阿马尔·马尔姆·阿尔玛	和平进步联盟	118259	2.47		
哈桑·巴拉兹·穆萨	尼日尔争取民主和进步同盟	114965	2.4		
奥马尔·哈米杜	尼日尔崛起运动联盟	76368	1.6		
阿马杜·奥斯曼	尼日尔公平民主交替党	63396	1.33		
苏莱曼·加尔巴	尼日尔变革党	61158	1.28		
伊迪·奥斯曼	民主共和联盟 – 马希塔	56100	1.17		
纳尤萨·纳西鲁	民主和社会进步公约	41697	0.87		
易卜拉欣·加多	进步与民主共和委员会	39319	0.82		
穆万卡伊拉·伊萨	尼日尔民主与和平联盟	38604	0.81		
哈米杜·马马杜·阿卜杜	非洲民族聚集党	35934	0.75		
因坦尼卡·阿哈森尼	尼日尔和平与发展党	30995	0.65		
阿卜杜勒卡德里·阿尔法	Gayya Zabbe	28910	0.6		
凯恩·哈比杜	民主共和协同党	27162	0.57		
奥马鲁·阿卜杜拉哈曼	泛非爱国联盟	20488	0.43		
穆斯塔法	尼日尔政治革命党	20365	0.43		
阿马·杜赛杜	独立候选人	20156	0.42		
马哈曼·哈米苏·穆穆尼	正义与发展党 – 哈卡	18585	0.39		
吉布里拉·迈纳萨拉	民主与进步人民力量联盟 – 萨瓦巴	17233	0.36		
萨博·阿道夫	社会党	17060	0.36		
伊德里萨·伊苏福	公民发展运动党	16995	0.36		

续表

总统候选人	政党	第一轮投票		第二轮投票	
		得票数（张）	得票率（%）	得票数（张）	得票率（%）
阿马杜·西塞	民主共和联盟	16835	0.35		
马马杜·杜拉	祖国救赎党	16768	0.35		
阿卜杜拉·苏莱曼	尼日尔前锋党	14282	0.3		
伊斯梅尔·艾德	新尼日尔行动阵线	12062	0.25		

数据来源：尼日尔最高法院，https：//supremecourt. gov. ng。

表19　吉布提2021年总统大选

登记选民人数：215687人

实际投票人数：164866人

登记选民投票率：76.44%

总统候选人	政党	第一轮投票	
		得票数（张）	得票率（%）
伊斯梅尔·盖莱	争取进步人民联盟	155291	97.3
扎卡里亚·法拉	吉布提民族发展与平衡党	4314	2.7

数据来源：吉布提共和国官方公报，https：//www. presidence. dj/。

表20　贝宁2021年总统大选

登记选民人数：4802303人

实际投票人数：2431414人

登记选民投票率：50.63%

总统候选人	政党	第一轮投票	
		得票数（张）	得票率（%）
帕特里斯·塔隆	独立候选人	1982534	86.3
阿拉萨内·苏马努	贝宁崛起贝壳力量党	261096	11.37
科伦廷·科霍	社会民主党	53685	2.34

数据来源：贝宁宪法法院，https：//courconstitutionnelle. bj/。

表 21 刚果共和国 2021 年总统大选

登记选民人数：2645283 人
实际投票人数：1776786 人
登记选民投票率：67.17%

总统候选人	政党	第一轮投票	
		得票数（张）	得票率（%）
德尼·萨苏－恩格索	刚果劳动党	1539725	88.4
盖伊·布莱斯·科尔莱	人文主义民主人士联盟－YUKI	138561	7.96
马蒂亚斯·德祖	爱国民族复兴联盟	33497	1.92
约瑟夫·基加利·姆本古	链接党	10718	0.62
戴夫·马福拉	主权主义者	9143	0.52
阿尔贝·奥尼古莱	独立候选人	6977	0.4
安吉奥斯·恩甘贝	共和国行动党	3157	0.18

数据来源：刚果共和国宪法法院，https：//cour-constitutionnelle. cg/admincc/decisions/DCC-003-EL-PR%20-%202021. pdf。

表 22 多哥 2020 年总统大选

登记选民人数：3614056 人
实际投票人数：2769287 人
登记选民投票率：76.63%

总统候选人	政党	第一轮投票	
		得票数（张）	得票率（%）
福雷·纳辛贝	保卫共和联盟	1769309	70.78
阿格梅·科乔	争取民主发展爱国运动党	483926	19.46
让－皮埃尔·法布尔	变革力量联盟	116336	4.68
阿米·果戈里	民主人士发展联盟	58777	2.4
沃洛·科米	社会主义复兴联盟	29791	1.2
乔治·库兹曼	人民健康党	19923	0.8
查索纳·特拉奥雷	争取民主发展公民运动党	16814	0.68

数据来源：多哥宪法法院，https：//courconstitutionnelle. tg/wp-content/uploads/2020/03/TABLEAU-PRESIDENTIELLE-2020-Rectifié. pdf。

非洲法语地区国家大事记
（2020 年 1 月至 2021 年 6 月）*

阿尔及利亚

2020 年

1 月 2 日，前外交部长、政治家穆罕默德·萨拉赫·德姆布里在法国去世，享年 81 岁。

1 月 28 日，数十人因 2019 年开始的"微笑革命"抗议活动被逮捕，该抗议活动是阿尔及利亚内战以来首次和平抗议活动，其导火索是 2019 年的总统大选，时任总统布特弗利卡谋求连任引发民众不满。

2 月 14 日，数千名阿尔及利亚民众参与反腐败和反军人参政的游行活动。

4 月 15 日，中国向阿尔及利亚提供的首批防疫物资运抵阿尔及尔，这批防疫物资主要包括医用口罩、医用防护服、核酸检测试剂盒。

5 月 14 日，阿尔及利亚外长萨布利·布卡杜姆召见摩洛哥驻阿尔及利亚大使，抗议摩洛哥驻奥兰领事将阿尔及利亚称为"敌对国家"。

* 整理者：刘肖兰，云南大学非洲研究中心博士研究生；邵帅，云南大学外国语学院硕士研究生；刘凡，云南大学外国语学院硕士研究生。

5月28日，阿尔及利亚因法国公共电视频道播出"希拉克运动"影片召回驻法大使。

6月27日，前总理、政治家贝莱德·阿卜杜勒-萨拉姆去世，享年91岁。

7月10日，总统宣布从10日起在29个疫情较为严重的省恢复封禁措施，暂停省际交通，同时禁止公共车辆和私人车辆周末上路。

7月17日，政治家、阿尔及利亚民族解放阵线成员穆萨·本·哈马迪因感染新型冠状病毒去世，享年67岁。

7月23日，政治家、前通信部部长拉明·贝奇去世，享年93岁。

9月21日，总统阿卜杜勒-马吉德·特本宣布任命罗斯托姆·法德利为阿尔及利亚银行（阿央行）新任行长。

10月1日，总统特本与美国国防部长马克·埃斯珀会晤，并就利比亚和萨赫勒地区的安全问题交换意见。

11月3日，阿尔及利亚宣布，总统特本确诊感染新型冠状病毒，并已前往德国进行治疗。截至当日，阿尔及利亚已累计确诊58979例，累计死亡1987例。

11月25日，政治家、前全国人民议会主席赛义德·布哈贾去世，享年82岁。

11月29日，阿尔及利亚议会通过《2021年财政法》。

12月6日，阿尔及利亚开始恢复因疫情中断近9个月的国内航班。

12月29日，总统特本结束在德国为期两个月的新冠肺炎治疗，并返回阿尔及利亚。

12月31日，累计确诊新冠肺炎病例99610例，死亡2756例。

2021 年

1月1日，总统特本签署2020年11月通过的新宪法。

1月2日，包括前总统布特弗利卡弟弟赛义德在内的三名高官被无罪释放，他们于2019年9月因大规模游行示威活动被捕。

1月20日，法国总统马克龙拒绝为殖民主义和阿尔及利亚战争道歉。

2月2日，武装分子和政府军在艾因德夫拉山区发生武装冲突，该冲突已持续数周。

2月18日，总统特本称将解散议会、改组政府，并释放政治犯。

2月24日，中国政府捐赠的新冠肺炎疫苗运抵阿尔及利亚。

2月26日，阿尔及尔发生大规模示威游行活动，以庆祝"希拉克运动"两周年。

4月1日，阿尔及利亚与毛里塔尼亚在毛里塔尼亚首都努瓦克肖特签署了有关设立两国边境委员会的谅解备忘录。根据该备忘录，两国将设立一个双边合作及协商机制，加强在边境地区开发、边防安全及打击跨国犯罪等事务中的合作。

6月12日，阿尔及利亚举行了修订宪法后首次议会选举，但由于"希拉克运动"的长期影响，只有约14.5%的选民参与了投票。

6月15日，议会选举结果产生，阿尔及利亚最大政党阿尔及利亚民族解放阵线获得多数席位。

6月21日，累计确诊新冠肺炎病例136294例，死亡3641例。

贝宁

2020 年

3月16日，出现首例新冠肺炎确诊病例。

3月31日，中国驻贝宁大使馆邀请宁夏卫健委组织宁夏新冠肺炎疫情医疗救治、院感防控方面的专家联合举办远程视频座谈会，与贝宁卫生部官员交流疫情防控经验。

4月20日，一艘葡萄牙货轮在贝宁科托努遭海盗袭击，8名船员被挟持。

4月28日，世界银行批准国际开发协会援助贝宁的1040万美元抗疫资金。

5 月 18 日，贝宁在没有主要反对党参与的情况下进行地方选举。

6 月 15 日，贝宁退出世贸组织总干事竞选，以全力支持尼日利亚竞选者。

7 月 16 日，法国将归还殖民时期从阿波美皇宫掠夺的 26 件文物。

12 月 31 日，累计确诊新冠肺炎病例 3251 例，死亡 44 例。

2021 年

2 月 5 日，包括现任总统塔隆在内的 20 名候选人将参加 2021 年贝宁总统选举。

3 月 20 日，中国政府援助的新冠肺炎疫苗运抵贝宁。

3 月 25 日，中国国务院关税税则委员会发布公告称，按照中国给予同中国建交的最不发达国家 97% 税目产品零关税待遇的承诺，自 2021 年 5 月 1 日起，对原产于贝宁共和国的 97% 税目产品实施零关税，共涉及 8281 个税目。

4 月 11 ~ 21 日，贝宁举行总统选举，塔隆成功连任。

4 月 22 日，中国国家主席习近平向帕特里斯·塔隆致贺电，祝贺他再次当选贝宁共和国总统。

5 月 5 日，在贝宁卫生部的大力协助下，中国驻贝宁大使馆顺利完成"春苗行动"第二剂国产科兴新冠肺炎疫苗接种。"春苗行动"覆盖所有在贝中国公民，约 900 名在贝中国同胞自愿报名并完成了两剂国产疫苗接种。

5 月 23 日，塔隆在首都宣誓就职，正式开启新的 5 年任期。

6 月 20 日，累计确诊新冠肺炎病例 8140 例，死亡 103 例。

布基纳法索

2020 年

1 月 20 日，布基纳法索北部桑马滕加省发生两起袭击事件，造成至少 36 人死亡。

1月25日，布基纳法索北部苏姆省发生一起袭击事件，造成至少39人死亡。

2月3日，一伙不明身份武装人员晚间袭击了布基纳法索北部塞诺省一座村庄，导致至少20名村民丧生。

2月16日，布基纳法索北部萨赫勒地区一教堂发生恐怖袭击，导致24人死亡、18人受伤。

3月9日，官方确认首例新冠肺炎确诊病例。

3月18日，女政治家、布基纳法索第二大政党进步与改革联盟联合创始人孔帕雷因感染新型冠状病毒去世，享年62岁。

3月31日，军方晚间在布西北部击毙15名极端组织武装人员。

4月15日，中国外交部发言人赵立坚在例行记者会上表示，中国政府决定向沙特阿拉伯、埃塞俄比亚、布基纳法索派遣抗疫医疗专家组。

5月3日，布基纳法索政府发表声明称，一支商队当天在该国北部罗卢姆省遭一伙不明身份武装分子袭击，造成至少15人死亡。

8月7日，布基纳法索东部古尔马省发生一起袭击事件，造成至少20人死亡、数人受伤。

10月4日，一个运送难民的车队遭遇袭击，造成25人死亡。

11月17日，联合国负责人道主义事务的副秘书长洛科克宣布紧急拨款1亿美元，援助包括布基纳法索在内的7个贫穷国家。

11月22~26日，布基纳法索举行大选，卡博雷以57.7%的支持率再次当选总统。

12月31日，累计确诊新冠肺炎病例6631例，死亡84例。

2021年

1月7日，总统卡博雷任命达比雷为总理，达比雷曾在卡博雷连任后辞去总理一职。

1月30日，非洲三大电影节之一的瓦加杜古泛非电影节因新冠肺炎疫情无限期延期。

2月10日，总统卡博雷连任后首次访欧，首站选择比利时布鲁塞尔。

2月13日，联合国人道主义事务部门称，布基纳法索正处于人道主义危机边缘，有350万人需要援助。

4月26日

身份不明的武装人员袭击了萨赫勒地区几个村庄，造成至少18人死亡。

两名西班牙记者在布基纳法索东部的古尔马省遭到武装分子袭击，随后失踪。西班牙外交部于同日表示，将与布当局紧密合作，尽力找寻两名记者的下落。

4月26日，布基纳法索政府发表声明，确认前一日在古尔马省遇袭的两名西班牙记者与同行的一名爱尔兰人皆已遇害。

5月3日，100多名武装分子袭击了东部科蒙扎里省地区，造成30人死亡。

6月4～5日，雅格哈省超过100名平民因恐怖袭击遇难。

6月6日，武装人员在北部的一个村庄发动袭击，造成132人死亡。

6月10日，中国国务委员兼外长王毅同布基纳法索外长巴里通电话，双方就双边关系的快速发展、共同抗疫、"一带一路"合作意向展开讨论。

6月20日，累计确诊新冠肺炎病例13469例，死亡167例。

布隆迪

2020 年

2月15日，布隆迪中部卡鲁西省挖掘出六个乱葬岗，以及6032名受害者遗体和数千发子弹。

3月31日，官方确认首例新冠肺炎确诊病例。

4月20日，布琼布拉省部分地区受到洪水灾害影响，导致约27000人流离失所。

5月14日，布隆迪下令确诊感染新冠肺炎的世卫组织代表及其他三名高官离境。

5月20日，布隆迪举行总统、国民议会和地方选举，执政党保卫民主全国委员会－保卫民主力量总书记恩达伊施米耶以71%的支持率获胜。

6月8日，即将离任的总统恩库伦齐扎因心脏骤停去世，享年55岁。

6月12日，中国国家主席习近平就布隆迪总统恩库伦齐扎逝世向布隆迪当选总统恩达伊施米耶致唁电。

6月18日，布隆迪新总统埃瓦里斯特·恩达伊施米耶在位于布隆迪中部的政治首都基特加宣誓就职。

6月26日，布隆迪为前总统恩库伦齐扎举行葬礼。

12月18日，布隆迪前总统皮埃尔·布约亚因感染新冠病毒去世。

12月31日，累计确诊新冠肺炎病例818例，死亡2例。

2021 年

1月24日，布隆迪执政党保卫民主全国委员会－保卫民主力量选举雷韦里安·恩迪库里约为新任总书记。

2月9日，埃塞俄比亚总统祖德受布隆迪总统恩达伊施米耶邀请访问布隆迪，双方就加强双边关系的问题展开讨论。

3月8日，布隆迪通过总统赦免令释放5255名囚犯。

3月29日，习近平总书记与布隆迪总统恩达伊施米耶通电话，就中布双方加强政治交往、深化农业合作等事宜交换意见。

5月15日，布琼布拉省西部村庄持续受到洪灾影响，上百个家庭被迫搬离。

5月21日，中国新任驻布隆迪大使赵江平向布隆迪总统恩达伊施米耶递交国书，双方就中布关系进行了友好交谈。

6月4日，累计确诊新冠肺炎病例4861例，死亡6例。

喀麦隆

2020 年

2 月 9 日，喀麦隆举行议会选举，执政党喀麦隆人民民主联盟取得压倒性胜利。

2 月 14 日，西北部英语区危机持续发酵，喀麦隆士兵和富拉尼民兵武装在恩加布村屠杀 21 名平民，其中包括 13 名儿童。

3 月 6 日，官方确认首例新冠肺炎确诊病例。

3 月 24 日，官方确认首例新冠肺炎死亡病例。

4 月 5 日，极端组织"博科圣地"在喀麦隆远北地区靠近尼日利亚边境制造两起恐怖袭击事件，共造成除袭击者外的 9 人死亡。

8 月 1 日，喀麦隆远北地区靠近尼日利亚边境发生一起恐怖袭击事件，造成至少 18 名平民死亡。

9 月 11 日，喀麦隆远北地区靠近尼日利亚边境地区 11 日夜间至 12 日凌晨发生一起自杀式袭击事件，造成至少 5 名平民死亡。

10 月 15 日，喀麦隆远北地区靠近尼日利亚边境的一个村庄 15 日夜间至 16 日凌晨遭极端组织"博科圣地"成员袭击，造成至少 3 名平民死亡。

10 月 24 日，西北部昆巴地区一所国际双语学校发生枪击事件，造成 7 人死亡、13 人受伤。

12 月 27 日，喀麦隆中部姆巴姆伊努布州发生一起严重交通事故，造成 37 人死亡、19 人受伤。

12 月 31 日，累计确诊新冠肺炎病例 26277 例，死亡 448 例。

2021 年

1 月 8 日，喀麦隆远北地区靠近尼日利亚边境地区当天凌晨发生一起自杀式袭击事件，造成至少 13 名平民死亡。

1月27日，喀麦隆西部大区凌晨发生一起严重交通事故，造成53人死亡、29人受伤。

3月26日，中国国家主席习近平同喀麦隆总统比亚互致贺电，庆祝两国建交50周年。

3月30日，喀麦隆英语区危机持续发酵，针对平民的暴力伤害不断恶化，冲突已造成70多万平民流离失所，6.38万人逃难至尼日利亚。

4月11日，中国政府援助的新冠肺炎疫苗运抵喀麦隆，这是该国疫情发生以来首次引进新冠肺炎疫苗。

4月30日，喀麦隆交通部长恩加勒主持召开国家安全委员会2021年度第一次会议。会议提出并讨论了喀国家民用航空安全方案（NCASP）草案，就喀民航安全系统提出有关建议，决定成立工作组负责NCASP后续工作。

6月20日，累计确诊新冠肺炎病例80328例，死亡1313例。

科摩罗

2020 年

1月19日，科摩罗举行议会选举，选举遭到主要反对党抵制，以抗议宪法改革和政治镇压。

4月30日，官方确认首例新冠肺炎确诊病例。

5月2日，总统阿扎利与马达加斯加总统拉乔利纳举行视频会议。

12月31日，累计确诊新冠肺炎病例823例，死亡10例。

2021 年

3月17日，应科摩罗政府要求，中国援助科摩罗短期抗疫医疗队抵达该国首都莫罗尼，中国援助科摩罗的新冠肺炎疫苗和抗疫医疗物资也同机抵达。

3月26日，中国驻科摩罗大使何彦军向科总统夫人安巴丽·阿扎利移交了中方援科抗疫物资。科总统夫人对中方援助表示感谢。

4月10日，科摩罗新冠肺炎疫苗接种工作在首都莫罗尼正式启动，总统阿扎利接种中国国药集团生产的新冠肺炎疫苗。

5月31日，累计确诊新冠肺炎病例3949例，死亡146例。

6月15日，科摩罗总统阿扎利授予中国援科抗疫医疗队两名队员"绿新月骑士"勋章。

科特迪瓦

2020年

3月11日，官方确认首例新冠肺炎确诊病例。

3月29日，官方确认首例新冠肺炎死亡病例。

4月29日，科特迪瓦退出非洲人权与民族权利法院。

4月30日，应科特迪瓦政府邀请，中国政府派遣的抗疫医疗专家组抵达科特迪瓦经济首都阿比让，将与当地医疗机构交流抗疫经验。

7月8日，总理阿马杜·戈恩·库利巴利去世，享年61岁。

7月19日，前总理迪亚拉去世，享年86岁。

7月13日，副总统敦坎因个人原因辞职。

8月21日，科特迪瓦独立选举委员会拒绝总统瓦塔拉和前反政府军领袖索罗10月选举的候选人资格。

8月22日，总统瓦塔拉在科经济首都阿比让正式宣布，将代表执政党参加定于10月底举行的2020年总统选举。

9月13日，举行2020年科特迪瓦总统选举，除现任总统外，流亡在外的前总统贝迪埃和前总理索罗均宣布参选。

10月31日，现任总统瓦塔拉在大选中获胜，赢得备受争议的第三个任期。

12月31日，累计确诊新冠肺炎病例22490例，死亡137例。

2021 年

3 月 1 日，科特迪瓦开始为本国卫生工作者接种新冠肺炎疫苗，成为首批通过"新冠肺炎疫苗实施计划"获得疫苗的国家之一。

3 月 10 日，总理兼国防部长哈米德·巴卡约科因癌症在德国去世，享年56 岁。

3 月 26 日，前政府发言人帕特里克·阿奇被任命为总理。

3 月 29 日，即将离任的石油部长阿卜杜拉赫曼·西塞被任命为总统秘书长。

3 月 30 日，因健康问题即将卸任的科特迪瓦国民议会主席阿马杜·索马霍罗获得连任。

6 月 10 日，累计确诊新冠肺炎病例 47605 例，死亡 306 例。

吉布提

2020 年

1 月 9 日，吉布提总统盖莱在吉布提市会见中国国务委员兼外长王毅。

3 月 18 日，官方确认首例新冠肺炎确诊病例。

12 月 31 日，累计确诊新冠肺炎病例 5831 例，死亡 61 例。

2021 年

3 月 18 日，中国政府援助的新冠肺炎疫苗运抵吉布提。

4 月 9 日，举行 2021 年吉布提总统选举，总统盖莱以超过 97%的支持率成功连任，获得第五个任期。

4 月 12 日，吉布提附近海域发生一起移民坠海溺水事件，造成 34 人死亡。

4 月 23 日，美军驻吉布提基地宣布进入"预防性"公共卫生紧急状态，以应对新冠肺炎病例激增的情况。

4月30日，中国政府派往非洲的首批抗击新冠肺炎医疗专家组之一抵达吉布提。

5月10日，吉布提总理卡米勒在吉布提人民宫向中国政府抗疫医疗专家组12名成员颁授"6·27独立日"国家勋章，表彰专家组为吉布提抗疫所做出的贡献。

5月27日，埃及总统塞西访问吉布提，吉布提总统盖莱呼吁重启复兴大坝谈判。这是吉布提自1977年独立以来，埃及总统首次访吉。

6月10日，累计确诊新冠肺炎病例11570例，死亡154例。

加蓬

2020年

3月12日，官方确认首例新冠肺炎确诊病例。

3月22日，一艘悬挂葡萄牙国旗的货船从多哥首都洛美前往加蓬首都利伯维尔时，在几内亚湾加蓬海域附近遭遇海盗袭击。

4月3日，加蓬政府出台命令，禁止食用和出售蝙蝠，防止病毒发生跨物种传播。

7月17日，国防部长奥苏卡出任新一届总理，成为加蓬史上第一位女总理。

12月29日，议会批准修改宪法，以填补总统丧失能力时的法律空白，并在国家元首卸任后给予其豁免权。

12月31日，累计确诊新冠肺炎病例9571例，死亡64例。

2021年

3月12日，中国政府援助加蓬的国药集团中国生物新冠肺炎疫苗运抵加蓬首都利伯维尔，加蓬总理奥苏卡等官员及中国驻加蓬大使胡长春到机场迎接。

3月23日，总统邦戈及其夫人接种第一剂中国政府援助的新冠肺炎疫苗。

4月20日，中国国务委员兼外长王毅同加蓬外长穆贝莱通电话，就加强合作、抗疫等问题进行交谈。

5月25日，中国全国政协副主席刘新成在北京同加蓬参议院第一副议长吕克·奥约比举行视频会晤。双方就进一步加强友好交流、推动双边互利合作、助力两国全面合作伙伴关系不断向前发展深入交换了意见。

6月14日，由中国援建的加蓬国民议会大厦重建项目在首都举行交付启用仪式。

6月20日，累计确诊新冠肺炎病例24864例，死亡158例。

几内亚

2020 年

3月13日，官方确认首例新冠肺炎确诊病例。

3月26日，总统孔戴发表公告表示，为应对新冠肺炎疫情，全国进入卫生紧急状态。

4月6日，中铝几内亚博法铝土矿项目23公里皮带输送系统带料重载联调一次成功，标志着中国在几内亚投资的最大铝土矿项目全线贯通投运。

6月18日，中国政府援助几内亚妇女、儿童和青少年的抗疫物资交接仪式在科纳克里举行，中国驻几大使黄巍偕夫人余慧与几总统夫人杰内·孔戴共同出席。

6月19日，中国驻几内亚大使黄巍与几总统孔戴共同出席中国政府和陕西省援几抗疫物资交接仪式。

10月18日，举行2020年几内亚总统选举，现任总统孔戴以59.5%的支持率击败主要对手迪亚洛成功连任。

10月19～21日，几内亚多地发生反对派支持者与警方的冲突，造成至少 7 人死亡、多人受伤。

11 月 7 日，几内亚宪法法院确认，现任总统孔戴在 10 月 18 日举行的总统选举中获胜，第三次当选几内亚总统。

12 月 31 日，累计确诊新冠肺炎病例 13722 例，死亡 81 例。

2021 年

2 月 14 日，恩泽雷科雷地区暴发新一轮埃博拉疫情。

2 月 23 日，世卫组织向几内亚捐赠埃博拉疫苗，并派遣 65 名专家。

3 月 3 日，中国政府援助的新冠肺炎疫苗运抵几内亚首都科纳克里。

3 月 5 日，几内亚在首都科纳克里启动中国援助新冠肺炎疫苗的接种工作。

3 月 29 日，几内亚发生一起载客渔船沉没事故，造成 14 人死亡、15 人受伤，另有一人失踪。

6 月 16 日，中铁承建的达圣铁路正式通车，该铁路是 20 世纪 70 年代以来建造的第一条现代化铁路，联通达比龙港和圣图矿区。

6 月 24 日，累计确诊新冠肺炎病例 23615 例，死亡 168 例。

赤道几内亚

2020 年

3 月 14 日，官方确认首例新冠肺炎确诊病例。

5 月 26 日，中国政府决定向赤道几内亚派遣抗疫医疗专家组，专家组由国家卫健委组建，由湖南省卫健委选派。

6 月 3 日，赤道几内亚总理奥巴马·阿苏埃在总理府会见中国援赤道几内亚抗疫医疗专家组。

10 月 15 日，中国国家主席习近平同赤道几内亚总统奥比昂就中赤几建交 50 周年互致贺电。

12 月 31 日，累计确诊新冠肺炎病例 5277 例，死亡 86 例。

2021 年

1 月 12 日，中国第 31 批新冠肺炎疫情援助医疗队从广东出发前往赤道几内亚。

2 月 9 日，中国政府援助的新冠肺炎疫苗运抵赤道几内亚。

3 月 7 日，巴塔市一军事基地发生爆炸，造成 98 人死亡、615 人受伤。

6 月 20 日，累计确诊新冠肺炎病例 8698 例，死亡 120 例。

马达加斯加

2020 年

3 月 20 日，官方确认首例新冠肺炎确诊病例。

3 月 22 日，总统拉乔利纳宣布马达加斯加全国进入"卫生紧急状态"。

12 月 31 日，累计确诊新冠肺炎病例 17714 例，死亡 261 例。

2021 年

1 月 19 日，马达加斯加西北部地区持续强降雨，造成大量人员伤亡。

1 月 24 日，连续暴雨导致北部多地发生洪灾，已造成 31 人遇难、10 万余人受灾，政府宣布进入紧急状态。

3 月 20 日，为应对新冠肺炎疫情，自即日起，马达加斯加政府暂停全部国际航班，并禁止邮轮靠港。该政策有效期为 30 天。

3 月 24 日，马达加斯加中央银行发放 1.12 亿美元以应对新冠肺炎疫情。

3 月 28 日，前总统迪迪埃·拉齐拉卡去世，享年 84 岁。

5 月 2 日，中国政府援助的新冠肺炎疫苗运抵马达加斯加。

5 月 8 日，通过"新冠肺炎疫苗实施计划"，马达加斯加接受 25 万剂印度产科威希尔德疫苗。

5月19日，中华人民共和国全国人大常委会委员长栗战书在北京人民大会堂以视频方式同马达加斯加国民议会议长克里斯蒂娜举行会谈。

6月10日，累计确诊新冠肺炎病例41840例，死亡875例。

马里

2020 年

3月25日，官方确认首例新冠肺炎确诊病例。总统凯塔宣布，从26日零时起全国进入国家卫生紧急状态。

3月29日，马里举行议会选举，是自2013年以来首次填补马里议会147个席位的选举。

4月7日，加奥地区的一个军事基地发生恐怖袭击，造成至少25名士兵死亡、6人受伤。

4月24日，莫普提地区发生多次袭击，造成至少12人死亡。

4月30日，宪法法院推翻31个议会席位的选举结果，并为马里联盟党增加10个议会席位。

5月10日，马里东北部当天发生一起爆炸袭击事件，造成3名维和士兵死亡、4人受伤。

5月23日，马里北部通布图地区的一个军事哨所遭遇袭击，造成3人死亡、5人受伤。

5月30日，反对党组织"6月5日运动－爱国力量联盟"。

6月3日，伊斯兰马格里布基地组织领导人德鲁克德尔在马里北部的塔拉汉达克战斗中被法军击毙。

6月5日，数千人参与反对党组织的"6月5日运动－爱国力量联盟"示威游行。

6月11日，布布·西塞被再次任命为总理，负责组建新政府。

6月14日，马里中部塞古地区发生士兵遭到伏击事件，造成至少24名士兵死亡。

6月19日，数万人在巴马科抗议，要求总统凯塔辞职。

7月2日，马里部队在该国中部执行任务时遇袭，造成7人死亡、2人受伤、3人失踪。

7月5日，总统凯塔会见"6月5日运动－爱国力量联盟"领导人伊玛目玛穆·迪可。

7月11~12日，巴马科的抗议者与安全部队发生冲突，造成11人死亡、124人受伤。

7月18日，反对派联盟拒绝国际调解人提出的缓解紧张局势的计划，坚持要求总统凯塔辞职。

7月22日，中国第8批赴马里维和部队出征，执行为期一年的国际维和任务。

8月2日，5名士兵在马里中部塞古地区遇袭身亡。

8月18日，马里武装部队在首都巴马科发动军事政变，总统凯塔、总理西塞及几名高官被叛军逮捕。总统凯塔、总理西塞宣布辞职并解散政府和议会。

8月19日

政变军人宣布成立全国人民救赎委员会。

联合国召开紧急会议磋商马里局势。联合国秘书长古特雷斯发表声明，强烈谴责马里军人政变，并呼吁立即恢复马里的宪法秩序和法治，要求立即无条件释放凯塔及其内阁成员。

非盟委员会主席法基发表声明，坚决反对在马里进行任何违反宪法的政权更迭企图，呼吁叛乱分子停止一切暴力行为，尊重马里政府机构。

8月27日，一队马里士兵在该国中部莫普提区遭遇伏击，造成4人死亡、12人受伤。

9月11~12日，全国人民救赎委员会提议建立一个过渡政府，由军方任命总统，任期2年。马里全国政治磋商会议同意18个月的政治过渡期。

9月15日，前总统穆萨·特拉奥雷去世，享年83岁。

9月25日，前国防和退伍军人部长巴·恩多宣誓就任过渡总统，前外长莫克塔·瓦内就任代理总理。

11月10日，前总统阿马杜·图马尼·杜尔去世，享年72岁。

11月13日，法军在东部梅纳卡省击毙圣战组织领导人穆萨。

12月28日，3名法国士兵在马里执行军事任务时遇袭身亡。

12月31日，累计确诊新冠肺炎病例7029例，死亡269例。

2021 年

1月1日，包括前总理西塞在内的6人被指控发动未遂政变。

1月2日，前总理莫迪博·凯塔去世，享年78岁。

1月24日

富拉尼牧民与多贡农民签署第三份人道主义协议，以结束在莫普提地区的争端。

马里中部莫普提区两处军营遭到袭击，造成6名士兵死亡。

1月31日，为打击马里伊斯兰恐怖主义，300名英国士兵首次加入由中国军官指挥的联合国维和部队。

3月15日，马里北部发生士兵遇袭事件，100多名武装分子在加奥区塔西特镇附近伏击一队换哨的士兵，导致11人丧生。

4月2日，4名维和士兵在马里北部遇袭身亡。

4月3日，联合国安理会发表媒体声明，强烈谴责武装分子早前对联合国马里多层面综合稳定特派团（马里稳定团）的袭击。

4月6日，中国常驻联合国副代表戴兵在安理会审议马里问题公开会上发言，敦促推进马里政治进程，改善该国安全形势。

5月24日，马里武装部队发起军事政变，逮捕总统恩多、总理瓦内和国防部长杜库雷。领导2020年马里政变的军政府领导人阿西米·戈伊塔宣布上台。

5月26日，过渡政府总统恩多、总理瓦内被军方释放。

5月30日，马里南部布古尼地区一处检查站凌晨遭遇武装人员袭击，造成5人死亡。

6月1日，非洲联盟安全理事会暂停马里的非盟成员资格，直至其恢复民主秩序。

6月10日，累计确诊新冠肺炎病例14329例，死亡521例。

摩洛哥

2020 年

2月17日，摩洛哥政府加强对西班牙飞地休达和梅利利亚的控制。

3月2日，官方确认首例新冠肺炎确诊病例。

3月20日，政府宣布进入医疗紧急状态。

11月13日，摩洛哥从摩洛哥墙向西撒哈拉非军事化缓冲带发起军事行动，以打击波利萨利奥阵线部队，停火30年的地区再次陷入战乱。

12月11日，摩洛哥与以色列关系正常化。同日，美国时任总统特朗普承认摩洛哥对西撒哈拉的主权，并提供10亿美元的军事援助。

12月31日，累计确诊新冠肺炎病例439193例，死亡7388例。

2021 年

1月22日，摩洛哥卫生部正式批准在摩紧急使用中国国药集团新冠灭活疫苗，该授权有效期为12个月。

3月11日，政府同意非娱乐性大麻合法化。

6月28日，累计确诊新冠肺炎病例529895例，死亡9283例。

毛里求斯

2020 年

1月16日，毛里求斯华人社团联盟联合中国文化中心举办一年一度的

"千人春宴"春节庆祝活动。毛里求斯代总理克兰达维卢携全体内阁成员、中国驻毛里求斯大使孙功谊夫妇、使馆文化参赞兼中心主任松雁群及当地华人社团侨领、华侨华人代表共 1000 余人出席活动。

3 月 18 日，官方确认首例新冠肺炎确诊病例。

3 月 20 日，政府宣布全国封城，毛里求斯成为非洲首个实行全国封城的国家。

7 月 25 日，日本货船"若潮"号在毛里求斯以南海岸触礁搁浅导致大量原油泄漏。毛里求斯进入紧急状态。

8 月 29～31 日，一系列针对"若潮"号漏油事件的示威游行在毛里求斯展开，示威者要求政府对漏油事件进行严查。

9 月 12 日，毛里求斯再次爆发千人示威游行活动，抗议者要求负责调查"若潮"号漏油事件的官员下台。

12 月 13 日，日本外相茂木敏充与毛里求斯总理贾格纳特举行会谈，就日本货轮燃油泄漏事故的后续援助展开磋商，日本将无偿提供价值约 6 亿日元的防灾相关材料设备。

12 月 31 日，累计确诊新冠肺炎病例 527 例，死亡 10 例。

2021 年

1 月 9 日，由毛里求斯中国文化中心、中外文化交流中心、华社联盟、毛中国美术家协会共同举办的"新视点——中国'青年艺术＋'优秀作品展"在毛里求斯开幕。

6 月 11 日，累计确诊新冠肺炎病例 1566 例，死亡 18 例。

毛里塔尼亚

2020 年

3 月 13 日，官方确认首例新冠肺炎确诊病例。

8月6日，毛里塔尼亚总统乌尔德·加祖瓦尼颁布总统令，任命穆罕默德·比拉勒为毛里塔尼亚新总理，接替辞职的伊斯梅尔·西迪亚。

8月7日，一艘载有移民的船只在毛里塔尼亚经济首都努瓦迪布附近海域沉没，造成39人死亡。

8月18日，前总统阿齐兹因腐败指控被捕。

9月21日，连降大暴雨导致首都发生洪灾，多个街区被淹。

11月23日，前总统阿卜杜拉希去世，享年82岁。

12月31日，累计确诊新冠肺炎病例14364例，死亡349例。

2021年

2月1日，毛里塔尼亚发现"H5N1"病毒，260多只鸟类死亡。

6月3日，累计确诊新冠肺炎病例19695例，死亡464例。

6月16日，毛里塔尼亚政府与欧洲能源公司CWP签署谅解备忘录，将在毛里塔尼亚北部建造一个价值400亿美元的可再生能源项目。

尼日尔

2020年

1月9日，"伊斯兰国"激进分子向蒂拉贝里省的军事基地发起袭击，造成89名士兵身亡。

2月17日，东南部迪法省发生踩踏事故，造成23人死亡、10余人受伤。

3月4日，尼日尔军队与法国军队在尼西部蒂拉贝里省展开联合行动，击毙至少25名恐怖分子。

3月7日，东南部一军营遭极端组织"博科圣地"袭击，造成至少8人死亡。

3月12日，西部蒂拉贝里省境内一军营遭武装分子袭击，造成至少9人死亡。

3月15日，尼日尔军队在尼东南部迪法省击毙至少50名"博科圣地"武装分子。

3月19日，官方确认首例新冠肺炎确诊病例。

5月3日，尼日尔与尼日利亚联军在尼日尔东南部迪法省击毙至少50名"博科圣地"武装分子。

5月9日，几名不明身份武装人员袭击了蒂拉贝里省的几个村庄，造成20余人丧生。

5月18日，"博科圣地"武装分子袭击了布拉布莱夫军事基地，造成12名士兵丧生。

6月6日，两名在尼中国籍雇员被武装人员绑架，绑架发生在尼日尔西部与马里、布基纳法索接壤的动荡区域。

8月9日，蒂拉贝里省再次发生枪击事件，造成6名法国志愿者丧生。

8月26日，尼日尔多地遭遇暴雨天气，由此引发的洪涝灾害已造成45人死亡，超过22.6万人受灾，2201座房屋被毁。

9月1日，尼日尔8月份的洪水灾害已造成51人死亡，另有2万多座房屋倒塌。

11月24日，前总统坦贾·马马杜去世，享年82岁。

12月27日，尼日尔举行总统选举和议会选举，由于无候选人获得多数票，第二轮选举将于次年2月举行。

12月31日，累计确诊新冠肺炎病例3268例，死亡104例。

2021 年

1月2日，不明身份武装人员向蒂拉贝里地区发动军事袭击，造成100余人丧生。

2月18日，中国政府援尼日尔赛义尼·孔切将军大桥竣工通车。尼日尔总统伊素福、中国驻尼日尔大使张立军等出席在首都尼亚美举行的通车仪式。

2月21日

2020年总统大选第二轮投票，巴祖姆以55.67%的支持率胜出。

尼日尔西部蒂拉贝里省发生地雷爆炸，造成至少 7 人死亡。

3 月 8 日，前总统穆罕默杜·伊素福获得伊布拉欣非洲领导成就奖。

3 月 21 日

中国政府援助尼日尔政府的新冠肺炎疫苗运抵尼首都尼亚美。

尼日尔一伙武装分子对该国西部多个村庄发动袭击，造成 137 人死亡。

3 月 24 日，西部蒂拉贝里大区的两个村庄遭遇恐怖袭击。

3 月 29 日，首都尼亚美启动中国援助新冠肺炎疫苗的接种工作。

3 月 31 日，由于不满巴祖姆当选总统，军方人员在其上任前两天发动军事政变，政变未遂，肇事者被捕。

4 月 17 日，西部蒂拉贝里大区一村庄遇袭，造成 19 名平民死亡。

5 月 1 日，一队尼日尔政府军在塔瓦大区遭不明身份武装人员袭击，造成 16 人死亡、6 人受伤。

6 月 10 日，累计确诊新冠肺炎病例 5444 例，死亡 192 例。

中非共和国

2020 年

1 月 24 日，卫生部宣布麻疹在全国流行，已造成累计 3600 人感染，53 人死亡。

1 月 31 日，联合国安理会延长对中非共和国的武器禁运，同时延长相关制裁委员会专家小组的任期。根据协定，国际社会针对中非共和国和平与稳定破坏者的制裁措施将延长至 2020 年 7 月 31 日。

2 月 4 日，武装组织"中非复兴人民阵线""中非解放者正义运动"在中部城市布里亚发生冲突，造成约 50 人死亡。

2 月 7 日，5 名 2017 年对穆斯林发起屠杀的基督教极端分子被判无期徒刑。

3 月 14 日，官方确认首例新冠肺炎确诊病例。

4 月 29 日，东北部城市恩代莱发生针对平民的暴力事件，造成 25 人死亡、51 人受伤。

7 月 1 日，中非共和国外交部长拜波就中华人民共和国全国人民代表大会通过《全国人民代表大会关于建立健全香港特别行政区维护国家安全的法律制度和执行机制的决定》签署、发表新闻公报，支持香港国安法。

8 月 3 日，中国驻中非大使陈栋在中非总理府会见中非总理恩格雷巴达并移交物资。此次移交的抗疫援助物资包括中国红十字会捐赠中非政府的 5 台呼吸机、福建省对外友好协会捐赠中非总理府的 4000 只口罩和 40 支额温枪、福建省漳州市公安局捐赠中非内政部的 10000 只口罩。

12 月 1 日，中非共和国在首都班吉举行国庆 62 周年阅兵式。

12 月 3 日，宪法法院宣布，前总统博齐泽因反人类罪不具备 2020 年总统大选参选资格。

12 月 19 日，中非共和国政府称，前总统博齐泽意图政变，联合部分武装组织和外国雇佣兵在西部地区发动袭击，并企图进军首都。博齐泽任主席的劳动党予以否认。

12 月 22 日，反政府武装发动攻击，并占领了第四大城市班巴里。

12 月 23 日，联合国驻中非共和国维和部队从反政府武装手中夺回中部城市班巴里。

12 月 27 日，举行总统大选，现任总统图瓦德拉以 53% 的支持率获得连任。由于武装叛乱分子的干扰，此次大选中超过 14% 的投票站无法正常运作。

12 月 31 日，累计确诊新冠肺炎病例 4963 例，死亡 63 例。

2021 年

1 月 3 日，叛军控制东南部城市班加苏，目前叛军已控制全国 2/3 的地区。

1 月 7 日，总统图瓦德拉签署总统令，宣布自即日起，中非共和国境内晚上 20 时至次日凌晨 5 时实施宵禁，禁止夜间外出。宵禁令未提及解禁时间。

1 月 9 日，应总统图瓦德拉请求，为稳定中非共和国国内紧张局势，法军战斗机首次飞越中非共和国领空。

1月10日，俄罗斯撤回300名军事教官。

1月15日，日益恶化的选举暴力已迫使12万人逃离家园。

1月16日，联合国中非共和国多层面综合稳定团（中非稳定团）发表声明称，维和部队已重新控制本月初被武装组织攻入的东南部城市班加苏。

1月21日，总统府宣布，当日午夜起，全国进入为期15天的紧急状态，以平息武装组织暴力活动。

1月25日，中非共和国政府军队与其盟军在距离首都约90公里的博阿利村向反政府武装组织发动攻势，造成武装组织44人死亡、3人被俘。

1月29日，中非共和国的战争罪嫌疑人马哈马特·萨义德·阿卜杜勒·卡尼在被移交给海牙国际刑事法院后，首次出庭接受审讯。

1月30日，10余万难民逃亡至邻国刚果（金）、乍得、刚果（布）和喀麦隆。

3月21日，前总统博齐泽接管试图推翻政府的叛军联盟。

3月30日，获得连任的图瓦德拉在首都班吉的国民议会宣誓就职，开启新的5年任期。

5月20日，中非共和国政府通过"新冠肺炎疫苗实施计划"获取6万剂阿斯利康疫苗。

5月30日，中非共和国军队与乍得发生边境冲突，导致乍得方面1名军人死亡、5人受伤。

6月11日，累计确诊新冠肺炎病例7101例，死亡98例。

刚果民主共和国

2020年

3月10日，官方确认首例新冠肺炎确诊病例。

3月24日，刚果（金）总统齐塞克迪宣布全国进入国家紧急状态，以应对新冠肺炎疫情。

4月4日，刚果（金）东北部伊图里省一矿区夜间发生持枪袭击事件，3名中国公民不幸遇害。

4月18日，因连日降雨导致乌维拉地区发生洪灾，造成至少24人死亡，400多处房屋被冲毁。

6月1日，西北部地区暴发新一轮埃博拉疫情，这是自1976年以来刚果（金）第11次发生埃博拉疫情。

6月4日，军方对伊图里省边境地区的武装组织展开军事行动，收复数个遭武装分子占领的区域，并缴获一批武器。

6月25日，官方宣布从2018年开始暴发的埃博拉疫情结束，此次疫情累计造成2280人死亡。

8月24日，官方宣布从2019年开始暴发的麻疹疫情结束，此次疫情累计造成34万人感染、6400人死亡。

9月12日，东部省份南基伍省一处矿井发生坍塌，导致超过50人遇难。

9月26日，刚果（金）第二大城市卢本巴希在凌晨遭到自称是马伊马伊的民兵武装入侵，当地多名警员在交火中牺牲。

10月20日，东部贝尼镇的一个监狱在凌晨遭到极端组织民主同盟军袭击，狱中关押的约900名囚犯被释放。

12月31日

累计确诊新冠肺炎病例17658例，死亡591例。

2020年，极端组织民主同盟军在境内发起一系列恐怖袭击，已累计造成超过800人死亡。

2021 年

1月6日

中国国务委员兼外长王毅访问刚果（金），总统齐塞克迪在首都金沙萨会见王毅。双方就共同抗疫、深化经贸合作等议题进行友好交流，并签署共建"一带一路"谅解备忘录。

中国扩大刚果（金）的债务减免。

1月27日，刚果（金）国民议会投票罢免现总理伊伦加。

1月29日，总理伊伦加辞职。

2月5日，刚果（金）议会参议院议长亚历克西斯·坦布韦·姆万巴正式递交辞呈。

2月15日，总统齐塞克迪任命萨马·卢孔德·基廷格为新总理。

2月22日，意大利驻刚果（金）大使阿塔纳西奥在参观世界粮食计划署项目途中遇袭身亡。

2月28日，刚果（金）军方表示，该国东北部伊图里省和北基伍省多个村庄27日夜间遭极端组织民主同盟军袭击，至少16名平民在袭击中遇难。

3月30日，极端组织民主同盟军在北基伍省与军方交火，造成至少25名当地村民丧生，另有4名袭击者被军方击毙。

4月12日，总理卢孔德组成新内阁。

5月7日，中国国家主席习近平同刚果（金）总统齐塞克迪通电话。双方就在"一带一路"倡议框架下加强经贸、基础设施、医疗卫生、农业、文化等领域的务实合作进行友好交流。

6月8日，截至当天，境内各武装团体发动一系列恐怖袭击，已造成629人死亡。

6月10日，累计确诊新冠肺炎病例34266例，死亡825例。

刚果共和国

2020 年

3月14日，官方确认首例新冠肺炎确诊病例。

4月11日，法国航空公司一架撤侨班机据报在刚果（布）机场的停机坪遭遇枪击事件，所幸无人伤亡。

8 月 11 日，刚果（布）政府宣布将从 24 日起重新开放航空，但要求采取严格卫生措施，防止再次出现输入性病例。

12 月 21 日，刚果共和国宣布收回 3 家澳大利亚企业的采矿许可权。

12 月 31 日，累计确诊新冠肺炎病例 7107 例，死亡 117 例。

2021 年

3 月 21 日，刚果共和国举行总统选举，现任总统萨苏以 88.4% 的支持率连任。其主要竞争对手科拉斯在大选当日因新冠肺炎去世。

5 月 17 日，总统萨苏任命其儿子为内阁成员。

6 月 10 日，累计确诊新冠肺炎病例 12026 例，死亡 157 例。

6 月 21 日，中国国家主席习近平与刚果（布）总统萨苏通电话。双方就共同抗疫、深化合作、推动全面战略合作伙伴关系等问题进行友好交流。

卢旺达

2020 年

2 月 21 日，致力于乌卢双边关系正常化的第四次四方峰会在两国之间的加图纳－卡图纳边境通道举行。乌干达外交部长库泰萨和卢旺达外交部长比鲁塔分别代表两国政府签署引渡条约，以缓解两国紧张局势。

3 月 14 日，官方确认首例新冠肺炎确诊病例。

5 月 16 日，卢旺达种族大屠杀嫌疑人、胡图族商人费利西安·卡布加在法国巴黎上塞纳省被捕。

5 月 22 日，卢旺达种族大屠杀在逃嫌疑人奥古斯丁·比齐马纳确认死亡，其遗体在刚果（布）境内的一座坟墓内被发现。

5 月 31 日，官方确认首例新冠肺炎死亡病例。

8 月 26 日，卢旺达军方与布隆迪代表团会晤，讨论长期存在的安全和贸易问题。

9月29～30日，3名卢旺达种族大屠杀嫌疑人在比利时被捕，他们被指控"严重违反国际人道主义法"。

10月12日，卢旺达政府宣布医用大麻产品出口合法化。

10月28日，卢旺达地方政府、1994年卢旺达种族大屠杀幸存者组织和居民在东部的加齐博市发掘一处大屠杀遇难者乱葬岗，乱葬岗内埋有约5000具遇难者遗骸。

12月21日，卢旺达军方加强在中非共和国的安全部队。

12月31日，累计确诊新冠肺炎病例8383例，死亡92例。

2021 年

3月5日，卢旺达通过"新冠肺炎疫苗实施计划"成为首个接受辉瑞疫苗的非洲国家。

5月27日，法国总统马克龙访问卢旺达，并在访问期间承认法国对卢旺达种族大屠杀负有"巨大责任"。

6月24日，累计确诊新冠肺炎病例34143例，死亡402例。

塞内加尔

2020 年

1月8日，西非最大的风力发电站在蒂瓦瓦内省落成。

2月12日，加拿大总理特鲁多访问塞内加尔。

2月14日，美国国务卿蓬佩奥访问塞内加尔。

3月2日，官方确认首例新冠肺炎确诊病例。

5月7日，塞内加尔政府单方面终止与毛里求斯的税收协定。

6月3日，达喀尔、图巴、考拉克等地爆发游行活动，抗议政府应对新冠肺炎疫情不力。

6月15日，塞内加尔的一支部队在南部卡萨芒斯地区遭遇地雷爆炸，造成 2 人死亡、2 人受伤。

6 月 29 日，总统萨勒发表电视讲话，宣布从 6 月 30 日 23 时起解除国家紧急状态和宵禁。塞内加尔政府将推出国家经济复苏计划，除农业外，该计划还将大力支持国家制药业以及抗击新冠肺炎疫情框架下的一些创新产业。

10 月 12 日，中国国家主席习近平同中非合作论坛非方共同主席国塞内加尔总统萨勒就中非合作论坛成立 20 周年互致贺电。

12 月 31 日，累计确诊新冠肺炎病例 19140 例，死亡 410 例。

2021 年

1 月 8 日，蒂埃斯地区一农场暴发 H5N1 禽流感，大量活禽被扑杀。

2 月 11 日，塞内加尔军方占领卡萨芒斯地区一个叛军基地和几公顷大麻种植地。

2 月 25 日，总统萨勒在总统府接种由中国国药集团研发的新冠肺炎疫苗。

3 月 4 日，反对派领导人松科因扰乱公共秩序罪和性侵罪被捕，其支持者组织暴力示威活动，示威活动已造成 4 人死亡。

3 月 8 日，反对派领导人松科被释放。

6 月 25 日，累计确诊新冠肺炎病例 42747 例，死亡 1161 例。

塞舌尔

2020 年

1 月 8 日，第 7 届塞舌尔"中国日"活动新闻发布会在塞国际会议中心举行。驻塞舌尔大使郭玮、塞文化部首席秘书卡勒比、华联会主席罗伯特等出席活动。

3 月 14 日，官方确认首例新冠肺炎确诊病例。

4 月 9 日，为防控新冠肺炎疫情，政府将关闭所有非必要公共服务设施并限制人员流动。

12 月 31 日，累计确诊新冠肺炎病例 275 例，死亡 0 例。

2021 年

1 月 9 日，中国国务委员兼外长王毅访问塞舌尔，塞总统拉姆卡拉旺在维多利亚会见王毅，双方就共建中塞、中非命运共同体，推动中塞合作迈上新台阶等问题进行友好交谈。

1 月 10 日，总统拉姆卡拉旺接种中国国药集团生产的新冠肺炎疫苗，塞舌尔全国范围内将陆续展开新冠肺炎疫苗接种工作。塞舌尔成为非洲地区首个开展大规模新冠肺炎疫苗接种的国家。

6 月 24 日，累计确诊新冠肺炎病例 14620 例，死亡 59 例。

乍得

2020 年

3 月 19 日，官方确认首例新冠肺炎确诊病例。

9 月 8 日，乍得政府与以色列当局讨论恢复外交关系的可能性。

12 月 31 日，累计确诊新冠肺炎病例 2113 例，死亡 104 例。

2021 年

2 月 6 日，首都恩贾梅纳发生示威活动，抗议总统代比 4 月第六次竞选总统的提名。

2 月 16 日，萨赫勒五国峰会期间，乍得在与尼日尔、马里、布基纳法索三国交界处部署 1200 名士兵。

4 月 10 日，乍得叛军"乍得变革与和谐阵线"在北部发起武装攻击。

4 月 11 日，乍得举行总统大选，现任总统代比以 79.32% 的支持率赢得其第六个任期。

4 月 20 日，总统代比在前线被叛军子弹击中，不治身亡。

4 月 21 日，根据宪章规定，前总统代比之子将接替父亲担任总统。

4 月 28 日，中国国家主席习近平就乍得总统代比逝世向乍得军事过渡委员会主席穆罕默德致唁电。

6 月 2 日，中国政府援助的 20 万剂新冠肺炎疫苗运抵乍得首都恩贾梅纳。

6 月 10 日，累计确诊新冠肺炎病例 4942 例，死亡 174 例。

多哥

2020 年

2 月 22 日，举行总统大选，现任总统福雷以 70.78% 的支持率获得连任。

3 月 6 日，官方确认首例新冠肺炎确诊病例。

4 月 11 日，前总理埃德姆·科乔去世，享年 81 岁。

5 月 30 日，前总理亚沃维·阿博伊博去世，享年 76 岁。

9 月 14 日，12 名古巴医疗工作人员抵达多哥开展医疗援助工作。

9 月 28 日，总统福雷任命多贝为总理，多贝为多哥历史上首位女总理。

12 月 31 日，累计确诊新冠肺炎病例 3611 例，死亡 68 例。

2021 年

6 月 16 日，累计确诊新冠肺炎病例 13651 例，死亡 126 例。

突尼斯

2020 年

2 月 3 日，总统赛义德访问阿尔及利亚，这是他上任以来首次外访。

3 月 2 日，官方确认首例新冠肺炎确诊病例。

3月7日，美国驻突尼斯大使馆外发生自杀式炸弹袭击事件。

3月27日，前总理哈米德·卡鲁伊去世，享年92岁。

7月15日，总理埃利亚斯·法赫法赫因利益冲突辞职。

7月25日，希沙姆·迈希希被任命为新总理。

9月3日，突尼斯新任总理希沙姆·迈希希及所有内阁成员在突尼斯总统府宣誓就职。

10月6日，突尼斯军方一架直升机当天上午在南部塔塔维纳省距离利比亚边界50公里处的沙漠中坠毁，一名飞行员遇难。

10月11日，一艘载有25名非法移民的船只在斯法克斯省附近海域沉没，造成至少11人死亡。

12月31日，累计确诊新冠肺炎病例139140例，死亡4676例。

2021年

1月15日，由于经济困难、失业率高，"2021年突尼斯抗议活动"爆发，一系列大规模抗议示威活动在多个城市相继发生。

1月16日，总理希沙姆·迈希希任命12名新内阁成员。

3月9日，斯法克斯省民防部门发表声明称，两艘偷渡船8日深夜在突东南部海域沉没，目前已发现14具偷渡者遗体，救援人员已在相关海域救起140多名幸存者，遇难者大多为妇女、儿童及老人。

5月7日，总理希沙姆·迈希希宣布，突全国将从9~16日实施为期一周的全面封禁措施，以防新冠肺炎疫情进一步蔓延。

6月17日，针对警察暴力执法的抗议示威活动已蔓延到首都多个地区。

6月16日，累计确诊新冠肺炎病例372221例，死亡13656例。

Contents

Hot Issues

A Holistic Analysis of Response Measures to the COVID-19 Pandemic in African Francophone Countries

Abstract: The COVID-19 pandemic has had an unprecedented impact on all of humanity including the African Francophone countries. This article reviews the development of the pandemic in Francophone Africa, divides the overall response measures in the region into three phases: The first is to adopt national emergency risk control, with economic aid policy; In the second phase, these countries begin to gradually relax or remove some of the restrictions in order to revitalize the economy; In the last phase, the African Francophone countries are forced to tighten the policy again due to the rebound of the pandemic and strengthen cooperation with the international community, shifting the focus of pandemic prevention to vaccination.

Their control measures show a repeated state of "tight-loose-tight again". With the strong rebound of the third wave of the pandemic, African Francophone countries alone cannot effectively deal with it. The international community should step up assistance to relevant countries, especially the assistance in vaccination. Otherwise, the pandemic may spiral out of control in this region.

Keywords: COVID-19 Pandemic; African Francophone Countries; Response Measures

The Influence of COVID-19 Pandemic on the Economy of African Francophone Countries

Liang Yijian / 017

Abstract: COVID-19 pandemic has caused great impact on the economic development of African Francophone countries. The main performance is that the GDP growth of African Francophone countries in 2020 has dropped sharply, the consumption and tourism have shrunk greatly, falling commodity prices have led to a sharp drop in exports, the increase of fiscal deficit and the expansion of debt scale have further increased the proportion of public debt to GDP, and making it more difficult to achieve inclusive economic growth. After the outbreak of the COVID-19 pandemic, African Francophone countries have taken active measures to prevent and control the pandemic, limiting its sustained impact on the economy, and adopted active fiscal and monetary policies and sought external assistance to promote economic recovery and resolve the debt crisis. Although there are some uncertainties in the economic recovery prospects of African Francophone countries, their economic growth will gradually return to the normal growth range with the easing of pandemic situation and the rising of commodity prices.

Keywords: COVID-19 Pandemic; African Francophone Countries; Economic Development

Status and International Response to Piracy in the Gulf of Guinea

Cao Fengyu / 040

Abstract: The Gulf of Guinea has become one of the world's most heavily pirate waters. In recent years, the pirate organizations in this region have been characterized by strong combat strength and cruel means, enhanced far-sea crime capability, gradually revealed organizational and coordination ability, further improved crime chains, and still obvious tendency to conspire with terrorism. The international community has actively participated in the anti-piracy work directly or indirectly by sending warships, providing military assistance, carrying out joint military exercises, enhancing the maritime governance capacity of relevant countries, and calling on relevant parties to increase input. However, the problem of piracy in the Gulf of Guinea cannot be fundamentally improved in a short time due to the serious lack of maritime governance capacity of countries in the region, the difficulty in learning from the experience of anti-piracy activities in Somalia, the difficulty in eradicating the social development dilemma that caused the piracy problem, and the normalization of COVID-19.

Keywords: Gulf of Guinea; Piracy; Nigeria; Security Governance

Lake Chad Regional Security Situation Report

Zhu Ziyi, Wang Tao / 057

Abstract: The sharp atrophy of Lake Chad and the continuous degradation of meadow had led herders in northern Lake Chad to drive livestock to move south; Because of water resources problems and land problems, herders and farmers in southern Lake Chad bound to be conflict, which led to a series of secondary conflicts. These conflicts include the frequent terrorist attacks as a result of the unrest in Lake Chad providing soil for Boko Haram and the regional humanitarian crisis caused by worsening environment, intense conflicts, and and Boko Haram activities. The COVID-19 pandemic since 2020 had exacerbated the regional crisis and countries in the Lake Chad Region faced huge challenges in national governance.

Keywords: Lake Chad Region; Conflicts; Boko Haram; The COVID-19 Pandemic; Humanitarian Crisis

Academic Frontiers

Study on the Situation of Political Governance in Francophone Africa under the Background of Multiple African Crises

Gong Xianzhou / 075

Abstract: The sharp atrophy of Lake Chad and the continuous degradation of meadow had led herders in northern Lake region of Chad to drive livestock to move south; Because of water resources and land problems, herders and farmers in southern Lake region of Chad bound to be conflict, which led to casualties and property losses. The turbulent situation in the Lake region of Chad provides the soil for the development and growth of terrorist organizations, enabling boko Haram to recruit a large number of members in the Lake region of Chad, thus frequently carrying out cross-border terrorist attacks in the Lake region of Chad. Environmental degradation, agricultural and pastoral conflicts and terrorist attacks have caused serious humanitarian crises in Lake region of Chad. The COVID-19 pandemic since 2020 had exacerbated the regional crisis and countries in the Lake region of Chad faced huge challenges in national governance.

Keywords: Multiple African Crises; Francophone Africa; Political Governance

Africa-China-France Trilateral Cooperation: A Development-Markets Nexus Approach

Zhang Zitong / 098

Abstract: The trilateral cooperation in Africa involving China has gone through three phases and now its development is promising because of the Belt and Road Initiative (BRI) which adheres to the principles of "extensive consultation, joint contribution, shared benefits". The third-party market cooperation under BRI and the triangular development cooperation under the globe development

357

system are two emerging cooperation methods in recent years, and they are often referred to the same expression: trilateral cooperation. It should be pointed out that third-party market cooperation is economic cooperation, and triangular cooperation is development cooperation led by international organizations or national governments. We argue that third-party market cooperation and triangular development cooperation under the framework of BRI have a development-market nexus. China-France-Africa trilateral cooperation under BRI provides case studies. The concepts and practices of Africa-China-France trilateral cooperation illustrate that third-party market cooperation need to be enforced and triangular development cooperation need to be implemented in the future.

Keywords: The Belt and Road Initiative; Africa-China-France Trilateral Cooperation; Triangular Development Cooperation; Third-party Market Cooperation

Analysis of the Health Cooperation Mechanism of ECOWAS under the Background of the Coronavirus Pandemic

Li Hongfeng, Li Dongxu / 116

Abstract: Since the 1980s, the Economic Community of West African States has established a regional cooperation and coordination mechanism in medical and health cooperation, and has achieved many results in responding to infectious diseases such as malaria and Ebola and improving professional training systems. However, because of the characteristics of the economic and social development of West Africa, ECOWAS still needs international cooperation to deepen regional health cooperation and improve people's medical health. China has a long history of health cooperation with West African countries. Under the background of the coronavirus pandemic, we are further strengthening cooperation with multilateral institutions such as the West African Health Organization in order to give full play to the role of medical and health cooperation in the win-win cooperation between China and Africa.

Keywords: Economic Community of West African States; Health Cooperation; China-Africa Relations

WAHO's Measures and Challenges to Promote Health Research in West Africa

Cheng Shi / 131

Abstract: The West African Health Organization is the continent's only subregional health organization, founded in 1987. Since 2009, who has been working to promote health research through the development of National Health Research Systems, the development of national health research systems at the country level in the subregion has been facilitated through specific measures such as improved research management, research funding, strengthening individual and institutional research capacities, promoting the dissemination and use of research results and developing partnerships. At the same time, the West African Health Organization faces challenges in promoting health research in the West African region, these include the poor coordination capacity of who in West Africa, the poor health research environment in West Africa and the scarcity of health care resources and research funding.

Keywords: West African Health Organization; Health Research; Research Environment

The Role of Women in Sustainable Development in Francophone West Africa

Li Dongxu / 145

Abstract: The French-speaking countries of West Africa attach importance to sustainable development, but the overall progress on the path of sustainable development is limited. Women are important participants in achieving sustainable development in the region, and they play an active role in the three major areas of economic development, environmental protection and social development in West Africa. Therefore, if the region wants to achieve sustainable development, it must pay attention to the development of women in the region. However, due to the low level of political participation and education, the coronavirus pandemic, climate change and other unfavorable factors, women in the region still face many challenges in the process of participating in local sustainable development, which still require the attention of governments and the international community.

Keywords: Francophone West Africa; Sustainable Development; African Women's Development; Gender Equality

Country Reports

Senegal: A Development Path Blueprinted by the Plan for an Emerging Senegal

Zhao Qichen / 161

Abstract: The Plan for an Emerging Senegal remains the development guideline for Senegal from 2020 to 2021. Politically, Senegal's political situation is generally stable, and the government handled the pandemic relatively well. Although the violent marches in March 2021 attracted international attention, the country eventually returned to calm. In November 2020, President Sall reshuffled the government, with a younger and more diverse composition that is conducive to responding to the development needs in the context of the pandemic. Economically, Senegal's economy experienced negative growth due to the pandemic, with the secondary and tertiary sectors suffering. However, with the restructuring of the economic plan and a greater focus on endogenous development, Senegal's GDP is expected to return to growth from 2021 onwards. In terms of social development, the lack of healthcare infrastructure and the shortage of healthcare workers remain a problem, the government is thus working on hospital construction and population health improvement; the gross enrollment rate at the basic education level has increased following increased investment in the sector, but school infrastructure still needs to be improved, as for higher education, Higher Institute of Professional Education has been initiated to meet development needs; in terms of employment, the unemployment rate in the fourth quarter of 2020 is 16. 7 % in the fourth quarter of 2020, and the government has launched a youth employment program to alleviate the employment difficulties under the pandemic; illegal immigration in Senegal is on the rise again, making youth development an urgent issue. On the diplomatic front, Senegal maintains good relations with both France and China, and is also actively involved in regional and international affairs, acting in the crisis in Mali and speaking out for African interests at the Paris Peace Forum.

Keywords: Senegal; Macky Sall; Plan for an Emerging Senegal; COVID-19 Pandemic

Côte d'Ivoire: Political and Economic Developments in the Context of the Third-Term

Abstract: From 2020 to 2021, Côte d'Ivoire faced a severe political and economic situation. In terms of politics, with the death of the RHDP candidate Coulibaly and Ouattara's re-election, the public opinion has been intensifying the discussion of Ouattara's third-term and even outbreak of violent clashes. After winning the presidential election, Ouattara adopted a series of reconciliation policies, which gradually stabilized the domestic political situation and successfully held the legislative election. From the economy perspective, the sudden outbreak of the "COVID-19" Pandemic has hit the economy of Côte d'Ivoire greatly, slowing down the rapid growth of nearly a decade, forcing many enterprises to close down, and increasing the number of unemployed. In response, the Government of Côte d'Ivoire has taken the form of expanding fiscal expenditure to reduce the burden on enterprises and the unemployed, and to ensure the rapid recovery of the economy. From a diplomatic point of view, the focus of Côte d'Ivoire's diplomacy remains on France, with which it continues to cooperate more closely. There is still support for the continued use of the FCFA in terms of currency reform in the ECOWAS. And after several terrorist attacks in Côte d'Ivoire, the country has begun to intensify its counter-terrorism efforts and actively cooperate with neighboring countries to stop the spread of terrorist forces.

Keywords: Côte d'Ivoire; Third-term; COVID-19 Pandemic; Multilateral Diplomacy

Mali: Two Coups Since 2020 and the Shifing Political Logic Behind Them

Tang Xiyuan / 199

Abstract: From 2020 to 2021, two consecutive military coups took place in Mali. Behind the coup d'état was the struggle and cooperation of three political forces, namely, the political group of young military officers, the group of professional politicians, and the populist political forces led by Islamic religious leaders. The political arrangements of the transitional government after the Mali coup showed that the coup officers had a strong will to hold power for a long time. Faced with the pressure of international sanctions, the coup officers chose to cooperate with populist political forces. This series of political changes shows that the electoral logic under the Western-style multi-party democracy system has failed in Mali. The seemingly compliant elections can neither reflect the true public opinion nor solve the governance crisis in Mali. Strongman politics and populism are on the rise. An anti-Western government led by military strong men, close to Islamic religious figures, is seeking to rule Mali for a long time. Based on this, this article predicts that the military government may refuse to hand over power after the end of the transition period, trying to extend the transition period or achieve long-term governance. The security situation in Mali will deteriorate due to French military sanctions.

Keywords: Mali; Coup D'état; Security Issues; Strongman Politics

The Sound Development Momentum of Rwanda under the Outbreak of the COVID-19 Pandemic

Wang Ting, Yang Ruoxi / 219

Abstract: In 2020, Rwanda's development journey was generally steady. On the political front, the Rwandan government cracked down on political corruption and advanced the rule of law. On the economic front, the Rwandan government has implemented a series of structural reforms for economic growth, focusing on the digital economy to promote economic recovery from COVID-19 pandemic. On the social front, the Rwandan government was centering prevention and control of the pandemic to ensure the peace and stability. On the diplomatic front, the Rwandan government attached importance to regional and international multilateral cooperation, and actively developed friendly relations with China, France, the United States etc. In the future, Rwanda will work towards consolidating the remarkable achievements with guidance of the "Vision 2050" blueprint.

Keywords: Rwanda; Political Development; Economic Development; Social Development

Democratic Republic of the Congo: National Development under President Tshisekedi

Li Xiangyun / 235

Abstract: 2020 ~ 2021 is an important year for the political transition in the Democratic Republic of the Congo. The ruling coalition of "CACH" and the "CCP" broke down, a new ruling coalition "Union sacrée de la Nation" has established. Prime Minister Ilunkamba had to resign, and his successor was Kienge. President Tshisekedi has taken to charge. With the pandemic of COVID-19, the growth of economic has declined quickly. unemployment ratio has risen, the balance of payments has been unbalanced and the Congolese franc has fallen. In terms of social development, the human development index has improved. The COVID-19 pandemic has spread, and food shortages are serious. The security situation continues to deteriorate. and the problems in the eastern region of DRC are heating up. In terms of foreign relations, DRC has actively developed relations with powerful countries, such as USA and China, and strengthened exchanges with African countries such as The Republic of Congo, Rwanda and Angola.

Keywords: The Democratic Republic of the Congo (DRC); Political Development; COVID-19 Pandemic; Security Situation

The Republic of Congo Development Report (2020 – 2021)

Sun Lizhen / 260

Abstract: In March 2021, The Republic of Congo held presidential elections. In the 2020 ~ 2021 general election year, The Republic of Congo is facing a severe political and economic situation. In terms of politics, although Sassou's re-election didn't trigger large-scale violence, he still faced domestic instability. From the economy perspective, since the sudden outbreak of the COVID-19 Pandemic in 2020, the pace of economic reform has slowed down, and the sharp drop in oil prices has had a greater impact on its economic growth. In this regard, The Republic of Congo is actively creating a good business environment and continuously improving the regional transportation network to promote economic diversification and regional economic integration. At the same time, while actively responding to natural disasters and COVID-19 Pandemic, The Republic of Congo has increased investment in education and infrastructure, and strives to stabilize the domestic situation by improving the lives of people.

Keywords: The Republic of Congo; General Election Year; COVID-19 Pandemic; Economic Diversification

Algeria: The Political Situation After The Hirak Movement

Abstract: It will be still difficult to go to stabilize for Algeria's in 2021. After the Hirak movement in 2019, Algeria's political situation is still in turmoil. President Abdelmadjid Tebboune is controlling in power from 2021 to 2025. While his age and physical condition have aroused many suspicions from the outside, and the possibility of internal coup is increasing. It is difficult to be continue to remain the authoritative political system, and the political ecology has been damaged, which have exacerbated the tension among domestic power parties. The economy will decline sharply in 2020. Although economy of growth will resume in 2021, economic structural problems and poor government financial situation will limit the growth rate. At the same time, the inflation rate is continuing to rise. The situation could be affect the overall economic development. Furthermore, social problems are becoming prominent increasingly, and protests and riots are at risk of turning into violent conflicts. The security situation tends to deteriorate, overseas and domestic terrorism is on the rebound, and terrorist events occur from time to time, which are affecting social security and economic development seriously. What is more prominent in diplomacy is that Algeria has a good and gradually warming relationship with China. They carry out cooperation in the fields of economy, trade, education and culture. In addition, Algeria maintains good relations with the former suzerain country-France, but its relations with individual neighboring countries are still tense. On the whole, Algeria's diplomacy still has many difficulties which are difficult to solve. The New Constitution will come into force in 2020, but the change is only superficial, and the political situation is not optimistic in Algeria.

Keywords: Algeria; Hirak Movement; Political Situation; President; Army

图书在版编目（CIP）数据

非洲法语地区发展报告 . 2021 / 梁益坚，李洪峰主
编 . -- 北京：社会科学文献出版社，2022.4
ISBN 978 - 7 - 5201 - 9747 - 2

Ⅰ . ①非… Ⅱ . ①梁… ②李… Ⅲ . ①法语 - 地区 -
社会发展 - 研究报告 - 非洲 - 2021 Ⅳ . ①D740.69

中国版本图书馆 CIP 数据核字（2022）第 022629 号

非洲法语地区发展报告（2021）

主　　编 / 梁益坚　李洪峰

出 版 人 / 王利民
责任编辑 / 高明秀
责任印制 / 王京美

出　　版 / 社会科学文献出版社·国别区域分社（010）59367078
　　　　　地址：北京市北三环中路甲 29 号院华龙大厦　邮编：100029
　　　　　网址：www.ssap.com.cn
发　　行 / 社会科学文献出版社（010）59367028
印　　装 / 唐山玺诚印务有限公司

规　　格 / 开　本：787mm × 1092mm　1/16
　　　　　印　张：23.75　字　数：356 千字
版　　次 / 2022 年 4 月第 1 版　2022 年 4 月第 1 次印刷
书　　号 / ISBN 978 - 7 - 5201 - 9747 - 2
定　　价 / 148.00 元

读者服务电话：4008918866